本書出版得到國家古籍整理出版專項經費資助

國家社科基金冷門“絕學”研究專項“中國傳統語文辭書所録古文研究及數據庫建設”（19VJX108）階段性成果
全國高等院校古籍整理研究項目“《佩觿》校釋”結項成果

佩　觿　釋　證

〔宋〕郭忠恕　撰

張學城　釋證

中華書局

圖書在版編目(CIP)數據

佩觿釋證/(宋)郭忠恕撰;張學城釋證. —北京:中華書局,
2023.2
(中國古代語言學基本典籍叢書)
ISBN 978-7-101-16041-3

Ⅰ.佩… Ⅱ.①郭…②張… Ⅲ.漢字-文字學 Ⅳ.H12

中國版本圖書館 CIP 數據核字(2022)第 238134 號

書　　名	佩觿釋證	
撰　　者	〔宋〕郭忠恕	
釋　　證	張學城	
叢 書 名	中國古代語言學基本典籍叢書	
責任編輯	張　芃	
責任印製	陳麗娜	
出版發行	中華書局	
	(北京市豐臺區太平橋西里 38 號　100073)	
	http://www.zhbc.com.cn	
	E-mail:zhbc@zhbc.com.cn	
印　　刷	三河市鑫金馬印裝有限公司	
版　　次	2023 年 2 月第 1 版	
	2023 年 2 月第 1 次印刷	
規　　格	開本/850×1168 毫米　1/32	
	印張 13⅞　插頁 2　字數 300 千字	
印　　數	1-3000 册	
國際書號	ISBN 978-7-101-16041-3	
定　　價	58.00 元	

叢書出版説明

語言文字是人們進行思維、交流思想的工具，是人類文化的載體。我國傳統文化博大精深，要研究、傳承她，首先要掃清語言文字方面的障礙，因爲“六經皆載於文字者也，非聲音則經之文不正，非訓詁則經之義不明”。我國傳統的語言文字學又稱小學，兩千多年來，前人留下了大量寶貴的小學著作，研究它們是研究中國文化的基礎工作。有鑒於此，我們計劃出版《中國古代語言學基本典籍叢書》，以整理最基本的小學典籍，向讀者提供一套可靠而方便使用的通行讀本，對文本加以斷句和標點及精要的校勘（關乎對文意理解），而不以繁瑣的考證、校勘爲務。

限於主客觀條件，古籍版本未必搜羅齊備，點校未必盡善盡美，希望讀者向我們提供批評、信息和幫助，一起爲我們的事業而努力。

中華書局編輯部

2018 年 1 月

目　録

前　言

一、郭忠恕事略

郭忠恕,字恕先,河南洛陽人。生年不載,卒於太平興國二年(977)。歷仕後漢、後周、北宋三朝,著名文字學家、畫家。

《宋史·郭忠恕傳》《東都事略》《五代史補》皆言郭忠恕七歲"舉童子及第"。《册府元龜》:"其同光二年童子郭忠恕等九人皆是表薦童子。"由此逆推,"郭忠恕之生年在後梁貞明四年"[①]。那麽,郭忠恕應當生於公元918年,卒於977年,享年59歲。

郭忠恕因性格耿介,且好酒放縱,一生仕途坎坷。由目前材料來看,其仕宦經歷共有三段。

第一段,"乾祐中,湘陰公鎮徐州,辟爲推官"(《五代史補》卷五)。乾祐共三年(948—950),郭忠恕當時已經三十歲,追隨湘陰公劉贇[②]。然而不久劉贇被周太祖郭威囚禁,"忠恕竄跡

---

① 錢建狀《北宋書畫家郭忠恕、李建中、黄伯思生平仕履訂補》,《新美術》2013年第3期。

② 《宋史·郭忠恕傳》:"弱冠,漢湘陰公召之。"恐有誤。《十國春秋》云:"諸書載忠恕在徐州日,與同府記室董裔不合,遂謝去,非實録也。予録其大概,蓋得之《五代史補》云。"

久之"。

第二段，周廣順初（951）郭忠恕被徵召爲宗正丞兼國子書學博士、周易博士。《佩觿》大概就是創作於這個時期[①]。

宋太祖趙匡胤建隆初，郭忠恕酒後在朝堂與監察御史符昭文喧鬧，被御史彈奏，郭忠恕"叱臺吏，奪其奏，毀之"，被貶乾州司户參軍。在乾州，酒醉毆打從事范滌，且擅離貶所，被削籍。其後流落。

第三段，宋太宗初即位，聞其名，召赴闕，授國子監主簿。令刊定歷代字書。郭忠恕因"謗讟時政，擅鬻官物"，被決杖流放登州。太平興國二年，在流放途中逝世。

據《十國春秋》記載，郭忠恕"尤工篆籀。常有人於龍門得鳥跡篆示之，忠恕一見輒誦，有如宿習"。所謂"鳥跡篆"，當是"古文"，以現在的學術眼光來看，應該是輾轉抄寫而來的戰國文字。郭忠恕是當時的古文字名家，文字學著作有《汗簡》《佩觿》等。

二、《佩觿》版本

（一）明嘉靖六年（1527）孫沐萬玉堂刊本。框高 21.1 釐米，寬 15.8 釐米。每半葉八行，行十七字，小字雙行二十六字，白口，左右雙邊，板心下方有"萬玉堂雕"四字，是目前所見最早的《佩觿》刊本。據卷末徐充跋文，孫氏爲家塾之用而續刻《佩

---

① 《佩觿》署名"朝請大夫國子周易博士柱國臣郭忠恕記"。

  籲》，而徐充家藏此書影宋抄本，故屬以之參校。《中華再造善本續編總目提要》："後出之《佩觿》單刻、叢刻本若干種，如明萬曆十二年（1584）李齊芳刻本、萬曆十八年（1590）吳期炤刻本、毛氏汲古閣抄本、明萬曆《格致叢書》本、明刻《唐宋叢書》本、明宛委山堂刻《説郛》本、清康熙四十九年（1710）張士俊澤存堂五種本、《四庫全書》本、清末《續知不足齋叢書》本、民國《叢書集成初編》本等，多以此刻爲祖本。"①

  （二）明李齊芳刻本，又稱萬曆本，刻於明萬曆十二年（1584）。每半葉八行，行十四字，小字雙行二十八字，白口，四周單邊。

  （三）明末清初毛氏汲古閣影明抄本，與《干禄字書》合爲一册。每半葉八行，行十七字，小字雙行，白口，左右雙邊。

  （四）清康熙四十九年（1710）張士俊澤存堂五種本。每半葉八行，行十七至十八字，小字雙行約二十六字，白口，左右雙邊，單魚尾。附張氏重刻跋："《佩觿》一書，考諸《宋·藝文志》，与《汗簡》並列，皆郭宗正忠恕所撰述，其《佩觿》尤詳變隸以降字學浸失之由。其書世不多見。"

  （五）清光緒十一年（1885）長洲蔣鳳藻鐵華館本。此本據澤存堂本校勘翻刻，每半葉八行，行十八字，小字雙行，左右雙邊，白口，後有"吳門徐元圃刻"及篆體"光緒十年歲在焉逢涒

---

① 中華再造善本工程編纂出版委員會《中華再造善本續編總目提要（上）》第46—47頁，國家圖書館出版社2017年。

灘長洲蔣鳳藻香生校梓”等字樣。

　　諸本之中，以萬玉堂本和澤存堂本堪稱精善。故本書以萬玉堂本爲底本，以澤存堂本爲校本。

三、《佩觿》的性質及體例

　　所謂“觿”，是指古人佩戴在腰間的用以解結的工具。《説文》角部：“觿，佩角，鋭耑可以解結。从角，巂聲。《詩》曰：‘童子佩觿。’”因此書取名“佩觿”，故而有學者認爲此書是爲童子識字所用[①]。其實不然。宋歐陽守道《題危恕齋〈佩觿録〉後》云：“《禮》：子事父母，左佩小觿，右佩大觿。觿，解結之具也。其狀如錐，以象骨爲之，取其堅强而不折，滑澤而不滯。常佩於身，備適用也。絲縷縊帶之結以觿解，經學理義之疑以恕齋此録解，故曰《佩觿録》。”[②]可知郭忠恕以“佩觿”名己書，蓋取義於《禮記》，爲讀經解惑釋疑之用。其所謂“童子之事”云云，乃自謙之辭。

　　通過梳理分析《佩觿》的内容，我們發現該書不僅具有精奥的漢字理論闡述，而且還有豐富的文字辨析實踐。因此《佩觿》絶不僅僅是一部童蒙識字用書，而是一部辨析形近易誤字的專書字典，對於時人研讀古籍具有重要的參考價值。

---

① 詳見何九盈《中國古代語言學史》第 301 頁，商務印書館 2013 年；楊薇、張志雲《中國傳統語言文獻學》第 384 頁，崇文書局 2006 年；李新魁、麥耘《韻學古籍述要》第 445 頁，山西人民出版社 1993 年。

② 曾棗莊主編《宋代序跋全編》第 5483 頁，齊魯書社 2015 年。

（一）三科

《佩觿》共三卷，上卷爲“三科”。所謂“三科”，是郭忠恕關於漢字産生、發展、演變以及應用方面的理論概述。“三科”具體指的是三類文字現象：造字之旨、四聲之作、傳寫之差。

“造字之旨，始於象形，中則止戈、反正，而省聲生焉。”

“四聲之作，始於譬況，中則近煙爲殑，而翻語生焉。”

“傳寫之差，始則五日三豕、帝虎魯魚，中則興雲剖疑、繕完先覺。”

每類之下又分細目，郭忠恕分析了唐、五代時期漢字學上存在的三十四種文字現象，列表如下：

造字之旨 （18種）	矛楯、立教、逸駕、相承、遷革、淺陋、野言、備率、濫讀、寓言、多僻、離合、袪惑、獨擅、不典、繆誤、俗訛、蕪累
四聲之作 （14種）	約文、求意、交相、務省、疑韻、拘忌、變古、避諱、聲近、方言、戲音、淆溷、贅韻、尚俗
傳寫之差 （2種）	順非、浮僞

這些現象劃分得不盡科學，中間多有重疊、交叉。總而言之，主要是關於漢字發展演變、漢字分析、古書用字等方面的理論。

（二）十段

中、下卷爲“十段”。郭忠恕運用多種訓詁方法，對所收

774 組形近易混字進行辨析。其中雙字字頭共 725 組,如:"專、專,上芳夫翻,布也。下之沿翻,擅也。"三字字頭共 45 組,如:"秋、秌、扶,上方無翻,再生稻。中下竝音符,中 '山有扶蘇',亦秌蛦;下扶持。"四字字頭僅 4 組,如:"己、已、巳、弖,上居里翻,身也。二羊止翻,止也。三詳里翻,辰名。四下感翻,艸木之華發。"

在字頭的排列上,郭氏没有采用傳統字典辭書 "以形相從" 的編排方式,而是采用 "以聲相從" 的編排方式。先將字形相似、易於混淆的字并列作爲字頭,再按四聲編次,分成:平聲自相對、平聲上聲相對、平聲去聲相對、平聲入聲相對、上聲自相對、上聲去聲相對、上聲入聲相對、去聲自相對、去聲入聲相對、入聲自相對十段。

四、《佩觿》的創作背景

郭忠恕一生經歷了後梁、後唐、後晉、後漢、後周、北宋等朝代,期間三次出仕,一生坎坷。郭氏創作《佩觿》一書,有多方面的背景因素。

唐朝滅亡,社會的動蕩不安、割據紛爭導致產生了文化壁壘,而文化壁壘則加速了漢字的分化,訛字、異體字、俗體字、方言字等大量產生。"楚夏聲異,南北語殊,人用其鄉,相傳非一,同言異字,同字異言,或失在淺浮,或滯於沈濁。"(見卷上 "四聲之作")這就使得文字交流日漸困難,因此漢字規範問題亟待解決。《佩觿》在這樣的時代環境下應運而生,有其必然性,文字規範已經成爲迫在眉睫的問題。

前人的文字學研究成果,特別是"字樣學"隨著隋唐科舉制度的興盛而興起,爲郭忠恕的創作提供了借鑒。字樣學的作用主要是規範楷書形體筆畫,這一階段的著作主要有顏師古《字樣》、顏元孫《干禄字書》、唐玄宗《開元文字音義》、張參《五經文字》、唐玄度《新加九經字樣》、李涪《刊誤》等。《佩觹》多次徵引了這些著作,而在形近字辨析部分,《佩觹》的體例亦受到《干禄字書》和《分毫字樣》的影響和啟發。

1.《干禄字書》的影響

《干禄字書》主要有兩方面内容:一是整理異體字,從一組音義相同的漢字中選擇規範字形作爲用字標準,如"版、板,上通,下正";二是辨析易混字,有時辨析讀音,有時辨析字義,有時既辨音又辨義,目的是爲了避免誤讀和誤寫,如"瞋、嗔,上瞋目,下嗔怒"。

《干禄字書》這種辨析形近字的方法深深影響了《佩觹》,而且《佩觹》部分字頭的辨析完全借用《干禄字書》,例如:

鍾、鐘,上酒器,下鐘磬字。今竝用上字。(《干禄字書》)

鍾、鐘,竝章容翻。上酒器,下鐘磬。(《佩觹》)

《干禄字書》對傳統的部首編排方式進行了改革,首開先河以"平上去入"四聲爲綱,按206韻爲次編排單字。《佩觹》在編排體例上借鑒了這種方式,將字形相似的字并列作爲字頭,再按四聲編次。

2.《分毫字樣》的啟發

今本《玉篇》書後附《分毫字樣》一卷,但該書與今本《玉篇》没有關係,撰著者不詳。有學者將顏師古《字樣》和《分毫字樣》的字形、字音、字義相比較,發現《分毫字樣》成書於唐,當在顏師古《字樣》與唐代《正名要録》之間①。

《分毫字樣》辨析形近字的形式與《佩觽》非常相似,全書共收字 124 組、248 字。而且兩書相較,《分毫字樣》中的大部分字頭與《佩觽》重合②,例如:

遷、還,上徒苔反,合也。下胡關反,返也。(《分毫字樣》)

還、遷,上户關翻,迴也。下徒苔翻,合也。(《佩觽》)

痤、座,上徂和反,短也。下徂卧反,座席。(《分毫字樣》)

痤、座,上才戈翻,癰也。下才卧翻,座位。(《佩觽》)

通過比較可以發現,無論在字頭編排上,還是在辨音釋義上,《佩觽》都借鑒了《分毫字樣》。

五、《佩觽》的語言文字學價值

(一)文字理論貢獻

第一,《佩觽》上卷"三科",是繼許慎《説文·敘》之後第一篇系統文字理論著作,在文字學史上具有重要意義。

《説文·敘》是中國最早的成體系的文字理論著作,主要涉及漢字的起源、功用、發展、構造以及創立部首排列法等幾個方面。《説文·敘》的誕生標志著中國文字學的誕生,"二千年

---

① 張孟晉、韓瑞芳《〈分毫字樣〉研究》,《古籍整理研究學刊》2014 年第 4 期。

② 爲了讀者研究方便,《分毫字樣》全文附在本書"附録一"中。

來，在文字學上首創之書，亦最有威權之書，唯有許慎之《説文解字》"①。

　　許慎以小篆作爲研究對象，而郭忠恕則以楷書作爲研究對象。郭忠恕的"三科"是第一篇楷書文字理論著作，集中研究了唐以來文字發展、文字闡釋、文字使用三個方面三十四種現象，眼光獨到，發人深思。

　　第二，郭忠恕是文字學史上提出"三書説"第一人。

　　"六書"是最早的關於漢字構造的理論，《説文》作爲文字學的經典，樹立了"六書"的權威。但實際上，"六書説"這個理論是有很大問題的。裘錫圭指出："漢代學者提出六書説是有功勞的。但是六書説在建立起權威之後，就逐漸變成束縛文字學發展的桎梏了。在崇經媚古的封建時代裏，研究文字學的人都把六書奉爲不可違離的指針。儘管他們對象形、指事等六書的理解往往各不相同，却没有一個人敢跳出六書的圈子去進行研究。好像漢字天生注定非分成象形、指事等六類不可。大家寫了很多書和文章，爭論究竟應該怎樣給轉注下定義，究竟應該把哪些字歸入象形，哪些字歸入指事，哪些字歸入會意等等。而這些問題實際上却大都是爭論不出什麼有意義的結果來的。可以説，很多精力是白白浪費了。另一方面，文字學上很多應該研究的問題，却往往没有人去研究。"②

----

① 　胡樸安《中國文字學史》第 39 頁，商務印書館 1937 年。
② 　裘錫圭《文字學概要（修訂本）》第 108 頁，商務印書館 2013 年。

　　唐蘭意識到了"六書説"的不足,提出了著名的"三書説",
"象形、象意、形聲,叫做三書,足以範圍一切中國文字,不歸於
形,必歸於意,不歸於意,必歸於聲。形意聲是文字的三方面,
我們用三書來分類,就不容許再有混淆不清的地方"①。"三書説"
的提出產生了很大反響,之後又有學者提出新"三書説"。

　　實際上,唐蘭并不是最早提出"三書説"的學者。早在五
代十國時期,郭忠恕就已經意識到了"六書説"的局限,打破傳
統,提出了"三書説":"造字之旨,始於象形,中則止戈、反正,而
省聲生焉。"(《佩觿》卷上)從目前所見材料來看,郭忠恕是歷
史上提出"三書説"的第一人。不僅如此,郭氏跳出"六書"的
藩籬,將文字學的眼光聚焦到漢字的發展演變、字用等方面,擴
大了文字學研究的視野,闡釋了三十四種文字現象,實屬難能
可貴。

　　(二)廣搜字形,保留了大量古文、俗字資料

　　郭忠恕最工篆籀,是當時的古文字學家。《集古録跋尾》卷
十:"世人但知其小篆,而不知其楷法尤精。"可見郭忠恕不僅通
曉"古文",而且尤精隸楷。郭氏的書法作品有《三體陰符經》,
至今尚存西安碑林。

　　《佩觿》中廣泛收録了"古文"字體,例如:"弓、弓,上居中
翻,弓矢。下大旦翻,古文'彈'。"弓,《汗簡》載此古文,作弓
(5·70)。

---

①　唐蘭《中國文字學》第 63 頁,上海古籍出版社 2005 年。

　　“晚唐、五代，中國封建社會由盛轉衰，統一的中國又陷入封建割據和軍閥混戰之中。國力漸衰，世風下頹，一時曾有所收斂的俗訛別體遂又泛濫起來。唐文宗開成二年(837)，鑒於當時異體繁多、用字混亂的現狀，文宗命人用楷書刻立《易》《書》《詩》等十二部儒家經典，末附《五經文字》和《九經字樣》，試圖統一經書和規範楷書的形體。但在整個‘俗化’的大氛圍下，這一措施似乎并没有起太大作用。不但碑志上的異體又開始呈上升的趨勢，即使意在正字的《石經》也未能免俗。……至於敦煌發現的數萬卷寫本，大多數是晚唐、五代的産物，其中的俗字別體，確乎連篇累牘，令人誦讀爲難。……我們有理由認爲，晚唐、五代是俗字紛繁的另一個高峰。”①《佩觿》中的大量俗字正驗證了張涌泉的説法。

　　在“三科”部分，郭忠恕集中論述了當時漢字俗寫造成的困擾。例如：“有以冰爲凝，有以渴音竭。”（上卷“矛楯”條）按：《説文》無“氷”字，“氷”爲後起俗字。《字彙》水部：“氷，俗冰字。”《説文》仌部：“冰，水堅也。从仌，从水。魚陵切。臣鉉等曰：‘今作筆陵切，以爲冰凍之冰。’凝，俗冰从疑。”可知，冰凍之“冰”本作“仌”，而凝固之“凝”本作“冰”。古籍中凝固之“凝”多寫作“冰”。

　　在“十段”部分，郭忠恕不僅在字頭中采用俗字，而且在釋文中亦采用俗字，可見當時俗字之盛。字頭爲俗字，例如：“桜、

---

①　張涌泉《漢語俗字研究(增訂本)》第 30 頁，商務印書館 2019 年。

挼，上人佳翻，小木。下奴禾翻，手挼。”按：《廣韻》脂韻：“挼，
摧也。又奴禾切。俗作‘挼’。”釋文中有俗字，例如：“吞、呑，
上土根翻，嚥也。下古惠翻，人姓。”按：《正字通》口部：“嚥，俗
‘咽’字。”

（三）保存了大量中古時期的音讀材料

郭忠恕在上卷“三科”部分説到：“四聲之作，始於譬況，中
則近煙爲殗，而翻語生焉。”大致概括了漢字注音由譬況法、讀
若法再到反切法的發展過程。

譬況是較早的注音方法，是“用描述性的話來説明某個字
的發音狀況的”[①]。如《淮南子·墜形訓》“其地宜黍，多旄犀”，高
誘注：“旄，讀近綢繆之繆，急氣言乃得之。”讀若，是用與被釋字
讀音相同或相近的字來注音的一種方法，有時也寫作“讀如、讀
爲、讀曰、聲同、聲近”等，這種注音方式在古代運用得較爲廣
泛。就讀若法的本質來説，也可以算是一種譬況法，譬況法及讀
若法都屬於較早的注音方法。郭忠恕生活的時代，反切法使用
普遍。《佩觿》中大量采用了反切法爲漢字注音。

在上卷“三科”之“四聲之作”部分，郭忠恕列舉了大量中
古時期的語音問題。首先，郭氏注意到了語音的發展變化，“魏
朝以降，蔓衍寔繁，世變人移，音訛字替。徐仙民翻易爲神石，
郭景純翻餤爲羽鹽，劉昌宗用承音乘，許叔重讀皿爲猛。先儒
傳受，不敢弛張。迨乎《切韻》之興，屢加釐革，即支（章移翻）脂

---

① 李新魁《古音概説》第 12 頁，廣東人民出版社 1979 年。

（旨夷翻）魚（語居翻）虞（遇俱翻）共爲一韻，先（蘇前翻）仙（相然翻）尤（羽庆翻）侯（予溝翻）俱論是切。”其次，列舉了古籍用字和現實生活中的“約文、求意、交相、務省、疑韻、拘忌、變古、避諱、聲近、方言、殼音、淆溷、贅韻、尚俗”等十四種語音現象。

“十段”部分保留了 1430 個字頭的注音材料①，運用直音法的共計 76 字，占比百分之五，其餘均爲反切法。釋文中出現的生僻字，郭氏一并注音，例如：“寀、寀，上且殆翻，寮寀，从采取之采。下尸稔翻，察也，从釆。釆，蒲莧翻。”《佩觿》保存了大量中古時期的音讀材料，可作爲中古音研究的參考。

（四）保存了大量中古時期的詞彙常用義

隨著語言的發展，中古時期詞彙意義已經十分豐富了，多數詞語兼有本義、引申義和假借義。而《佩觿》在字義訓釋方面没有求全，采用了常見的經典中的詞義，或者采用該字在當時的常用義。“這種做法對於辨析文字之間的異同是十分有效的，能夠讓時人以最快的速度找到易混字之間的異同點。”②

第一，以常見經典釋字。例如：“襵、襳，上沙占翻，‘襵襳女手’。下所咸翻，木，與‘杉’同。”“襵襳女手”引自《詩·魏風·葛屨》。“柤、柤，竝側加翻。上果名，亦藥滓。下挹也，出《説文》。”“虵、蛇，上余脂翻，迻虵，出《莊子》。下是遮翻，虺也。”

《詩》《説文》《莊子》等均爲當時讀書人耳熟能詳的經典名篇。

---

① 《佩觿》“十段”部分有 20 個字頭未注音。
② 梅悦《〈佩觿〉文字辨析研究》，南通大學 2016 年碩士學位論文。

這種"以經釋字"的方式,可以爲訓釋字義提供具體的語境。

第二,以當時之常用義釋字。例如:"橦、撞,上徒東翻,木名。下宅江翻,刺也。"按:《説文》木部:"橦,帳極也。从木,童聲。"所謂"帳極",即帳柱,是橦的本義。然而郭氏并没有采用這個本義,而云"徒東翻,木名",即一種多年生木本棉花。此音義蓋爲五代時期常用音義。唐韓翃《送李明府赴連州》:"春服橦華細,初筵木槿芳。"

又如:"批、扲,上匹迷翻,署也。下子禮、側買二翻,殺也。"按:批,本字應作"扲"。《説文》手部:"扲,反手擊也。从手,尼聲。"《玉篇》手部:"扲,蒲結、普雞二切。反手擊也。《左氏傳》曰:扲而殺之。"又同部:"批,普迷切。擊也。"段玉裁指出,"批"是"扲"的俗字。批,中古引申爲"批署、批示"。唐黄滔《寄獻梓橦山侯侍御》:"賜衣僧脱去,奏表主批還。"宋周煇《清波別志》卷下:"聖人出口爲敕,批出,誰敢違。"

六、結語

綜上所述,郭忠恕《佩觿》是中古時期的一部重要的語言文字學著作,在文字學、音韻學、訓詁學、詞典學等方面都具有重要的價值。遺憾的是,到目前爲止學界尚未對《佩觿》給予足夠的關注。這主要表現在兩個方面:一,相關研究少。目前所能看到的僅有少量相關研究論文,尚未有專著問世;二,至今尚未有《佩觿》的整理本面世。而《佩觿》流傳至今,版本遞易,文字多有舛訛。自郭氏化仙而去,千餘年矣,"世變人移,音訛字替"。

今人研讀《佩觿》，難免詰詘聱牙。鑒於此，作者不揣淺陋，試作點校，并略加釋證。限於學識，捉襟見肘，勉爲其難。至於精研宏論，以俟方家。

凡　例

一、本書以明嘉靖六年（1527）孫沐萬玉堂刻本爲底本，以清康熙四十九年（1710）張士俊澤存堂本爲校本。同時參考《説文解字》《玉篇》《廣韻》《集韻》等文獻進行核校。

二、原書豎排，現改爲横排。原書正文、注文及字頭，本書一律采用宋體，用大小字區分；原書注文中的小字夾注，本書一律采用楷體。

三、萬玉堂本原附有辨證一卷（著者不詳），又附郭忠恕相關史料，本次整理均照録。

四、本書采用現代標點符號加以標點。

五、凡校改删補之處，徑直改動，并在改動處以腳注形式出校記。避諱字、版刻易混字（如己已巳、戊戌戍、佳佳等）徑改，不出校記。

六、除底本中需要保留的異體字、古字、俗字外，本書一律使用規範的繁體字。

七、《佩觿》上卷論述了三十四種文字現象，文字簡約，不易理解。本次整理根據原書内容適當劃分段落，并增加釋證，且對生僻字、疑難字等隨文加注現代漢語拼音。

八、《佩觿》中、下卷爲形近字辨析。本部分在字頭後加注現代漢語拼音,僅對生僻字、誤釋字等給出釋證。

九、本書釋證過程中涉及的上古音,采用郭錫良《漢字古音手册》;現代漢語拼音主要參考《漢語大字典(第 2 版)》。

十、本書所引用文獻版本詳見書後"主要參考文獻",不在每一引用處一一注明。

十一、郭忠恕推崇《經典釋文·序録》《顔氏家訓·書證》,書中引用甚多,爲方便讀者參校,特附於後;又,《玉篇》卷末附有《分毫字樣》一卷(著者不詳),可資參考,并附於後。

佩觿卷上

佩觿者，童子之事得立言於小學者也。〔一〕
其一曰造字之旨，始於象形，孔子曰："牛羊之字，以形舉
也。"〔二〕中則止戈、反正，《傳》："止戈爲武。""反正爲乏。"〔三〕
而省聲生焉。〔四〕《禮》"鷲蟲攫搏"，鄭注："从鳥，蟄省聲。"今作
鷲省，非也。《說文》云从執聲。至若《春秋》姓字、地名更
見，《尚書》宋齊舊本隸寫古文，學者知之，不可
具舉。

【釋證】

〔一〕《說文》角部："觿，佩角，銳耑可以解結。从角，巂
聲。"觿是古代用骨、玉、金屬等製成的用來解結的一種錐子。
宋歐陽守道《題危恕齋〈佩觿録〉後》云："《禮》：子事父母，左佩
小觿，右佩大觿。觿，解結之具也。其狀如錐，以象骨爲之，取
其堅强而不折，滑澤而不滯。常佩於身，備適用也。絲縷纓帶
之結以觿解，經學理義之疑以恕齋此録解，故曰《佩觿録》。"明
馮復京《六家詩名物疏》卷一七《國風衛二》云："觿，《禮記》云
'子事父母，婦事舅姑，左佩小觿，右佩大觿'，注：'觿貌如錐，以
象骨爲之。'《說文》云：'觿，佩角，銳耑可以解結。'毛云：'成人
之佩也。'劉向云：'治煩決亂者佩觿。'"可知郭忠恕以"佩觿"
名己書，蓋取義於《禮記》，爲讀經解惑釋疑之用。所謂"童子之

事”云云,乃自謙之辭。

〔二〕《説文》羊部:“羊,祥也。从丷,象頭角足尾之形。孔子曰:‘牛羊之字,以形舉也。’”

〔三〕止戈,語出《左傳·宣公十二年》:“夫文,止戈爲武。”《説文》引以解釋“武”字,《説文》戈部:“武,楚莊王曰:夫武,定功戢兵,故止戈爲武。”

反正,語出《左傳·宣公十五年》:“故文,反正爲乏。”《説文》引以解釋“乏”字,《説文》正部:“乏,《春秋傳》曰:‘反正为乏。’”正,小篆作𤴓;乏,小篆作𠂷。

〔四〕郭忠恕不拘泥“六書”,首次提出“三書説”,認爲文字的結構可分爲三類,其産生的順序爲象形、會意、形聲。

有以冰爲凝,《説文》:“冰,魚陵翻。”“凝,筆陵翻。”亦互用之。〔一〕**有以渴音竭**;《説文》《字林》“渴”音其列翻,水竭字。〔二〕**古文以貞爲鼎**,〔三〕**籀文以鼎爲則**。〔四〕**其矛楯有如此者**。〔五〕

【釋證】

〔一〕冰,《説文》無“冰”字,“冰”爲後起俗字。《字彙》水部:“冰,俗‘冰’字。”《説文》仌部:“仌,凍也。象水凝之形。筆陵切。”又同部:“冰,水堅也。从仌,从水。魚陵切。臣鉉等曰:‘今作筆陵切,以爲冰凍之冰。’凝,俗冰从疑。”可知,冰凍之冰本作“仌”,而凝固之凝本作“冰”。古籍中凝固之凝多寫作“冰”,《爾雅·釋器》“冰,脂也”,陸德明釋文:“冰,孫本作‘凝’。”《莊子·逍遙遊》“肌膚若冰雪”,郭慶藩集釋:“冰,古‘凝’字。”

〔二〕《説文》水部:“渴,盡也。从水,曷聲。”古水竭字多用

“渴”,今用“渴”爲飢㵣字。徐鍇繫傳:“飢㵣字从欠。刻曷反。”《周禮·地官·草人》“渴澤用鹿”,陸德明釋文:“渴,其列反。”中山王方壺(《集成》9735)“渴志盡忠”,“渴”正用爲本字。《説文》立部:“竭,負舉也。从立,曷聲。”“竭”本義爲負舉、負戴,經典多借用爲竭盡字。

〔三〕《説文》卜部:“貞,卜問也。从卜,貝以爲贄。一曰鼎省聲。京房所説。”甲骨文多假“鼎”爲“貞”,作(《合》33867);後爲“貞卜”義造專字(H11:174),从卜,鼎聲。西周金文因之,作(《集成》10176散氏盤)。春秋文字“鼎、貝”混同,故“貞”字又作(《集成》2605無爹魯生鼎),下从貝。戰國文字多假“貞”爲“鼎”。《上博簡·史蒥問於夫子》“大鐘貞”,即“大鐘鼎”。楚國王孫變鼎“王孫變之登貞”,以“貞”通“鼎”,“登”通“烝”,“登貞”即“烝鼎”。

〔四〕《説文》鼎部:“鼎,三足兩耳,和五味之寶器也。昔禹收九牧之金,鑄鼎荆山之下,入山林川澤,螭魅蝄蜽,莫能逢之,以協承天休。《易》卦巽木於下者爲鼎,象析木以炊也。籀文以‘鼎’爲‘貞’字。”《説文古本考》認爲《佩觿》的“則”當是“貞”字傳寫之誤,而段玉裁則認爲《佩觿》的“則”是“貝”之寫訛。按:段説近是。籀文多以“鼎”爲“貝”,如“則”籀文作,“員”籀文作,“娟”籀文作,三字籀文皆从鼎。

〔五〕楯(dùn),《龍龕手鑑》木部:“楯,食閏反。兵器也。”《字彙》木部:“楯,與‘盾’同。”

刑罰从寸,古罰如此,謂持刀詈人。《元命苞》改刀作寸。寸,法也。[一] **應對从士**,古對如此。漢文帝以言多非誠,乃去口从士。[二] **疊惡太盛**,古疊如此,言決罪三日得宜。新室以三日太

盛，改作三田。〔三〕媒貴爲神。《月令》注："以其高禖爲神。"故从
示。〔四〕其立教有如此者。

【釋證】

〔一〕《説文》刀部："罰，辠之小者。从刀，从詈。未以刀有
所賊，但持刀罵詈，則應罰。"《廣韻》月韻："罰，罪罰。《元命
包》曰：'网言爲詈，刀詈爲罰，罰之言网陷於害。'"罰，西周金
文作🔲（《集成》2837大盂鼎），从刀，从网，从言。戰國文字與金
文同，篆文字形亦襲金文。東漢隸變，作🔲（張壽碑）、🔲（武梁
祠畫像題字）、🔲（唐扶頌），訛"刀"爲"寸"。

《元命苞》，全稱《春秋緯元命苞》，作者不詳，約作於西漢末
東漢初。魏宋均曾經爲該書作注。漢代以來傳注類書徵引甚
多，屬讖緯之書。全書已佚，明代以後有多種輯本。

〔二〕《説文》丵部："對，譍無方也。从丵，从口，从寸。對，
對或从士。漢文帝以爲責對而爲言，多非誠對，故去其口以从
士也。"徐鍇繫傳："漢文帝幸虎圈，問守尉禽獸簿，守尉不能對。
嗇夫從旁代對，甚悉。文帝悦。張釋之曰：'秦以利口而亡，周
勃、張相如似不能言者。'帝感悟責對者見責問而對，故云非誠。
《易》曰'尚口乃窮'，故去口。士，事也，取事實也。"對，甲骨文
作🔲（《合》30600）、🔲（《屯》4529），金文作🔲（《集成》2614曆
方鼎）、🔲（《集成》4223追簋），均从丵，从土，从又。小篆或體
"對"从"士"，當是"土"之訛。考察形體演變，可知从"士"之
"對"可以上溯到甲金文字，并非漢文帝所創。

〔三〕《説文》晶部："疊，楊雄説，以爲古理官決罪，三日得
其宜，乃行之。从晶，从宜。亡新以爲疊从三日太盛，改爲三
田。"疊，小篆从晶从宜會意。亡新，即王莽，王莽時改"疊"爲
"疊"。漢印作🔲（《漢印文字徵》卷七），从晶从宜。

〔四〕《禮記·月令》"以太牢祀于高禖"，鄭玄注："變媒言禖，神之也。"孔穎達疏："媒字从女，今从示旁。爲之示，是神明告示之義。"

　　衞、㝱之字是謂隸省，本作䘙、瞢。〔一〕**歬、寍之字是謂隸加**，本作歬、寍。〔二〕**詞、朗之字是謂隸行**，本作䛐、朖。〔三〕**寒、無之字是謂隸變**。本作𡪀、𣹍。〔四〕**其逸駕有如此者。**

【釋證】

〔一〕䘙（wèi），商代金文作▨（《集成》2944 䘙簋），象四足環繞一城邑。西周早期金文添加意符"行"，作▨（《集成》5915 䘙尊）。西周中期，添加意符"帀"，作▨（《集成》9456 裘䘙盉），从帀，衞聲。《說文》帀部："帀，周也。"䘙从帀，謂宿衞周密也。小篆繼承金文寫法，作▨。《說文》行部："䘙，宿衞也。从韋、帀，从行。行，列衞也。"秦隸略加省簡，作▨（《睡·秦》196）。

㝱（mèng），甲骨文作▨（《合》12713）、▨（《合》22187）、▨（《合》17375）等形。小篆繁化，作▨，《說文》㝱部："㝱，寐而有覺也。从宀，从疒，夢聲。"《說文》夕部："夢，不明也。从夕，瞢省聲。"經典凡"㝱"多假"夢"爲之。

〔二〕《說文》止部："歬（qián），不行而進謂之歬。从止在舟上。"刀部："剪（jiǎn），齊斷也。从刀，歬聲。""歬、剪"本是兩字，然而秦隸時"剪"假爲"歬"，睡虎地秦簡"歬"字作▨（《法》15）、▨（《法》12）、▨（《日乙》51），爲"剪斷"之"剪"。▨，隸省作"歬"。

《說文》用部："寍（nìng），所願也。从用，寧省聲。"段玉裁注："此與丂部'寧'音義皆同。許意'寧'爲願詞，'寍'爲所願，略區別耳。二字古皆平聲。"《説文》亏部："寍，願詞也。从亏，寍聲。"甯，俗字又作"寍、寗"等形。《集韻》徑韻："寗，乃定切。《説文》：'所願也。'又邑名。亦姓。"《五經文字》用部："甯、寍，上《説文》，下隸變。"

〔三〕《集韻》之韻："詞，古作'司'。或書作'暑'。"

《説文》月部："朖，明也。从月，良聲。"《廣韻》蕩韻："朖、誏，并上同（朗）。"

〔四〕《説文》宀部："寒，凍也。从人在宀下，以茻薦覆之，下有仌。"寒，小篆作𡫳，或隸定爲"𡫳"。睡虎地秦簡隸書省作𡨄（《秦》90）、𡨄（《爲》31）。𡨄形進一步隸變作寒（袁良碑）。

無，甲骨文作𣓤（《合》15996），金文作𣞤（《集成》4009 毛伯簋）、𣞤（《集成》4287 伊簋），爲"舞"之本字。小篆和秦簡承襲之，分别作𣞤（《説文》）、𣞤（《睡·秦》8），隸變作"橆"，進一步簡省作"無"。《玉篇》林部："橆，文甫切，繁橆豐盛也。今作'無'，爲有無字。"《廣韻》麌韻："橆，蕃滋生長。隸省作'無'，今借爲有無字。"

塗泥爲途説，〔一〕**蚤蝨爲早暮，**〔二〕**黨與爲取与，**〔三〕**冑子爲甲冑。**〔四〕**其相承有如此者。**

【釋證】

〔一〕《説文》土部新附："塗，泥也。从土，涂聲。"《玉篇》辵部："途，路也。"《廣韻》模韻："途，道也。"經典中"塗、途"二字常互通。《戰國策·秦策》"又斬范、中行之途"，《史記·范雎蔡澤列傳》作"塗"；《史記·司馬相如列傳》"道盡塗殫"，《文選》司馬相如《上林賦》作"途"；《論語·陽貨》"遇諸塗"，陸德明釋文："塗，字當作'途'。"

〔二〕蚤（zǎo），《説文》蚰部：“蚤，齧人跳蟲。从蚰，叉聲。叉，古爪字。蚤，蚤或从虫。”蚤，後進一步簡化作“蚤”。《説文》日部：“早，晨也。从日在甲上。”“蚤、早”古音相同，均在精紐幽部，故古書多通假。《望山楚簡》1·13：“古之晨蚤占之。”睡虎地秦簡《日書》甲：“有爲而禺（遇）雨，命曰央（殃）蚤至。”《儀禮·士相見禮》“問日之早晏”，鄭玄注：“古文‘早’作‘蚤’。”

〔三〕《説文》舁部：“與，黨與也。从舁，从与。”《説文》勺部：“与，賜予也。一勺爲与。此与與同。”《集韻》語韻：“与，通作‘與、予’。”

〔四〕《説文》肉部：“𦞂（胄），胤也。从肉，由聲。”又冃部：“𦝠（胄），兜鍪也。从冃，由聲。䪏，《司馬法》胄从革。”𦞂（胄）、𦝠（胄）形義皆殊，隸變時小篆所从之𦙶隸變作“月”，𦥓隸變作“冃”，二者形近而混同。

𡐩山之縣爲當塗，古文《尚書》作“𡐩”，後依山立當塗縣，今在宣州。〔一〕**戰洰之文爲熒澤**，事具《春秋後序》。〔二〕**穆公之謚既作繆**，《史》《傳》不同。〔三〕**溍洧之詩又作溱**。《詩》與《説文》字別。〔四〕**其遷革有如此者**。

【釋證】

〔一〕𡐩（tú），《説文》屾部：“𡐩，會稽山。一曰九江當𡐩也。民以辛壬癸甲之日嫁娶。从屾，余聲。《虞書》曰：‘予娶𡐩山。’”段玉裁注：“縣之名當塗者，蓋以𡐩山得名。‘𡐩、塗’古今字。”《玉篇》屾部：“𡐩，達胡切。《書》：‘娶于𡐩山。’今作‘塗’。”《廣韻》模韻：“𡐩，𡐩山，古國名，禹所娶也。……亦作‘峹’。又《書》作‘塗’。”

〔二〕《古本竹書紀年》：“晉獻公十七年，衛懿公及赤翟戰于

洞澤。"杜預《春秋經傳集解·後序》:"疑'洞'當爲'泂',即《左
傳》所謂'熒澤'也。""洞、泂"形近而訛。《集韻》青韻:"泂,
泂澤,地名。通作'熒'。""泂、熒"可通,"洞澤"經典又作"熒
澤"。《左傳·閔公二年》狄人伐衞,"戰於熒澤,衞師敗績,遂
滅衞"。

〔三〕穆,明紐覺部;繆,明紐幽部。"穆、繆"古音相近,常
通假。清李富孫《春秋三傳異文釋》:"《莊二十八年傳》'秦穆
夫人',《古今人表》作'繆'。《僖四年經》'葬許穆公',《宣三
年》'葬鄭穆公',《成三年》'葬衞穆公',《公》《穀》并作'繆'。
《十三年傳》'秦穆公',《秦本紀》前後皆作'繆',《古今人表》
作'繆'。《襄九年》'葬穆姜',《公》《穀》作'繆'。"

〔四〕潧(zhēn)、溱(zhēn),古音同屬莊紐真部,經典多
通用。《詩·鄭風·溱洧》:"溱與洧,方渙渙兮。士與女,方秉蕑
兮。"《説文》水部:"潧,水,出鄭國。从水,曾聲。《詩》曰:潧與
洧,方渙渙兮。"《玉篇》水部:"潧,亦作'溱'。"《集韻》臻韻:
"潧,通作'溱、浈'。"

佳人之爲嘉期,佳,美也。《五禮》婚姻曰嘉,慶善也。所
宜依經用字,不當作佳。〔一〕**僅得之爲近遠**,僅以身免、僅得中
第、僅有存者,僅,纔也,耗半也。非遠近。〔二〕**平生之爲外甥**。
"謂我舅者,吾謂之甥。"即從男是。此三字李祭酒涪説。〔三〕**其淺陋
有如此者。**

【釋證】

〔一〕此條出自唐李涪《刊誤》,卷下"佳禮"條云:"吉、凶、
賓、軍、嘉,是爲五禮。婚姻屬之嘉。嘉者,善也。今代每言婚
姻則曰佳期者,美也。婚姻之重,所宜依經。若用爲佳,實傷

古義。”

　　《刊誤》二卷，唐李涪撰。《四庫全書總目提要》：“舊本前有結銜，稱‘國子祭酒’，郭忠恕《佩觿》引此書亦稱‘李祭酒涪’，五代去唐末未遠，當得其真。惟陸游《渭南集》有是書跋，曰：‘王行瑜作亂，宗正卿李涪盛陳其忠，必悔過。及行瑜傳首京師，涪亦放死嶺南。’疑即此人，未詳孰是也。前有《自序》，稱撰成五十篇，此本惟四十九篇，蓋佚其一。其書皆考究典故，引舊制以正唐末之失，又引古制以糾唐制之誤，多可以訂正禮文。下卷間及雜事……唐末之人爭爲佻巧，而涪獨考證舊聞，亦可謂學有根柢者矣。”

　　〔二〕此條亦出《刊誤》，卷下“僅甥傍繆厩薦”條云：“近歲精用文字者，反以僅爲遠近之近。僅者，纔也。纔以身免，纔得中箏。”《説文》人部：“僅，材能也。从人，堇聲。”段玉裁注：“材，今俗用之‘纔’字也。”《後漢書·崔駰傳》：“或草耕而僅飽，或木茹而長飢。”中古時期，“僅”用爲“幾乎、接近”義，段玉裁注又云：“唐人文字‘僅’多訓庶幾之幾，如杜詩‘山城僅百層’，韓文‘初守睢陽時，士卒僅萬人’。……此等皆李涪所謂以僅爲近遠者。”

　　〔三〕此條亦出《刊誤》，卷下“僅甥傍繆厩薦”條云：“《爾雅》云謂我舅者曰甥。近者皆去‘男’，空書‘生’字。不原聖人之旨，徒欲異於經文。”按：“甥”與“生”通假，出土文獻習見。徐俊剛《非簡帛類戰國文字通假材料的整理與研究》:《璽彙》“王生看”（3946）、“郘生豕”（1679）、“安即生晨”（3453），三方印中的“生”均讀爲“甥”。林澐指出，“生”通“甥”，古人名之稱“某甥”者，“甥”前之字均是母姓。張亞初也認爲金文中的“某生”就是“某甥”。吳振武指出，姓名私璽中的“某生”當讀如“某甥”，氏後綴一“生（甥）”，標明這個氏是母親家的氏。（以上三家意見參見王輝編著《古文字通假字典》）《上博簡·吳命》：“咎（舅）生（甥）之邦，聶（攝）周子孫，佳（唯）余一人所豐（禮）。”“甥”與“生”通假，傳世文獻亦多見。《三國志·吳書·陸遜傳》：“遜外生顧譚、顧承、姚信并以親附太子，枉見流徙。”南朝宋劉義慶《世說新語·排調》：“桓豹奴是王丹陽外生，形似其舅。”

　　五十二家書都來穿鑿，今五十二家書竝不合本體，必非蕭子雲所作。蓋後人妄爲之。〔一〕**三百六十體更是榛蕪**，王南賓存乂《切韻》首列三百六十體，多失部居，不可依據。〔二〕**考字左回，老字右轉**。謹案：考从丂，丂，苦杲翻；老从匕，匕，火霸翻。裴務齊《切韻·序》云左回右轉，非也。〔三〕**其野言有如此者**。

【釋證】

　　〔一〕《五十二體書》，《舊唐書·經籍志》《新唐書·藝文志》著録：一卷，蕭子雲撰。已亡佚。

　　蕭子雲，字景齊，南蘭陵人。南齊高帝蕭道成之孫，豫章文獻王蕭嶷第九子。擅草隸書，善效鍾繇、王羲之之書，而微變其體，其書亦雅。《梁書》有傳。

　　〔二〕王南賓存乂《切韻》，又稱《王存乂切韻》，已亡佚。黃錫全《汗簡注釋》：“日本現在書目（按：應爲《日本見在書目》）有王存藝《切韻》五卷。藝即乂也（王國維說）。‘王南賓存乂’之‘王南賓’蓋其名，‘存乂’蓋其字，猶如《字指》爲郭訓所撰，本書稱‘郭顯卿字指’。王存乂《切韻》爲唐人所撰《切韻》之一種。據《佩觿》及《廣川書跋》所記，此書當是一部據流傳之‘古文’和有關典籍校正陸氏《切韻》，并對唐以前諸家《切韻》

有所删除，且另有增字之專著。書中著重記述了王存乂對《切韻》的看法。”

〔三〕裴務齊正字本《刊謬補缺切韻》，藏於北京故宫博物院，該書卷首題有“承奉郎行江夏縣主簿裴務齊正字”，故學界稱之爲“裴務齊正字本《刊謬補缺切韻》”，簡稱《裴韻》。現存《裴韻》爲殘卷，其中平聲兩卷、上聲卷殘缺不全，去、入兩卷完整。著者裴務齊，史無可考。該書的成書年代，周祖謨認爲“一定在中宗以後”，曹志國認爲在“唐玄宗時期或之後”。

雀鴘胥恭翻。**之鴘，鎗鏟**音義皆闕。**之鏟，澆潑**普末翻。**之潑。**此皆非古字，王存乂《切韻·序》云：形聲、會意施行已久。**其備率有如此者。**

昭穆義舛，李祭酒涪説，爲漢諱昭（音釗）改音韶，失之也。案：《説文》自有佋穆之字，以昭爲佋，蓋借音耳。〔一〕**杕杜文乖；**杕，大計翻。北齊河北《毛詩》本多作狄，唐楊國忠以杕杜之杕爲笞杖之杖，人多笑之。〔二〕**屯**陟倫翻。**卦之屯音豚，**《五經文字》以屯爲乇聚之乇。〔三〕**胡毋之毋**音無。**用母。**父母之母。今《公羊·序》如此，失之矣。〔四〕**其濫讀有如此者。**

【釋證】

〔一〕此條出自《刊誤》，卷下“昭穆”條云：“按《禮記》，昭，明也；穆，美也。蓋光揚先祖之德，著斯美號。至晉武帝以其父名昭，改爲韶音。歷代已遠，豈宜爲晉氏之諱，而行於我唐哉？今請復爲昭穆。”《説文》日部：“昭，日明也。从日，召聲。”段玉裁注：“引伸爲凡明之偁。廟有昭穆，昭取陽明，穆取陰幽。皆本無正字，叚此二字爲之。自晉避司馬昭諱，不敢正讀，《一切》讀上饒反，而陸氏乃以入《經典釋文》，陋矣。又别製‘佋’字，注云：'廟昭穆，父爲佋，南面；子爲穆，北面。从人，召聲。'此最爲不通。昭穆乃鬼神之偶，其字當从示，而从人何也？無識者又取以竄入《説文》人部中。其亂名改作有如此者。"《説文》人部："佋，廟佋穆。父爲佋，南面；子爲穆，北面。从人，召聲。"

〔二〕杕（dì），《説文》木部："杕，樹兒。从木，大聲。《詩》曰：有杕之杜。"《玉篇》木部："杕，徒計切。木盛兒。"《顏氏家訓·書證》："《詩》云：'有杕之杜。'……河北本皆爲夷狄之狄。"

〔三〕屯（zhūn），《説文》屮部："屯，難也。象草木之初生，屯然而難。"《玉篇》屮部："屯，陟倫切。萬物始生也。厚也。難也。"字作（《集成》10175 史墻盤）、（《集成》267 秦公鎛）、（《曾》16）、（《説文》），楷書作"屯"。

屯（tún），《龍龕手鏡》雜部："屯，徒渾反。聚也。又姓。"字作（北魏元診墓志）、（隋朱貴夫妻造像記）。

因兩字形近，後世遂合二爲一。《五經文字》屮部："屯，從屮反。聚也。"《廣韻》諄韻："屯，難也，厚也。陟綸切。又徒渾切。"又魂韻："屯，聚也。又姓，《後蜀録》有法部尚書屯度。徒渾切。"

〔四〕"母、毋"古本一字，後分化出"毋"字，爲禁止之詞。于省吾："甲骨文和金文均借母字以爲否定詞之毋……毋字的造字本義，係把母字的兩點變爲一個橫畫，作爲指事字的標志，以別於母，而仍因母字以爲聲。"

馬頭人爲長，人持十爲斗，苛爲止句，虫謂詘中，言不合諸經解字，已上具《説文·序》，其下亦然。〔一〕**《埤蒼》云畛則尔有田**，〔二〕**《古今訓》地乃土乙力**，張顯所作。〔三〕《中興書》舟在二閒爲舟，彌亘字從二間舟，今之隸書轉舟爲日，而何法盛《中興書》乃以舟在二間爲舟航字，謬也。〔四〕《春秋説》人十四心爲德，《詩説》二在天下爲酉，〔五〕《國志》口在天上爲吴，《晉書》黄頭小人爲恭，《參同》以人負告爲造，〔六〕《新論》之金昆配物，謂銀字從金昆。〔七〕《後漢》之白水稱祥，時王莽作㪍刀錢，文曰“貨泉”，有類“白水真人”字，應漢光武中興。〔八〕自“中興”已下至此，皆出《顏氏家訓》。**馮則行馬水邊**，符融斷獄，有書生妻爲人所殺，夜夢乘馬，一邊淫一邊乾，又見天上、水中各一日。融曰：“此必馮昌也。”〔九〕**幽則挂絲山上**，《齊志》：張伯德夢山上挂絲，占者曰：“其爲幽州乎？”秋七月，拜幽州刺史。**董識千里草**，董卓秉政，童謡曰：“千里草，何青青。十日卜，不得一日生。”〔十〕**春占一日夫**，《謝小娥傳》：父夫爲盜所殺，夜夢人曰：“一日夫，門東艸。”乃“春蘭”字也。〔十一〕**三刀之夢爲州**，王濬夢懸三刀於梁上，俄益一刀。後爲益州牧。**八人之詞有火**，萬回於閿鄉市叫曰：“今夜有八人過。”是夕有大火災。**合者人一口**，魏武帝嘗賜群臣酪，器上書一“合”字。楊脩曰：“合，人一口也。”**貞者与上人**，梁武帝時，有僧与人爭田。帝狀後書一“貞”字，劉顯曰：“貞，与上人也。”**八女之解禄山**，沙門一行云：“兩角女子緑衣裳，端坐太行邀君王，一止之月自滅亡。”一止，“正”字也。八女，一作“一止”。〔十二〕**兩日之詳年號**，晉郭璞云：“永昌有二日之象，其後隆昌亦同。”是知喪亂之軌，千載同之。**夢菜必驗**，丁固夢井中生菜，以問趙直，直曰：“菜者，四十八字。君壽不過四十八卒。”〔十三〕**賜棗先知**，漢武帝呼東方朔：“來來。”遂進前。帝再叱之，朔曰：“兩來，棗字。再叱，四十九也。陛下欲賜臣棗四十九枚也。”〔十四〕**詠尹成章**，唐蘇許公詠“尹”字曰：“丑有餘足，甲不全身，見君無口，知伊少人。”**稱朱表識**，《梁史》:木星在斗宿之下,知星者曰:"斗下木,朱字。朱姓當王也。" **吉乃十一口**,鍾輅《前定錄》:杭州臨安令張宣求官,唱名前三日,夢女子曰:"妾有十一口依在貴境。"後果受湖州安吉令。**杳爲十八日**。《大業拾遺》云:"隋煬帝南幸江都,杳娘侍側,帝作㮰字令曰:'杳娘十八日也。'杳娘曰:'羅字四維也。'"〔十五〕**其寓言有如此者**。

【釋證】

〔一〕《説文·敘》曰:"諸生競説字解經誼,稱秦之隸書爲倉頡時書,云父子相傳,何得改易? 乃猥曰:'馬頭人爲長','人持十爲斗','虫者,屈中也'。廷尉説律,至以字斷法。苛人受錢,苛之字,止句也。若此者甚衆,皆不合孔氏古文,謬於史籀。"

〔二〕《埤蒼》,魏張揖撰,佚於宋。清馬國翰輯得《埤蒼》一卷,收入《玉函山房輯佚書》。

畛(zhěn),《龍龕手鑑》田部:"畛、畛,音真,田界也。又之忍反,田間道也。"《字彙》田部:"畛,同上(畛)。"《正字通》田部:"畛,同'畛',俗省。"

〔三〕《古今訓》,晉張顯撰,已亡佚。

地,隸書又寫作地(《隸辨》),古代讖書多將其拆分爲"土、乙、力"。

〔四〕《中興書》,南朝宋何法盛撰,唐代散佚。

亙,甲骨文作𠄔(《合》14766 反),西周金文作𠄔(《集成》2380 亙鼎),皆從月從二,會月在天地間永恒之意,乃"恒"之初文。許慎據"恒"字小篆字形𢛢而以爲從舟。"舟"當是"月"之譌。

〔五〕《顔氏家訓》盧文弨補注:"《春秋説》《詩説》皆緯書也,今多不傳。"

德,俗字作"悳、徳",故古代緯書將其拆分"人、十、四、心"。

丙，武則天所造"天"字，故古代緯書將"酉"拆分爲"二"在"丙"下。

〔六〕《周易參同契》，漢魏伯陽著，簡稱《參同契》，道教早期經典。《顏氏家訓》盧文弨補注："《參同契·下篇》：魏伯陽自敘，寓其姓名，末云：'柯葉萎黄，失其華榮，吉人乘負，安穩長生。'四句合成'造'字。今顏氏云'人負告'，豈'人負吉'之訛歟？'"盧文弨所言甚是，"人負告"當爲"人負吉"。造，傳抄古文作迨(《集篆古文韻海》3·25)，隸書作造、造(《隸辨》)，故魏伯陽將其拆分爲"吉人乘負"。

〔七〕《顏氏家訓》盧文弨補注："桓譚《新論》今不傳。錕乃錕錙字，本亦作昆吾，非銀也。"銀，隸書寫作銀(《隸辨》)，與"錕"形近而混，故桓譚《新論》釋之爲"金昆"。正因此二字形近易混，郭忠恕進行了辨析，《佩觿》卷中："銀、錕，上語巾翻，白金。下古本翻，車轂。"

〔八〕"錢、泉"古音皆爲從紐元部，音近可通。《周禮·天官·外府》"掌邦布之入出"，鄭玄注："其藏曰泉，其行曰布，取名於水泉，其流行無不徧。"《説文》貝部："貝，海介蟲也。居陸名猋，在水名蜬。象形。古者貨貝而寶龜，周而有泉，至秦廢貝行錢。"王莽篡位，忌惡劉氏。因"錢"字含有"金""戈("戈"和"刀"義近，"劉"字从"刀")，故將"錢"字改稱爲"泉"。《廣韻》仙韻："泉，水源也。又錢別名。"币文"貨泉"二字作貨泉，其中"貨"拆字爲"真人"，"泉"拆字爲"白水"，即所謂"白水真人"。

〔九〕馮，《説文》馬部："馮，馬行疾也。从馬，仌聲。"俗字形訛，寫作"馮"，《干禄字書》："馮、馮，上俗，下正。"故據俗字字形可將馮字釋爲"行馬水邊"。

昌，拆解爲二"日"，即所謂"天上、水中各一日"。

〔十〕董,可拆爲"千、里、艸(草)"。

卓,可拆爲"十、日、卜"。

〔十一〕春,可拆爲"一、日、夫"。

蘭,俗字又作蕳(《隸辨》),所从之柬訛作"東"。故據俗字字形可將蘭字拆爲"門、東、艸(草)"。

〔十二〕安,俗字作妛、妧、𡞳(《敦煌俗字典》)。所謂"八女""兩角女子",即"安"字。

〔十三〕桑,俗字作𠭂(《隸辨》)、𠱬、桼(《敦煌俗字典》)等形,可以拆分爲四個"十"和"八"。宋錢易《南部新書》:"開元末,於弘農古函谷關得寶符,白石赤文,正成'桼'字。識者解之云:'桼者,四十八字也,所以示聖上御歷數也。'及幸蜀之來歲,四十八矣。得之時,天下歌之,遂改年天寶。"

〔十四〕棗,"棗"之俗字。《干禄字書》:"棗、棗,上俗,下正。"《龍龕手鏡》來部:"棗,俗,音早。正作'棗'字。"

叱,可以拆爲"口"和"七"。"再叱",兩個"七",七七四十九。

〔十五〕坼,"拆"之異體。坼字令,即拆字令。

繿、楲、鍾、鏓代紺、盞、鑊、鐶①**之字,壐、祠、槐、爐作嚳、鴟、魁、炙之文**;已上出《顏氏家訓》。《三蒼》用甌作尼丘之尼,《字林》用准爲平準之準;**軍陳**直吝翻。**爲陣始於逸少,**《小學章》。**形景**於領翻。**爲影本乎稚川**;《字苑》。**忌諱出自宋明**,以驄馬字旁似禍,改作馻。〔一〕**草創起於天后**;唐天后以而、埊、⊙、𤇾(又作瞾)、〇、𡕀、恖、𡔈、𣆪、羍、圶(又作𡉀)、曌、𡔷、𣇞、稏、庫、囝代天、

---

① "鐶",原作"環",據澤存堂本改。《顏氏家訓》:"又金傍作患爲鐶字。"

地、日、月、星、君、臣、載、初、年、正、照、證、聖、授、戴、國等字。**文帝之隨中去辵，**隨文以周齊不遑寧處，故去辵，言辵走也，遂作隋。〔二〕**次山之昏畔加荒。**元子謚隋煬曰𥅝。**其多僻有如此者。**

【釋證】

〔一〕騧（guā），同“騧”。宋明帝以“騧”字形似“禍”字，改作“騧”。

〔二〕《資治通鑑》“太建十三年二月……於是周主下詔，遜居别宫……禪位於隋”，胡三省注：“隋主本襲封隨公，故國號曰隨。以周齊不遑寧處，故去辵作‘隋’，以辵訓走故也。”

古章、貢水合爲贑感、紺二音，水名，在南康。**之單名，**〔一〕**今高邑城本是鄗之一字。**地在常山，本名鄗。鄗，火屋、火各二翻。漢光武改爲高邑。〔二〕**其離合有如此者。**

【釋證】

〔一〕《廣韻》感韻：“贑，水名，在南康。又音紺。古禫切。”《山海經·海内東經》“贑水出聶都東山，東北注江，入彭澤西”，郭璞注：“今贑水出南康南野縣西北。”贑，即今江西省境内的贛江，又稱贛水。東源貢水出武夷山脉，西源章水出大庾嶺，在贛州市匯合。

〔二〕《説文》邑部：“鄗，常山縣，世祖所即位，今爲高邑。从邑，高聲。”

改鄭爲莫，緣類鄭以難分；〔一〕**更豳爲邠，因似幽而致誤。**〔二〕**其袪惑有如此者。**竝唐玄宗故事，史文具之。

【釋證】

〔一〕《左傳·昭公七年》"盟于濡上",杜預注:"濡水出高陽縣東北,至河間鄚縣入易水。"陸德明釋文:"鄚,本又作'莫'。"《正字通》邑部:"鄚,彌各切,音莫。漢涿郡有鄚縣。一作'莫'。唐玄宗開元十三年,命集賢學士衛包改古文,以'鄚'類'鄭',去邑旁作'莫',今莫州任丘縣。"

〔二〕《説文》邑部:"邠,周太王國。在右扶風美陽。从邑,分聲。豳,美陽亭,即邠也。民俗以夜市。有豳山。从山,从豩,闕。"段玉裁注:"經典多用'豳',惟《孟子》作'邠'。唐開元十三年始改豳州爲邠州,見《通典》《元和郡縣志》。"《詩·大雅·公劉》"于豳斯館",李富孫異文釋:"蓋以國言則作'邠',以山言則作'豳',義各有取。後人多通用之。"

魯國㴲水,㴲,音時,出《兖州圖經》。〔一〕**吴興大舡**,户剛翻,出《釋文·序》《史通》《河橋贊》,蓋船舶之類。〔二〕**溮則申州川名**,溮,音師,出《申州雜記》及《圖經》。〔三〕**餵則《登真藥訣》**。《登真隱訣》有"餵飯方"。〔四〕已上四字皆字書無之。**其獨擅有如此者。**

【釋證】

〔一〕㴲(sī),《玉篇》水部:"㴲,音移,又音司。"《集韻》之韻:"㴲,水名。新兹切。"古陶文有"㴲"字,見《古陶文字徵》水部。

〔二〕舡(háng),《龍龕手鏡》舟部以爲"航"之俗字。

〔三〕溮(shī),《集韻》脂韵:"溮,水名。霜夷切。"北魏酈道元《水經注·淮水》:"淮水又東,得溮口水源,南出大潰山,東北流,翼帶三川,亂流北注溮水……溮水又東逕七井岡南,又東北注于淮。”

〔四〕《登真隱訣》，梁朝道士陶弘景編撰，采摭早期上清派修仙登真之方術秘訣而成。

餻（xùn），青餻飯，又名烏飯。本爲道家食物，後來也用來供佛。

《尚書考異》王乘馬首，〔一〕《開元文字》子在母懷，〔二〕《干禄書》以“缺”字从垂旁，〔三〕唐玄度以“弁”“互”爲隸省。〔四〕其不典有如此者。

【釋證】

〔一〕“馬”字字形演變如下：𤉖（甲骨文），𩡧（西周金文），𩡣（秦文字），馬（漢隸）。甲骨文“馬”字背部的三撇本是馬鬃毛的象形，并非“王”字。所謂“王乘馬首”乃是以訛變後的隸楷文字言之。故郭氏謂之“不典”。

〔二〕《新唐書·藝文志》著録《玄宗開元文字音義》三十卷。已亡佚。

〔三〕《干禄字書》：“缺、䤼，上通，下正。”以“䤼”爲正字。《説文》缶部：“缺，器破也。从缶，決省聲。”“缺”之本義爲“器破”，故从缶。缶，器也。然而楷書“缶、垂”形近，故從北魏時期開始，“缺”俗字又寫作“䤼”，例如：䤼（北魏李璧碑）、䤼（北周鐵山石頌）、䤼（敦煌俗字）。從垂的“䤼”當是俗字。《干禄字書》以“䤼”爲正字，郭忠恕以爲“不典”。

〔四〕唐玄度《新加九經字樣》：“兊、弁，冕也。上《説文》，下隸省。”“兊”形體來源於𠬝（《郭店·性》43）一類，而“弁”則來源於異體𠬝（《集成》3651牧共作父丁簋）、𠬝（《説文》或體）一類。兩字形來源不同，并非隸省。

《新加九經字樣》：“𥬠、互，音護。可以收繩者，中象人手所推握也。俗作‘𠃚’者訛。上《説文》，下隸省。”《説文》竹部：“𥬠，可以收繩也。从竹，象形，中象人手所推握也。互，𥬠或省。”段玉裁則認爲“互”不是或體，而是古文。“𥬠”的傳抄古文寫作𠄮（《古文四聲韻》4·15），正作“互”。

　　鼓字从攴，蛇字从也，陝字从夾，陝，从夾。夾，式立①翻，从二出入之“入”，从人民之“人”者非。〔一〕**恐字从凡。**〔二〕**其繆誤有如此者。**

【釋證】

〔一〕陝，从夾聲。《説文》𨸏部：“陝，弘農陝也。古虢國，王季之子所封也。从𨸏，夾聲。”又亦部：“夾，盜竊褱物也。从亦，有所持。俗謂蔽人俾夾是也。弘農陝字从此。”徐鍇繫傳：“入，入字也。收儼反。”《正字通》大部：“夾，失冄切，音閃。……从二‘入’，與夾从‘人’別。”“夾、夾”音義皆別，因形近而訛混。

〔二〕恐，戰國文字作𢀵（《銘文選》880 中山王鼎）、𢀵（新蔡·甲三 15），與《説文》古文𢀬合，从心，工聲。而《説文》小篆作𢂃，从心，巩聲。秦隸寫作𢀵（《睡·日甲》29），遂从巩。而“恐”則爲後起俗字，見於敦煌俗字，寫作恐。

　　黿、鼉从黽，〔一〕**辭、亂从舌，**〔二〕**席下著帶，**〔三〕**惡上安�覀**。〔四〕此四句出《釋文·序》。**其俗訛有如此者。**

【釋證】

〔一〕黿（yuán），唐乙速孤昭祐碑作“黿”，从黽。《龍龕手

---

① “立”，澤存堂本作“冉”。

鑑》認爲“黿”是“鼉”的俗字。黿，大鱉。《楚辭·九歌·河伯》“乘白黿兮逐文魚”，王逸注：“大鱉爲黿，魚屬也。”明李時珍《本草綱目·介一·黿》：“黿生南方，出江湖中，大者圍一二丈。南人捕食之。肉有五色，而白者多。”

　　鼉（tuó），从黽，單聲。《龍龕手鑑》《四聲篇海》認爲“鼉”是“鼉”的俗字。鼉，亦作“鱓”，揚子鱷，也稱鼉龍、猪婆龍。《吕氏春秋·季夏紀》：“是月也，令漁師伐蛟取鼉。”《文選》司馬相如《子虚賦》：“其中則有神龜蛟鼉，瑇瑁鱉黿。”

　　〔二〕辭，唐敬業法師塔銘作“辝”，《龍龕手鑑》元部認爲“辝”是“辭”的俗字。亂，唐内侍李輔光墓志作“乱”，《干禄字書》《廣韻》認爲“乱”是“亂”的俗字。

　　〔三〕席，《干禄字書》認爲“廗”是“席”的俗字。《隸辨》：“隸書‘席’字下部所从與‘帶’相似，遂訛作‘廗’。”

　　〔四〕《説文》心部：“惡，過也。从心，亞聲。”所从之“亞”在漢隸時發生訛變，字又作“恵”，漢代碑刻作▨（西狹頌）。後進一步簡訛作“惡”，如隋代碑刻作▨（碞藏寺碑）。《干禄字書》認爲“恶”是“惡”的俗字。

　　金華則金畔著華，熜扇則木旁作扇，此二句出《顔氏家訓》。**飛禽即須安鳥，水族便應著魚，蟲屬要在虫旁，草類皆从兩中。**已上出陸氏《釋文·序》。**其蕪累有如此者。**

　　其二曰四聲之作，始於譬況，蓋孔子受經之説。**中則近煙**《傳》“左輪朱殷”，杜注云：“字音近煙。”**爲殪**，《禮》“壹戎衣”，鄭云：“壹，當爲殪。”**而翻語生焉。**孫炎所作。〔一〕**魏朝以降，蔓衍寖繁，世變人移，音訛字替。徐仙民翻**

易爲神石，郭景純翻餤爲羽鹽，劉昌宗用承音乘，許叔重讀皿爲猛。先儒傳受，不敢弛張。迨乎《切韻》之興，屢加釐革，即支_{章移翻}。脂_{旨夷翻}。魚_{語居翻}。虞_{遇俱翻}。共爲一韻，先_{蘇前翻}。仙_{相然翻}。尤_{羽矦翻}。矦_{乎溝翻}。俱論是切。已上陸氏《切韻·序》，又云："欲廣文路，自可清濁皆通；若賞知音，即須輕重有異。"〔二〕

【釋證】

〔一〕郭氏大致概括了漢字注音由譬況法、讀若法到反切法的發展過程。"讀若"是用與被釋字讀音相同或相近的字來注音的一種方法，也作"讀如、讀爲、讀曰、聲同、聲近"等。譬況法及讀若法都屬於較早的注音方法，就讀若法的本質來説，也可以算是一種譬況法。翻語，即反切、反語。北齊顏之推《顏氏家訓·音辭篇》："孫叔然創《爾雅音義》，是漢末人獨知反語，至於魏世，此事大行。"陸德明《經典釋文》："孫炎始爲反語，魏朝以降漸繁。"孫炎，樂安人，字叔然，受業於鄭玄，三國時期的經學家。後世學者一般認爲孫炎是反切的創始人，實際上孫炎以前已有人使用反切了，如東漢服虔注《漢書》"惴，音章瑞反"。

〔二〕隋陸法言《切韻·序》："以古今聲調既自有別，諸家取捨亦復不同。吳楚則時傷輕淺，燕趙則多涉重濁，秦隴則去聲爲入，梁益則平聲似去。又支脂魚虞共爲一韻，先仙尤侯俱論是切。欲廣文路，自可清濁皆通；若賞知音，即須輕重有別。"

加以楚夏聲異，南北語殊，人用其鄉，相傳非一，同言異字，同字異言，或失在淺浮，或滯於沈濁。比人言者，多爲一例，如、而靡異，〔一〕邪、_{不定之詞}。也弗殊，〔二〕莫辨復、_{扶又翻，重也}。復，_{音服，返也}。寧論

過、古禾翻,經過。過。古卧翻,超過。已上出《釋文·序》。有以
見知如字。之爲知貞義翻。謀,子孫如字。之爲孫先困翻。
讓。是謂四聲。

【釋證】

〔一〕如、而,古音義皆近,常通用。《春秋·莊公七年》"星
隕如雨",杜預注:"如,而也。"《左傳·隱公七年》"歃如忘",陸
德明釋文引服虔云:"如,而也。"《詩·大雅·常武》"如震如怒",
陸德明釋文:"一本此兩'如'字皆作'而'。"

〔二〕邪、也,古書常通用。《莊子·天地》:"始也,我以女爲
聖人邪;今然君子也。"《墨子·非儒下》"古者羿作弓,伃作甲,
奚仲作車,巧垂作舟。然則今之鮑、函、車、匠,皆君子也;而羿、
伃、奚仲、巧垂,皆小人邪",孫詒讓閒詁:"也、邪古通。"

　　徵召如字。之爲召上照翻。公,小大如字。之爲大他
蓋翻。學,乃从一韻;敦都昆翻。厚之爲敦丁聊翻。弓,〔一〕
書卷己倦翻。之爲龍卷,古本翻。〔二〕又依旁紐;陶如
字。丘之爲皋陶,余招翻。〔三〕鄉黨如字。之爲黨之仰翻。
氏,〔四〕即用鄰鄰,一本作翻。音;人如字。民之爲人音小。
君,獻如字。酬之爲獻辛禾翻。象,〔五〕全借別字。其約
文有如此者。

【釋證】

〔一〕《詩·大雅·行葦》"敦弓既堅",陸德明釋文:"敦,畫
弓也。"朱熹集傳:"敦、雕通,畫也。"馬瑞辰傳箋通釋:"'敦'
即'琱'之假借,又通作'雕'與'彫','敦、雕'雙聲,故通用。"
《廣韻》蕭韻:"琱(diāo),天子弓也。《説文》曰:'畫弓也。'
《詩》又作'敦'。都聊切。"《集韻》蕭韻:"敦、琱、弨,畫弓也。

或从弓。亦作‘弨’。丁聊切。”《詩·周頌·有客》“有萋有且，敦琢其旅”，鄭玄箋：“又選擇衆臣卿大夫之賢者與之朝王，言敦琢者，以賢美之，故玉言之。”孔穎達疏：“敦琢，治玉之名。人而言敦琢，故爲選擇。”馬瑞辰傳箋通釋：“‘敦’與‘彫’雙聲，‘敦’即‘彫’字之假借，字亦作‘雕’。”

〔二〕《禮記·王制》“制三公一命卷”，鄭玄注：“卷，俗讀也。其通則曰袞。”《説文》衣部：“袞，天子享先王，卷龍繡於下幅，一龍蟠阿上鄉。从衣，公聲。”段玉裁注認爲，蓋“袞”與“卷”古音同，故假“卷”爲“袞”。

〔三〕《説文》自部：“陶，再成丘也，在濟陰。从自，匋聲。《夏書》曰：東至于陶丘。陶丘有堯城，堯嘗所居，故堯號陶唐氏。”《書·序》“皋陶謨”，陸德明釋文：“陶，本又作‘繇’。”郭店楚墓竹簡《窮達以時》“咎繇”，徐在國讀爲“皋陶”。陶，餘紐幽部；繇，餘紐宵部，聲近可通。《廣韻》宵韻：“陶，餘昭切。”

〔四〕《左傳·定公七年》“王入於王城，館於公族黨氏”，杜預注：“黨氏，周大夫。”陸德明釋文：“黨，音掌。”《集韻》養韻：“黨（zhǎng），姓也。止兩切。”

〔五〕獻酬，飲酒時主客互相敬酒。《廣韻》願韻：“獻（xiàn），進也。許建切。”《詩·小雅·楚茨》“獻醻交錯，禮儀卒度，笑語卒獲”，鄭玄箋：“始主人酌賓爲獻，賓既酌主人，主人又自飲酌賓曰醻。”《史記·孔子世家》：“獻酬之禮畢，齊有司趨而進曰：‘請奏四方之樂。’”另，獻（suō）又可作爲古代酒器名，《廣韻》歌韻：“獻，獻鱒，見《禮記》。素何切。”《周禮·春官·司尊彝》“其朝踐用兩獻尊”，鄭玄注引鄭司農云：“‘獻’讀爲‘犧’。犧尊飾以翡翠。”陸德明釋文：“兩獻，本或作‘戲’，注作‘犧’，同。素何反。”清孫詒讓《周禮正義》卷三七：“云‘謂獻象之屬’者，

《司尊彝》有獻、象、著、壺、大、山六尊，鄭意彼六尊與卣同爲中尊，但以盛鬯盛酒爲異也。”

《國風》如字。**之爲曰風**，去聲。〔一〕**男女**如字。**之爲女**尼據翻。**于，**〔二〕**名譽**去聲。**之爲毀譽**，平聲。《大象賦》云：“有少微之養寂，無進賢之見譽（平聲），參器府之樂肆，犯貫索之刑書。”〔三〕**自敗**如字。**之爲敗**補邁翻。**他。**譽、敗二字亦出《釋文·序》。〔四〕**其求意有如此者。**

【釋證】

〔一〕風（fēng），《廣韻》方戎切。　南朝梁劉勰《文心雕龍·風骨》：“《詩》總六義，風冠其首，斯乃化感之本源，志氣之符契也。”又讀 fěng，通“諷”。《廣韻》送韻：“諷，諷刺。方鳳切。風，上同。見《詩》。”《史記·灌嬰傳》：“嬰行至滎陽，乃與絳侯等謀，因屯兵滎陽，風齊王以誅呂氏事，齊兵止不前。”宋羅大經《鶴林玉露》卷一三：“方朔數語，圓轉簡明，意其竊飲，以發此論，蓋風武帝之求長生也。”

〔二〕《玉篇》女部：“女，尼與切（nǔ）。《說文》云：‘婦人也。象形。’《易》曰：‘有萬物然後有男女。’又，女者，如也，如男子之教。又，女，從也，女子有三從之義。又尼慮切（nǜ），以女妻人曰女。”《漢書·敘傳下》：“媆媆公主，乃女烏孫。”晉皇甫謐《高士傳·梁鴻》：“勢家慕其高節，多欲女之，鴻并絕不娶。”

〔三〕《廣韻》魚韻：“譽，稱也。以諸切。”又御韻：“譽，稱美也。又姓，《晉書》有平原太守譽粹。羊洳切。”

《天文大象賦》，隋李播撰。

〔四〕《顏氏家訓》卷七《音辭篇》：“江南學士讀《左傳》，口相傳述，自爲凡例。軍自敗曰敗，打破人軍曰敗（補敗反）。”

《廣韻》夬韻:"自破曰敗。《說文》:'毀也。'薄邁切。又北邁切。"(並母)又同韻:"敗,破他曰敗。補邁切。又音唄。"(幫母)

鼏作冪,《禮經》有之。〔一〕**蔿作薳,**《左傳》有之。〔二〕**音義一而體别;水爲沝,**之水翻,南方謂水爲沝。〔三〕**火爲焜,**許尾翻,吴楚之間謂火爲焜。二字出《說文》。〔四〕**形聲異而物同;皿**《說文》但音猛,今更立一音者,非。**音盌,**明丙翻。〔五〕**佳**《說文》古牙翻。**音街,**〔六〕**字意同而讀異。其交相有如此者。**

【釋證】

〔一〕《玉篇》鼎部:"鼏(mì),覆樽巾也。"段玉裁《說文解字注》:"鼏,鼎覆也。从鼎、冖,冖亦聲。"或作"冪",从幕、冖,冖亦聲。後簡省爲"冪"。《儀禮·既夕禮》"冪用疏布",陸德明釋文:"冪,本又作'鼏'。"《儀禮·少牢饋食禮》"皆有冪",鄭玄注:"今文'鼏'作'冪'。"

〔二〕《說文》艸部:"蔿(wěi),艸也。从艸,爲聲。"又同部新附字:"薳(wěi),艸也。《左氏傳》:'楚大夫薳子馮。'从艸,遠聲。""蔿"經典又多作"薳"。《左傳·僖公二十七年》"蔿賈尚幼",《漢書·古今人表》作"薳";《左傳·襄公十八年》"蔿子馮",釋文作"薳";《左傳·襄公二十五年》"楚蔿掩",《漢書·古今人表》作"薳奄"。

〔三〕《說文》沝部:"沝(zhuǐ),二水也。闕。"《集韻》旨韻:"沝,之誄切。閩人謂水曰沝。""沝"最早見於甲骨文,作(《合》33136),用作地名。字又見《汗簡》《古文四聲韻》。

〔四〕《說文》火部:"焜(huǐ),火也。从火,尾聲。《詩》曰:

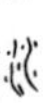

王室如燬。”又同部：“㷋（huǐ），火也。从火，毀聲。《春秋傳》曰：衞侯㷋。”“燬、㷋”實一字，均爲方言詞彙。陸德明《經典釋文》：“楚人名火曰燥，齊人曰燬，吳人曰㷋。”

〔五〕《説文》皿部：“皿，飯食之用器也。象形。與豆同意。……讀若猛。”又穴部：“窳，北方謂地空，因以爲土穴，爲窳户。从穴，皿聲。讀若猛。”《廣韻》“皿、窳”均作武永切，《集韻》“窳”作母梗、眉永二切。

〔六〕佳、街，《廣韻》均作古膎切，《集韻》均作居膎切。段玉裁《説文解字注》：“佳，古膎切。十六部。按唐人入於下平九麻。”

　　二百爲皕，音祕。〔一〕**二十爲卄**①，音入。顏黄門《稽聖賦》云：“魏嫗何多？一孕四十。中山何夥？有子百卄。”〔二〕**三十爲卅**②，先合翻。〔三〕**四十爲卌**③。先入翻。〔四〕**其務省有如此者**。

【釋證】

〔一〕皕（bì），《説文》皕部：“皕，二百也。……讀若祕。”

〔二〕卄（niàn），《玉篇》十部：“卄，如拾切。二十并也。今直爲二十字。”《廣韻》緝韻：“卄，《説文》云：‘二十并也。’今作‘卄’，直以爲二十字。人執切。”段玉裁《説文解字注》：“古文卄仍讀二十兩字，秦碑小篆則維卄六年、維卄九年、卅有七年皆讀一字，以合四言。卄之讀如入，卅之讀如徵，皆自反也。”

《稽聖賦》，顏之推撰。唐代有流傳，宋代以後亡佚。

---

① “卄”，原作“廿”，據澤存堂本改。下同。
② “卅”，原作“卋”，據澤存堂本改。
③ “卌”，原作“丗”，據澤存堂本改。

〔三〕卅（sà），《玉篇》十部："卅，先闔切。三十也。"

〔四〕卌（xì），《玉篇》十部："卌，先入切。四十也。"

菲音敷幾，按：菲，平聲爲芳菲，上聲爲菲薄；幾，平聲爲庶幾，上聲爲不定數之幾。〔一〕**上平孰別？借音子射，**案：借，去聲爲借貸，入聲爲借貣；射，去聲爲執射、僕射，入聲爲姑射、射弓。〔二〕**去入難分。**陸氏《釋文·序》云："書音之用，本示童蒙，前儒或用假借爲音，更令學者疑昧。"**其疑韻有如此者。**

【釋證】

〔一〕菲，《廣韻》微韻："菲，芳菲。芳非切。"（平聲）又尾韻："菲，薄也。微也。又菜名。敷尾切。"（上聲）

幾，《廣韻》微韻："幾，近也。渠希切。"又同韻："幾，庶幾。居依切。"（平聲）又尾韻："幾，幾何。居狶切。"（上聲）

〔二〕借，《廣韻》禡韻："借，假借。子夜切。"（去聲）又昔韻："借，假借也。資昔切。"（入聲）

射，《廣韻》禡韻："射，僕射。羊謝切。"又同韻："射，射弓也。《周禮》有五射：白矢、參遠、剡注、讓尺、井儀。又姓，《三輔決録》云：'漢末大鴻臚射咸，本姓謝名服。天子以爲將軍出征，姓謝名服不祥，改之爲射氏名咸。'神夜切。又音石。又音夜，僕射也。"（去聲）又昔韻："射，無射，九月律。羊益切。"又同韻："射，《世本》曰：'逢蒙作射。'又姓，吳有中書郎射慈。食亦切。"（入聲）

衣被之爲覆被，〔一〕**於上去而曲分；不**如字。**易之爲不**方后翻。**臧，**〔二〕**就故實而押韻。其拘忌有如此者。**

【釋證】

〔一〕《廣韻》紙韻：“被，寢衣也。又姓，《吕氏春秋》有大夫被瞻。皮彼切。”（上聲）又寘韻：“被，被服也。覆也。《書》曰：‘光被四表。’平義切。”（去聲）

〔二〕《廣韻》物韻：“不，與‘弗’同。分勿切。”（入聲）又有韻：“不，弗也。《説文》作‘丕’，鳥飛上翔不下來也。從一，一，天也。象形。方久切。”（上聲）《詩·邶風·雄雉》：“不忮不求，何用不臧。”《魏書·姚萇傳》：“王者無戲言，此將不臧之徵也。”

牛車之車尺遮翻，本無居音。讀若居，**樂只之只**之尒翻，本無質音。讀若質，〔一〕**喪予之予**弋汝翻，本無余音。讀若余，〔二〕**朝廷之廷**徒勁翻，本無亭音。讀若亭。其變古有如此者。

【釋證】

〔一〕《説文》口部：“只，語已詞也。從口，象气下引之形。”《詩·鄘風·柏舟》：“母也天只，不諒人只。”又《周南·樛木》：“樂只君子，福履綏之。”《玉篇》之移、之尒二切。《廣韻》章移、之爾、諸氏三切。

〔二〕《論語》：“顏淵死，子曰：‘噫！天喪予！天喪予！’”《説文》予部：“予，推予也。象相予之形。余吕切。”《玉篇》予部：“予，以諸切。予者，我也。又音與。”《廣韻》餘佇、以諸、余吕三切。

顏淵之淵讀之烏玄翻。如泉，〔一〕**水名之治**直知、直吏二翻。讀之如理。〔二〕其避諱有如此者。

【釋證】

〔一〕避唐高祖李淵諱，以“泉”代“淵”。

〔二〕避唐高宗李治諱，以"理"代"治"。

田陳郗郤，史籍互書；陳完奔齊以國爲氏，而《史記》謂之田氏。〔一〕又，郗、郤二姓皆望在河南，故史有互文。〔二〕**虢郭韓何**，周虢叔亦謂之郭叔。〔三〕又，周武王母弟唐叔虞後封於韓。韓滅，子孫分散。江淮間以韓爲何，隨音生變，遂爲何氏。〔四〕**載筆通用。其聲近有如此者。**

【釋證】

〔一〕田、陳，古音均爲定紐真部，出土文獻、傳世文獻多有互通之例。銀雀山漢墓竹簡《孫臏兵法》"陳忌問壘"，簡文又作"田忌"；《史記·田敬仲完世家》"陳完者，陳厲公佗之子也。……如齊，以陳字爲田氏"，司馬貞索隱："以陳、田二字聲相近，遂以爲田氏。"張守節正義："不欲稱本國故號，故改陳字爲田氏。"

〔二〕《正字通》邑部："郗，虛欺切，音希。《説文》：'周邑也，在河内。'杜氏曰：河内野王縣西南絺城是。又姓，郗與郤別，黄長睿曰：郗姓爲江左名族，讀如絺繡之絺，俗譌作郤，呼爲郤詵之郤，非也。郤詵，晉大夫郤縠之後。郗鑒，漢御史大夫郗慮之後。姓源既異，音讀各殊。後世因俗書相亂，不復分郗、郤爲二姓。"又同部"郤"下云："'隙、郤'通。《説文》晉大夫叔虎邑。……从谷，谷音其虐切，非山谷字。俗增'郤'同'郤'，舊注引《正譌》以'郤'爲俗，并非。"正如《正字通》所言，郗與郤（郤）姓源既異，音讀各殊。郗，透紐微部，《廣韻》丑飢切；郤，溪紐鐸部，《廣韻》綺戟切。無論上古還是中古，讀音均不相同。蓋因形近，後世相譌。

〔三〕虢、郭，古音均爲見紐鐸部，古書常通。文王之弟虢

叔，典籍又作“郭叔”。《春秋·昭公元年》“許人、曹人于郭”，
陸德明釋文：“左氏作‘虢’。”《戰國策·秦策》“臣恐王之如郭
君”，高誘注：“郭，古文言‘虢’也。”《集韻》鐸韻：“郭，通作
‘虢’。”朱駿聲《說文通訓定聲》：“郭，假借作‘虢’。”

〔四〕《廣韻》歌韻：“何，辝也。《説文》：‘儋也。’又姓，出自
周成王母弟唐叔虞後，封於韓，韓滅，子孫分散。江淮間音以韓
爲何，字隨音變，遂爲何氏。”

万俟爲墨祈，〔一〕龜兹爲丘慈，〔二〕閼氏爲燕支，〔三〕令支爲零岐。〔四〕其方言有如此者。

【釋證】

〔一〕万俟（mòqí），複姓。《廣韻》德韻：“万，虜複姓，北齊
特進万俟普。俟音其。莫北切。”據《通志·氏族略》，万俟氏乃
是後魏獻帝季弟之後。

〔二〕龜兹（qiūcí），西域國名。龜，《廣韻》居求切，《集韻》
袪尤切。兹，《廣韻》之韻：“兹，龜兹，國名。龜音丘。疾之切。”

〔三〕閼氏（yānzhī），漢時匈奴君長的嫡妻稱爲“閼氏”。
《廣韻》支韻：“氏，月氏，國名。又閼氏，匈奴皇后也。章移切。”
《史記·韓信盧綰列傳》“匈奴騎圍上，上乃使人厚遺閼氏”，張守
節正義：“閼，於連反，又音燕。氏音支。單于嫡妻號，若皇后。”

〔四〕令支（língqí），又作“泠支”。春秋時古國名，其地約
在今河北灤縣、遷安市之間，公元前 664 年被齊桓公所滅。《國
語·齊語》“遂北伐山戎，刜令支、斬孤竹而南歸”，韋昭注：“令
支、孤竹二國，山戎之與也。刜，擊也。斬，伐也。令支，今爲
縣，屬遼西。”

瀘翻居沼，“沼”當爲“洧”，王存乂説。陸氏《切韻》誤也。〔一〕頊切許緑；“緑”當爲“緑”，《顔氏家訓》説。〔二〕**攻、公分作兩音，登、升共爲一韻。**此兩句出陸氏《釋文》。**其轂音有如此者。**

【釋證】

〔一〕瀘（jiǎo），《康熙字典》水部：“按：《字彙補》書作簋，入竹部，訓孅字之譌。今并存以俟考。”《説文》女部：“孅，竦身也。從女，簋聲。讀若《詩》‘糾糾葛屨’。”段玉裁注：“讀如此糾字，簋字古音正如是。在三部。今孅居夭切，音之轉也。”簋，《廣韻》居洧切。

〔二〕頊（xū），《廣韻》許玉切。緑，《廣韻》力玉切。頊，當切許緑。所謂“許緣”，“緣”與“緑”形近而訛。

跧**分莊員、澤還，**〔一〕王南賓存乂説此字也。又云：斬入其音，鑕入夷音，不可名爲《切韻》。**彗分徐醉、祥歲，**〔二〕**苣切墟里、袪狶，攻切古紅、古冬。**〔三〕已上李審言所進《切韻》中多如此誤。**其淆溷有如此者。**

【釋證】

〔一〕跧，《廣韻》删韻：“跧，跧伏。阻頑切。”又仙韻：“跧，屈也。伏也。蹴也。莊緣切。”

〔二〕彗，《廣韻》至韻：“彗，帚也。一曰妖星。又音歲。徐醉切。”又祭韻：“彗，星名。祥歲切。”

〔三〕攻，《廣韻》東韻：“攻，攻擊。古紅切。”又冬韻：“攻，治也。作也。擊也。伐也。古冬切。”

拾如字。**音拾**音涉。**級，**〔一〕弟如字。**曰弟**音但。**勞，**〔二〕辟如字。**爲辟**頻世翻。**席。**〔三〕**其贅韻有如此者。**諸家

以經史借用字加陸氏《切韻》，本爲王南賓存又删之，點竄未盡，於今
尚有。

【釋證】

〔一〕《禮記·曲禮上》“拾級聚足”，鄭玄注：“拾，當爲涉，聲
之誤也。”孔穎達疏：“拾，涉也。”

〔二〕《漢書·陳平傳》“陛下弟出僞遊雲夢”，顔師古注：
“弟，但也。語聲急也。”《漢書·司馬相如傳》“弟俱如臨邛”，顔
師古注：“弟，但也。發聲之急耳。”

〔三〕《戰國策·魏策》“辟人於途”，鮑彪注：“辟作避。”《荀
子·榮辱》“不辟死傷”，楊倞注：“辟，讀爲避。”

若干爲若柯，俗謂若干爲若柯，言如許物。干、柯音變也。
等物爲底物，又俗以何等物爲何底物，亦音訛變也。已上出顔氏
《刊謬正俗》。〔一〕**胡樂鼙婆之號**，《搜神記》謂琵琶爲鼙婆。〔二〕
仲舒下馬之陵，長安有董仲舒墓，人過者多下馬，因名曰“下馬
陵”，今轉語名“蝦蟆陵”矣。事出《兩京記》。故白氏《琵琶引》云：“家
近蝦蟆陵下住。”**河朔謂無曰毛**，《漢書》毛音無，與無義同。〔三〕
巴蜀謂北曰卜，《詩》云：“自西自東，自南自北（音卜），無思不
服。”取其協韻，有遺風矣。**古歌得云丁紇**，開元玄宗朝引船歌
云：“得（丁紇翻）董紇那也，紇那得董邪？河裏船車夳，楊州銅器多。”
訛音雞曰古黎；天后朝侍御史矦思正，出自皁隸，言音不正。時
屬斷屠，謂同列曰：“今斷屠宰，雞（古黎翻）豬（誅）魚（虞）驢（力朱
翻）俱（居）不得喫（苦弋翻），空喫米（彌）麪（民去），如（儒）何得飽？”
爲崔獻可所笑。天后知之。**鉢囉護嚕之文，内典加口而彈
舌**；佛經真言彈舌者，多非本字，皆取聲近者从口以識之。〔四〕**麒麟
琵琶之字，才子從俗而入聲**。近代文集率多此類。其尚

俗有如此者。

【釋證】

〔一〕《匡謬正俗》，唐顏師古撰，宋避太祖之諱，改作《刊謬正俗》，是一部訓釋典籍中文字意義的專著。

《匡謬正俗》卷六：問曰："俗謂如許物爲'若柯'，何也？"答曰："若干，謂且數也。《禮》云'始服衣若干尺矣'，班書云'百加若干'，并是其義。'干'音訛變，故云'若柯'也。"按：干，見紐元部；柯，見紐歌部。二音對轉，故"若干"得轉爲"若柯"。

《匡謬正俗》卷六：問曰："俗謂何物爲'底'（丁兒反），'底'義何訓？"答曰："此本言'何等物'，其後遂省，但言直云'等物'耳。'等'字本音都在反，又轉音丁兒反。左太沖《吳都賦》云：'畛畷無數，膏腴兼倍。原隰殊品，窊隆異等。'蓋其證也。今吳越之人呼齊等皆爲丁兒反。應璩詩云：'文章不經國，筐篚無尺書。用等稱才學，往往見歎譽。'此言譏其用何等才學見歎譽而爲官乎，以是知去'何'而直言'等'。其言已舊，今人不詳其本，乃作'底'字，非也。"按：嚴旭《匡謬正俗疏證》："'等'字古音本在之部，中古爲海韻；對轉入蒸部，中古爲等韻；旁轉入脂部，中古爲薺韻。"

〔二〕鼙（pí）婆、枇杷、擘琶，均爲琵琶之別稱，聲相近。樂器。原流行於波斯、阿拉伯等地，漢代傳入我國。元楊維楨《鼙婆引》："梅卿上馬彈鼙婆，鵾絃挭挭金邐迆。"

〔三〕《漢書·高惠高后文功臣表》"靡有孑遺，耗矣"，顏師古注："今俗語猶謂無爲耗，音毛。"《後漢書·馮衍傳》"飢者毛食"，李賢注："毛字作無，今俗語猶然者，或古亦通乎。"清趙翼《陔餘叢考》卷四三："天津、河間等處土音，凡無字皆作毛字，《佩觿集》所謂河朔人謂無曰毛，蓋聲之轉也。"

〔四〕内典，即佛經。宋王禹偁《左街僧録通惠大師文集序》：“釋子謂佛書爲内典，謂儒書爲外學。”

其三曰傳寫之差，始則五日三豕、

“閏月”爲“門五日”，“三豕”當爲“己亥”，學者知之。〔一〕**帝虎魯魚**，又書三傳“帝”成“虎”，“魚”成“魯”。葛稚川説。〔二〕**中則興雲剖疑**、《詩》云：“有渰萋萋，興雨祁祁。”作“興雲”者誤。顔黄門之推説。〔三〕**繕完先覺**。《傳》云“繕完葺牆”，重複其字者三，“完”當爲“宇”。李祭酒涪説。〔四〕

【釋證】

〔一〕《吕氏春秋·慎行論》：“子夏之晉，過衞，有讀史記者，曰：‘晉師三豕涉河。’子夏曰：‘非也，是己亥也。夫己與三相近，豕與亥相似。’至於晉而問之，則曰‘晉師己亥涉河’也。”按：己，古文作 㠖（《説文》），與“三”形近。亥，古文作𤶇（《集古文韻》），與“豕”形近。

〔二〕晉葛洪《抱朴子》：“諺云：‘書三寫，魚成魯，帝成虎。’”

〔三〕《詩·小雅·大田》：“有渰萋萋，興雲祁祁。”顔之推曾以己意加以改動，以爲“雲”乃“雨”之誤。《顔氏家訓·書證》：“《詩》云：‘有渰萋萋，興雲祁祁。’毛傳云：‘渰，陰雲皃。萋萋，雲行皃。祁祁，徐皃也。’箋云：‘古者，陰陽和，風雨時，其來祁祁然，不暴疾也。’案：‘渰’已是陰雲，何勞復云‘興雲祁祁’耶？‘雲’當爲‘雨’，俗寫誤耳。班固《靈臺詩》云：‘三光宣精，五行布序，習習祥風，祁祁甘雨。’此其證也。”陸德明《經典釋文》承其説，并云：“本或作‘興雲’，非也。”按：顔氏以漢詩“祁祁甘雨”證“興雲祁祁”之誤，此説可商。《隸釋》載無極山碑，此碑乃漢光和四年所立，碑銘：“興雲祁祁，雨我公田，遂及我私。”據此來看，漢代《詩經》應作“興雲”。

〔四〕李涪《刊誤》卷下“繕完葺牆”條：“《左傳》子産相鄭伯以如晉，晉侯以魯喪，未之見也。子産壞客館之垣以納車馬，士文伯讓之，曰：‘繕完葺牆以待賓客，若皆毁之，何以供命？’予謂垣壞葺之而已，今云繕牆，豈古人於文理如此不達耶？所疑字誤，遂有繁文。予輒究其義，是‘繕宇葺牆以待賓客’。此則本書‘宇’誤爲‘完’。《書》曰‘峻宇雕牆’，足以爲比。況上文云：‘高其閈閎，厚其垣牆。’又曰：‘司空以時平易道路、館宮室。’如此足以待賓客。豈徒葺牆而可以崇大諸侯之館哉？”

雞尸、**虎穴之議**，《太史公記》曰：“寧爲雞口。”《戰國策音義》曰：“尸，雞之主。”則“口”當爲“尸”。〔一〕後漢樊曅爲天水守，涼州歌曰：“寧見乳虎穴，不入軬城寺。”齊代江南本“穴”皆誤作“六”，竝傳寫失也。〔二〕**妒媚**、**提福之殊**，英布之禍，興自愛姬，生於妒媚。“媚”當作“媚”（音冒），妒也。義見《世家》。〔三〕又《漢書》“提福”，上字从示，音匙匕之匙，俗或从手，誤也。〔四〕**楊震之鱓非鱣**，鱓（音善）是也，作鱣（陟連翻）者非。〔五〕**丞相之林是狀**，《始皇本紀》：“二十八年丞相隗狀、王綰等議於海上。”俗作隗林者，非也。〔六〕**摎毒變嫪**，摎（音劉）是，作嫪（郎到翻）非。〔七〕**田肯云宵**，《漢書》“田肯”是，作“宵”者非。〔八〕**削柹**①一作柹。**施脯**，柹，芳吠翻。“風吹削柹”是，作“脯”者非。〔九〕**菆木用最**。灌木爲菆木。周續《毛詩注》音祖會翻，或別本作“最”，皆非也。〔十〕自“雞尸”已下《顏氏家訓》説。

_____

① “柹”，澤存堂本同，疑郭氏原書當作“柹”，下同。柹，《説文》作“柹”，詳見釋證。

【釋證】

〔一〕雞尸之議，見於《顏氏家訓·書證》：“《太史公記》曰：‘寧爲雞口，無爲牛後。’此是删《戰國策》耳。案：延篤《戰國策音義》：‘尸，雞中之主。從，牛子。’然則‘口’當爲‘尸’，‘後’當爲‘從’，俗寫誤也。”按：顏氏此説後來並没有得到學界認可，盧文弨補注云：“口、後韻協。秦正以牛後鄙語激發韓王，安得如延篤所言乎？且雞尸之語，別無他證，奈何信之？”

〔二〕虎穴之議，見於《顏氏家訓·書證》：“《後漢書》：‘酷吏樊曄爲天水郡守，涼州爲之歌曰：‘寧見乳虎穴，不入冀府寺。’而江南書本‘穴’皆誤作‘六’。學士因循，迷而不寤。夫虎豹穴居，事之較者；所以班超云：‘不探虎穴，安得虎子？’寧當論其六七耶？”按：乳，産也。所謂乳虎，即剛剛産子的老虎。乳虎護其子，則搏噬過常，故以爲喻。

〔三〕妒媚之殊，見《顏氏家訓·書證》：“太史公論英布曰：‘禍之興自愛姬，生於妬媚，以至滅國。’又《漢書·外戚傳》亦云：‘成結寵妾妬媚之誅。’此二‘媚’並當作‘媢’，媢，亦妒也，義見《禮記》《三蒼》。且《五宗世家》亦云：‘常山憲王后妬媚。’王充《論衡》云：‘妬夫媢婦生，則忿怒鬭訟。’益知媢是妒之別名。原英布之誅爲意貫赫耳，不得言媚。”按：《説文》女部：“媢，夫妒婦也。从女，冒聲。”男妒爲媢，益證顏氏之説。媚字隸書作**媚**（《隸辨》），與“媢”形近，傳抄而訛。

〔四〕提福之殊，見《顏氏家訓·書證》：“《漢書》云：‘中外禔福’，字當從示。禔，安也，音匙匕之匙，義見《蒼》《雅》《方言》。河北學士皆云如此。而江南書本多誤從手，屬文者對耦，並爲提挈之意，恐爲誤也。”按：禔福，安寧幸福。《漢書·司馬相如傳》：“遐邇一體，中外禔福，不亦康乎？”《説文》示部：“禔，安福也。从示，是聲。”“禔、福”同義連用。

〔五〕鱓（shàn）、鱣（zhān）之辨，見《顏氏家訓·書證》：“《後漢書》云：‘鸛雀銜三鱓魚。’多假借爲鱣鮪之鱣，俗之學士因謂之爲鱣魚。案：魏武《四時食制》：‘鱣魚大如五斗匳，長一丈。’郭璞注《爾雅》：‘鱣長二三丈。’安有鸛雀能勝一者，況三乎？鱣又純灰色，無文章也。鱓魚長者不過三尺，大者不過三指，黄地黑文，故都講云：‘蛇鱓，卿大夫服之象也。’《續漢書》及《搜神記》亦説此事，皆作‘鱓’字。孫卿云：‘魚鱉鰌鱣。’及《韓非》《説苑》皆曰：‘鱣似虵，蠶似蜀。’并作‘鱣’字。假‘鱣’爲‘鱓’，其來久矣。”按：引《後漢書》見《楊震傳》。鱓，即今之所謂黄鱓，黄質黑文，似蛇。字又作“鮰”，俗作“鱔”。又，《説文》魚部：“鱣，鯉也。从魚，亶聲。”《爾雅》郭璞注：“鱣，大魚，似鱏而短鼻，口在頷下，體有邪行甲，無鱗，肉黄。大者長二三丈。今江東呼爲黄魚。”鱣，即鱘鰉魚的古稱。鱓、鱣古音相近，又皆从魚，故傳抄致訛。

〔六〕林、狀之辨，見《顏氏家訓·書證》：“《史記·始皇本紀》：‘二十八年，丞相隗林、丞相王綰等，議於海上。’諸本皆作山林之‘林’。開皇二年五月，長安民掘得秦時鐵稱權，旁有銅塗鐫銘二所。其一所曰：‘廿六年，皇帝盡并兼天下諸侯，黔首大安，立號爲皇帝，乃詔丞相狀、綰，灋度量則不壹歉疑者，皆明壹之。’凡四十字……其書兼爲古隸。余被敕寫讀之，與内史令李德林對見。此稱權今在官庫，其‘丞相狀’字乃爲狀貌之‘狀’，爿旁作犬；則知俗作‘隗林’，非也，當爲‘隗狀’耳。”按：林、狀形近，傳抄致訛。

〔七〕此條不見於現存之《顏氏家訓》，蓋所見本異。　摎（liú），《廣韻》尤韻：“摎，絞縛殺也。又姓，魏有河内太守摎尚。

力求切。"漢代有摎廣德，見《漢書·景武昭宣元成功臣表》。

〔八〕肯、肎之辨，見《顏氏家訓·書證》："《漢書》：'田肎賀
上。'江南本皆作'宵'字。沛國劉顯博覽經籍，偏精班《漢》，
梁代謂之《漢》聖'。顯子臻不墜家業，讀班史呼爲田肎。梁元
帝嘗問之，答曰：'此無義可求，但臣家舊本，以雌黄改宵爲肎。'
元帝無以難之。吾至江北，見本爲'肎'。"按：肎，《說文》肉部：
"肎，骨閒肉肎肎箸也。从肉，从冎省。一曰骨無肉也。""肯"
是"肎"的俗字。《史記·高祖本紀》作"田肯"，司馬貞索隱：
"《漢紀》及《漢書》作'宵'。""宵"隸書作宵（《隸辨》），"肎"
隸書作肎（《隸辨》），字形相近，蓋傳抄致訛。

〔九〕柿（fèi）、脯之辨，見《顏氏家訓·書證》："《後漢書·楊
由傳》云：'風吹削肺。'此是削札牘之柿耳。古者，書誤則削
之，故《左傳》云：'削而投之。'是也。或即謂札爲削，王褒《童
約》曰：'書削代牘。'蘇竟書云：'昔以摩研編削之才。'皆其證
也。《詩》云：'伐木滸滸。'毛傳云：'滸滸，柿貌也。'史家假借
爲肝肺字，俗本因是悉作脯腊之脯，或爲反哺之哺。學士因解
云：'削哺，是屏障之名。'既無證據，亦爲妄矣！此是風角占候
耳。《風角書》曰：'庶人風者，拂地揚塵轉削。'若是屏障，何由
可轉也？"按：《說文》木部："柿（shì），赤實果。鉏里切。"俗作
"梯、柿、柿"。又木部："柿，削木札樸也。从木，宋聲。陳楚謂
檀爲柿。芳吠切。""柿、柿"本爲兩字，音義皆殊，形近而訛
同。另，兩字的俗字分別作"柿、柿"，亦形近。典籍"柿、肺"
通假，《別雅》："柿附，肺腑也。"《後漢書·楊由傳》"風吹削肺"
之"肺"，即"柿（柿）"。又因"肺、脯"二字隸書形體相近，轉訛
爲"脯"。

〔十〕藂（cóng）、最之辨，見《顏氏家訓·書證》："《詩》云：

‘黃鳥于飛，集于灌木。’《傳》云：‘灌木，叢木也。’此乃《爾雅》之文，故李巡注曰：‘木叢生曰灌。’《爾雅》末章又云：‘木族生爲灌。’‘族’亦叢聚也。所以江南《詩》古本皆爲叢聚之叢，而古‘叢’字似‘冣’字，近世儒生因改爲‘冣’，解云：‘木之冣高長者。’案：衆家《爾雅》及解《詩》無言此者，唯周續之《毛詩注》音爲徂會反，劉昌宗《詩注》音爲在公反，又祖會反。皆爲穿鑿，失《爾雅》訓也。”按：《説文》丵部：“叢，聚也。从丵，取聲。徂紅切。”或作“藂、菆”。《漢書·東方朔傳》“菆珍怪”，顏師古注：“菆，古‘叢’字。”菆，“叢”之異體。叢，从丵，取聲。菆，改从艸，取聲。需要注意的是，“菆”與《説文》訓“麻蒸”的“菆”不同，異字同形。《集韻》東韻：“藂，《説文》：‘艸叢生皃。’或作‘藂、菆’。”《禮記·檀弓上》“菆塗龍輴以椁”，孔穎達疏：“菆，叢也。”《説文》冃部：“最，犯而取也。从冃，从取。”“最”字又寫作“冣”，與“菆”形近，傳抄致訛。

不齊之稱密^①賤，

案：不齊姓慮，音調伏之“伏”，作“密”者非。李祭酒説。[一] **蕭何之目鄷矣**。《史》注：“文穎曰：‘鄷音贊。’瓚曰：‘今南陽鄷縣是也。’孫檢曰：‘有二縣字音多亂，其屬沛郡者音崟，屬南陽者音贊。’案：《茂陵書》蕭何國在南陽，字作酇，音贊。今皆作酇字，所由亂也。”臣案：《説文》別有鄘字，音在戈翻，未知孰是。[二] **元二之文，古今説異**；《後漢書·鄧騭傳》：“永初元年冬時，遭元二之災。”顏師古注曰：“元二，即元元也。”古書字當再讀，即於上字之下爲小“二”字，言此字當兩度言之。後人不曉，遂讀爲元二，或同之陽九，或附之百六，甚爲誤矣。今岐州石鼓銘，凡重言者皆爲

---

① “密”，澤存堂本作“宓”，下同。

二字，此義亦同。〔三〕**丞尉之印，偏旁亂真**。《漢書》伏波將軍馬援上書："臣所假伏波將軍印，書'伏'字'犬'外向。成臯令印，'臯'字爲'自'下'半'（土刀翻），丞印'四'（横目）下'半'，尉印'白'下'人'、'人'下'半'。即一縣長吏，印文不同，恐天下不正者多。符印所以爲信也，宜齊同。"薦曉古文字者，事下大司空正郡國印章。奏可。〔四〕

【釋證】

〔一〕密／宓（mì）、虙（fú）之辨，見於《顔氏家訓·書證》："張揖云：'虙，今伏羲氏也。'孟康《漢書古文注》亦云：'虙，今伏。'而皇甫謐云：'伏羲或謂之宓羲。'按諸經史緯候，遂無宓羲之號。虙字从虍，宓字从宀，下俱爲必，末世傳寫，遂誤以虙爲宓，而《帝王世紀》因誤更立名耳。何以驗之？孔子弟子虙子賤爲單父宰，即虙羲之後，俗字亦爲宓，或復加'山'。今兖州永昌郡城，舊單父地也。東門有子賤碑，漢世所立，乃曰：'濟南伏生，即子賤之後。'是'虙'之與'伏'，古來通字，誤以爲'宓'，較可知矣。"按：宓子賤，春秋時魯國人。名不齊，字子賤，孔子弟子。曾爲單父宰，彈琴而治，爲後世儒家所稱道。事見《吕氏春秋·開春論》。《説文》虍部："虙，虎皃。从虍，必聲。"又宀部："宓，安也。从宀，必聲。"二字均从必得聲。宓，明紐質部；虙，並紐職部。二字古音相近，典籍多通用。《楚辭·離騷》"求宓妃之所在"，注："宓，一作'虙'。"《史記·司馬相如傳》"若夫青琴、宓妃之徒"，《漢書·司馬相如傳》"宓"作"虙"。《漢書·百官公卿表》"易敘宓羲、神農、黄帝作教化民"，顔師古注："'宓'本作'虙'，轉寫訛謬耳。"另，虙字俗寫作"虙"，《龍龕手鏡》卜部："虙，音伏。獸皃。又姓。""虙"與"宓"，因形近而訛混，故《龍龕手鏡》宀部："宓，弥必反。安寧止默也。又美筆反。又《廣弘明集》第八卷：'今作虙，音伏。宓羲字。'"

〔二〕酇，古縣名。史上有二酇縣。其一屬南陽，《廣韻》則旰切(zàn)。《說文》邑部："酇，百家爲酇。酇，聚也。从邑，贊聲。南陽有酇縣。"《三國志·吳書·吳主傳》："南陽陰、酇、筑陽、山都、中廬五縣民五千家來附。"其一屬沛郡，秦置，《廣韻》昨何切(cuó)。慧琳《一切經音義》卷八五："酇，沛國縣名也。亦作'酇'。"《集韻》戈韻："酇，《說文》：'沛國縣。'蕭何初封邑。或从贊。"《史記·陳涉世家》"攻銍、酇、苦、柘、譙，皆下之"，裴駰集解引徐廣曰："苦、柘屬陳，餘皆在沛也。"

〔三〕清俞樾《古書疑義舉例》："重文作二畫而致誤例。古人遇重文止於字下加二畫以識之，傳寫乃有致誤者。""二"既是重文符號，也是合文符號，出土文獻習見。

〔四〕注文參見《後漢書·馬援傳》李賢注。以今之所見古文字資料來看，漢代印文"皋"字形體多樣，馬援上書所言甚是。皋，漢印作▨(《印典三》2106)、▨(《印典三》2190)，从自；或作▨(《大系》13802)、▨(《印典三》2190)，从白；或作▨(《虛漢》646)、▨(《虛漢》646)，訛作"罩"，上从𦉪。

《尚書》以忞作怒音，案：字書：忞，古仁恕之"恕"字。今或本云古恚怒之"怒"，非也。〔一〕《禮記》以視爲古字。又《禮記注》以"視"爲古"示"字，大與《說文》《石經》相乖。〔二〕是故《老子》上卷改載爲哉，唐玄宗朝詔："朕欽承聖訓，覃思玄宗，頃改《道德經》'載'字爲'哉'，仍屬上句。及乎議定，衆以爲然，遂錯綜真詮，因成注解云。"《洪範》一篇更頗普禾翻。作陂。唐玄宗詔："《典》《謨》既作，雖曰不刊，文字或訛，豈必相襲？朕聽政之暇，乙夜觀書。匪徒閱於微言，實欲暢於精理。每讀《尚書·洪範》至'無偏無頗，遵王之誼'，三復斯文，竝皆協韻。唯'頗'一字，實則不倫。

又《周易》泰卦中‘無平不陂’，釋文‘陂’字亦有‘頗’音。‘陂’之与‘頗’，訓詁無別。爲陂則文亦會意，爲頗則聲不成文。應由煨燼之餘，編簡隊缺；傳受之際，差舛相沿。原始要終，須有刊革。朕雖先覺，兼訪諸儒，僉以爲然，終非獨斷，宜改‘頗’字爲‘陂’。仍宣示國學。”〔三〕

【釋證】

〔一〕《説文》心部：“恕，仁也。从心，如聲。忞，古文省。”《汗簡》引《孫强集字》作𢙊（5·67），與《説文》古文同。恕，戰國文字作𢙊（《集成》9734 𠻖盗壺）、𢙊（《郭·語二》26），从心，女聲。後世以“忞”爲“怒”，《集韻》莫韻：“怒，《説文》：‘恚也。’古作‘忞、悠’。”

〔二〕《説文》見部：“視，瞻也。从見、示。眂，古文視。眡，亦古文視。”許云“从見、示”，其實當爲“从見，示聲”。古文字中，見、目作爲偏旁可通；“視”字又可从氏或氏得聲。《上博簡·緇衣》“以視民厚”，“視”作𣊟，从目，氏聲，與《説文》古文同。典籍中“視”與“示”常通。《禮記·曲禮上》“幼子常視母誑”，鄭玄注：“視，今之‘示’字。”《詩·小雅·鹿鳴》“視民不恌”，鄭玄箋：“視，古‘示’字也。”《史記·絳侯周勃世家》“指示我”，《漢書·周勃傳》作“視”。另，出土文獻中“示”亦常用作“視”。《郭店簡·緇衣》：“古（故）君民者，章好以視（示）民俗，懂（謹）亞（惡）以溁（渫）民淫〈淫〉，則民不惑。”今本《緇衣》“視”作“示”。《郭店簡·語叢三》：“自視其所能，員（損）。自視其所不族（足），嗌（益）。”“視”當讀爲“示”。

〔三〕事見《册府元龜》卷四〇《帝王部》。

驗二篆亦部居有證，大率五百四十部以小篆爲宗，大篆或重複焉。〔一〕**變八分則筆削難安**。八分之説，流俗有二。或曰：八分篆法，二分隸文；又云：皆似八字，勢有偃波。臣以爲二説皆非也。謹案：書有八體，一曰大篆，二曰小篆，三曰刻符，四曰蟲書，五曰摹印，六曰署書，七曰殳書，八曰隸書。漢蔡邕以隸作八分體，蓋八體之後又分此法，謂之八分，近矣。**蔡中郎以豐**音禮。**同豐**，芳弓翻。〔二〕**李丞相持束**千賜翻。**作亦**。此二字李少監陽冰説。〔三〕**《刊謬正俗》混説逢、逄**，逄，房風翻，迎也，字從夆。夆，芳封翻。逢，步江翻，人姓，出《北海傳》，有逢丑父，字從夆。夆，下江翻。顏氏《刊謬正俗》乃云："逄姓之‘逄’與逢遇之‘逢’，妄爲別字，釋訓無據。"且祭（側介翻）、單（上演翻）字同，任云假借。逢、逄文別，豈可雷同？尺有所短，見於兹矣。**《五經字書》不分挍、校**。挍，古効翻，比挍。校，户教翻，校尉。又"荷校滅耳"，以《説文》、陸氏《釋文》知之。張氏《五經文字》皆從木，非也。〔四〕

【釋證】

〔一〕二篆，即大篆和小篆。大篆，西周晚期秦國所使用的文字，也稱籀文，因其著録於字書《史籀篇》而得名。《漢書·藝文志》："《史籀》十五篇，周宣王太史籀作大篆。"《説文》中保留了籀文225個，是我們今天研究大篆的主要資料。大篆的真迹，目前所見有"石鼓文"，現存於故宫。小篆，乃秦朝所使用的文字。秦始皇統一六國後推行"書同文"的政策，由丞相李斯負責，在秦國原來使用的大篆的基礎上，"或頗省改"，創制的漢字書寫形式。

〔二〕李陽冰《上李大夫論古篆書》："常痛孔壁遺文，汲冢舊簡，年代浸遠，謬誤滋多。蔡中郎以豐同豐，李丞相將束爲束，魚魯一惑，涇渭同流，學者相承，靡所遷復。每一念至，未嘗不廢食雪泣，攬筆長嘆焉。""豐、豐"形近而訛。清皮錫瑞《漢碑引經考》："《華山廟碑》'禋祀豐備'，《史晨碑》'以祈豐穰'，《夏承碑》‘名豐其爵’，‘豐’皆作‘豐’。”

〔三〕《説文》辵部：“迹，步處也。从辵，亦聲。蹟，或从足、責。速，籀文迹从束。”段玉裁注：“迹本作速，束聲。故音在十六部。小篆改爲亦聲，則當入五部，而非本部之形聲矣。李陽冰云‘李丞相持束作亦’，謂此字也。資昔切，古音在十六部。責亦束聲也。”又《集韻》昔韻：“迹，或作跡。”

〔四〕《五經文字》木部：“校，音教，又音效。皆從木。”《正字通》手部：“挍，古弔切，音教。角也。比也。考也。報也。《語》‘犯而不挍’，今文从木，明避御諱，校省作挍。”

徵長孫氏，則曰：“可知而不可行。”謂冰凝、竭渴之類，檢本知之。長孫，即訥言也。〔一〕**驗張司業，**參。**又云：“久訛而不敢改。”**《五經文字》往往有之。〔二〕**則有寵字**丑隴翻。**爲竉，**力孔翻。〔三〕**錫**思歷翻。**字爲鍚，**余章翻。〔四〕**用夊**普卜翻。**代夂，將无**亡夫翻。**混夭。**己利翻。〔五〕**若斯之流，便成兩失。**已上《釋文·序》。

【釋證】

〔一〕長孫氏，即長孫訥言，唐代音韻學者，以增補《切韻》而聞名。《切韻》乃隋代陸法言所撰，至唐大行於世。《切韻》重在分辨聲韻，但苦於收字不廣、義訓不詳，後世遂有多種增修韻書問世。長孫訥言以《切韻》爲底本，承陸書分韻及體例，廣增字數，重在以《説文》訂補《切韻》，并加注案語，記於原注之末，或詮字體，或釋字義，兼具韻書和字書的功用。此書流傳至今，敦煌文書存有殘卷。

〔二〕《五經文字》，唐張參撰。張參，里貫未詳。《自序》題“大曆十一年六月七日”，結銜稱“司業”，蓋代宗時人。該書根據《熹平石經》《説文解字》《字林》《經典釋文》等,收經傳文字 3235 字。該書的創作目的,是爲經書文字的楷書寫法樹立準繩,故而對漢字的規範化起了一定的積極作用。

〔三〕《玉篇》穴部:"寵(lǒng),力董切。孔寵也。"《隸辨》:"樊安碑:'封寵五國,又嘉其寵榮。'按:《經典釋文·條例》云:'寵字爲寵便成兩失。'"

〔四〕錫(yáng),《説文》金部:"錫,馬頭飾也。从金,陽聲。《詩》曰:'鉤膺鏤錫。'臣鉉等曰:'今經典作錫。'"《廣韻》陽韻:"錫,兵名。又馬額飾。與章切。"

〔五〕旡(jì),《説文》旡部:"旡,歙食气屰不得息曰旡。从反欠。"徐鉉:"居未切。今變隸作'旡'。"而"无"則是"無"的奇字。"旡"與"无"音義皆殊,形近而訛。

有以毆擊之毆烏口翻。**爲毆**起虞翻。**逐,**〔一〕**邊徼之徼**古弔翻。**爲傲**古堯翻。**倖,**〔二〕**竈杖之栝**他念翻。**爲栝**古活翻。**栢,**〔三〕**水名之濕**他帀翻。**爲下溼,**深立翻。〔四〕**地名之邢**口堅翻。**爲邢**户丁翻。**疾,**〔五〕**草名之苞**平表翻。**爲厭包,**百茅翻。〔六〕**盻恨之盻**下計翻。**爲盼**匹莧翻。**兮,**〔七〕**深宓之宓**明筆翻。**爲虙**房福翻。**賤,**〔八〕**科厄之厄**牛果翻。**爲困厄,**於革翻。〔九〕**進趨之夲**土刀翻。**爲本**布衮翻。**末,**〔十〕**三十之卅**先合翻。**爲百卉,**許貴翻。〔十一〕**來假之假**古額翻。**爲假**工下翻。**手,**〔十二〕**校尉之校**户教翻。**爲比挍,**古效翻。〔十三〕**冥昧之昧**莫佩翻。**爲見昧,**莫撥翻。〔十四〕**夭折之夭**於小翻。**爲夭**於昭翻。**如。**已上經典多誤。

【釋證】

〔一〕《説文》殳部:"毆,捶毄物也。从殳,區聲。烏后切。"

又馬部：“驅，馬馳也。从馬，區聲。毆，古文驅从攴。豈俱切。”段玉裁注：“攴者，小擊也，今之‘扑’字。鞭、箠、策所以施於馬而驅之也，故古文从攴。引伸爲凡駕馭追逐之偁。《周禮》‘以靈鼓毆之’，‘以炮土之鼓毆之’；《孟子》‘爲淵毆魚’，‘爲叢毆爵’，‘爲湯武毆民’，皆用古文，其實皆可作驅，與攴部之毆義別。”其實，“毆、毆”均从區得聲，古音相近，故可通假。《文選》宋玉《風賦》“毆温致濕”，李善注：“毆，古‘驅’字。”《漢書·食貨志上》“今毆民而歸之農，皆著於本，使天下各食其力”，顔師古注：“毆，亦‘驅’字。”《漢書·文三王傳》“（立）後數復毆傷郎，夜私出宫”，顔師古注：“毆，棰擊，音一口反。”

〔二〕《類篇》彳部：“徼，堅堯切（jiāo），《説文》：‘循也。’又伊消切（yāo），遮也。又吉吊切（jiào），境也。又吉了切（jiǎo），邀也。”《正字通》人部：“儌，古巧切（jiǎo），音繳，《玉篇》：‘儌，行也。’又蕭韻音驕（jiāo），儌幸，覬非望也。舊注引毛氏曰：‘儌倖字本作‘儌’，後人又以邊徼之‘徼’爲儌倖之‘儌’，相承亂久矣。’按《正韻》儌福亦作‘僥’，邊徼亦作‘儌’，毛説迂泥。”睡虎地秦墓竹簡《法律答問》：“人臣甲謀遣人妾乙盗主牛，買，把錢僱邦亡，出徼，得。”《史記·司馬相如列傳》“西至沫、若水，南至牂柯爲徼”，司馬貞索隱引張揖曰：“徼，塞也。以木柵水爲蠻夷界。”徼，又通“儌”，故“儌倖”又作“徼倖、徼幸”。《國語·晉語二》：“人實有之，我以徼倖，人孰信我？”《左傳·哀公十六年》：“以險徼幸者，其求無饜。”宋司馬光《乞去新法之病民傷國者疏》：“行險徼倖，大言面欺。”

〔三〕“桰、栝”本是音義皆殊的兩個字。《説文》木部：“桰（tiǎn），炊竈木。从木，舌聲。”也就是今之所謂燒火棍。又同部：“栝（kuò），隱也。从木，昏聲。一曰矢栝，築弦處。”“栝、

檜(柏葉松身的一種樹)"古音同屬見紐月部,文獻常通假。《禹
貢》"檜"寫作"栝"。《集韻》末韻:"檜,古作'栝'。"中古"昏、
舌"混同,《集韻》慁韻:"昏、睧、舌,《博雅》:'塞也。'或从甘。
亦作'舌'。"故"栝、栝"混同。《玉篇》木部:"栝(kuò),古活
切。木名,栢葉松身。"

〔四〕"濕、溼"本是形義皆殊的兩個字。《說文》水部:"濕
(tà),水,出東郡東武陽,入海。从水,㬎聲。桑欽云:出平原高
唐。他合切。"同部:"溼(shī),幽溼也。从水。一,所以覆也,
覆而有土,故溼也。㬎省聲。失入切。"因兩字形近,後混而爲
一,《玉篇零卷》:"濕,《字書》亦溼字也。"《廣韻》緝韻:"溼,水
霑也。失入切。濕,上同,見經典。"

〔五〕《說文》邑部:"邘(jiān),周公子所封,地近河內懷。
从邑,开聲。"开,从二干,古賢切。故《龍龕手鑑》邑部:"邘,
音牽。地名。"《說文》邑部:"邢(xíng),鄭地邢亭。从邑,井
聲。""邢"字又寫作"邢"。《廣韻》青韻:"邢,地名,在鄭。亦
州名,古邢侯國也,項羽爲襄國,隋爲邢州,取國以名之。又姓,
出河間也,本周之胤,邢侯爲衞所滅,後遂爲氏。漢有侍中邢
辟,直道忤時,謫爲河間鄭令,因家焉。""邘、邢"形近而訛同。
故《玉篇》邑部:"邢,胡丁切。《左氏傳》'狄伐邢',杜預云:
'邢國在廣平襄國縣。'又輕干切。周公所封,地近河內。邘,
同上。"

〔六〕《說文》艸部:"苞,艸也。南陽以爲麤履。从艸,包
聲。"段玉裁注:"叚借爲包裹。凡《詩》言'白茅苞之',《書》言
'厥苞橘柚',《禮》言'苞苴',《易》言'苞蒙、苞荒、苞承、苞羞、
苞桑、苞瓜',《春秋傳》言'苞茅不入',皆用此字。近時經典凡
訓包裹者皆徑改爲包字。"麤履,即蘆履,草鞋。苞,本爲編織草

鞋的茅草，經典多假“苞”爲“包”。《莊子·天運》“充滿天地，苞裹六極”，陸德明釋文：“本或作‘包’。”漢桓寬《鹽鐵論·貧富》：“小不能苞大，少不能贍多。”

〔七〕《説文》目部：“盻（xì），恨視也。从目，兮聲。”同部：“盼，《詩》曰：‘美目盼兮。’从目，分聲。”“盼”的本義是眼睛黑白分明，與恨視義的“盻”音義皆殊。然而“盻、盼”形近，後世混訛。《集韻》襇韻：“盼、盻，普莧切。《説文》引《詩》：‘美目盼兮。’或作‘盻’。”宋司馬光《觀試騎射》：“揚鞭秋雲高，顧盻有餘鋭。”顧盻，即顧盼。

〔八〕參上文“不齊之稱密賤”條之釋證。

〔九〕《説文》卩部：“厄，科厄，木節也。从卩，厂聲。”户部：“戹（è），隘也。从户，乙聲。”“厄、戹”上古形義皆殊，中古均爲於革切，遂混訛。《玉篇》厂部：“厄，於革切。俗‘戹’字。”《廣韻》麥韻：“戹，災也。《説文》：‘隘也。’於革切。厄，上同。”

〔十〕《説文》大部：“夲（tāo），進趣也。从大，从十。大十，猶兼十人也。讀若滔。”“夲”與“本”音義皆殊，中古因形近而訛同。《廣韻》混韻：“本，本末。又始也。下也。舊也。《説文》曰：‘木下曰本。从木，一在其下。’俗作‘夲’。夲，自音叨。”

〔十一〕《正字通》：“帀（sà），‘卅’本字。卉，同‘帀’，今以代‘艸’，趨便也。”

〔十二〕《説文》彳部：“徦，至也。从彳，叚聲。”《玉篇》彳部：“徦，柯額、公雅二切。至也。來也。”《説文》人部：“假，非真也。从人，叚聲。”《玉篇》人部：“假，居馬切。《書》云：‘假手于我有命。’假，借也。”“徦、假”均从叚得聲，古音見紐魚部，典籍多通假。《詩·商頌·玄鳥》“四海來假，來假祁祁”，鄭玄箋：“假，至也。”《史記·司馬相如列傳》“乘虛無而上假兮，超無友

而獨存”，裴駰集解引徐廣曰：“假，至也。”《後漢書·陳寵傳》
“方今聖德充塞，假於上下，宜隆先王之道，蕩滌煩苛之法”，李賢
注：“假，至也。”

〔十三〕參上文“《五經字書》不分挍、校”條釋證。

〔十四〕《說文》日部：“昧（mèi），爽，旦明也。从日，未聲。
一曰闇也。”所謂闇，即冥昧無光。《廣韻》末韻：“眜（mò），星
也。《易》曰：‘日中見眜。’案：《音義》云：‘《字林》作昧，斗杓
後星。王肅音妹。’莫撥切。”蔡夢麒《廣韻校釋》：“日中見眜，
《周易·豐卦·九三》作‘日中見沬’，釋文：‘沬，徐武蓋反，又亡對
反，微昧之光也。《字林》作昧，亡太反，云：斗杓後星。王肅云：
音妹。鄭作昧。服虔云：日中而昏也。《子夏傳》云：昧，星之小
者。’列六家之說而無本音。可見‘眜’乃‘昧’之訛字，因字訛
从‘末’，遂衍有莫撥切之音。”

蛇虫之虫許鬼翻。爲蟲直中翻。豸，丈爾翻。〔一〕蟲豸
之豸爲獬廌，丈買翻。〔二〕獬廌之廌爲舉薦，即見翻。〔三〕
錬鐗之錬德紅翻。爲鍛鍊，來見翻。〔四〕墮張之墮許規翻。
爲惰徒果翻。慢，〔五〕獸名之猲音葛，見《山海經》。爲田獵，
力業翻。〔六〕堤滯之堤丁禮翻。爲隄丁兮翻。防，〔七〕奔趍
之趍直知翻。爲進趨，七俱翻。〔八〕逮及之逮徒計翻。音大，
非。爲殆且，〔九〕草名之筆兵苗①翻。爲筆札，〔十〕人姓之
受都導翻。爲承受，〔十一〕麤麄之麄力谷翻。爲精麤，千胡

---

① “苗”，原作“苖”，澤存堂本亦作“苖”。另，本書下卷：“筆、筆，上兵苖翻，艸名。
下彼乙翻，筆札。”皆非。《康熙字典》：“筆，又《類篇》兵笛切，音筆，艸名。《佩
觿集》：‘俗以草名之筆爲筆札之筆，非。’”故可知此處實爲“兵苗翻”，形近而
誤刻。

翻。〔十二〕湏爛之湏火外翻。爲斯須，相俞翻。〔十三〕蚯蚓之
蚕他典翻。爲蠶才含翻。繭，〔十四〕槫櫨之開皮變翻。爲關
古還翻。楗，〔十五〕聶語之聶才入翻，又子入翻。爲胥相居翻。
徒，〔十六〕疋直之疋八分正字。爲匹片一翻。敵，〔十七〕迎這
之這魚變翻。爲者回，〔十八〕剌截之截竹甚翻。爲𢦏苦含翻。
難，〔十九〕容兒之兒莫教翻。爲完胡官翻。全，〔二十〕牝牡之
牡莫厚翻。爲壯之狀翻。麗，羑羊之羑古刀翻。爲美明鄙翻。
惡，〔二十一〕傸僥之僥五聊翻。爲傲古堯翻。倖，〔二十二〕振旅
之嗔徒年翻。爲瞋充人翻。怒，〔二十三〕美鐵之鈌章容翻。爲
鉛余專翻。錫，〔二十四〕借他迷翻。俒他沾翻。之借爲踰僭，子
念翻。〔二十五〕木栅一作砦。之砦士介翻。爲揩擦，千曷翻。帆
舡之舡古容翻。爲舟船，士緣翻。苴蔣之苴古胡翻。爲瓜
古華翻。果，〔二十六〕鈌棋之棋知林翻。爲桑葚，石稔翻。〔二十七〕
畱吝之畱方美翻。爲圖同奴翻。謀，〔二十八〕交互之互胡故
翻。爲氏丁禮翻。宿，〔二十九〕水名之泒古胡翻。爲宗派，匹賣
翻。〔三十〕下卸之卸思夜翻。爲郵于求翻。亭，〔三十一〕鳥鳴之
咬古肴翻。爲皎五狄翻。蠿。〔三十二〕已上《時俗章疏》。其順非
有如此者。

【釋證】

　　〔一〕虫（huǐ），毒蛇，甲骨文、金文均象蛇之形。《説文》虫
部："虫，一名蝮，博三寸，首大如擘指。象其臥形。"段玉裁注：
"《月令》：春，其蟲鱗；夏，其蟲羽；中央，其蟲倮，虎豹之屬，恒淺
毛也；秋，其蟲毛；冬，其蟲介。許云或飛者，羽也。古'虫、蟲'
不分。"《玉篇》虫部："虫，古文'虺'字。"《廣韻》尾韻："虫，鱗
介總名。"所謂"鱗介總名"者，乃蟲也。《大戴禮》："有羽之蟲
三百六十，而鳳凰爲之長；有毛之蟲三百六十，而麒麟爲之長；有

甲之蟲三百六十，而神龜爲之長；有鱗之蟲三百六十，而蛟龍爲之長；有倮之蟲三百六十，而聖人爲之長。”

〔二〕《廣韻》紙韻：“豸（zhì），蟲豸。《爾雅》云：有足曰蟲，無足曰豸。”蟹韻：“廌（zhì），解廌。宅買切。豸，同上。”《集韻》紙韻：“廌，解廌，獸名。通作‘豸’。”“豸、廌”通用。漢楊孚《異物志》：“東北荒中有獸，名獬豸，一角，性忠，見人鬬則觸不直者，聞人論則咋不正者。”《文選》司馬相如《上林賦》“推蜚廉，弄獬豸”，郭璞注引張揖曰：“獬豸，似鹿而一角。人君刑罰得中，則生於朝廷，主觸不直者。”

〔三〕“廌”與“薦”古書經典多通用。《易》豫卦“殷薦之上帝”，陸德明釋文：“薦，本或作‘廌’。”廌，定紐支部；薦，精紐文部，二字聲韻遠隔。朱駿聲《説文通訓定聲》認爲古書多借“薦”爲“荐”，“廌”與“薦”形近而混。

〔四〕《正字通》金部：“錬，譌字。舊注沿《篇海》音東，引《方言》‘輨軑，趙魏間謂車轄爲錬鐥’，與‘錬’字不同。按：《説文》：‘鐧，車軸頭鐵。’《集韻》或作‘錬’。又田器。《説文》：‘鈐鐥，大犁也。’《博雅》：‘錬鐥，鉻也。’即《説文》鈐鐥。以此推之，錬爲錬之譌。諸韻書東韻不收錬。”

〔五〕《集韻》支韻：“陸、隓、墮（huī），翾規切。《説文》‘敗城阜曰陸’，徐鉉曰：‘蓋从二左，衆力左之。’或作‘隓、墮’，亦書作‘隓’。俗作‘隳’，非是。”墮，毀壞。《春秋·定公十二年》“叔孫州仇帥師墮郈”，杜預注：“墮，毀也。”《國語·周語下》“晉聞古之長民者，不墮山，不崇藪，不防川，不竇澤”，韋昭注：“墮，毀也。”《史記·樂毅列傳》：“離毀辱之誹謗，墮先王之名，臣之所大恐也。”古籍中“墮”與“惰”常通，《管子·正世篇》“力罷則不能毋墮倪”，《資治通鑑·漢紀五》“百官之墮於事也”，“墮”皆通“惰”。

〔六〕《廣韻》曷韻:“猲(gé),猲狙,獸也。”《山海經·東山經》“(北號之山)有獸焉,其狀如狼,赤首鼠目,其音如豚,名曰猲狙”,郝懿行箋疏:“經文‘猲狙’當爲‘猲狙’,《玉篇》《廣韻》并作‘猲狙’。”中古俗字訛與“獵”同,《顏氏家訓·書證》:“自有訛謬,過成鄙俗。……‘獵’化爲‘猲’,‘寵’變成‘寵’。”敦煌俗字“獵”既作**獦**,又作**猲**。《新書·勢卑》:“今不猲猛敵而猲田彘,不搏反寇而搏蓄菟。”南朝梁蕭若静《石橋》:“連延過絶澗,迢遞跨長津。已數逢仙客,兼曾度猲人。”

〔七〕《説文》土部:“堤,滯也。从土,是聲。”段玉裁注:“此篆與‘坻’篆音義皆同。”朱駿聲通訓定聲:“堤,當爲‘坻’之或體,與從𨸏之隄唐字迥别。”《説文》𨸏部:“隄,唐也。从𨸏,是聲。”“隄”與“堤”形義皆别,然而上古同音,故常通假。例如《禮記·月令》“完隄防”,陸德明釋文:“隄,本又作‘堤’。”《左傳·襄公二十六年》“棄諸堤下”,陸德明釋文“堤”作“隄”。後遂混同,故《類篇》土部:“堤,都黎切,唐也。又直兮切,防也。又典禮切,滯也。”

〔八〕《説文》走部:“趂(chí),趂趙,久也。从走,多聲。”段玉裁注:“趂、趙雙聲字,與峙踞、籌箸、踟躕字皆爲雙聲轉語。”《説文》走部:“趍,走也。从走,芻聲。”趂,定紐歌部;趍,清紐侯部。兩者音義皆别,然而中古“趂”又用作“趍”之俗字,兩者遂混用。《廣韻》虞韻:“趍,走也。七逾切。趂,俗。本音池。”《集韻》遇韻:“趍,或作‘趂’。”《詩·齊風·猗嗟》“巧趍蹌兮”,陸德明釋文:“趍,本又作‘趂’。”黄焯彙校:“唐寫本作‘趂’。”

〔九〕《説文》辵部:“逮,唐逮,及也。从辵,隶聲。臣鉉等

曰:‘或作迨。’”又隶部:“隸(dài),及也。从隶,枲聲。《詩》曰:
‘隸天之未陰雨。’”逮,定紐質部;隸,定紐之部。“逮、隸”聲近
義同,故多混用。“迨”爲“隸”之俗字,“逮”與“迨”遂混同。
《集韻》海韻:“迨,及也。或作‘逮’。”

　　〔十〕葷(bí),《廣雅·釋草》:“葷,藜也。”“葷、筆”形近混同。

　　〔十一〕《玉篇》丈部:“受(dào),丁報切。姓也。”“受、受”
形近。

　　〔十二〕《說文》麤部:“麤,行超遠也。从三鹿。”段玉裁
注:“鹿善驚躍,故从三鹿。引伸之爲鹵莽之偁。《篇》《韻》云
‘不精也’,‘大也’,‘疏也’,皆今義也。俗作‘麁’。今人概用
‘粗’,‘粗’行而‘麤’廢矣。”《正字通》鹿部:“麁,俗‘麤’字。”
麤,敦煌寫本作𪊽,正與“麁”相契合。

　　〔十三〕《說文》水部:“沫,洒面也。从水,未聲。湏,古文
沫从頁。”湏(huì),从水,从頁,會意。《廣韻》乎内、莫貝二切。
湏(沫),又通“昧”。《易》豐卦“日中見沫”,陸德明釋文:“沫,
《字林》作‘昧’。”《漢書·五行志下》《廣韻》并引作“昧”。《集
韻》隊韻:“沫,微晦也。”湏爛,即晦明。“湏、須”形近而混。

　　〔十四〕《廣韻》銑韻:“蚕(tiǎn),《爾雅》云:‘蠠蚓,豎蚕。’
郭璞云:‘即蟺蟮也。江東呼寒蚓。’他典切。”又覃韻:“蠶,吐
絲蟲。俗作蚕,非。昨含切。”

　　〔十五〕《說文》門部:“𨳿(biàn),門樞櫨(bólú)也。从門,
弁聲。”即門柱上的斗拱。又門部:“關,以木橫持門户也。从
門,絲聲。”即門閂。𨳿,並紐元部;關,見紐元部。二者音近,可
通假。

　　〔十六〕《說文》口部:“咠(qì),聶語也。从口,从耳。《詩》
曰:咠咠幡幡。”肉部:“胥,蟹醢也。从肉,疋聲。”胥,篆文

作胥，隸變後作胥(《隸辨》)，與“咠”形近而混。《戰國策·趙策》：“左師觸讋願見太后，太后盛氣而揖(咠)之。”《史記·趙世家》：“左師觸龍言願見太后，太后盛氣而胥之。”馬王堆漢墓出土《戰國縱横家書》：“左師觸龍言願見，大(太)后盛氣而胥之。”《史記》和《戰國縱横家書》均作“胥”。胥，等待。胥，當是先訛作“咠”，然後又被誤讀爲“揖”。

〔十七〕《廣韻》馬韻：“疋(yǎ)，正也。五下切。”質韻：“匹，偶也。配也。合也。二也。《説文》云：‘四丈也。从八、匸，八揲一匹。’俗作‘疋’。譬吉切。”“疋”用作“匹”的俗字，唐白居易《效陶潛體詩》之十：“方知麴糵靈，萬物無與疋。”《法苑珠林》卷三：“欲界諸天，則有男女相疋配。”

〔十八〕《玉篇》辵部：“這(yàn)，宜箭切。迎也。”《增韻》馬韻：“這，凡稱此箇爲者箇，俗多改用‘這’。”唐盧仝《送好約法師歸江南》：“爲報江南三二日，這回應見雪中人。”

〔十九〕《説文》戈部：“戡(kān)，刺也。从戈，甚聲。竹甚、口含二切。”同部：“𢦟(kān)，殺也。从戈，今聲。《商書》曰：‘西伯既𢦟黎。’口含切。”“戡、𢦟”古音均爲溪紐侵部，音義皆近，經典常通假。段玉裁注：“《西伯戡黎》文今作‘戡黎’，許所據作‘𢦟黎’。邑部‘𨛫’下又引‘西伯戡𨛫’。”

〔二十〕《説文》皃部：“皃，頌儀也。从人，白象人面形。”宀部：“完，全也。从宀，元聲。”“皃、完”音義皆殊，然二字形近，遂致訛。《干禄字書》：“皃、完，上俗，下正。”《五經文字》宀部：“完，音丸。全也。俗作‘皃’，皃音貌。”

〔二十一〕羙(gāo)，同“羔”。《説文》羊部：“羔，羊子也。从羊，照省聲。”“羙”與“美”音義皆殊，形近致訛。

〔二十二〕《國語·魯語》“仲尼曰：‘僬僥(jiāoyáo)氏長三

尺，短之至也’”，韋昭注：“僬僥，西南蠻之別名也。”《莊子·在宥》“此以人之國僥（jiǎo）倖也”，陸德明釋文：“僥倖，求利不止之貌。”僥倖，又作“儌幸、徼倖、儌幸”。《干禄字書》：“傲、僥，并僥倖字。古堯反。相承已久，字書作‘傲’，今不行用。僥，亦僬僥字，謂南方短人也。音譙堯。”

　　〔二十三〕《說文》口部：“嗔（tián），盛气也。从口，真聲。《詩》曰：‘振旅嗔嗔。’”目部：“瞋（chēn），張目也。从目，真聲。”“嗔、瞋”形近而訛混，故“瞋”又有盛气義，“嗔”亦有張目義。《後漢書·華佗傳》：“太守果大怒，令人追殺佗，不及，因瞋恚，吐黑血數升而愈。”北魏楊衒之《洛陽伽藍記》：“初，如來在烏場國行化，龍王瞋怒，興大風雨，佛僧迦梨表裏通濕。”宋蘇軾《代侯公說項羽辭》：“項王嗔目大怒。”

　　〔二十四〕《類篇》金部：“鈆（zhōng），諸容切。鐵也。”《說文》金部：“鉛，青金也。”“鉛”與“鈆”形體相近而混。《干禄字書》：“鈆、鉛，并同。”

　　〔二十五〕偺、僭，形近致混。詳見“僭偺”條釋證。

　　〔二十六〕《說文》艸部：“苽（gū），雕苽。一名蔣。从艸，瓜聲。”今俗之謂茭白。《周禮·天官·膳夫》“凡王之饋，食用六穀”，鄭玄注：“六穀，稌、黍、稷、粱、麥、苽。苽，彫胡也。”賈公彦疏：“南方見有苽米，一名彫胡。”《說文》瓜部：“瓜，㼜也。象形。”段玉裁注：“㼜，大徐作㼙，誤。艸部曰：在木曰果，在地曰㼜。瓜者，縢生布於地者也。”“瓜、苽”形音皆近，故俗字訛混。《集韻》麻韻：“瓜，姑華切。《說文》：‘㼜也。’俗作‘苽’，非是。”《南齊書·韓靈敏傳》：“兄弟共種苽半畝，朝採苽子，暮已復生。”

　　〔二十七〕《廣韻》侵韻：“椹，鈇椹，斫木質。《文字指歸》：‘俗用爲桑椹字，非。’”

〔二十八〕《説文》㘳部：“啚，嗇也。从口、㘳。㘳，受也。”“鄙”之初文。啚吝，後作“鄙吝”。北齊顏之推《顏氏家訓·勉學》：“素鄙吝者，欲其觀古人之貴義輕財。”《廣韻》模韻：“圖，《爾雅》曰：‘謀也。’《説文》曰：‘畫計難也。’同都切。”“啚、圖”形近而訛混。《干禄字書》：“啚、圖，上俗，下正。”唐玄應《一切經音義》卷八“所圖”條：“《詔定古文官書》：圖、啚二形同。”

〔二十九〕《説文》氏部：“氏，至也。从氏下箸一。一，地也。”氏，篆文作𢉩，隸變作兵、豆、𧮫等形，遂與“互”字形近而訛混。《干禄字書》：“氏、互，上通，下正。”

〔三十〕“㫰、派”形近而訛混。宋洪邁《夷堅乙志·女鬼惑仇鐸》：“天台士人仇鐸者，本待制寓之族㫰也。”一本作“族派”。

〔三十一〕郵，隸書作郣、㕔等形，與“卸”字形近而訛。《集韻》尤韻：“郵、邮，《説文》：‘境上行書舍。从邑、垂。垂，邊也。’一曰事之過者爲郵。亦姓。一曰田舍間。或作‘邮’。”

〔三十二〕《玉篇》口部：“咬（jiāo），古爻切。鳥聲也。俗亦爲‘齩’字。”《正字通》齒部：“齩（yǎo），五巧切，音咬。《説文》：‘齧骨也。’俗作‘咬’，非。”《文選》禰衡《鸚鵡賦》“采采麗容，咬咬好音”，李善注引《韻略》：“咬咬，鳥鳴也。音交。”唐李山甫《方干隱居》：“咬咬嘎嘎水禽聲，露洗松陰滿院清。”唐杜甫《桃竹杖引》：“噫，風塵澒洞兮豺虎咬人，忽失雙杖兮吾將曷從！”

刀有都高、丁聊二翻，俗别爲刁；〔一〕俞有丑救、弋駒二翻，俗别爲俞；〔二〕著有陟句、知主、呈略、知虐四翻，俗别爲着；〔三〕愁有牛奇、五八二翻，俗别爲愁；〔四〕椎有尺隹、他回二翻，俗别爲推；今蜀中从手足之手，音他回翻；从人才之才者，音尺佳翻。〔五〕**台有湯來、羊支二翻，俗別爲兑**；一作台。**屏有必郢、皮經二翻，俗別爲屏；否有方久、符鄙二翻，俗別爲否；單有都安、上演二翻，俗別爲單；余有亦居、成遮二翻，俗別爲余**；〔六〕**蓼有盧小、連竹二翻，俗別爲蓼；畫有胡賣、胡麥二翻，俗別爲晝**；〔七〕**句有九遇、古矦、古候三翻，俗別爲勾**；〔八〕**拔有蒲八、蒲末二翻，俗別爲扳；索有先各、所戟二翻，俗別爲索；玉有欣救、魚錄、息足、相逐四翻，俗別爲王；乾有古丹、求焉二翻，俗別爲乹；沈有直林、式稔二翻，俗別爲沉；華有户瓜、呼瓜二翻，俗別爲花。其浮僞有如此者。**

【釋證】

〔一〕《廣韻》蕭韻：“刁，軍器。《纂文》曰：‘刁斗，持時鈴也。’又姓，出渤海。《風俗通》云：‘齊大夫豎刁之後。’俗作‘刀’。”《集韻》蕭韻：“刁，古者軍有刁斗，以銅作鐎，受一斗，晝炊飲食，夕擊行夜。亦姓。俗作‘刀’，非是。”

〔二〕《干禄字書》：“俞、俞，上俗，下正。”“俞”字或寫作俞（三希堂法帖），俞（三希堂法帖）。

〔三〕《干禄字書》：“著、著、著，上俗，中通，下正。”著，《廣韻》直魚、張略、陟慮、丁吕、直略五切。

〔四〕愁，《説文》心部：“愁，問也。謹敬也。从心，款聲。一曰説也。一曰甘也。《春秋傳》曰：‘昊天不愁。’又曰：‘兩君之士皆未愁。’”《集韻》魚巾、魚僅、香靳、語靳、牛轄五切。《正字通》心部：“愁，‘愁’字之訛。”

〔五〕《説文》木部：“椎，擊也。齊謂之終葵。从木，佳聲。”

段玉裁注：“按：《方言》‘椎’字，今本多誤从手作‘推’。”推，《廣韻》尺隹、他回二切。

　〔六〕《廣韻》魚韻：“余，我也。又姓，《風俗通》云：‘秦由余之後。’何氏《姓苑》云：‘今新安人。’以諸切。”又麻韻：“余，姓也，見《姓苑》，出南昌郡。視遮切。”余爲姓氏，且有兩音，易混淆，故另造俗字“佘”或“佘”以別之。《集韻》麻韻：“蛇、佘，姓也。或作‘佘’。”

　〔七〕《廣韻》卦韻：“畫，《釋名》曰：‘畫，挂也，以五色挂物象也。’俗作‘畵’。胡卦切。又胡麥切。”

　〔八〕《玉篇》句部：“句，古侯切，曲也，不直也。又九遇切，止也，言語章句也。又古候切。”《廣韻》候韻：“句，俗作‘勾’。”

於是聊舉三科，仍分十段。三科見上，十段即中、下篇。**觸類而長，寔繁有徒。至若仲子手文，**宋武公生仲子，生而有文在其手，曰“爲魯夫人”。**士衡灑血，**陶侃，字士衡，灑血成“公”字。**桂陽鶴觜，**《列仙傳》桂陽蘇耽得仙後，忽有白鶴數十集郡東門樓上，以觜畫地作字曰：“城郭是，人民非，三百年後當復歸。”咸謂是耽焉。**司農牛角。**漢末大司農鄭玄牛角抵牆成“八”字。**事符語恠，又何間焉？**

佩觿卷上

佩觿卷中

平聲自相對

仝（tóng）全（quán）：上音同，从人，下工。下是篆文"全"字，从入。

【釋證】

仝，《説文》入部："仝，完也。从入，从工。全，篆文仝从玉，純玉曰全。𠈣，古文仝。"依照許書條例，"仝"疑是古文。《古文四聲韻》作仝（2·5），與"仝"字形契合。楚簡"仝"字作仝（《包》241）；或在豎筆上加點爲飾筆，作全（《包》210）；所加之點或演變成橫，遂作全（《包》244）、全（《包》210），與篆文"全"形同。

櫳（lóng）攏（lǒng）：竝力公翻。上房櫳，下攏擁。

【釋證】

櫳，《説文》木部有"櫳、櫺"二字，意義迥異。"櫺，房室之疏也。从木，龍聲。""櫳，檻也。从木，龍聲。"同部："檻，櫳也。从木，監聲。一曰圈。"可見"櫺"爲窗櫺，"櫳"爲圈養動物之牢圈。二字讀音相同，且均爲从木龍聲的形聲字，僅部件位置有別。至中古二字訛混，故《廣韻》東韻：“䆴，《説文》云：‘房室之疏也。’亦作‘櫳’。”南朝宋謝惠連《七月七日夜詠牛女》：“落日隱櫩楹，升月照房櫳。”唐王維《桃源行》：“月明松下房櫳静，日出雲中雞犬喧。”

攏，《廣韻》董韻力董切。《集韻》盧東、魯孔二切。《集韻》董韻：“攏，持也。”《廣雅·釋詁》：“攏，持也。”“攏、擁”同義。《文選》郭璞《江賦》：“聿經始於洺沫，攏萬川乎巴梁。”

僮（tóng）㲋（chōng）：上音童，僮僕。下昌容翻，行皃。

【釋證】

僮，《急就篇》“妻婦聘嫁齎媵僮”，顔師古注：“僮，謂僕使之未冠笄者也。”“僮、僕”二字同義連用而成詞，指“僕役”。《史記·貨殖列傳》：“能薄飲食，忍嗜欲，節衣服，與用事僮僕同苦樂，趨時若猛獸摯鳥之發。”晉葛洪《抱朴子·自敘》：“貧無僮僕，籬落頓決，荆棘叢於庭宇，蓬莠塞乎階霤。”

鍾（zhōng）鐘（zhōng）：竝章容翻。上酒器，下鐘磬。

【釋證】

《干禄字書》：“鍾、鐘，上酒器，下鐘磬字。今竝用上字。”

橦（tóng）撞（zhuàng）：上徒東翻，木名。下宅江翻，刺也。

【釋證】

橦，《廣韻》東韻：“橦，木名，花可爲布。出《字書》。徒紅切。”《文選》左思《蜀都賦》“布有橦華，麪有桄榔”，劉逵注引張揖曰："橦華者，樹名橦，其花柔毦，可績爲布也。出永昌。"唐韓翃《送李明府赴連州》："春服橦華細，初筵木槿芳。"

撞，《廣韻》江韻："撞，撞突也。《學記》曰：'善待問者如撞鐘。'撞，擊也。宅江切。"又絳韻："撞，撞鐘。直絳切。又直江切。"撞，本義爲"碰擊"，引申之爲"刺"。《戰國策·秦策》"迫則杖戟相撞"，高誘注："撞，刺也。"《史記·項羽本紀》："亞父受玉斗，置之地，拔劍撞而破之。"《廣雅·釋詁》："撞，刺也。"

樅（cōng）摐（chuāng）：上千凶翻，松葉柏身。下初江翻，打鐘。

【釋證】

樅，《説文》木部："樅，松葉柏身。从木，從聲。"《爾雅·釋木》"樅，松葉柏身；檜，柏葉松身"，郭璞注："今大廟梁材用此木。《尸子》所謂'松柏之鼠不知堂密之有美樅'。"

摐，《玉篇》手部："摐，七凶、楚江二切。《子虛賦》云：'摐金鼓。'摐，撞也。"《南齊書·張融傳》："摐撞則八紘摧隤，鼓怒則九紐折裂。"唐温庭筠《清涼寺》："松飄晚吹摐金鐸，竹蔭寒苔上石梯。"

松（sōng）㟉（zhōng）：上祥容翻，木名。下章容翻，不安皃。

【釋證】

㟉，《正字通》手部："㟉，㤨字之訛。"《玉篇》心部："㤨，心動不定，驚也，遑遽也。"

杠（gāng）扛（gāng）：竝古牎翻。上牀前橫木，下扛鼎。

【釋證】

杠，《説文》木部：“杠，牀前橫木也。从木，工聲。”《方言》卷五：“牀……其杠，北燕、朝鮮之間謂之樹；自關而西，秦晉之間謂之杠。”《急就篇》卷一四“奴婢私隷枕牀杠”，顔師古注：“杠者，牀之橫木也。”

扛，《説文》手部：“扛，橫關對舉也。”段玉裁注：“以木橫持門户曰關，凡大物而兩手對舉之曰扛。項羽力能扛鼎，謂鼎有鼏，以木橫貫鼎耳而舉其兩崀也。即無橫木而兩手舉之亦曰扛。即兩人以橫木對舉一物亦曰扛。”《文選》王融《三月三日曲水詩序》“飈摇武猛，扛鼎揭旗之士”，劉良注：“扛、揭，皆舉也。”

杠、扛，《廣韻》并作古雙切。

憧 (chōng) 幢 (chuáng)：上昌容翻，往來。下直江翻，塔也。

【釋證】

憧，《説文》心部：“憧，意不定也。”是“憧”的本義。憧憧，連綿詞，又作“僮僮、重重”等。《廣韻》鍾韻：“憧，憧憧，往來兒。”《易》咸卦“憧憧往來，朋從爾思”，陸德明釋文引王肅曰：“憧憧，往來不絶貌。”唐張説《唐故瀛州河間縣丞崔君神道碑》：“縉紳景慕，憧憧往來，徙宅就居，投刺成市，若衆流之赴壑也。”

幢，《説文》巾部：“幢，旌旗之屬。从巾，童聲。”《玉篇》巾部：“幢，直江切。翳也。”幢，本義爲旗幟，佛教傳入後遂轉義爲佛塔，亦稱石幢，即刻經於其上的石柱形小經塔。唐白居易《如信大師功德幢記》：“幢高若干尺，圍若干尺，六隅七層，上覆下承，佛儀在上，經呪在中，記讚在下。”《法苑珠林》卷七：“（阿鼻）城内有七鐵幢，火涌如沸，鐵融流迸，涌出四門。”

桵（ruí）捼（ruó）：上人佳翻，小木。下奴禾翻，手捼。

【釋證】

桵，《説文》木部："桵，白桵，棫。从木，妥聲。"《爾雅·釋木》"棫，白桵"，郭璞注："桵，小木，叢生，有刺。實如耳璫，紫赤可啖。"

捼，《説文》所無。《説文》手部："挼，推也。一曰兩手相切摩也。"《玉篇》手部："挼，儒佳、奴和二切。"《廣韻》脂韻："挼，摧也。又奴禾切。俗作'捼'。"北魏賈思勰《齊民要術·笨麴并酒》："以麴末於甕中和之，挼令調均。"唐韓愈《讀東方朔雜事》："瞻相北斗柄，兩手自相挼。"

祠（cí）袳（cí）：竝似兹翻。上祠祭，下祠緯。

【釋證】

祠，祭名。《説文》示部："祠，春祭曰祠，品物少，多文詞也。"《詩·小雅·天保》"禴祠烝嘗"，毛傳："春曰祠，夏曰禴，秋曰嘗，冬曰烝。"

祠，郭氏所謂"祠緯"疑當爲"祠褘"。祠褘，即衣帶。《四聲篇海》衣部："祠，音詞。祠，衣帶。"《集韻》微韻："褘，邪交落帶繫於體謂之褘。通作'幃'。"

椸（chí）提（tí）：上成之翻，木名。下庭齊翻，提攜。

【釋證】

椸，《玉篇》木部："椸，是支切。匕名。今作'匙'。"《集韻》支韻："匙、椸，常支切。《説文》：'匕也。'或从木。亦書作'堤'。"又同韻："梔、篪、箎、椸、瓵，《方言》：'榻前几，趙魏之間謂之桸。'一曰衣架。或作'箷、篒、㮓、桸'。"郭氏謂"木名",不知所據,存疑待考。

禕(yī) 褘(huī):上音醫,美。下音暉,褕服。醫,一本作漪。

【釋證】

禕,《玉篇》示部:"禕,於宜切。美皃。又歎辭。"《文選》張衡《東京賦》"漢帝之德,侯其禕而",薛綜注:"禕,美也。"

褘,《玉篇》衣部:"褘,許韋切。畫翬雉於王后之服也。蔽膝也。"同部:"褕,余招切。畫雞雉於王后之服。"《周禮·天官·内司服》"掌王后之六服,褘衣、揄狄、闕狄、鞠衣、展衣、緣衣",鄭玄注:"褘衣,畫翬者。……從王祭先王時服褘衣。"

椎(zhuī) 推(tuī):上直追翻,棧車。下他回翻,推挽。

【釋證】

椎,南朝梁蕭統《文選·序》"若夫椎輪爲大輅之始,大輅寧有椎輪之質",吕向注:"椎輪,古棧車。"《説文》木部:"竹木之車曰棧。"漢桓寬《鹽鐵論·非鞅》"椎車之蟬攫",王利器注引張敦仁曰:"椎車者,但斲一木使外圓,以爲車輪,不用三材也。"

推,《説文》手部:"推,排也。"唐玄應《一切經音義》卷六引《倉頡篇》云:"推,前也。"故"推"爲"向前推"之義。《小爾雅·廣詁》:"挽,引也。"又作"輓",即牽引,拉。《左傳·襄公十四年》:"夫二子者,或輓之,或推之,欲無入,得乎?"

枝(zhī) 枚(méi):上章移翻,枝柯。下莫回翻,條枚。

【釋證】

枝,小篆作𣏟,隸定作"枝",後作"枚"。《説文》木部:"枝,榦也。可爲杖。从木,从支。《詩》曰:'施于條枚。'"《詩·周南·汝墳》"遵彼汝墳,伐其條枚",朱熹集傳:"枝曰條,榦曰枚。"唐錢起《南溪春耕》:"荷蓑趣南逕,戴勝鳴條枚。"

栘(yí) 扅(yí):上成鬵翻,唐棣。下與之翻,加也。

【釋證】

栘,《廣韻》齊韻:"栘,棠栘,木也。成鬵切。又余氏、以支二切。"《爾雅·釋木》"唐棣,栘",郭璞注:"似白楊,江東呼夫栘。"

扅,《廣雅·釋詁》"扅,加也",王念孫疏證:"扅之言移也,移加之也。"

樗(chū) 摴(chū):竝丑朱翻。上樗散,下摴蒲。

【釋證】

樗,《詩·豳風·七月》"采荼薪樗,食我農夫",毛傳:"樗,惡木也。"孔穎達疏:"唯堪爲薪,故云惡木。"《莊子·逍遥游》:"惠子謂莊子曰:'吾有大樹,人謂之樗。其大本擁腫而不中繩墨,其小枝卷曲而不中規矩。立之塗,匠者不顧。'"樗木材劣,多被閑置。比喻不爲世用,投閑置散。故中古有"樗散"一詞,唐杜甫《送鄭十八虔貶臺州司户》:"鄭公樗散鬢成絲,酒後常稱老畫師。"宋李綱《建炎行》:"末言樗散材,初不堪梁柱。鼎顛將覆餗,棟橈必傾宇。"

挎，《玉篇》手部：“挎，丑魚切。挎蒲也。”《廣韻》魚韻：
“挎，挎蒲戲。”《晉書·后妃傳上·胡貴嬪》：“帝嘗與之挎蒱，爭
矢，遂傷上指。”

楎（huī）楎（huī）：竝許歸翻。上在牆者謂之楎，下楎霍。

【釋證】

楎，《爾雅·釋宫》：“橛謂之杙，在牆者謂之楎。”《玉篇》木
部：“楎，呼歸切。杙也，在牆曰楎。又犁轅頭也。”《禮記·内則》
“男女不同椸枷，不敢縣於夫之楎椸”，鄭玄注：“竿謂之椸。楎，
杙也。”孔穎達疏：“植曰楎，横曰椸。然則楎椸是同類之物，横
者曰椸，則以竿爲之，故云竿謂之椸。”

楎，《説文》手部：“楎，奮也。”《玉篇》隹部：“霍，鳥飛急疾
皃也。楎霍也。”楎霍，迅疾貌。《文選》陸機《文賦》“體有萬
殊，物無一量，紛紜楎霍，形難爲狀”，李善注：“楎霍，疾貌。”後
又有豪奢、浪費財物之義，如唐李肇《唐國史補》卷中：“會冬至，
需家致宴楎霍。”

榆（yú）揄（yú）：竝羊朱翻。上木名，下揄揚。

偸（yú）偷（tōu）：上羊殊翻，行皃。下他矦翻，偷竊。

【釋證】

偸，《説文》所無，字書中首見於《玉篇》彳部：“偸，行皃。”
《廣韻》《集韻》《類篇》皆從之。然《正字通》彳部：“偸，譌
字。舊注音余，行貌，非。”其實，“偸”非譌字，而是“逾”字之
異體，戰國文字習見，作逾（《集成》12110 鄂君啟車節）、逾（《包

135），从辵，俞聲；或省作𣥠（《包》244），从止，俞聲；或省作𠍵（《新蔡·甲三》5），从彳，俞聲。

樞（shū）摳（kōu）：上昌朱翻，樞機。下可矦翻，摳衣。

【釋證】

樞，《易·繫辭上》"言行，君子之樞機。樞機之發，榮辱之主也"，王弼注："樞機，制動之主。"孔穎達疏："樞謂戶樞，機謂弩牙。"南朝梁劉勰《文心雕龍·章表》："章表奏議，經國之樞機。"

摳，《禮記·曲禮上》"毋踐屨，毋踖席，摳衣趨隅，必慎唯諾"，陸德明釋文："摳，提也。"唐李邕《大照禪師塔銘》："負笈梁許，摳衣班馬。"宋王安石《奉酬永叔見贈》："摳衣最出諸生後，倒屣嘗傾廣座中。"

株（zhū）抙（zhū）：上陟虞翻，根株。下止臾、章喻二翻。

【釋證】

株，《説文》木部："株，木根也。"同部："根，木株也。""根、株"同義。根株，本指植物的根和主幹部分，後比喻事物的根基、基礎。唐杜甫《奉贈射洪李四丈》："游子無根株，茅齋付秋草。"宋蘇舜欽《遷居》："手足日不閑，在地無根株。"

抙，《玉篇》手部："抙，止臾切。又章喻切。"《正字通》手部："抙，俗字。舊音注音諸，訓止。并非。"

櫨（lú）攎（lú）：竝力胡翻。上櫨木，下張攎。

【釋證】

櫨，《説文》木部："櫨，柱上柎也。从木，盧聲。伊尹曰：

'果之美者，箕山之東，青鳧之所，有櫨橘焉。夏孰也。'一曰宅櫨木，出弘農山也。""櫨"有三義：一，斗栱，梁上短柱。《周書·武帝紀下》："諸宮殿華綺者，皆撤毀之，改爲土階數尺，不施櫨栱。"二，櫨橘，柑橘的一種。《吕氏春秋·孝行覽》："果之美者……箕山之東，青鳥之所，有甘櫨焉。"三，木名，黄櫨，木材黄色，可製器具或染料。《漢書·司馬相如傳》"華楓枰櫨"，顔師古注："櫨，今黄櫨木也。"明李時珍《本草綱目·木二·黄櫨》："黄櫨生商洛山谷，四川界甚有之。葉圓木黄，可染黄色。"

　　擼，《方言》卷一二："擼，張也。"《玉篇》手部："擼，力胡切。張也。"南朝梁王僧孺《從子永寧令謙誄》："前瞻紫闕，傍望白渠。高軒霞被，四馬龍擼。"龍擼，如龍之伸張，謂馬放開四蹄奔跑。

樏（léi）摞（luò）：上力佳翻，禹山乘樏。下洛戈翻，理也。

【釋證】

　　樏，《玉篇》木部："樏，力追切。山行所乘者。"《尸子》卷下："澤行乘舟，山行乘樏。"《書·益稷》"予乘四載"，孔安國傳："山乘樏。"孔穎達疏："應劭云：'梮或作樏，爲人所牽引也。'如淳云：'梮謂以鐵如錐頭，長半寸，施之履下，以上山不蹉跌也。'韋昭云：'梮，木器也，如今轝床，人轝以行也。'……樏與梮、轝爲一，古篆變形，字體改易，説者不同，未知孰是。"唐劉禹錫《九華山歌》："乘樏不來廣樂絶，獨與猿鳥愁青熒。"

圬（wū）扚（yū）：上温胡翻，墁也。下億于翻，指麾。

【釋證】

杇,《説文》木部:"杇,所以涂也。秦謂之杇,關東謂之槾。从木,亏聲。"《爾雅·釋宮》"鏝謂之杇",陸德明釋文:"鏝,又作'墁'。"杇,泥鏝,瓦刀,指塗墙的工具。

扝,又作"抙、扚"。《説文》手部:"扝,指麾也。从手,亏聲。"段玉裁注:"扝,指摩也。摩,各本作'麾',俗,今正。扚、摩爲雙聲。《山海經》曰:'有人方扚弓射黃蛇。'从手,亏聲。億俱切,五部,亦匈于切。"《正字通》手部:"扚,衣虚切,音于。《説文》:'指麾也。'又持也。《六書統》作'扝'。"

檯（tái）　擡（tái）:竝唐來翻。上木名,下擡舉。

俳（pái）　俳（pái）:上音裴,俳徊。下盆皆翻,俳優。

【釋證】

俳,俳徊,也作"徘回",迴旋往返貌。《後漢書·張衡傳》"魂眷眷而屢顧兮,馬倚輈而徘回",《文選》張衡《思玄賦》作"徘徊"。

俳,《説文》人部:"俳,戲也。"《左傳·襄公二十八年》"陳氏、鮑氏之圉人爲優",孔穎達疏:"優者,戲名也。""俳、優"引申爲表演雜戲的人。唐李復言《續玄怪録》:"殿上歌舞方歡,俳優贊詠,燈燭熒煌,絲竹并作。"

榱（cuī）　摧（cuī）:竝才回翻。上木名,亦木節;下折也。

榛（zhēn）　搸（zhēn）:上責人翻,榛栗。下子人

橶，琴聲。

【釋證】

榛，與“栗”均爲木名。《詩·鄘風·定之方中》“樹之榛栗，椅桐梓漆，爰伐琴瑟”，朱熹集傳：“榛、栗，二木，其實榛小栗大，皆可供籩實。”

搸，《玉篇》手部：“搸，子人切。琴瑟聲。又音臻。”搸，本訓聚。《廣韻》臻韻：“搸，聚也。”從“秦”得聲之字多與聚相關，例如：蓁，艸盛貌；榛，樹木叢生；臻，角齊多貌。所謂“琴瑟聲”，則與聚集無涉，蓋擬聲詞。清翟灝《通俗編·聲音》：“搸，今釋家手磬及伶人所謂星兒者，其聲俱搸搸然，或求其字不得，愚謂此可借用。”

裀(yīn)裀(yīn)：竝於人翻。上与“裯”同，下“禋于六宗”。

【釋證】

裀，《玉篇》衣部：“裯，於人切。衣身。裀，同上。”《廣雅·釋器》“複襂謂之裯”，王念孫疏證：“此《說文》所謂重衣也。‘襂’與‘衫’同……《方言》注以衫爲禪襦，其有裏者則謂之裯。裯，猶重也。”

禋，《尚書·舜典》：“肆類于上帝，禋于六宗。”《詩·大雅·生民》“克禋克祀，以弗無子”，孔穎達疏：“先儒云，凡絜祀曰禋。若絜祀爲禋，不宜別六宗與山川也。凡祭祀無不絜，而不可謂皆精。然則精意以享，宜施燔燎，精誠以假煙氣之升，以達其誠故也。”

棆（lún）**掄**（lún）：上力旬翻，毋柂[1]。下力昆翻，擇也。

【釋證】

棆，《説文》木部：“棆，毋柂也。从木，侖聲。讀若《易》卦屯。”段玉裁注：“按：‘毋杶’當作‘毋疢’，皆字之誤也。《釋木》：‘棆，無疢。’古‘毋、無’通用，故許作‘毋’。”《玉篇》：‘棆，木名也。’‘柂，無柂木也。’二字爲伍，蓋謂一物也。《廣韵》云：‘無柂木，一名棆。’是也。楊雄《蜀都賦》説木有柂。郭云：‘棆，梗屬，似豫章。’”《爾雅·釋木》“棆，無疢”，邢昺疏：“棆，美木也。無疢病，因名之。”

掄，《説文》手部：“掄，擇也。从手，侖聲。”《玉篇》手部：“掄，力昆、力均二切。擇也。”《國語·晉語八》“君掄賢人之後，有常位於國者而立之”，韋昭注：“掄，擇也。”

屯（zhūn）**乇**（tún）：上陟倫翻，乞也。下徒門翻，乇聚。

【釋證】

詳見“屯卦之屯音豚”條釋證。

襌（chán）**襌**（dān）：上士仙翻，襌律。下音丹，衣也。

【釋證】

襌律，佛教語，襌宗和律宗的并稱。宋蘇轍《龍井辯才法師塔碑》：“（辯才）以佛法化人，心具定慧，學具襌律。”

襌，《説文》衣部：“襌，衣不重。”《龍龕手鑑》衣部：“襌，音

---

① “柂”，原作“橇”，據澤存堂本改。

丹。有表而無裏也。”

桵（sōu）㛏（sōu）：上先刀翻，木船之一。下詩由翻，㛏尋。

【釋證】

桵，《説文》木部：“桵，船總名。从木，叜聲。臣鉉等曰：‘今俗別作艘，非是。’”段玉裁注：“《漢書·溝洫志》：‘漕船五百桵。’其字從木，古本從手。”

㛏，《廣韻》尤韻：“㛏，索也。求也。聚也。所鳩切。搜，上同。凡從叜者作叟同。”

栶（sháo）招（zhāo）：上市昭翻，木名。下朱傜翻，招辟。

【釋證】

栶，《説文》木部：“栶，樹榣皃。从木，召聲。榣，樹動也。从木，䍃聲。”段玉裁注：“栶之言招也。樹高大則如能招風者然。《漢志·郊祀歌》‘體招搖若永望’，注：‘招搖，申動之皃。’按：此‘招搖’與‘栶榣’同，師古招音韶，猶《玉篇》‘栶，時昭切’也。”又“榣”字段玉裁注：“今俗語謂煽惑人爲招搖，當用此從木二字，謂能招致而搖動之也。”郭氏謂“木名”，不知何據，待考。

招，《玉篇》手部：“招，諸遥切。招要也。”郭氏云“招辟”，“辟”亦有“召”義。《管子·輕重乙》“辟之以號令，引之以徐疾，施平其歸我若流水”，馬非百新詮引安井衡曰：“辟，召也。”《文選》阮籍《詣蔣公》“辟書始下，下走爲首”，李善注：“辟，猶召也。”《舊唐書·韋思謙傳》：“古者取人，必先採鄉曲之譽，然後辟於州郡；州郡有聲，然後辟於五府；才著五府，然後昇之天朝。”
《續資治通鑑·宋孝宗淳熙三年》：“初，湯邦彥敢爲大言，虞允文
深器之。允文出爲四川宣撫也，辟邦彥以行。”故“招、辟”連
用，即徵招。漢蔡邕《陳太丘碑文》：“大將軍何公、司徒袁公，前
後招辟，使人曉喻……皆遂不至。”

權（quán）攉（quán）：竝巨員翻。上權衡，又黄英；下攉誠。

【釋證】

攉，本義當爲勇壯，而“拳”爲握手，古書“攉、拳”互通。段
玉裁《説文解字注》“捲”字下云：“按《五經文字》本（按：當爲
木）部‘權’字下曰：‘從手作攉者，古拳握字。’從手之攉，字書、
韵書皆不録。惟《盧令》鄭箋云：‘鬈讀當爲攉。攉，勇壯也。’
又《吳都賦》‘覽將帥之攉勇’，李注云：‘《毛詩》無拳無勇。攉
與拳同。’此兩處字今雖譌作‘權’，從木，然可知其必《五經文
字》所謂從手之字也。”拳拳，誠摯貌。漢司馬遷《報任安書》：
“拳拳之忠，終不能自列。”

榣（yáo）搖（yáo）：竝余招翻。上木名，下動也。

【釋證】

榣，《龍龕手鏡》木部：“榣，余昭反。木名也。”《玉篇》木
部：“榣，餘招切。木名。又樹動皃。”《國語·晉語八》“榣木不
生危，松柏不生埤”，韋昭注：“榣木，大木。”《山海經·西山經》
“槐江之山，……其陰多榣木”，郭璞注：“榣木，大木也。”

桃（táo）挑（tiāo）：上徒刀翻，木名。下他遥翻，挑剔。

　　槎（chá）　搓（cuō）：**上常加翻，木名。下千何翻，手搓。**

【釋證】

　　槎，《廣韻》麻韻：“楂，水中浮木。又姓，出何氏《姓苑》。鉏加切。查、槎，二同。”《龍龕手鏡》木部：“查、槎，二或作。楂，正，鋤加反，水中浮木也。又姓。”查，字又作“查”。《玉篇》木部：“槎，仕雅切。斫也。與‘查’同。”郭氏云“木名”，疑爲“楂”。

　　楊（yáng）　揚（yáng）：**竝余章翻。上柳也，亦州名；下舉也。**

　　枷（jiā）　抲（jiā）：**上音家，枷杻。下巨迦翻，擊也。**

【釋證】

　　枷，古刑具。《廣韻》戈韻：“枷，刑具。又音加。”《字彙》木部：“枷，項械。”杻，腳刑具。《五燈會元》卷一五：“頭上著枷，腳下著杻。”

　　抲，《説文》《玉篇》《廣韻》諸書皆不載。郭氏“擊也”，不知何據，待考。《康熙字典》手部：“抲，枷字之訛。”《四聲篇海》手部：“抲，音茄，取也。又魚茄切，慈也。”《字彙》手部：“抲，求加切，音茄，取也。又魚茄切，音牙，慈也。”《正字通》手部：“抲，俗字。音牙。訓慈無稽。”唐龐藴《詩偈》之六六：“優曇不肯摘，專采葫蘆花。葫蘆花未落，常被三五抲。”

　　螽（zhōng）　蠭（fēng）：**上之容翻，螽斯也。下古“蜂”字。**

【釋證】

螽，《説文》蚰部："螽，蝗也。从蚰，夂聲。夂，古文'終'字。"《詩·豳風·七月》"五月斯螽動股"，毛傳："斯螽，蚣蝑也。"《詩·周南·螽斯》："螽斯羽，詵詵兮，宜爾子孫，振振兮。"

蠭，《説文》蚰部："蠭，飛蟲螫人者。从蚰，逢聲。蠭，古文省。"馬王堆漢墓《老子》"蠭"作𧖄（《馬·老子乙》190），正與《説文》古文字形契合。隸書簡省作𧒂（《銀·孫臏》115）、𧑞（張儉及妻墓）。《楚辭·招魂》"赤蟻若象，玄蠭若壺些"，蔣驥注："《五侯鯖》：'大蠭出崑崙，長一丈，其毒殺象。'蓋即此類。"南朝宋鮑照《苦熱行》："丹蛇踰百尺，玄蜂盈十圍。"

榴（liú）搊（chōu）：上力州翻，石榴。下正"抽"字。

【釋證】

搊，《説文》手部："搊，引也。从手，留聲。抽，搊或从由。"《玉篇》手部："搊，同'抽'。"南朝宋鮑照《采桑》："搊琴試伫思，薦珮果成託。"

葌（jiān）　簡（jiǎn）：上加顔翻，地名。下皆産翻，簡策。

樛（jiū）　摎（liú）：上經由翻，樛木也。下音留，摎蓼，人名。一本云人姓。

【釋證】

樛，《説文》木部："樛，下句曰樛。"即樹木向下彎曲。《詩·周南·樛木》："南有樛木，葛藟纍之。"

摎，《廣韻》尤韻："摎，姓。魏有河内太守摎尚。"《漢書·景

武昭宣元成功臣表》：“龍侯摎廣德。”另，嫪毒，戰國末秦人。本
爲呂不韋舍人，因與秦始皇母私通，受寵幸，權傾一時，事見《史
記·呂不韋列傳》。後稱善淫者爲“嫪毒”。嫪，《廣韻》号韻郎到
切。《佩觿》卷上“摎毒變嫪”，注：“摎（音劉）是，作嫪（郎到翻）
非。”王利器《顔氏家訓集解》：“案：《佩觿》所舉俱見此篇，惟
‘摎毒’無文，亦不見他篇，則宋人所見本有軼出今本之外者矣。”

樓（lóu）摟（lōu）：上樓櫓也。下音力朱翻，“弗曳弗摟”。

【釋證】

樓，《説文》木部：“重屋也。从木，婁聲。”《玉篇》木部：
“櫓，城上守禦望樓。”樓櫓，古代軍中用以瞭望的無頂蓋高臺。
《後漢書·南匈奴傳》：“初，帝造戰車，可駕數牛，上作樓櫓，置於
塞上，以拒匈奴。”

摟，《説文》手部：“摟，曳聚也。从手，婁聲。”《詩·唐風·山
有樞》“子有衣裳，弗曳弗婁”，毛傳：“婁亦曳也。”孔穎達疏：
“曳者，衣裳在身，行必曳之。婁與曳連，則同爲一事。”《玉篇》
手部：“摟，力珠切。《詩》曰‘弗曳弗摟。’摟亦曳也。本亦作
‘婁’。”

優（yōu）優（yōu）：竝億由翻。上優遊，下優倡。

【釋證】

優，《玉篇》亻部：“優，優游，暇也。”《廣韻》尤韻：“優，優
游。本亦作‘優’。”《正字通》亻部：“優，同‘優’。舊注‘暇
也’。與‘優’義近，分爲二，非。”《隸辨》：“按：‘優’與‘優’

同,《廣韻》云:'優游,《詩》作優游。'馮緄碑'爲四府所表優','優'亦作'優'。"

優,《説文》人部:"優,饒也。从人,憂聲。一曰倡也。"

枯(zhēn)拈(niān):上陟林翻,枯几。下泥鹽翻,拈掇。

【釋證】

枯,《説文》木部:"枯,木也。从木,占聲。"究竟爲何木,不詳。中古轉義爲砧板,同"椹"。《龍龕手鑑》木部:"椹、枯,陟林反,鈇椹也,斫木質也。又俗時任反,桑椹也。"《廣韻》侵韻:"椹,鈇椹,斫木質。《文字指歸》:'俗用爲桑椹字,非。'枯,上同。"

拈,《説文》手部:"拈,㧗也。从手,占聲。"段玉裁注:"《篇》《韻》皆云'指取'也。"《玉篇》乃兼切,《廣韻》奴兼切。唐杜甫《題壁上韋偃畫馬歌》:"戲拈禿筆掃驊騮,欻見麒麟出東壁。"

檎(qín)擒(qín):竝巨今翻。上果名,下捉也。

【釋證】

檎,《廣韻》侵韻:"檎,林檎,果名。巨金切。"明李時珍《本草綱目・果二・林檎》:"案:洪玉父云此果味甘,能來衆禽于林,故有林禽、來禽之名。"林檎,《廣群芳譜》又稱之爲"花紅、沙果"。

根(gēn)挭(hén):上古痕翻,根本也。下户恩翻,急引也。

【釋證】

挭,《玉篇》手部:"挭,胡根切。輓也。"《廣雅・釋詁》:"挭,引也。"

淩(líng)淩(líng):竝力升翻。上冰淩，下侵淩。

【釋證】

淩，《説文》水部：“淩，水，在臨淮。從水，夌聲。”淩，本義爲水名，中古轉義爲侵淩。《廣雅·釋言》：“侵，淩也。”《篇海類編·地理類·水部》：“淩，犯也。”三國魏劉劭《人物志·材理》：“故善難者，徵之使還；不善難者，淩而激之。”晉葛洪《抱朴子·漢過》：“邪流溢而不可遏也，僞塗闢而不可杜也，以臻乎淩上替下，盜賊多有。”

梴(chān)挻(shān):上丑先翻，木長皃。下式連翻，柔也。

【釋證】

梴，《説文》木部：“梴，長木也。從木，延聲。”《詩·商頌·殷武》“松桷有梴，旅楹有閑”，毛傳：“梴，長貌。”唐元結《演興·訟木魅》：“將封灌乎善木，令櫹櫹以梴梴。”

挻，《説文》手部：“挻，長也。從手，從延，延亦聲。”段玉裁注：“《商頌》‘松桷有挻’，傳曰：‘挻，長皃。’此許所本也。《字林》云：‘挻，長也。丑連反。’此又本許也。自寫《詩》者譌从木作‘梴’，又以‘梴’竄入《説文》木部，而終古長誤矣。此義丑連反。若《老子》‘挻埴以爲器’，其訓和也、柔也；其音始然反，音羶；其俗字作‘挻’，見於《詩》《老子》。音義甚明，而今本譌舛。又《方言》：‘挻，取也。凡取物而逆謂之篹，楚部或謂之挻。’此義音羊羶反。”朱駿聲通訓定聲：“《字林》：‘挻，柔也。’按：今字作揉，猶煣也。凡柔和之物，引之使長，搏之使短，可析可合，可方可圓，謂之挻。陶人爲坯，其一崙也。”《淮南子·説山訓》：“譬猶陶人爲器也，揲挻其土而不益厚，破乃愈疾。”

盲（máng）肓（huāng）：**上木庚翻，目疾。下火光翻，膏肓。**

【釋證】

盲，《説文》木部："盲，目無牟子。"《莊子·逍遙遊》："豈唯形骸有聾盲哉？ 夫知亦有之。"唐柳宗元《答韓愈論史官書》："左邱明以疾盲，出於不幸。"

肓，古代醫學以心尖脂肪爲膏，心臟與膈膜之間爲肓。《左傳·成公十年》："疾不可爲也，在肓之上，膏之下，攻之不可，達之不及，藥不至焉，不可爲也。"

逢（féng）逄（páng）：**上符容翻，迎也。下平江翻，姓也。**

肰（rán）肬（yóu）：**上而先翻，犬肉。下于求翻，贅也。**

【釋證】

肰，《説文》肉部："肰，犬肉也。 从犬、肉。 讀若然。"肉，《説文》小篆作，隸定後異體衆多，有"肉、宍、肉、宍、月"等。唐宋字書多以"肉、肉"爲正體。《干禄字書》："宍、肉，上俗，下正。"《玉篇》肉部："肉，如六切，骨肉也。……肉，同上。月，同上。"《龍龕手鑑》肉部："肉，如六反，骨肉也。 或俗作'宍'，亦通。 隸書變體作'月'，故與月部相濫耳。"

延（chān）延（yán）：**上丑延翻，行步延延。下余先翻，遲也。**

【釋證】

延，《説文》延部："延，安步延延也。"饒炯部首訂："安步者，緩步也。延延者,狀其安步皃。”

延,《説文》延部:“延,長行也。从延,丿聲。”引申爲延遲之義。北魏楊衒之《洛陽伽藍記·宣忠寺》:“婦人産子,有延月者,有少月者,不足爲怪。”

柃(líng) 扲(līn):竝郎丁翻。上柃檻,下手懸把物。
【釋證】

柃,《説文》木部:“柃,木也。”《玉篇》木部:“力丁、力井二切。木名,可染。”《廣韻》青韻:“柃,《説文》:‘木也。’郎丁切。”又静韻:“柃,木名,可染。良郢切。”柃檻,木製的栅欄。

伶(líng) 泠(líng):竝郎丁翻。上伶倫,樂工。下泠俜,行皃。
【釋證】

伶,徐鍇《説文解字繫傳》人部:“伶倫,人名也。”伶倫,古樂師,世掌樂官,故稱樂官爲伶人。

泠,《廣韻》青韻:“泠,泠俜,行皃。”泠俜,也作“伶俜”,獨自走路的樣子。唐杜甫《新安吏》:“肥男有母送,瘦男獨伶俜。”

禾(hé) 禾(jī):上胡戈翻,禾黍。下公兮翻,曲木。
【釋證】

禾,《説文》禾部:“禾,木之曲頭,止不能上也。”小篆作𥝌。徐鍇繫傳:“木方長,上礙於物而曲也。”《廣韻》齊韻:“禾,木不長也。”

呤（líng）吟（yín）：上郎丁翻，呤呤語。下語今翻，吟詠。

【釋證】

呤，《廣韻》青韻："呤，《埤蒼》云：'呤呤，語也。'郎丁切。"

吟，《廣韻》沁韻："吟，長詠。宜禁切。"唐韓愈《進學解》："先生口不絕吟於六藝之文，手不停披於百家之編。"

牛（niú）爿（qiáng）：上宜休翻，牛羊。下從良翻，析木。

【釋證】

爿，《新加九經字樣·雜辨部》："鼎，下象析木以炊。析之兩向，左爲爿，右爲片。"

巛（chuān）巛（zāi）：上昌緣翻，山川。下祖來翻，川壅。

【釋證】

巛，同"川"。《說文》巛部："巛，貫穿通流水也。"《玉篇》巛部："巛，齒緣切。注瀆曰川也。流也。貫穿也。通也。"

巛，《說文》巛部："巛，害也。從一雝川。《春秋傳》曰：'川雝爲澤，凶。'"今作"灾"。

辛（qiān）辛（xīn）：上去乾翻，辛過。下息人翻，苦辛。

【釋證】

辛，《說文》辛部："辛，辠也。"

辛，《玉篇》辛部："辛，思人切。辛辣也。"

迂（yū）迁（gān）：**上羽俱翻，遠也。下古丹翻，進也。**

【釋證】

迂，《玉篇》辵部："迂，羽俱切。避也。廣大也。遠也。曲也。又憶俱切。"《荀子·榮辱》"失之己，反之人，豈不迂乎哉"，王先謙集解引王念孫曰："《廣雅》曰：'迂，遠也。'《韓詩外傳》曰：'身不善而怨他人，不亦遠乎？'語意正與此同。"《後漢書·王暢傳》"夫明哲之君，網漏吞舟之魚，然後三光明於上，人物悅於下。言之若迂，其效甚近"，李賢注："迂，遠也。"

迁，《說文》辵部："迁，進也。"段玉裁注："干求字當作'迁'，干犯字當作'奸'。"又引申爲求取。《正字通》辵部"迁"字下引《楚辭》："既迁進而務入。"今本《楚辭·離騷》作"既干進而務入"，王逸注："干，求。"

肜（róng）肜（tóng）：**上余隆翻，祭名。下徒冬翻，赤色。**

【釋證】

肜，《爾雅·釋天》："繹，又祭也。周曰繹，商曰肜。"指祭祀之後第二天又進行的祭祀。

尃（fū）尃（zhuān）：**上芳夫翻，布也。下之沿翻，擅也。**

【釋證】

尃，《說文》寸部："尃，布也。"容庚編著《金文編》："尃，孳乳爲敷。"尃，敷布，散布。《史記·司馬相如列傳》："旁魄四塞，雲尃霧散。"

專,《廣雅·釋言》:"專,擅也。" 專擅,自行決定。《新唐書·杜讓能傳》:"(茂貞)未報而兵出,帝忿其專。"

橦(zhuāng) 摏(chōng):上陟江翻,橦橛。下書容翻,撞也。

【釋證】

橦,《說文》木部新附:"橦,橛杙也。从木,春聲。"橦橛,指木橦,大者謂橦,小者謂橛。

摏,《廣韻》鍾韻:"摏,撞也。書容切。"《左傳·文公十一年》:"敗狄於鹹,獲長狄僑如,富父終甥摏其喉以戈,殺之。"唐周繇《登甘露寺》:"海濤摏砌檻,山雨灑窗燈。"宋洪邁《夷堅乙志·結竹村鬼》:"至夜,果來,見人出則走,僕大步追擊,摏以槍,遂執之。"

尻(kāo) 凥(jū):上苦高翻,脽①也。下矩魚翻,"仲尼凥"。

【釋證】

尻,《說文》尸部:"尻,脽也。从尸,九聲。"段玉裁注:"尻,今俗云溝子是也。脽,今俗云屁股是也。析言是二,統言是一。"《儀禮·少牢饋食禮》:"腊兩髀屬于尻。"《莊子·大宗師》:"孰能以無爲首,以生爲脊,以死爲尻。"宋洪邁《夷堅乙志·人化犬》:"(王氏)年四十歲時,贅生於尻,日以痛楚,用膏藥傅之,愈益大。"

---

① "脽",澤存堂本作"膟"。《說文》肉部:"脽,屍也。从肉,隹聲。"《說文》尸部:"尻,脽也。从尸,九聲。"又:"屍,髀也。从尸下丌居几。脽,屍或从肉隼。"段玉裁注:"隼,聲也。與肉部'脽'字義同字異。"

　　尻，《説文》几部："尻，處也。从尸得几而止。《孝經》曰：'仲尼尻。'尻，謂閒居如此。"《楚辭·天問》"崑崙縣圃，其尻安在"，洪興祖補注："尻，與'居'同。""尻"爲"居"的古字。

樷（chán） 探（tàn）：上士占翻，果名。下土含翻，取也。

【釋證】

　　樷，《玉篇》木部："樷，時占切。果名，似柰而酸。"《文選》左思《吳都賦》"龍眼橄欖，樷榴禦霜"，劉逵注引薛瑩《荆揚已南異物志》："樷，樷子樹也。生山中，實似梨，冬熟，味酸。丹陽諸郡皆有之。"宋袁文《甕牖閒評》卷七："市中人賣果者，有一種名樷子。"

帕（xún） 恂（xún）：上似荀翻，領端也。下相倫翻，信也。

【釋證】

　　帕，《説文》巾部："帕，領耑也。"

　　恂，《説文》心部："恂，信心也。"《方言》卷一："恂，信也。……宋衞汝穎之間曰恂。"《書·立政》"迪知忱恂于九德之行"，孔安國傳："禹之臣蹈知誠信於九德之行。"蔡沈集傳："忱恂者，誠信而非輕信也。"《列子·周穆王》"今亡黄帝、孔丘，孰辨之哉？且恂士師之言可也"，張湛注："恂，信也。"

槍（qiāng） 搶（chēng）：上七羊翻，兵器。下楚庚翻，攙搶。

【釋證】

　　搶，《玉篇》手部："搶，初庚切。攙搶，妖星也。"

姁（chān）姑（gū）：**上處占翻，姁姝，輕薄。下古胡翻，父之姊妹。**

【釋證】

　　姁，《説文》女部：“姁，小弱也。一曰女輕薄善走也。一曰多技藝也。从女，占聲。或讀若占。”《廣韻》鹽韻：“姁，處占切。姁姝，輕薄皃。又尺涉切。”輕薄，輕盈纖弱。唐羅虬《比紅兒詩》：“金粟妝成扼臂環，舞腰輕薄瑞雲間。”

　　楒（sī）揌（sāi）：**上息兹翻，木名。下孫來翻，擡揌。**

【釋證】

　　楒，《玉篇》木部：“楒，自兹切。相楒木。”《廣韻》之韻：“楒，相楒木。息兹切。”楒，當是“思”之類化加偏旁字。

　　揌，《玉篇》手部：“揌，先才切。振也。擡揌也。”《玉篇》手部：“擡，動振也。”《廣雅·釋詁》：“擡、揌，動也。”

　　扠（chāi）杈（chā）：**上丑佳翻，以拳加人。下初加翻，農具。**

【釋證】

　　扠，《廣韻》佳韻：“扠，以拳加人。丑佳切。”《集韻》佳韻：“扠，以拳加物。”宋孫光憲《北夢瑣言》逸文卷三：“或畫壯夫以拳扠地爲井，號‘拳扠井’。”

　　榽（xī）傒（xī）：**竝先圭[①]翻。上榑榽，木兒。下提傒。**

[①]　“圭”，澤存堂本作“畦”。

【釋證】

樆，《説文》木部："樆，梩樆也。"同部："梩（lì），梩樆，梐指
也。"段玉裁注："梐，各本作'梐'，今正。梐指，如今之拶指，故
與械杽桎梏爲類。《莊子》曰：'罪人交臂歷指。'歷指，謂以梩樆
梐其指也。《通俗文》曰：'考具謂之梩樆。'考，俗作'拷'。《尉
繚子》曰：'束人之指而訊囚之情。'"梩樆，指古代的一種刑具。

撕，《龍龕手鑑》手部："撕，音西。提撕也。"《廣韻》齊韻：
"撕，提撕。先稽切。"提撕，即提醒。北齊顏之推《顏氏家訓·序
致》："吾今所以復爲此者，非敢軌物範世也，業以整齊門內，提撕
子孫。"《正字通》手部："撕，提撕，警覺也。"

秜（lí）柅（nǐ）：上力脂翻，稻死來年更生。下女夷翻，木名。

【釋證】

秜，《説文》禾部："秜，稻今年落，來年自生，謂之秜。"後稱
穭生稻。

柅，《説文》木部："柅，木也，實如梨。"宋王安石《送吳顯
道》詩之三："臨川樓上柅園中，羅幃繡幕圍春風。"

班（bān）斑（bān）：竝布姦翻。上班賜[①]，下斑文。

【釋證】

班，《玉篇》珏部："班，布還切。《説文》云：分瑞也。又班次
也。班賦也。"《爾雅·釋言》："班，賦也。"《正字通》玉部："班，
凡以物與人亦曰班。"故"班、賜"常同義連用成詞。《史記·周本

---

① "班賜"，原作"班劎"，據澤存堂本改。班劎，即斑劎，"班"爲"斑"之借字。

紀》：“封諸侯，班賜宗彝。”《北齊書·後主紀》：“奏請出宮人及珍寶班賜將士，帝不悅。”《舊唐書·太宗紀上》：“大饗將士，班賜有差。”

攕（xiān）橌（shān）：上沙占翻，“攕攕女手”。下所咸翻，木，与“杉”同。

【釋證】

攕，《説文》手部：“攕，好手皃。《詩》曰：‘攕攕女手。’从手，韱聲。”《玉篇》《廣韻》并所咸切。宋蘇軾《和王鞏六首并次韻》之二：“左右玉攕攕，束薪誰爲縛。”

橌，《説文》木部：“橌，楔也。从木，韱聲。”《玉篇》木部：“橌，子廉切。楔也。”《廣韻》咸韻：“橌，上同（杉）。所咸切。”

鑴（xī）鐫（juān）：上音攜，鎲也。下子緣翻，刻也。

【釋證】

鑴，《説文》金部：“鑴，鎲也。从金，巂聲。”鎲（dàng），大盆。《玉篇》金部：“鑴，呼規、胡圭二切。大鑊也。”《廣韻》支韻：“鑴，大鍾。許規切。又户圭切。”

鐫，《説文》金部：“鐫，穿木鐫也。从金，隽聲。一曰琢石也。讀若纖。”段玉裁注：“謂破木之器曰鐫也，因而破木謂之鐫矣。”《廣韻》仙韻：“鐫，鑽也。斯也。子泉切。”引申爲雕刻。唐白居易《青石》：“不願作官家道旁德政碑，不鐫實録鐫虚辭。”

纕（xiāng）縗（cuī）：上思羊翻，馬絡腹。下千回翻，凶服。

【釋證】

纕，《龍龕手鑑》系部：“纕，音相。馬腹帶也。”《玉篇》系部:"纕,思羊切。帶也。後臂也。收衣袖紾。"《國語·晉語二》"亡人之所懷挾纓纕",韋昭注:"纕,馬腹帶也。"

縗,《説文》糸部:"縗,服衣。長六寸,博四寸,直心。从糸,衰聲。"段玉裁注作"喪服衣",云:"'喪'字各本無,今補。"經典多假借"衰"爲之,字或作"縗"。《左傳·襄公十七年》"齊晏桓子卒,晏嬰麤縗斬",杜預注:"縗在胸前。"孔穎達疏:"衰(縗)用布爲之,廣四寸,長六寸,當心。"《舊唐書·李愬傳》:"愬早喪所出,保養於晉國夫人王氏,及卒,晟以本非正室,令服總,號哭不忍,晟感之,因許服縗。"

梁(liáng) 梁(liáng):竝力張翻。上津梁,下粱米。

棚(péng) 掤(bīng):上步萌翻,棧也。下悲凌翻,以手覆矢。

【釋證】

棚,《説文》木部:"棚,棧也。"段玉裁注:"《通俗文》曰:'板閣爲棧,連閣爲棚。'析言之也。許云:'棚,棧也。'渾言之也。今人謂架上以蔽下者皆曰棚。"

掤,《説文》手部:"掤,所以覆矢也。"《詩·鄭風·大叔于田》"抑釋掤忌",毛傳:"掤,所以覆矢。"孔穎達疏:"掤爲覆矢之物。"陸德明釋文:"掤,音冰。所以覆矢也。馬云:櫝丸蓋也。杜預云:櫝丸,箭筩也。"抑釋掤忌,打開遮覆箭筒的蓋。抑,發語詞。忌,語氣助詞。

尤(yóu) 尢(wāng):上于求翻,過也。下乙皇翻,弱也。

【釋證】

尤，過失，罪過。《詩·小雅·四月》：“廢爲殘賊，莫知其尤。”

尢，《説文》尢部：“尢，尳，曲脛也。从大，象偏曲之形。”尢，小篆作𡯀，隸變作“尢”。古文作“𡯁”，省作“尪”。《玉篇》《廣韻》并烏光切。《説文》《玉篇》均無“弱”義。唐玄應《一切經音義》卷四“尪羸”注：“尪，弱也。”唐慧琳《一切經音義》卷九〇“尪餘”注：“尪，羸弱也。”《廣韻》唐韻：“尢，曲脛。俗作‘尢’。尪，尪弱。《説文》同上。”

根（chéng）振（chéng）：竝直庚翻。上根枭，門旁木；下觸也。

【釋證】

根，《説文》木部：“根，杖也。从木，長聲。一曰法也。”段玉裁注：“未詳。”文獻中多用爲“根闑”，即門兩旁所立之木柱。《玉篇》木部：“根，宅行切。門兩傍木也。”《廣韻》庚韻：“根，門兩旁木。直庚切。”《禮記·玉藻》“君入門，介拂闑，大夫中根與闑之間，士介拂根”，鄭玄注：“根，門楔也。”孔穎達疏：“謂門之兩旁長木，所謂門楔也。”闑，古代門中央所豎短木。《禮記·曲禮上》“大夫士出入君門，由闑右，不踐閾”，鄭玄注：“闑，門橛。”陸德明釋文：“門橛，門中木。”後世“根、闑”連用成詞，喻“家門”。唐權德輿《大唐銀青光禄大夫岐國公杜公淮南遺愛碑》：“視闔境如根闑之内，撫編人有父母之愛。”元蔣正子《山房隨筆》：“吉州羅西林集近詩刊，一士囊詩及門，一童橫卧根闑間，良久，喚童起曰：‘將見汝主人，求刊詩。’”根闑，又省作“根枭”。枭，法也。故《説文》木部：“根，一曰法也。”《龍龕手鑑》木部：“根，法也。”蓋因“根、枭”連用而誤衍義也。

振，《玉篇》手部：“振，㨃也。”㨃，同“觸”。唐寒山《詩》
之一四三：“塚破壓黃腸，棺穿露白骨。欹斜有甕瓶，振撥無簪
笏。”振撥，即碰觸，撥動。

蘢(lóng)籠(lóng):竝力公翻。上天蘥,下竹器。
【釋證】

蘢,《爾雅·釋草》“蘢,天蘥”,郝懿行義疏:“此草高大,故
名天蘥。”一年生草本植物。莖高達三米,全株有毛,葉子闊卵
形,夏秋開花,白色或淡紅色。供觀賞,果實可入藥。也叫水葒
(hóng)。《廣韻》東韻:“葒,水草,一曰蘢古。《詩》云‘隰有游
龍’,傳曰:‘龍即紅草也。’字或從艹。”明李時珍《本草綱目·草
五·葒草》:“其莖粗如拇指,有毛。其葉大如商陸葉,色淺紅成
穗。秋深子成,扁如酸棗仁而小。”《管子·地員》:“其山之淺,有
蘢與斥。”

籠,竹製器具。《周禮·夏官·司弓矢》:“田弋,充籠箙矢,共
矰矢。”《漢書·王莽傳》:“父子兄弟負籠荷鍤。”

惟(wéi)帷(wéi):上以雖翻,思也。下于威翻,
在旁曰帷。
【釋證】

惟,《説文》心部:“惟,凡思也。”《詩·大雅·生民》“載謀載
惟,取蕭祭脂”,鄭玄箋:“惟,思也。”

帷,《周禮·天官·幕人》“掌帷、幕、幄、帟、綬之事”,鄭玄注:
“在旁曰帷,在上曰幕。”

薕(lián)簾(lián):竝力占翻。上蘆草,下竹簾。

【釋證】

蒹，指没有出穗的蘆葦。《説文》艸部：“蒹，薕也。从艸，廉聲。”同部：“薕，萑之未秀者。从艸，兼聲。”《玉篇》艸部：“蒹，古廉切，蒹薕也。薕，力鹽切，荻也。”

簾，《説文》竹部：“簾，堂簾也。”即用竹、葦或布做成的遮蔽門窗的用具。《漢書·孝成趙皇后傳》：“嚴持篋書，置飾室簾南去。”

窀（zhūn）窀（tún）：上陟倫翻，下棺也。下徒門翻，火見穴中。

【釋證】

窀，《説文》穴部：“窀，葬之厚夕。从穴，屯聲。《春秋傳》曰：‘窀穸從先君於地下。’”段玉裁注：“厚釋窀，夕釋穸。”《左傳·襄公十三年》“若以大夫之靈，獲保首領以殁於地，惟是春秋、窀穸之事，所以從先君於禰廟者，請爲‘靈’若‘厲’，大夫擇焉”，杜預注：“窀，厚也。穸，夜也。厚夜猶長夜。春秋謂祭祀，長夜謂葬埋。”《後漢書·劉陶傳》：“死者悲于窀穸，生者戚于朝野。”《隸釋》漢泰山都尉孔宙碑：“窀夕不華，明器不設。”

窀，《龍龕手鑑》穴部：“窀穸，上陟倫反，下祥亦反。窀穸，下棺也。又窀，厚也。穸，夜也。上又徒昆反，火現穴中也。”《廣韻》諄韻：“窀，窀穸，下棺。陟綸切。”又魂韻：“窀，火見穴中。又音迍。徒渾切。”又山韻：“窀，穴中見火。墜頑切。”

蕭（xiāo）簫（xiāo）：竝先凋翻。上草名，下樂器。

【釋證】

蕭，《説文》艸部：“蕭，艾蒿也。”《詩·王風·采葛》“彼采蕭兮，一日不見，如三秋兮”，陸璣疏：“今人所謂荻蒿者是也。或云牛尾蒿。似白蒿，白葉，莖麤，科生，多者數十莖。”《南齊書·倖臣傳·紀僧真》：“紀僧真夢蒿艾生滿江，驚而白之。太祖曰：‘詩人採蕭，蕭即艾也。蕭生斷流，卿勿廣言。’”唐韓愈《秋懷詩》：“白露下百草，蕭蘭共雕悴。”

葴（zhēn）箴（zhēn）：竝之深翻。上含漿，下箴規。

【釋證】

葴，植物名，即酸漿。《爾雅·釋草》：“葴，寒漿。”《漢書·司馬相如傳》“葴持若蓀”，顏師古注：“葴，寒漿也。”《佩觿》“寒漿”寫作“含漿”，爲撰寫訛誤。“含漿”乃蚌之別名。《爾雅·釋魚》“蚌，含漿”，郝懿行義疏：“蓋蚌類多薶伏泥中，含肉而饒漿，故被斯名矣。”宋歐陽修《鸚鵡螺》：“一螺千金價誰量，豈若泥下追含漿。”

箴，《龍龕手鑑》竹部：“箴，音針。規箴也。諫也。”三國魏何晏《景福殿賦》：“圖象古昔，以當箴規。”箴規，勸戒規諫。

藍（lán）籃（lán）：竝力三翻。上染草，下盛物篋。

【釋證】

藍，《說文》艸部：“藍，染青艸也。”《詩·小雅·采綠》：“終朝采藍，不盈一襜。”《荀子·勸學》：“青，取之於藍，而青於藍。”《呂氏春秋·仲夏紀》：“令民無刈藍以染。”

茿①（qióng）筇（qióng）：竝巨容翻。上蕖茭；下

---

① “茿”，原作“笻”，據澤存堂本改。

竹，可爲杖。

【釋證】

茾，《玉篇》艸部：“茾，巨凶切。蕢莢實也。”

笻，《廣韻》鍾韻：“笻，竹名，可爲杖，張騫至大宛得之。渠容切。”晉戴凱之《竹譜》：“竹之堪杖，莫尚於笻，磈砢不凡，狀若人功。”

蓴（chún）　簿（tuán）：上音純，菜名。下徒丸翻，竹器。

【釋證】

蓴，《説文》艸部：“蓴，蒲叢也。从艸，專聲。”《玉篇》艸部：“蓴，常倫切。蓴菜。”北魏賈思勰《齊民要術·羹臛法》：“食膾魚蓴羹：芼羹之菜，蓴爲第一。”三國吳陸璣《毛詩草木鳥獸蟲魚疏》“薄采其茆”條：“茆與荇葉相似，南人謂之蓴菜。”唐劉長卿《早春贈别趙居士還江左》：“歸路隨楓林，還鄉念蓴菜。”

簿，《説文》竹部：“簿，圓竹器也。从竹，專聲。”《廣韻》桓韻：“簿，竹器。度官切。”

緌（ruí）　綏（suí）：上人佳翻，纓也。下先佳翻，安也。

【釋證】

緌，《説文》糸部：“緌，系冠纓也。”《禮記·内則》“冠緌纓”，孔穎達疏：“結纓頷下以固冠，結之餘者，散而下垂，謂之緌。”宋沈遼《諭客辭》：“彼冠不緌，亦足以束髮；彼褐不完，亦足以蔽身。”

綏，《爾雅·釋詁》：“綏，安也。”《廣雅·釋言》：“綏，撫也。”

《詩·大雅·民勞》："惠此中國，以綏四方。"

　　其（qí）箕（jī）：上求之翻，豆萁。下姜之翻，竹器。

【釋證】

　　箕，《説文》竹部："箕，簸也。"漢李尤《箕銘》："箕主簸揚，糠粃乃陳。"

　　鴟（qí）鴟（chī）：上巨支翻，鳥名。下充之翻，鳶也。

　　蕘（yáo）筦（yín）：上余昭翻，蒲也。下余針翻，竹名。

【釋證】

　　蕘，《玉篇》艸部："蕘，蒲葉也。"

　　筦，《玉篇》竹部："筦，弋林切。竹名。"《廣韻》侵韻："筦，竹名。餘針切。"

　　佻（tiāo）佻（tiāo）：上天凋翻，輕佻。下徒凋翻，獨行皃。

【釋證】

　　佻，《廣韻》蕭韻："佻，輕佻。"《資治通鑑·漢靈帝中平六年》"帝以辯輕佻無威儀，欲立協，猶豫未決"，胡三省注："佻，輕薄也。"

　　佻，《玉篇》彳部："佻，佻佻，獨行皃。"佻佻，又作"佻佻"。《詩·小雅·大東》"佻佻公子，行彼周行"，毛傳："佻佻，獨行貌。"

　　栿（fú）捊（fú）：竝芳無翻。上棟也，下擊鼓。

【釋證】

桴,《説文》木部:"桴,棟名。"《爾雅·釋宫》:"棟謂之桴。"《文選》班固《西都賦》:"列棼橑以布翼,荷棟桴而高驤。"三國魏何晏《景福殿賦》:"雙枚既脩,重桴乃飾。"

捊,《集韻》虞韻:"捊,擊也。"

靬(yú)靬(jiān):上云俱翻,鞏革。下居言翻,弓衣。

【釋證】

靬,《廣韻》虞韻:"靬,鞏革。憶俱切。又音于。"《廣雅·釋器》:"靬謂之鞏。"鞏,馬腹大帶。《周禮·春官·巾車》"錫,樊纓",鄭玄注:"樊讀如鞏帶之鞏,謂今馬大帶也。"

靬,《玉篇》革部:"靬,居言切,乾靬。又去汗切,盛矢器著弓衣。"《廣韻》元韻:"靬(jiān),乾革。又驪靬縣,在張掖。居言切。"又寒韻:"靬(kān),弓衣。苦寒切。"漢賈誼《新書·春秋》"婦女抉珠瑱,丈夫釋玦靬",盧文弨校注:"靬,弓衣也。"

筊(xiáo)茭(jiāo):上下交翻,竹索。下加肴翻,馬芹。

【釋證】

筊,《説文》竹部:"筊,竹索也。"清黄叔璥《番社雜詠·作室》:"剡竹爲椽扇縛筊,空擎梁上始編茅。"

茭,《廣韻》肴韻:"茭,《説文》曰:'乾芻也。'又《爾雅》曰:'茭,牛蘄。'郭璞云:'今馬蘄,葉細鋭,似芹,亦可食。'"蘄,又音芹。馬蘄,即馬芹,今名野茴香。

騮^①（liú）䭹（áng）：上力由翻，馬白腹。下五郎翻，千里駒。

【釋證】

騮，字又作“䮭、騧”等。《玉篇》馬部：“騧，力由切。赤馬黑鬃。”《廣韻》尤韻：“騧，赤馬黑髦尾。力求切。”楚簡作𩣡（《曾》144），從馬，卯聲，與《玉篇》《廣韻》字形契合。“騮”字又作𩥉（《說文》小篆），從馬，畱聲。《魏書·奚斤傳》“時國有良馬曰騳騮，一夜忽失，求之不得”，《北史》作“騳騮”。

䭹，《說文》馬部：“䭹，䭹䭹，馬怒皃。從馬，卬聲。”《玉篇》馬部：“䭹，五唐切，䭹䭹，馬怒皃。又五浪、五朗切，馬搖頭也。”《廣韻》蕩韻：“䭹，馬怒驚䮸䭹也。五朗切。”䭹䭹，本爲馬怒貌，又作“昂昂”。《楚辭·卜居》：“寧昂昂若千里之駒乎？”故誤以爲“䭹䭹”有“千里駒”之義。《廣韻》唐韻：“䭹，千里駒。五岡切。”

偟（huáng）徨（huáng）：竝胡光翻。上暇也，下徬徨。

【釋證】

偟，《爾雅·釋言》“偟，暇也”，邢昺疏：“謂閒暇。”漢揚雄《法言·君子》“問也者，忠孝之間也。忠臣孝子，偟乎不偟”，李軌注：“偟，暇。”

屔（yí）尼（ní）：上以脂翻，陽屔，地名。下女夷翻，女僧。

---

① “騮”，原作“䭹”，據澤存堂本改。

【釋證】

𡰥，《漢書·高帝紀》"司馬𡰥將兵北定楚地"，顏師古注："𡰥，古夷字。"《漢書·樊噲傳》"與司馬𡰥戰碭東"，顏師古注："𡰥，讀與夷同。"上博簡《周易》豐卦："豐其蔀，日中見斗，遇其𡰥主，吉。"𡰥，今本作"夷"。"尸、夷"爲一字分化，西周金文作 𠃛（《集成》4288 師酉簋），或作 𠃛（《集成》4179 小臣守簋）。王輝《古文字通假字典》："或説本像人彎身屈膝蹲踞之形，乃上古少數民族習俗，與中原民族跪坐啟處不同，故稱少數民族爲尸。尸、夷本一字，然後代以尸爲屍、夷爲夷狄，已分化爲二字。"𡰥，"尸"的分化字，所加之"二"爲飾筆，古文字作 𠃛（《集成》5407 乍册嬰卣）、𠃛（《包》180）等形。《後漢書·東夷傳》："夷有九種，曰畎夷、于夷、方夷、黃夷、白夷、赤夷、玄夷、風夷、陽夷。故孔子欲居九夷也。"陽夷，古代東方九夷之一。

儴（ráng）儴（xiāng）：上汝羊翻，人名。下思羊翻，儴佯。

【釋證】

儴，《玉篇》彳部："儴，先羊切。儴佯也。《楚辭》曰：'聊逍遙以儴佯。'"儴佯，也作"襄羊、相羊"。《集韻》陽韻："儴，儴佯，逍遙也。"

㯃（sī）搋（chuāi）：上息移翻，山桃。下丑皆翻，以拳加物。

【釋證】

㯃，《玉篇》木部："㯃，息移切。山桃也，似桃而小。"《文選》左思《蜀都賦》"㯃桃函列，梅李羅生"，李善注："《爾雅》：

'櫳桃，山桃也。'"

摕，《玉篇》手部："摕，丑皆切。以拳加人也。"《廣韻》皆韻："摕，以拳加物。丑皆切。"唐玄應《一切經音義》卷一五："摕，又作'扠'，同。"

浲(hóng) 浲(jiàng)：上户公翻，水道。下户江翻，水名。

【釋證】

浲，《龍龕手鑑》水部："浲，户公反。水道也。"唐張説《同趙侍御乾湖作》："處處溝浲清源竭，年年舊葦白頭新。"

浲，古水名，也作"絳、降"。春秋、戰國時本與漳河爲一，後世以枯浲河爲浲水，自河北省廣宗縣經南宮、冀、衡水等縣，至武邑縣境復合於漳。今已湮廢。

奞(zhuī) 奞(kuí)：上之追翻，木，似桂。下苦圭翻，星名。

【釋證】

奞，《康熙字典》大部："奞，苦圭切，音窺。《佩觿集》'星名'。今通作'奎'。與'奞'字不同，此从佳人之佳，宜辨。""奞"與"奞"(xùn)不同，《説文》大部："奞，鳥張毛羽自奮也。从大从佳。"奎，《説文》大部："奎，兩髀之間。从大，圭聲。"段玉裁注："'奎'與'胯'雙聲，奎宿十六星以像似得名。"《廣韻》齊韻："奎，星名。苦圭切。"奎，二十八宿之一，有星十六顆。

麋(mí) 麋(jūn)：上亡悲翻，下九云翻。竝鹿類。

【釋證】

麋,鹿屬,雄性有角,角似鹿,尾似驢,蹄似牛,頸似駱駝,性溫順,食草。亦稱“四不像”。《楚辭·九歌·湘夫人》:“麋何食兮庭中? 蛟何爲兮水裔?”宋周煇《清波雜志》卷三:“麋食艾,生茸,入藥。”

麋,《説文》鹿部:“麋,麔也。从鹿,困省聲。麔,籀文不省。”《玉篇》鹿部:“麋,几筠切,麔也。麔,同上。麔,籀文。”《左傳·哀公十四年》“逢澤有介麋焉”,陸德明釋文:“麋,獐也。”《楚辭》淮南小山《招隱士》“白鹿麏麚兮,或騰或倚”,洪興祖補注:“麏,麔也。”

柤(zhā) 担(zhā):竝側加翻。上果名,亦藥滓;下挹也,出《説文》。

【釋證】

柤,《玉篇》木部:“樝,側加切,似梨而酸。柤,同上。”《廣韻》麻韻:“樝,似梨而酸。或作‘柤’。側加切。柤,上同,又煎藥滓。”《莊子·人間世》:“夫柤梨橘柚果蓏之屬,實熟則剥。”宋韓彦直《橘録·油橘》:“油橘皮似以油飾之,中堅而外黑,蓋橘之若柤若柚者。”柤,後作“樝”。宋梅堯臣《李仲求寄建溪洪井茶七品云愈少愈佳未知嘗何如耳因條而答之》:“末品無水暈,六品無沉柤。”宋蘇軾《辨道歌》:“腸中澄結無餘柤,俗骨變換顔如葩。”柤,後又作“渣”。

担,《説文》手部:“担,挹也。”《方言》卷十:“担、攎,取也。南楚之間凡取物溝泥之中謂之担,或謂之攎。”《墨子·天志下》“而況有踰於人之牆垣、担格人之子女者乎”,孫詒讓閒詁:“‘担、攎’字通。”

朕（kuí）睽（kuí）：上巨追翻，臞也。下苦圭翻，卦名。

【釋證】

朕，《玉篇》月部：“朕，渠追切。臕（quán）朕。”《廣韻》脂部“朕”字兩見，分別作渠追切、渠佳切，均釋義爲：“朕，臕朕，醜也。”而《廣韻》沃韻：“臕，羹臕。”即肉羹。“臕、臕”形近，疑《佩觿》“朕，臕也”之“臕”乃“臕”之訛。《玉篇》肉部：“臕，渠圓切。臕朕，醜皃。”

睽，《說文》目部：“睽，目不相聽也。”二目不能集中視綫同視一物。又指六十四卦之一。《易》睽卦：“睽，小事吉。”

圓（xuán）圓（yuán）：上息鉛翻，又火玄翻，規也。下王權翻。

【釋證】

圓，《說文》口部：“圓，規也。”即今所謂圓規。《古文苑》蔡邕《篆勢》“摛華艷於紈素，爲學藝之範圓”，章樵注：“圓，音旋。規也，所以爲圓。”

晞（xī）睎（xī）：竝香衣翻。上日乾也，下視也。

【釋證】

晞，《說文》日部：“晞，乾也。”《詩·秦風·蒹葭》：“蒹葭淒淒，白露未晞。”

睎，《說文》目部：“睎，望也。”《文選》班固《西都賦》：“於是睎秦嶺，睋北阜。”

芃（péng）艽（jiāo）：上步風翻，苗盛。下古看翻,秦芁,藥。

【釋證】

芁,《説文》艸部:"芁,艸盛也。"《玉篇》艸部:"芁,扶戎、步同二切。草茂盛皃。"《詩·鄘風·載馳》:"我行其野,芁芁其麥。"

秦艽,藥草名。艽,又作"芁"。从艸,丩聲。或从艸,九聲。明李時珍《本草綱目·草二·秦艽》:"秦艽出秦中,以根作羅紋交糾者佳,故名秦艽、秦糺。""九"與"丩"形近易訛,故"芁"訛作"芁"。《玉篇》艸部:"芁,同'艽'。"《廣韻》肴韻:"芁,秦芁,藥名。古肴切。"

"芁"與"芁"經典多形近而混。《山海經·中山經》"又東五百里,曰成侯之山,其上多櫄木,其草多芁",郝懿行箋疏:"芁,《説文》訓草盛,非草名也。疑'芁'當爲'芁'字之譌。芁音交,即藥草秦芁也,見《本草》。"

伴(yáng)徉(yáng):竝余章翻。上詐也;下禳徉,徙倚。

【釋證】

徉,禳徉、徙倚,均爲連綿詞,猶徘徊。三國魏曹植《洛神賦》:"於是洛靈感焉,徙倚彷徨,神光離合,乍陰乍陽。"南朝宋劉義慶《世説新語·忿狷》:"王令詣謝公,值習鑿齒已在坐,當與併榻,王徙倚不坐。"

脩(tāo)脩(xiū):上土刀[①]翻,目不正。下先尤翻,脯也。

[①] "刀",原作"力",澤存堂本亦作"力"。脩,《玉篇》湯勢切,《廣韻》土刀切,知"力"乃"刀"之訛。

【釋證】

脩，《説文》目部："脩，眑也。从目，攸聲。肦，脩或从丩。"段玉裁注："唐人小説術士相裴夫人，'目脩而緩，主淫'。俗誤脩長之脩。"《説文》目部："眑，目不正也。"《玉篇》目部："脩，湯勞切。眑也。"《廣韻》豪韻："脩，目通白也。土刀切。"

脩，《説文》肉部："脩，脯也。从肉，攸聲。"《周禮·天官·膳夫》"凡肉脩之頒賜，皆掌之"，鄭玄注引鄭司農云："脩，脯也。"賈公彦疏："加薑桂鍛治者謂之脩，不加薑桂以鹽乾之者謂之脯，則脩、脯異矣。先鄭云'脩，脯'者，散文言之，脩、脯通也。"

庠（xiáng）痒（yáng）：上序羊翻，庠序。下敘章翻，病也，一本作余庠翻。

【釋證】

庠，《説文》广部："庠，禮官養老，夏曰校，殷曰庠，周曰序。"故"庠、序"同義。

痒，《爾雅·釋詁》"痒，病也"，邢昺疏："痒者，舍人云：心憂懪之病也。"即憂思成病。《廣韻》陽韻："痒，病也。似羊切。"《詩·小雅·正月》"哀我小心，癙憂以痒"，毛傳："癙、痒，皆病也。"又《廣韻》養韻："痒（yǎng），皮痒。餘兩切。"漢焦贛《易林·蹇之革》："頭痒搔跟，無益於疾。"

槻（guī）摫（guī）：竝居隨翻。上木名，可作弓；下振摫，裁制。

【釋證】

槻，《玉篇》木部："槻，吉維切。木名。"《廣韻》支韻："槻，木名，堪作弓材。居隋切。"《南齊書·祥瑞志》："山陽縣界若邪村有一槻木,合爲連理。”

　　摤,《玉篇》手部:“摤,居垂切。裁也。”《廣韻》支韻:“摤,裁摤。居隋切。”“振、摤”義近。《廣雅·釋詁》:“振,裂也。”又:“鈵、裂、摤,裁也。”《方言》卷二:“梁益之間,裁木爲器曰鈵,裂帛爲衣曰摤。”

　　銀(yín) 鋃(láng):上宜斤翻,白金。下力當翻,銀鐺,鎖。

【釋證】

　　鋃,銀鐺,鐵鏈,刑具。《説文》金部:“銀,鋃鐺,瑣也。”段玉裁注:“瑣,俗作‘鎖’。”《顔氏家訓·文章》:“《後漢書》:‘囚司徒崔烈以鋃鐺鏁。’鋃鐺,大鏁也;世間多誤作金銀字。武烈太子亦是數千卷學士,嘗作詩云:‘鋃鏁三公脚,刀撞僕射頭。’爲俗所誤。”

　　查(qié) 查(chá):上才邪翻,大皃。下士加翻,水中浮木。

【釋證】

　　查,《玉篇》大部:“查,才邪切。查查,大口也。”《廣韻》麻韻:“查,大口皃。才邪切。”

　　查,《廣韻》麻韻:楂,水中浮木。又姓,出何氏《姓苑》。鉏加切。查、槎,二同。”查,字又作“查”。晉張華《博物志》卷三:“人有奇志,立飛閣於查上,多齎糧。”《北齊書·文苑傳·樊遜》:“乘查至於河漢,唯覘牽牛;假寐遊於上玄,止逢翟犬。”

　　枰(píng) 抨(pēng):上皮并翻,木名。下奔耕翻,彈也。

【釋證】

枰，《文選》司馬相如《上林賦》"沙棠櫟櫧，華楓枰櫨"，郭璞注："枰，平仲木也。"

抨，《說文》手部："抨，彈也。"唐李賀《猛虎行》："長戈莫舂，強弩莫抨。"《新唐書·陽嶠傳》："楊再思素與嶠善，知其意不樂彈抨事。"

圭（guī）坒（huáng）：上工攜翻，土圭測景。下戶光翻，草木生兒。

【釋證】

圭，《周禮·地官·大司徒》"以土圭之灋測土深，正日景以求地中"，鄭玄注："土圭，所以致四時日月之景也。"《文選》張衡《東京賦》："土圭測景，不縮不盈。"

坒，《說文》之部："坒，艸木妄生也。從之在土上。讀若皇。"

岭（qián）怜（lián）：上巨炎翻，絹名。下來田翻，愛也。

惆（chóu）幬（chóu）：上丑尤翻，惆悵。下直由翻，單①帳，與"幬"同。

【釋證】

幬，《說文》巾部："幬，禪帳也。從巾，壽聲。"《玉篇》巾部："幬，直流切，禪帳也。惆，同上。"《廣韻》尤韻："幬，《說文》作'幬'，禪帳也。直由切。惆，上同。"禪，本義為"衣不重"，引

---

① "單"，澤存堂本作"禪"。《說文》《玉篇》《廣韻》均作"禪帳"，詳見釋證。

申爲"單、單層"。所謂"禪帳",即單層的帳子。三國魏丁廙妻《寡婦賦》:"刷朱扉以白堊,易玄帳以素幬。"

朳(rēng) 扔(rēng):竝如升翻。上木也,下引也。

【釋證】

朳,《説文》木部:"朳,木也。从木,乃聲。讀若仍。"段玉裁注:"朳,木也。未詳。"

扔,《説文》手部:"扔,因也。从手,乃聲。"段玉裁注:"掤也。掤,各本作'因',今正。"《老子》"上禮爲之而莫之應,則攘臂而扔之",陸德明釋文:"扔,引也,因也。"宋朱熹《答吕子約》:"聞有議其失者,則浡然見於詞色,奮拳攘臂,欲起而扔之。"

瞜(lú) 膢(lú):上力朱翻,瞜瞜,目兒。下力于、力矦二翻,八月祭名。

【釋證】

瞜,《廣韻》作力朱、落侯二切。《説文》目部:"瞜,瞜婁,微視也。"段玉裁注:"瞜婁,叠韵。《篇》《韵》'婁'作'瞜'。"唐張文成《遊仙窟》:"十娘引手向前,眼子眄瞜,手子膃脼。"

膢,《説文》肉部:"膢,楚俗以二月祭飲食也。从肉,婁聲。"《廣韻》虞韻:"膢,飲食祭也。冀州八月,楚俗二月。"《廣韻》作力朱、落侯、力于三切。膢祭飲食,祈穀嘗新,民間舉行之期各地不同,有二月、三月、八月、十二月等。

蚔（qí）蚔（chí）：上音祇，蛙也。下丈①知翻，蟻子。

【釋證】

蚔，《説文》虫部："蚔，畫也。从虫，氏聲。"同部："畫，蠆也。"可知"蚔、畫"本是蝎子一類的毒蟲。"蛙"與"畫"均從虫從圭，偏旁位置不同，實爲二字。蛙，字本作"黽"。《説文》黽部："黽，蝦蟇也。从黽，圭聲。"段玉裁注："今南人所謂水雞，亦曰田雞。黽、蛤皆其鳴聲也。故宋人詩多云吠蛤，亦云蛙聲閣閣。从黽，圭聲。烏媧切。古音十六部。字亦作'鼃'、作'蛙'。"據此，郭氏所謂"蛙也"，當爲"畫也"。

蚔，《説文》虫部："蚔，蟻子也。从虫，氏聲。《周禮》有蚔醢。讀若祁。"蟻子，即蟻卵。蟻，今作"蟻"。《爾雅·釋蟲》"蠪，飛蟻，其子蚔"，郭璞注："蚔，蟻卵。"《宋書·明帝紀》："古者衡虞置制，蝝、蚔不收。"宋陸游《老學庵筆記》卷六："《北戶録》云：'廣人於山間掘取大蟻卵爲醬，名蟻子醬。'按此即《禮》所謂'蚔醢'也，三代以前固以爲食矣。然則漢人以黽祭宗廟，何足怪哉！"

偕（jiē）偕（kāi）：上古諧翻，俱也。下口皆翻，惡行。

【釋證】

偕，《廣韻》皆韻："偕，俳偕，行惡。"

欃（chán）攙（chān）：上士咸翻，攬也。下初咸

_____

① "丈"，原作"文"，據澤存堂本改。蚔，《廣韻》直尼切，《玉篇》丈飢切，可知"文"乃"丈"之訛。

翻,攙槍,祅星。

【釋證】

　　櫼,《廣韻》咸韻:"櫼,檀木別名。士咸切。"《文選》司馬相如《上林賦》"櫼檀木蘭,豫章女貞",郭璞注引孟康曰:"櫼檀,檀別名也。"郭氏所謂"攬也",似有訛誤。

　　攙,《廣韻》銜韻:"攙,攙搶,祅星。《爾雅》作'欃槍'。楚銜切。又士咸切。"古人以攙搶爲妖星,主兵禍。

　　褆(tí)褆(zhī):上田兮翻,衣也。下士支翻,福也。

【釋證】

　　褆,《說文》衣部:"褆,衣厚褆褆。从衣,是聲。"段玉裁注:"'褆褆'與'媞媞'義略同。《爾雅》曰:'媞媞,安也。'"《廣韻》齊韻:"褆,衣服好皃。杜奚切。又是、豸二音。"又紙韻:"褆,衣服端下(按:下乃正之訛)。承紙切。"又同韻:"褆,好衣。池爾切。"

　　褆,《方言》卷一三"褆,福也,喜也",郭璞注:"謂福祚也。有福即喜。"南朝梁陸倕《石闕銘》:"翼百神,褆萬福。"

　　抔(bēi)抔(póu):上奔來翻,杯勺。下步侯翻,手掬也,"長陵一抔土"是也,亦古文"哀"字。

【釋證】

　　抔,《玉篇》手部:"抔,步侯切。手掬物也。"《禮記·禮運》"汙尊而抔飲",鄭玄注:"抔飲,手掬之也。"《新唐書·袁恕己傳》:"抔土以食,爪甲盡,不能絕。"又引申出"捧、把"義。《漢書·張釋之傳》:"假令愚民取長陵一抔土,陛下且何以加其濃厚？”哀，乃古文“襃”之隸省。襃（bāo），《説文》小篆作㒵，《集篆古文韻海》作㒵（2·7）。《説文》衣部：“襃，衣博裾。从衣，保省聲。保，古文保。”依照許慎説解，可知“襃”爲古文。段玉裁注：“襃，引伸之爲凡大之偁。爲襃美。隸作‘褒’、作‘哀’。”襃，隸省作㒵（《居延新簡文字編》）、哀（《隸辨》）等形，遂寫作“哀”。哀（襃）與抔（抔）常通假。《易》謙卦“君子以哀多益寡”，陸德明釋文：“哀，字書作‘抔’。”《玉篇》手部：“抔，《易》曰：‘君子以抔多益寡。’……本亦作‘哀’。”

盂（yú）盂（gān）：上羽俱翻，器也，字從于思之于。下公丹翻，盤也，字從干禄之干。

【釋證】

盂，徐鍇《説文解字繫傳》皿部：“盂，飲器也。”《漢書·東方朔傳》“置守宫盂下”，顏師古注：“盂，食器也。若盆而大，今之所謂盆盂也。”唐韓愈《送石處士序》：“冬一裘，夏一葛，食朝夕，飯一盂，蔬一盤。”

盂，《廣雅·釋器》：“盂謂之槃。”又《玉篇》皿部：“盂，公安切。盤也。”

聆（qín）聆（líng）：上音琴，出《國語》，曰：“信于聆遂。”亦音也①。下力丁翻，聞也。

【釋證】

聆，《龍龕手鑑》耳部：“聆，音琴。　音也。”《廣韻》侵韻：“聆，音也。巨金切。”聆遂，又作“聆隧”。《國語·周語》“昔夏之興也，融降于崇山；其亡也，回禄信於聆隧”，韋昭注：“聆隧，地

---

① “也”，澤存堂本作“虔”。

名也。"段玉裁《説文解字注》"聆"字下云:"《後漢書·楊賜傳》
引作'黔遂'。黔亦今聲也。"

梢(shāo) 捎(shāo):竝所交翻。上船柁尾也;
又枝梢。下蒲捎,良馬;芟也。又音宵。

【釋證】

梢,《爾雅·釋木》"梢,梢櫂",郭璞注:"謂木無枝柯,梢櫂長
而殺者。"《廣韻》肴韻:"梢,船舵尾也。又枝梢也。所交切。"

捎,《廣韻》肴韻:"捎,蒲捎,良馬名也。亦芟也。所交切。
又音宵。"蒲捎,亦作"蒲梢、蒲稍"。《史記·樂書》"後伐大宛,
得千里馬,馬名蒲稍",裴駰集解引應劭曰:"大宛舊有天馬種,蹋
石汗血,汗從前肩膊出,如血,號一日千里。"《漢書·西域傳贊》
"蒲梢、龍文、魚目、汗血之馬,充於黄門",顔師古注引孟康曰:
"四駿馬名也。"《梁書·諸夷傳·西北諸戎》:"明珠翠羽,雖仞於
後宫;蒲梢龍文,希入於外署。"又《文選》張衡《東京賦》"捎魑
魅",薛綜注:"捎,殺也。"

磾(dī) 殫(dān):上都兮翻,染繒黑石;亦金日
磾,人名。下都干翻,盡也。

【釋證】

磾,《廣韻》齊韻:"磾,漢有金日磾。《説文》云:染繒黑石,
出琅邪山。都奚切。"按:今本《説文》無"磾"字。

殫,《説文》歹部:"殫,殛盡也。"段玉裁注:"窮極而盡之也。
極,鉉本作'殛',誤。"《莊子·胠篋》:"殫殘天下之聖法,而民始
可與論議。"

嚻(xiāo) 鄡(áo):上虛嬌翻,聲也。下牛刀

翾,誼也。

【釋證】

囂、嚻,一字之異體。《説文》㗊部:"囂,聲也,气出頭上。从㗊,从頁。頁,首也。嚻,囂或省。"《玉篇》㗊部:"囂,許朝切。喧譁也。又五高切。"《廣韻》宵韻:"嚻,喧也。許嬌切。又五刀切。"《周禮·地官·司虣》:"司虣掌憲市之禁令,禁其鬥嚻者與其虣亂者。"《左傳·成公十六年》"在陳而嚻,合而加嚻",杜預注:"嚻,喧嘩也。"

攘(rǎng)禳(xiāng):上汝羊翾,有因而盜。下息羊翾,木,皮中以^①白米,擣爲麫。

【釋證】

攘,《書·微子》"今殷民乃攘竊神祇之犧牷牲",孔傳:"自來而取曰攘。"《孟子·滕文公》"今有人日攘其鄰之雞者,或告之曰:是非君子之道",趙岐注:"攘,取也,取自來之物。"故郭氏釋爲"有因而盜"。後泛化引申爲"竊",《廣韻》陽韻:"攘,竊也。汝陽切。"

禳,《文選》左思《吳都賦》"文禳楨橿",李善注引劉逵曰:"禳木,樹皮中有如白米屑者,乾擣之,以水淋之,可作餅,似麵,交趾、盧亭有之。"《正字通》木部:"禳木,一名莎木。《本草》李時珍曰:'葉離披似莎衣狀,故謂之莎。俗作'莏'。張勃《吳録》曰:交阯禳木,皮中有白粉,可作餅食。'"

拼(pīn)栟(bīng):上兵争翾,以利使人;又及

下也,從也。下保呈翻,枡櫚,木。

【釋證】

拼,《爾雅·釋詁》"俾、拼、抨,使也",郭璞注:"皆謂使令。"陸德明釋文:"以利使人曰拼。"《爾雅·釋詁》"俾、拼、抨、使,從也",郭璞注:"四者又爲隨從。""拼、抨"音義皆近,古通用。《漢書·揚雄傳》"抨雄鴆以作媒兮,何百離而曾不壹耦",顏師古注:"抨,使也。"

枡,《説文》木部:"枡,枡櫚也。从木,并聲。"《玉篇》木部:"枡,俾名切。枡櫚,木。"《文選》張衡《南都賦》:"楈枒枡櫚,柍柘檍檀。"

瞴(wú) 膴(hū):上文扶翻,目瞴瞜。下火孤翻,無骨腊;又文扶翻,地名,在弘農。

【釋證】

瞴,詳見"瞜瞜"條釋證。

膴,《説文》肉部:"膴,無骨腊也。"《廣雅·釋器》:"膴,脯也。"《周禮·天官·腊人》:"凡祭祀,共豆脯、薦脯、膴、胖,凡腊物。"

杸(shū) 投(tóu):上臣朱翻,軍中之士所持也。《司馬法》:"執羽杸。"下徒矦翻,擲也。

【釋證】

杸,《説文》殳部:"杸,軍中士所持殳也。从木,从殳。《司馬法》曰:'執羽从杸。'"杸,同"殳",古兵器名。《急就篇》卷三"鐵錘檛杖枹柲杸",顏師古注:"杸亦杖名也。古者以積竹八觚爲殳,長一丈二尺……杸與殳音同。一曰,杸、殳古今字也。"

麻（má）痳（lín）：**上莫加翻，風病，从秫。秫，匹賣翻。下力吟翻，氣疾，从山林之林。**

【釋證】

麻，《廣韻》麻韻：“麻，痳風，熱病。莫霞切。”《正字通》广部：“麻，莫牙切，音麻。痳風，熱病。本作‘麻’。”痳，从秫。《玉篇》秫部：“秫（pài），匹賣切。《説文》曰：‘葩之總名也。’今作‘秫’。亦与‘麻’同。”

痳，《説文》广部：“痳，疝病。从广，林聲。”《廣韻》侵韻：“痳，痳病。力尋切。”又同“淋”。古人對石淋、勞淋、血淋、氣淋、膏淋病的通稱。《素問·大奇論》：“腎脈大急沉，肝脈大急沉，皆爲疝。心脈搏滑急爲心疝，肺脈沉急爲肺疝。”肺疝，蓋爲郭氏所謂“氣疾”。亦指生殖器部位或腹部劇烈疼痛兼有二便不通的病症。《素問·長刺節論》：“病在少腹，腹痛不得大小便，病名曰疝。”其症狀是小便頻數而澀，有痛感。《釋名·釋疾病》：“痳，懍也，小便難，懍懍然也。”

般（pán）般（bān）：**上博干翻，辟也，象舟之後殳以進之。下音班，从丹青之丹，出《漢·賈誼傳》。**

【釋證】

般，《説文》舟部：“般，辟也，象舟之旋。”从舟，船也；从殳，猶船槳，當爲船篙類工具。會意，以篙盪舟，小舟盤旋進退之義。般辟、盤辟、般旋，謂盤旋進退之貌。《漢書·儒林傳》“魯徐生善爲頌”，顏師古注引蘇林曰：“徐氏後有張氏，不知經，但能盤辟爲禮容。”漢班固《白虎通·崩薨》：“童子諸侯不朝而來奔喪者何？明臣子於其君父，非有老少也，亦因喪質，無般旋之禮，但盡悲哀而已。"

斑,《玉篇》丹部:"斑,古'班'字,賦也。"《漢書·司馬相如傳》"斑斑之獸,樂我君圃。白質黑章,其儀可喜",顏師古注:"謂騶虞也。'斑'字與'班'同耳,从丹青之丹。"《史記·司馬相如列傳》作"般般之獸",司馬貞索隱:"般般,文彩之皃也。音班。"

脽(shuí) 雎(jū) 睢(suī):上示佳翻,脽上立后土祠。中七余翻。下音綏。

【釋證】

脽,《說文》肉部:"脽,屍也。从肉,佳聲。"脽,本義爲尻,引申爲"丘阜"義。《漢書·武帝紀》"立后土祠于汾陰脽上",顏師古注:"脽者,以其形高起如人尻脽,故以名云。"北魏酈道元《水經注·汾水》:"水南有長阜,背汾帶河,阜長四五里,廣二里餘,高十丈,汾水歷其陰,西入河。《漢書》謂之汾陰脽。應劭曰:'脽,丘類也。'"

雎,《玉篇》佳部:"雎,七余切。王雎也。"即魚鷹。《詩·周南·關雎》:"關關雎鳩,在河之洲。"

睢,《說文》目部:"睢,仰目也。从目,佳聲。"《玉篇》許佳切,《廣韻》許規、許維切。《文選》馬融《長笛賦》:"憔眇睢維,涕洟流漫。"睢維,目開合貌。又,水名。《廣韻》脂韻:"睢,水名,在梁郡。息遺切。"《左傳·成公十五年》"魚石、向爲人、鱗朱、向帶、魚府出舍於睢上",杜預注:"睢,水名。"楊伯峻注:"睢水本蒗蕩渠支津,舊自河南杞縣流經睢縣北,又東流經寧陵與商丘市南,又東經夏邑縣北,然後東南流。今上游僅睢縣附近有一支入惠濟河,餘皆湮塞。"

柎（fū）**枎**（fú）**扶**（fú）：上方無翻，再生稻。中下竝音符，中"山有枎蘇"，亦枎踈；下扶持。

【釋證】

枎，枎蘇，字又作"扶蘇、蒲蘇、扶疏"等。《詩經·鄭風·山有扶蘇》："山有扶蘇，隰有荷華。不見子都，乃見狂且。"袁梅《詩經異文彙考辨證》："郭忠恕《佩觿》引《詩》作'山有枎蘇'。《說文》：'枎，枎疏，四布也。从木，夫聲。防無切。''榑，榑桑，神木，日所出也。从木，尃聲。防無切。'毛《傳》：'扶蘇，扶胥，小木也。'胡承珙云：'《佩觿》引"山有枎蘇"，與"扶持"別，是經字本亦作"枎"。《埤雅》引毛《傳》："扶蘇，扶胥，木也。"是所見本尚無"小"字。……《管子·地員篇》：五沃之土"宜彼羣木，桐、柞、枎、櫄，及彼白梓"。據此，則"枎"自爲木名，蓋緩言之曰"枎蘇"，急言之曰"枎"，枎蘇即枎木耳。'黃山云：'扶與榑通。《淮南·道應篇》"扶桑受謝"，《墜形篇》作"暘谷榑桑"。《說文》扶、枎、榑皆"防無切"，同音相假。……扶疏即榑桑二字之變文，明爲大木。'又《公羊》何休注：'暴桑，蒲蘇桑也。'按：胡、黃之説近是。'扶蘇'即'枎蘇'之假借字，作'榑桑'、'扶疏'、'枎胥'者，亦爲通假字也。"

媱（yáo）**婬**（yín）**娙**（xíng）：上音遙，妖媱。中余針翻，婬蕩。下五莖翻，漢武帝夫人名。

【釋證】

媱，《廣韻》宵韻："媱，美好。餘昭切。"妖媱，即美艷。唐張鷟《游仙窟》："數箇袍袴，異種妖媱；姿質天生有，風流本性饒。"

婬，《說文》女部："婬，私逸也。"段玉裁注："'婬'之字今多以'淫'代之，'淫'行而'婬'廢矣。"即放蕩，恣縱。《廣韻》侵韻：“婬，婬蕩。餘針切。”《集韻》侵韻：“婬，通作‘淫’。”《韓詩外傳》卷九：“君其遣之女樂以婬其志，亂其政，其臣下必疎。”

娙，《說文》女部：“娙，長好也。”段玉裁注：“體長之好也，故其字从巠。”《史記·外戚世家》：“邢夫人號娙娥，衆人謂之‘娙何’。娙何秩比中二千石。”《漢書·外戚傳序》：“至武帝制倢伃、娙娥、傛華、充依，各有爵位……娙娥視中二千石，比關內侯。”

“媱、婬”形近，典籍互訛。《楚辭》王逸《九思·傷時》：“聲噭誂兮清和，音晏衍兮要媱。”媱，一本誤作“婬”。

襑（xún）樳（xún）撏（xián）：上中竝徐林翻，上衣博大；中木，似槐。下徐廉翻，與“擘”同。

【釋證】

襑，《說文》衣部：“襑，衣博大。”

樳，《廣韻》侵韻：“樳，木名，似槐。徐林切。”《文選》左思《吳都賦》“西蜀之於東吳，小大之相絕也，亦猶棘林螢燿，而與夫樳木龍燭也”，劉逵注引《山海經》：“樳木長千里。”今本《山海經·北山經》作“尋木”。

撏，《玉篇》手部：“撏，徐林切。取也。又視占切。”《廣韻》鹽韻：“撏，撏取也。視占切。”《集韻》鹽韻：“擘、攕、撏，摘也。或从艸，从尋。亦書作‘攕’。”

襛（nóng）穠（nóng）檂（nóng）：竝女容翻。上襛華。中華木厚皃，亦而容翻。下木名。

【釋證】

襛，《說文》衣部：“襛，衣厚皃。从衣，農聲。《詩》曰：‘何彼襛矣。’”襛，本義爲“衣厚”，後引申爲“茂盛、肥胖、濃艷”等義。

段玉裁注：“凡農聲之字皆訓厚。醲，酒厚也。濃，露多也。襛，衣厚皃也。引伸爲凡多厚之偁。《召南》曰‘何彼襛矣，唐棣之華’，傳曰：‘襛猶戎戎也。’按《韓詩》作‘莪莪’，即‘戎戎’之俗字耳。戎取同聲得其義。……《詩》俗本作‘穠’，誤。”

穠，《玉篇》禾部：“穠，花木盛也。”《詩·召南·何彼襛矣》“何彼襛矣，唐棣之華”，朱熹集傳：“穠，盛也。”唐高適《自淇涉黃河途中作》詩之一一：“孟夏桑葉肥，穠陰夾長津。”宋陸游《湖上今歲遊人頗盛戲作》：“龍船看罷日平西，柳闇花穠步步迷。”

穲（lí）樆（lí）摛（chī）：上中竝呂支翻，上“彼黍穲穲”，中果名。下丑支翻，舒也。

【釋證】

穲，“彼黍穲穲”之語引自《詩·王風·黍離》。穲，通“離”。穲穲、離離，穀穗下垂貌。《詩·小雅·湛露》“其桐其椅，其實離離”，毛傳：“離離，垂也。”《文選》張衡《西京賦》“神木靈草，朱實離離”，薛綜注：“離離，實垂貌。”

樆，《玉篇》木部：“樆，山梨也。”

摛，《說文》手部：“摛，舒也。”北齊顔之推《顏氏家訓·文章》：“北面事親，別舅摛《渭陽》之詠。”唐許敬宗《尉遲恭碑》：“鳳羽摛姿，龍媒聘逸。”宋王禹偁《謫居感事》：“虞歌才不稱，掌誥筆難摛。”

虵（yí）蛇（shé）：上余脂翻，逶虵，出《莊子》。下是遮翻，虺也。

【釋證】

虵、蛇，古本一字。《玉篇》虫部："虵，食遮切。毒蟲。正作
'蛇'。"逶虵，也作"逶迆、委蛇、委虵"等形，曲折綿延貌。

　　瓬（hán）瓴（líng）：上户南翻，治橐幹。下力丁
翻，瓮，似瓶也。

【釋證】

瓬，字又作"瓺"。《說文》瓦部："瓺，治橐𩏩也。从瓦，今
聲。"段玉裁注："冶，各本作'治'，今正。冶橐，謂排囊。……冶
者以韋囊鼓火，《老子》之所謂橐也。其所執之柄曰瓺。𩏩猶柄
也。瓺或譌作'肣'，而《廣韵》以排囊柄釋之。《玉篇》以似瓶
有耳釋瓺。引許者，冶皆譌治，而其義湛薶終古矣。排囊之柄古
用瓦爲之，故字从瓦；後乃以木爲之，故《集韵》作'橿'，从木。"
《玉篇》瓦部："瓺，丘劔切，又胡耽切。似瓶有耳。"《廣韻》覃
韻："肣，排囊柄也。胡男切。"釅韻："瓺，似瓶有耳。丘釅切。"

　　屵（wēi）岒（qīn）：上古"危"字，出古文《尚
書》。下乞真翻，山名也。

【釋證】

屵，《玉篇》山部："屵，人在山上。今作'危'。"《汗簡》引
古文《尚書》作 𡸫（4·51），《古文四聲韻》引古文《尚書》作 𡸫
（1·17）。戰國六國文字作 𡉉（《郭·六》17）、𡉉（《清華二·繫
年》15），秦文字作 危（《睡·日甲》14）。

　　芹（qín）芹（qín）：竝其斤翻。上藥名，下水
菜也。

篿（mì）莫（míng）：竝莫丁翻。上車綱篿，下莫莢。

【釋證】

篿，《方言》卷九：“車枸簍，宋、魏、陳、楚之間謂之筱，或謂之簍籠。其上約謂之筟，或謂之篿。”《玉篇》竹部：“篿，莫辟切。筟篿，挐帶也。”《廣韻》錫韻：“篿，筟篿。莫狄切。”郭氏“莫丁翻（míng）”與《篇》《韻》不合。

莫，《説文》艸部：“莫，析莫，大薺也。从艸，冥聲。”《玉篇》艸部：“莫，莫丁切。莫莢也。”莫莢，古代傳説中的一種瑞草。它每月從初一至十五，每日結一莢；從十六至月終，每日落一莢，所以觀莢數可知何日。一名曆莢。晉葛洪《抱朴子・對俗》：“唐堯觀莫莢以知月。”

朌（fén）朌（bān）：上扶文翻，大首也。下布還、丕還二翻，分瑞。今作一字兩音者，非，朱育説。

葟（huáng）篁（huáng）：竝胡光翻。上華葉榮也；下小竹叢，“風篁成韻”是。

【釋證】

葟，草木之花，又花之美也。《爾雅・釋草》“葟、華，榮”，邢昺疏：“葟亦華也。”《玉篇》艸部：“葟，胡光切。葟榮。亦花之美也。”《廣雅・釋訓》：“葟葟，茂也。”王闓運《羅季子誄》：“園中之桃，窘雨初蔫，春華必達，霽則葟然。”

篁，《説文》竹部：“篁，竹田也。从竹，皇聲。”後引申爲竹叢。《文選》謝莊《月賦》“若迺涼夜自淒，風篁成韻”，李善注：

"筸,竹叢生也。風筸,風吹筸也。"

平聲上聲相對

澧(fēng) 澧(lǐ)：上芳風翻,下歷弟翻。竝
水名。

【釋證】

澧,《玉篇》水部:"澧,孚雄切。水,出右扶風。"《廣韻》東
韻:"澧,水名,在咸陽。敷空切。"《書·禹貢》:"漆沮既從,澧水
攸同。"《史記·封禪書》"霸、產、長水、澧、澇、涇、渭皆非大川,
以近咸陽,盡得比山川祠,而無諸加",司馬貞索隱引《十三州
記》:"澧水出鄠縣南。"

澧,《説文》水部:"澧,水,出南陽雉衡山,東入汝。从水,豊
聲。"《玉篇》水部:"澧,力邸切。水,出衡山。"《書·禹貢》:"岷
山導江,東別爲沱,又東至於澧。"《楚辭·九歌·湘君》:"捐余玦
兮江中,遺余佩兮澧浦。"

楤(cōng) 摠(zǒng)：上七宗翻,檐也;亦木名。
下子孔翻,摠計。

【釋證】

楤,《正字通》木部:"楤,字當作'摐',俗作'楤'。"《玉
篇》木部:"楤,七紅切。尖頭擔也。"《廣韻》東韻:"楤,尖頭擔
也。倉紅切。"郭氏所謂"檐也",與"擔"通。《楚辭·哀時命》
"負檐荷以丈尺兮",考異:"檐,一作'擔'。"唐韓愈《祭太常裴
少卿文》:"檐石之儲,常空於私室。"檐石,即擔石,一擔一石之
糧。出土文獻中"擔"亦寫作"檐",《九店楚簡》中"檐"字多

見，均讀作"擔"。楤，又爲木名，俗稱"鵲不踏"。《集韻》董韻：
"楤，木名。損動切（sǒng）。"明李時珍《本草綱目·木三·楤木》："今山中亦有之。樹頂叢生葉，山人采食，謂之鵲不踏，以其多刺而無枝故也。"

揔，《廣韻》董韻："總，聚束也。合也。皆也。衆也。作孔切。揔，上同。"《集韻》董韻："總、揔、緫、摠、緫，祖動切。《說文》：'聚束也。'一曰皆也。或从手。古作'緫、揔、緫'。俗作'揔'，非是。"宋王明清《揮麈後録》卷二："治平初，詔改諸路馬步軍部署爲總管，避厚陵名也。考之前史，'總'字皆從手，合作'揔'字，非從絲無疑。出於一時稽考不審，沿襲至今，不可更矣。"

披(pī) 柀(bǐ)：上噴眉翻，披開。下碑詭翻，木名。

【釋證】

披，《廣韻》紙韻："披，開也。匹靡切。又偏羈切。"

柀，《玉篇》木部："柀，碑詭切。杉木也，埋之不腐。"《爾雅·釋木》"柀，煔"，郭璞注："煔似松，生江南，可以爲船及棺材。作柱，埋之不腐。"邢昺疏："柀，一名煔，俗作杉。"《爾雅翼·釋木》："柀，似煔而異。杉以材稱，柀又有美實，而材尤文彩。《釋木》云'柀，煔'，蓋以類相附也。……《本草》木部有榧實，又有彼子，皆出永昌，而誤在蟲部。蓋'彼'字當從木，即是榧也。"明李時珍《本草綱目·果三·榧實》："柀亦作棑，其木名文木，斐然章采，故謂之榧。"

杝(yí) 拖(tuō)：上弋支翻，杝架。下吐可翻，

曳也;亦舒也。

【釋證】

杝,《説文》木部:"杝,落也。从木,也聲。讀若他。"《玉篇》木部:"杝(zhì),直紙切。《詩》云:'析薪杝矣.'謂隨其理也。又音移,木名。"《集韻》支韻:"杝,落也。"同韻:"籬、杝(lí)、樆,藩也。或作'杝、樆'。"同韻:"柂、杝(yí),木名。《爾雅》:'椴,杝。'或作'柂'。"紙韻:"杝,《説文》:'落也.'一曰析薪。"過韻:"杝(tuò),車名。他佐切。"《説文》《玉篇》《廣韻》《集韻》等均無"杝架"義。郭氏所謂"杝架",疑即"椸架"。"杝、椸"古籍常通。《説文》木部:"椸,衣架也。从木,施聲。"《玉篇》木部:"椸,音移。衣架也。"《廣韻》支韻:"箷,衣架。椸,上同。又榻前几。弋支切。"《禮記·曲禮》"男女不雜坐,不同椸枷",鄭玄注:"椸,可以枷衣者。"陸德明釋文:"杝,本又作'椸'。……衣架也。枷,本又作'架'。"

圯(yí)　圮(pǐ)[①]:上音怡,橋名。下符鄙翻,毁也。

【釋證】

圯,《説文》土部:"圯,東楚謂橋爲圯。从土,巳聲。"《玉篇》土部:"圯,弋之切。《史記》曰:張良步游下邳圯上。東楚謂橋曰圯。"《廣韻》之韻:"圯,土橋名,在泗州。與之切。"《史記·留侯世家》:"良嘗聞從容步游下邳圯上。有一老父,衣褐,至良所,直墮其履圯下。"

圮,《説文》土部:"圮,毁也。《虞書》曰:'方命圮族.'从

---

① "圯圮",原作"圮圮",澤存堂本亦作"圮圮",據上下文意改。

土,己聲。醋,圮或从手,从非,配省聲。"《書·咸有一德》"祖乙圮於耿",孔安國傳:"河水所毀曰圮。"宋蘇轍《襄陽古樂府·野鷹來》:"嵯峨呼鷹臺,人去臺已圮。"

椅(yī) 掎(jǐ)：上於宜翻，楸也。下居矣翻，掎摭。

【釋證】

椅,《説文》木部:"椅,梓也。从木,奇聲。"《玉篇》木部:"椅,於宜切。楸也。"明李時珍《本草綱目·木二·梓》:"梓木處處有之,有三種:木理白者爲梓,赤者爲楸,梓之美文者爲椅。"

掎,《説文》手部:"掎,偏引也。从手,奇聲。"本義爲"從旁邊抓住",後引申爲"抓住"。《新唐書·李聽傳》:"鄭注掎其過,詔以太子太保分司東都。"《方言》卷一:"摭,取也。陳、宋之間曰摭。""掎、摭"同義連用而成詞,義爲"取得"。唐韓愈《石鼓歌》:"孔子西行不到秦,掎摭星宿遺羲娥。"又引申爲"指摘、挑剔"。三國魏曹植《與楊德祖書》:"劉季緒才不能逮於作者,而好詆訶文章,掎摭利病。"南朝梁簡文帝《與湘東王論文書》:"吾既拙於爲文,不敢輕有掎摭。"

徛(qí) 倚(yǐ)：上丘奇翻，行皃。下於綺翻，依也。

【釋證】

徛,《説文》彳部:"徛,舉脛有渡也。从彳,奇聲。"徐鍇繫傳:"溪澗夏有水冬無水處,横木爲之,至冬則去,今曰水彴橋。"《玉篇》彳部:"徛,丘奇、居義二切。舉足以渡也。"《廣韻》寘韻:"徛(jì),石杠,聚石以爲步渡。居義切。"即放在水中用以

渡河的石頭或木頭，一曰渡橋。徛，《説文》《篇》《韻》均不載
"行兒"。然《説文》辵部："趌，緣大木也。一曰行兒。从走，
支聲。"《集韻》支韻："趌、趌，行兒。或从奇。"《正字通》以
爲"趌"爲後起俗字，非，戰國楚文字已有之，作𧼒（《包》68）。
"徛、趌"形音義皆近，頗疑"徛"乃"趌（趌）"之異體。

　　倚，《説文》人部："倚，依也。"《論語·衛靈公》："立則見其
參於前也，在輿則見其倚於衡也。"

栺（zhī）指（zhǐ）：上止而翻，木名。下之視翻，手指。

【釋證】

　　栺，《玉篇》木部："栺，至而切。木名。"《廣韻》脂韻："栺，
栺栭，木名。旨夷切。"栺，即茅栗，栗之一種。明李時珍《本草
綱目·果一·栗》："栗之大者爲板栗……小如指頂者爲茅栗，即
《爾雅》所謂栭栗也。"

柎（fū）拊（fǔ）：上方于翻，木名。下方父翻，拊石。

【釋證】

　　拊，《玉篇》手部："拊，拍也。"《書·益稷》"予擊石拊石，百
獸率舞"，孔安國傳："石，磬也。拊，亦擊也。"拊石，敲擊石磬。
《陳書·徐陵傳》："虞夔拊石，晉曠調鐘，未足頌此英聲，無以宣其
盛德者也。"

拘（jū）枸（gǒu）：上莒虞翻，拘忌。下工后翻，枸杞。

【釋證】

拘，《説文》句部：“拘，止也。从句，从手，句亦聲。”段玉裁注：“手句者，以手止之也。”《玉篇》句部：“拘，矩娛切。執也。止也。拘檢也。”《廣韻》志韻：“忌，止也。”“拘、忌”同義連用成詞。唐柳宗元《三戒·永某氏之鼠》：“永有某氏者，畏日，拘忌異甚。”宋歐陽修《論葬荆王劄子》：“夫陰陽拘忌之説，陛下聰明睿聖，必不信此巫卜之言而違禮典。”

梅（méi）拇（měi）：上莫來翻，果名。下莫改翻，貪也。

【釋證】

拇，《方言》卷一三：“拇，貪也。”《楚辭·天問》“穆王巧拇”，王逸注：“拇，貪也。”

稛（jūn）捃（jùn）：上居云翻，稛櫏，木，出交趾。下居殞翻，捃拾。

【釋證】

稛，《玉篇》木部：“稛，居云切。稛櫏，木，出交趾，子如雞子。”（按：亦作“交阯”，古地名，泛指五嶺以南。）稛櫏，也叫椑棗、軟棗，果木名。實小而長，形如瓠，乾熟則呈藍黑色，可食，亦可入藥。《文選》左思《吳都賦》：“平仲稛櫏，松梓古度。”一作“君遷”。

捃，《玉篇》手部：“捃，拾也。”《東觀漢記·范冉傳》：“推鹿車載妻子，捃拾自資。”唐元稹《高鈇授起居郎制》：“富有文章，優於行實，捃拾匡益，殆無闕遺。”《廣韻》居運切，《集韻》《韻略》俱運切，均爲去聲，與郭氏“居殞翻”不合。

坻（chí）坁（zhǐ）：上直尼翻，小渚。下都禮翻，隴坂。

【釋證】

坻，《說文》水部：“坻，小渚也。《詩》曰：‘宛在水中坻。’從土，氏聲。汝，坻或從水，從夂。”《玉篇》土部：“坻，直飢切。水中可居曰坻……俗作‘坘’。”《詩·秦風·蒹葭》：“遡遊從之，宛在水中坻。”唐柳宗元《至小丘西小石潭記》：“近岸，卷石底以出，爲坻，爲嶼，爲嵁，爲巖。”

坁，《說文》土部：“坁，箸也。從土，氏聲。”“箸”義爲“止”。“坁”見於《左傳》，後作“坻”。段玉裁注：“《韵會》作‘箸止也’。箸，直略切，‘者’字之叚借也。行之既久，乃不可變矣。凡言‘者’者，別事詞也，有所箸之詞也。故凡言‘箸’，皆‘者’引申之義。《左傳·昭廿九年》‘物乃坁伏，鬱湮不育’，杜注：‘坁，止也。’此‘坁’字見於經者，而開成石經譌作‘坻’，其義迥異。楚金所見《左傳》故未誤。尋其所由，蓋唐初已有誤‘坻’者，故《釋文》曰：‘坁音旨，又音丁禮反。’後一音則已譌爲‘坻’。凡字切丁禮者，皆氏聲也。今版本《釋文》及《左傳》及《廣韵》四紙皆作‘坻’，‘坻’行而‘坁’廢矣。”段玉裁推測唐初“坁”已經訛變成“坻”，至宋則“坻”行而“坁”廢。段氏所言甚是，故《廣韻》脂韻：“坻，小渚。俗從互，餘同。直尼切。”又紙韻：“坁，隴坂也。諸氏切。又直尼、當禮二切。”又薺韻：“坻，隴阪。都禮切。又支氏切。”隴坂，即山坡。

扮（fén）扮（fěn）：上扶分翻，扮榆。下伏粉翻，握、動也；又華買翻，亂也。

【釋證】

枌，《說文》木部：“枌，榆也。”段玉裁注：“枌，枌榆也。各本少‘枌’，淺人以爲複字而誤删之。枌榆者，榆之一種。”《廣韻》文韻：“枌，白榆，木名。符分切。”北魏酈道元《水經注·渭水三》：“高祖王關中，太上皇思東歸，故象舊里，制兹新邑，立城社，樹枌榆，令街庭若一。”

扮，《說文》手部：“扮，握也。”《玉篇》手部：“扮，伏粉切。握也。動也。”《廣韻》吻韻：“扮，握也。房吻切。”《戰國策·魏策》“又身自醜於秦，扮之請焚天下之秦符者，臣也”，鮑彪注：“扮，并也，握也，言合諸侯。”又，《廣韻》蟹韻：“扮，亂扮也。花黟切。”

揩（kāi）**楷**（kǎi）：上口皆翻，揩摩。下口駭翻，楷式。

【釋證】

揩，《廣雅·釋詁》：“揩，磨也。”《文選》張衡《西京賦》：“揩枳落，突棘藩。”

楷，《廣雅·釋詁》：“楷，式也。”即法式、典範。《禮記·儒行》：“今世行之，後世以爲楷。”

漙（tuán）**漙**（pǔ）：上徒官翻，零露兒。下裝古翻，“漙天之下”。

【釋證】

漙，《說文》水部新附：“漙，露兒。从水，專聲。”《詩·鄭風·野有蔓草》“野有蔓草，零露漙兮”，毛傳：“漙，漙然，盛多也。”

溥，《說文》水部：“溥，大也。”本指廣大。《玉篇》水部：“溥，怖古切。大也。徧也。普也。”《詩·小雅·北山》“溥天之下，莫非王土”，《左傳·昭公七年》引作“普天之下”。唐玄應《一切經音義》卷一一：“溥天，今作‘普’，同匹古反。《詩》云‘溥天之下’，傳曰：‘溥，大也。’亦遍也。”

滔（tāo） 洦（hàn）：上他牢翻，滔天。下胡感翻，淤洦。

【釋證】

滔，《說文》水部：“滔，水漫漫大皃。”《玉篇》水部：“滔，土牢切。《書》曰：‘洪水滔滔。’”《詩·小雅·四月》：“滔滔江漢，南國之紀。”

洦，泥水相和貌。《說文》水部：“洦，泥水洦洦也。一曰繅絲湯也。从水，臽聲。”《玉篇》水部：“洦，胡感切。洦泥也。”《廣韻》御韻：“淤，濁水中泥也。”“淤、洦”同義。

芉（yáng） 羋（mǐ）[1]：上篆文羊字。下亡尔翻，氣上出也。羋，一作止尔翻。

【釋證】

芉，篆文作𦍌。《說文》羊部：“𦍌，祥也。从丫，象頭角足尾之形。孔子曰：牛羊之字以形舉也。凡羊之屬皆从羊。”𦍌，隸變作“芉”，隸省作“羊”。

羋，甲骨文作𦍋（《合》22155），篆文作羋，隸變作“羋”。《說文》羊部：“羋，羊鳴也。从羊，象聲气上出。與牟同意。”《廣韻》紙韻：“羋，羊鳴。一曰楚姓。綿婢切。”《國語·鄭

---

① “芉羋”，原作“芉芉”，據澤存堂本改。

語》：“融之興者，其在芈姓乎？”《史記·楚世家》：“陸終生子六
人……六曰季連，芈姓，楚其後也。”

**㯉（chuán）揣（chuǎi）：上市專翻，木名。下所[①]
解翻，揣摩。**

【釋證】

㯉，《玉篇》木部：“㯉，市專切。木名。”

揣，《廣韻》紙韻：“揣，度也。　試也。　量也。　除也。　初委
切。”唐高適《封丘作》：“揣摩慚黠吏，棲隱謝愚公。”宋陸游《老
學庵筆記》卷八：“呂吉甫問客：‘蘇子瞻文辭似何人？’客揣摩
其意，答之曰：‘似蘇秦、張儀。’”

**樽（zūn）撙（zǔn）：上祖孫翻，樽罍。下子本
翻，撙節。**

【釋證】

樽，樽罍，盛酒容器。　唐杜甫《贈特進汝陽王二十韻》：“樽
罍臨極浦，鳧雁宿張燈。”

撙，《玉篇》手部：“撙，祖本切。《曲禮》曰：‘君子恭敬撙
節。’撙猶趨也。”清王引之《經義述聞》：“趨，讀局促之促，謂自
抑損也。”撙，即抑制、克制。“撙、節”同義連用成詞，即抑制、
節制。《南史·顏延之傳》：“恭敬撙節，福之基也。驕佷傲慢，禍
之始也。”《資治通鑑·唐太宗貞觀十一年》：“臨滿盈則思挹損，
遇逸樂則思撙節。”

朾（zhēng）打（dǎ）：上卓莖翻，聲也。下得冷

---

① “所”，澤存堂本作“初”。

翻,擊也。

【釋證】

杁,《説文》木部:"杁,撞也。"本爲撞擊義。《新唐書·五行志二》:"三度徵兵馬,傍道杁騰騰。"《廣韻》耕韻:"杁,伐木聲也。中莖切。"

僑(qiáo)**僑**(jiǎo):上其遥翻,僑如,人名。下巨眇翻,行皃。

【釋證】

僑,《説文》人部:"僑,高也。从人,喬聲。"段玉裁注:"《春秋》有叔孫僑如,有公孫僑,字子産,皆取高之義也。"

僑,《玉篇》彳部:"僑,巨夭切。行皃。"《字彙》彳部:"僑,僑僑,行皃。"

枹(bāo)**抱**(bào):上百交翻,木也。下蒲草翻,儴也。一作懷抱。

【釋證】

枹,《廣韻》肴韻:"枹,《爾雅注》曰:'樹木叢生,枝節盤結。'《詩》云:'枹有三櫱。'布交切。"《爾雅·釋木》"樸,枹者",郭璞注:"樸屬叢生者爲枹。"《詩·大雅·棫樸》"芃芃棫樸,薪之槱之",毛傳:"樸,枹木也。"明李時珍《本草綱目·果二·榼實》:"榼有二種:一種叢生小者名枹,見《爾雅》;一種高者名大葉櫟。樹、葉俱似栗,長大粗厚,冬月凋落。"

抱,《廣韻》晧韻:"抱,持也。《説文》曰:'引取也。'"《佩觿》"儴也",不知何據。"抱"與"儴"形音義殊别,疑此處之"儴"乃"懷"之形訛。《類篇》手部:"抱,裹也。""裹"與"懷"

通。抱,胸懷也。《儀禮·士相見禮》:"凡與大人言,始視面,中視抱,卒視面,毋改。"《宋書·范曄傳》:"然區區丹抱,不負夙心,貪及視息,少得申暢。"

杷(pá) **把**(bǎ):**上平加翻,木杷;亦枇杷,木。下鄙馬翻,握也。**

【釋證】

杷,《説文》木部:"杷,收麥器。从木,巴聲。"《急就篇》卷三"捃穫秉把插捌杷",顏師古注:"無齒爲捌,有齒爲杷,皆所以推引聚禾穀也。"北魏賈思勰《齊民要術·作豉法》:"翻訖,以杷平豆,令漸薄,厚一尺五寸許。"枇杷,果木名。《文選》司馬相如《上林賦》:"於是乎盧橘夏熟,黄甘橙楱,枇杷橪柿,亭柰厚朴。"宋孔平仲《孔氏談苑》卷一:"枇杷須接,乃爲佳果。一接核小如丁香荔枝,再接遂無核也。"又,枇杷,樂器名,即琵琶。《釋名·釋樂器》:"枇杷,本出於胡中,馬上所鼓也。推手前曰枇,引手却曰杷,象其鼓時,因以爲名也。"

橋(qiáo) **撟**(jiǎo):**上其昭翻,橋梁。下己小翻,舉手。**

【釋證】

撟,《説文》手部:"撟,舉手也。从手,喬聲。一曰撟,擅也。"《玉篇》手部:"撟,紀消、几小二切。"《楚辭·九章·惜誦》"撟兹媚以私處兮,願曾思而遠身",朱熹集注:"撟,舉也。"《漢書·揚雄傳》"仰撟首以高視兮,目冥眴而亡見",顏師古注:"撟,舉也。……'撟'與'矯'同,其字從手。"

標(biāo) **摽**(biào):**上必昭翻,標準。下平小**

翻，“摽有梅”，亦作“㪔”。

【釋證】

標，《荀子·儒效》“行有防表”，楊倞注：“行有防表，謂有標準也。”《晉書·王楨之傳》：“楨之曰：‘亡叔一時之標，公是千載之英。’”唐杜甫《贈鄭十八賁》：“示我百篇文，詩家一標準。”

摽，《爾雅·釋詁》：“摽，落也。”《詩·召南·摽有梅》“摽有梅，其實七兮。求我庶士，迨其吉兮”，毛傳：“摽，落也。”《説文》㪔部：“㪔，物落；上下相付也。从爪，从又。讀若《詩》‘摽有梅’。”

　　倭（ wō ）𠊲（ tuǒ ）：上烏禾翻，倭國。下湯果翻，行皃。

【釋證】

倭，《史記·魯周公世家》“次妃敬嬴，嬖愛，生子倭”，裴駰集解引徐廣曰：“一作‘倭’。”司馬貞索隱：“倭音人唯反，一作‘倭’，音同。”倭，《廣韻》烏禾切。《後漢書·孝安帝紀》：“永初元年……冬十月，倭國遣使奉獻。”《舊唐書·東夷傳》：“倭國者，古倭奴國也。去京師一萬四千里，在新羅東南大海中。”

𠊲，《玉篇》亻部：“𠊲，湯果切。行皃。”

　　祖（ jù/jiē ）祖（ zǔ ）：上似与翻，好也；又子邪翻，縣名。下作古翻，祖父。

【釋證】

祖，《説文》衣部：“祖，事好也。从衣，且聲。”段玉裁注：“事好猶言學好也。黹部引《詩》‘衣裳黼黼’。《方言》曰：‘䋾，好也。䋾，美也。’然則‘祖’與‘黼、䋾’音義略同。”《玉篇》衣

部："祖，似與切，事好也。又子邪切，縣名。"《集韻》麻韻："祖
厲，縣名。一曰好也。"

彷（páng）仿（fǎng）：上陪郎翻，彷徨。下方兩翻，仿佛。

橈（ráo/náo）撓（náo）：上仍昭翻，蘭橈；又女校翻，枉橈。下女絞翻，撓亂。

【釋證】

橈，《說文》木部："橈，曲木。从木，堯聲。"後引申爲"彎
曲、屈服"義。《文選》司馬相如《上林賦》"滂濞沆溉，穹隆雲
橈"，李善注："雲橈，如雲屈橈也。"《荀子·榮辱》"重死持義而
不橈，是士君子之勇也"，楊倞注："雖重愛其死而執節持義，不橈
曲以苟生也。"《漢書·楚元王傳》："君子獨處守正，不橈衆枉。"
《正字通》木部："枉、橈，皆屈曲之義。"橈，本義爲"曲木"，轉義
爲"舟楫"。《廣韻》宵韻："橈，楫也。如招切。"《楚辭·九歌·湘
君》"薜荔柏兮蕙綢，蓀橈兮蘭旌"，王逸注："橈，船小楫也。"唐
曹唐《漢武帝思李夫人》："夜深池上蘭橈歇，斷續歌聲徹太微。"
唐太宗《帝京篇》之六："飛蓋去芳園，蘭橈遊翠渚。""蘭橈"又
習用爲"小船"之美稱，故"橈"字又寫作"艠"。《集韻》宵韻：
"橈、艠，《方言》：'楫謂之橈。'或从舟。"

涇（jīng）涇（jìng）：上堅青翻，水名。下巨井翻，寒也。

【釋證】

涇，《說文》水部："涇，水，出安定涇陽开頭山，東南入渭，雝
州之川也。"《書·禹貢》："弱水既西，涇屬渭汭。"

浧,《玉篇》冫部:"浧,寒也。"《龍龕手鑑》冫部:"浧,寒噤也。"

泠(líng) 冷(lěng):上歷丁翻,清泠也。下魯打翻,涼冷;又魯頂翻,姓。

【釋證】

泠,水清貌。《玉篇》水部:"泠,郎丁切。清也。""清、泠"同義。《文選》王延壽《魯靈光殿賦》:"鴻爌炾以爞閭,飋蕭條而清泠。"《文選》宋玉《風賦》"清清泠泠,愈病析酲",李善注:"清清泠泠,清涼之貌也。"

冷,《說文》仌部:"冷,寒也。从仌,令聲。"《玉篇》仌部:"冷,力頂切。寒也。又力丁切。"《廣韻》青韻:"冷,冷澤,吳人云冰凌。郎丁切。又力頂切。"又梗韻:"冷,寒也。魯打切。又魯頂切。"又迥韻:"冷,寒也。又姓,《前趙錄》有徐州刺史冷道,字安義。力鼎切。又盧打切。"

櫌(yōu) 擾(rǎo):上於求翻,種地中也。下如沼翻,亂也。

【釋證】

櫌,《說文》木部:"櫌,摩田器。从木,憂聲。《論語》曰:'櫌而不輟。'"字又作"耰",農具。《呂氏春秋·仲秋紀》:"鋤櫌白梃,可以勝人之長銚利兵。"

擾,《玉篇》手部:"擾,如紹切。《書》曰:'俶擾天紀。'擾,亂也。"南朝梁劉勰《文心雕龍·養氣》:"無擾文慮,鬱此精爽。"唐韓愈《論變鹽法事宜狀》:"所謂擾而困之,非前意也。"

綱（gāng）網（wǎng）：上古郎翻，綱紀。下文①枉翻，網罟。

慺（lóu）嶁（lǔ）：上音婁，心也。下古字翻，姓。

【釋證】

慺，《玉篇》心部："慺，洛侯切。謹敬也。不輕也。下情也。又力朱切。"《廣韻》虞韻："慺，悅也。力朱切。又落侯切。"又侯韻："慺，慺慺，謹敬之皃。落侯切。"又麌韻："慺，姓，出《纂文》。力主切。"晉葛洪《抱朴子·尚博》："於是以其所不解者爲虛誕，慺誠以爲爾，未必違情以傷物也。"《後漢書·楊賜傳》："老臣過受師傅之任，數蒙寵異之恩，豈敢愛惜垂沒之年，而不盡其慺慺之心哉！"

嶁，《玉篇》巾部："嶁，力宇切。古姓也。"

瓜（guā）爪（zhǎo）：上工華翻，果也。下側絞翻，手爪。

枚（xiān）㪘（kǎn）：上虛嚴翻，枚杚。下苦敢翻，難也。

【釋證】

枚，《玉篇》木部："枚，許嚴切。鍬屬。"《廣韻》嚴韻："枚，鍬屬。古作'櫼'。或作'㰼'。虛嚴切。"今作"鍬"。宋陸游《紙閣午睡》："紙閣甎爐火一枚，斷香欲出礙蒲簾。"杚，《玉篇》木部："無齒杷也。"字又作"㭿、㭬"。"枚、杚"均爲農具。

"文"，原作"丈"，澤存堂本作"父"。網，《玉篇》無兩切，《廣韻》文兩切，知"丈、父"皆爲"文"之訛。

紉(rèn)　**紐**(niǔ)：**上女鄰翻，單繩。下女九翻，結也。**

【釋證】

紉，《説文》系部：“紉，緙繩也。从糸，刃聲。”段玉裁注：“紉，單繩也。單，各本及《集韵》作‘緙’，非其義。李文仲《字鑒》作‘繹’。今依《廣韵》《佩觿》作‘單’。《太平御覽》引《通俗文》曰：‘合繩曰糾，單展曰紉，織繩曰辮，大繩曰絙。’”《廣韻》真韻：“紉，單繩。女鄰切。”

紐，《説文》系部：“紐，系也。一曰結而可解。”《禮記·玉藻》“居士錦帶，弟子縞帶，并紐約用組”，孔穎達疏：“紐，謂帶之交結之處，以屬其紐。約者，謂以物穿紐，約結其帶。”

岡(gāng)　**罔**(wǎng)：**上古郎翻，山脊。下亡朗翻，欺也。**

【釋證】

岡，《爾雅·釋山》：“山脊，岡。”《詩·周南·卷耳》：“陟彼高岡，我馬玄黃。”

罔，《孟子·萬章上》“故君子可欺以其方，難罔以非其道”，朱熹集注：“罔，蒙蔽也。”《漢書·郊祀志下》“臣聞明於天地之性，不可或以神怪；知萬物之情，不可罔以非類”，顔師古注：“罔，猶蔽。”

羔(gāo)　**美**(měi)：**上公刀翻，羔羊。下苗洧翻，善也。**

【釋證】

羔，《説文》羊部：“羔，羊子也。从羊，照省聲。”小篆作羔，楚文字作羔（《曾》212），隸變作“羔、羔”。

莞（guān）筦（guǎn）：**上戶官翻，草名。下與“管”同，地名。**

【釋證】

莞，《說文》艸部：“莞，艸也。可以作席。从艸，完聲。”《玉篇》艸部：“莞，古桓、胡官二切。似藺而圓，可爲席。”《詩·小雅·斯干》：“下莞上簟，乃安斯寢。”

筦，《廣韻》緩韻：“管，樂器也。主當也。又姓，出平原，周文王子管叔之後。古滿切。筦，上同。”《詩·周頌·執競》“鐘鼓喤喤，磬筦將將”，陸德明釋文：“筦，音管，本亦作‘管’，同。”《漢書·禮樂志》引作“磬管鏘鏘”。

材（cái）杽（chǒu）：**上徂來翻，材質。下敕糾翻，械也。**

【釋證】

杽，《說文》木部：“杽，械也。从木，从手，手亦聲。”杽，即古代手銬。段玉裁注：“則爲手械無疑也。《廣雅》曰：‘杽謂之梏。’”古文字的“手”後訛變成“丑”，故字又作“杻”。《玉篇》木部：“杻，敕九切，械也。杽，同上。”《廣韻》有韻：“杻，杻械。杽，古文。”杽，當是“杽”之俗寫。

从（cóng）从（liǎng）：**上泉雍翻，順也。下紆賞[①]翻，兩也。**

【釋證】

从，《說文》入部：“从，二入也。兩从此。闕。”《玉篇》入部：“从，力掌切。……兩字从此。”

苽（gū）茮（zhǎo）：**上古胡翻，苽蔣。下側絞翻，草名。**

【釋證】

苽，《説文》艸部：“苽，雕苽。一名蔣。”《周禮·天官·膳夫》“凡王之饋，食用六穀”，鄭玄注引鄭司農曰：“六穀，稌、黍、稷、粱、麥、苽。苽，彫胡也。”賈公彦疏：“南方見有苽米，一名彫胡。”

茮，《玉篇》艸部：“茮，莊巧切。菜名。”《龍龕手鑑》艸部：“茮，音爪。草名也。”

才（cái）扌（shǒu）：**上徂來翻，文才。下偏旁手字。**

夊（suī）夂（zhǐ）：**上思佳翻，行皃。下竹几翻，從後至也。**

【釋證】

夊，《説文》夊部：“夊，行遲曳夊夊，象人兩脛有所躧也。”小篆作夊。《玉篇》夊部：“夊，思佳切。行遲兒。《詩》云：雄狐夊夊。今作‘綏’。”

夂，《説文》夂部：“夂，從後至也。 象人兩脛後有致之者。……讀若黹。”小篆作夂。

忄（xīn）小（xiǎo）：**上偏旁心字。下私兆翻，小大。**

叉（chā）爫（zhǎo）：**上初加翻，交手。下側絞翻，古文“爪”字。**

【釋證】

叉，《説文》又部：“叉，手指相錯也。从又，象叉之形。”《玉篇》又部：“叉，測加切。指相交也。”金文作𢦏（《集成》1478 守叉鼎），小篆作𢦏，隸定作“叉”。

爪，《説文》又部：“爪，手足甲也。”段玉裁注：“‘爪、爪’古今字。”甲骨文作𢦏（《合》36902），西周金文作𢦏（《集成》4468 師克盨蓋），小篆作𢦏，隸定作“爪”。

秆（yú）秆（gǎn）：上羽俱翻，禾不秀也。下古旱翻，稾穰。

【釋證】

秆，禾不開花結實。

秆，《説文》禾部：“稈，禾莖也。从禾，旱聲。《春秋傳》曰：‘或投一秉稈。’秆，稈或从干。”《廣雅·釋草》：“秆，稾也。”《玉篇》禾部：“稈，古旱切，稾也。穰謂之稈。秆，同上。”“稾、穰”皆指穀類的莖秆。

科（kē）枓（zhǔ/dǒu）：上苦戈翻，科等。下之竪①翻，酌也；又丁口翻，枓栱。

【釋證】

科，《廣雅·釋言》：“科，品也。”即品類，等級。《論語·八佾》“射不主皮，爲力不同科，古之道也”，皇侃疏：“科，品也。”朱熹集注：“科，等也。”

枓，《説文》木部：“枓，勺也。从木，从斗。”《玉篇》斗部：

---

① “竪”，原作“堅”，澤存堂本亦作“堅”，誤。枓，《廣韻》麌韻“之庾切”。“堅”當是“竪”之訛。

“枓,有柄,形如北斗星,用以斟酌也。”《廣韻》虞韻:“枓,斟水器也。之庾切。”又《玉篇》木部:“枓,覩口切。栱枓。”《廣韻》厚韻:“枓,柱上方木。當口切。”枓栱,傳統木結構建築的一種支撐構件。《爾雅·釋宮》“大者謂之栱”,郝懿行義疏:“栱之言拱,柱上枓栱,所以拱持梁棟。”

豐(fēng) 豊(lǐ):上芳風翻,大也。下音禮,从冊豆。

【釋證】

豐,《說文》豐部:“豐,豆之豐滿者。”本指豆器所盛豐滿,後引申爲“大”義。《玉篇》豐部:“豐,芳馮切。大也。俗作‘豊’。”

豊,《說文》豊部:“豊,行禮之器也。从豆,象形。”後作“禮”。

潛(qián) 潸(shān):上齊兼翻,沈潛。下所姦、所版二翻,淚下皃。

【釋證】

潛,《方言》卷一〇:“潛、涵,沈也。”《玉篇》水部:“潛,慈廉切。水名。又水中行也。藏也。”唐韓愈《上兵部李侍郎書》:“(愈)遂得究窮於經傳史記百家之說,沈潛乎訓義,反復乎句讀,礱磨乎事業,而奮發乎文章。”宋朱熹《中庸章句·序》:“熹自蚤歲即嘗受讀而竊疑之,沈潛反復,蓋亦有年。”

潸,《說文》水部:“潸,涕流皃。”《詩·小雅·大東》:“睠言顧之,潸焉出涕。”

褌(kūn) 褞(yùn):上古魂翻,衣也。下於殞

幝，重厚。

【釋證】

幝，《説文》巾部：“幝，幝也。从巾，軍聲。褌，幝或从衣。”段玉裁注：“按：今之套褲，古之絝也；今之滿襠褲，古之褌也。自其渾合近身言曰幝，自其兩襱孔穴言曰幝。”《釋名·釋衣服》：“褌，貫也，貫兩脚上繫腰中也。”

惲，《説文》心部：“惲，厚重也。”即敦厚之義。段玉裁注：“惲厚字當如此，今皆作渾厚，非是。”

暖（xuān）暖（nuǎn）：上況袁翻，大目也。下奴管翻，温也。

【釋證】

暖，《説文》目部：“暖，大目也。从目，爰聲。”唐韓愈《陸渾山火和皇甫湜用其韻》：“齒牙嚼齧舌齶反，電光礷磹頳目暖。”

砧（zhēn）砧（gǔ）：上陟林翻，鍛具。下公戸翻，砧鏨。

【釋證】

砧，唐玄應《一切經音義》卷一四、二二兩引《通俗文》曰：“鍛具曰砧。”砧，後寫作“砧”。北齊劉晝《劉子·貴言》：“越劍性鋭，必託槌砧，以成純鈎。”明宋應星《天工開物·冶鐵》：“先鑄鐵成砧，以爲受錘之地。”

砧，《廣韻》姥韻：“砧，砧鏨。公戸切。”砧鏨，也作“砧鉧、砧鏌”。宋范成大《驂鸞録》：“砧鉧，熨斗也。”《隋書·地理志下》：“婚嫁用鐵砧鏨爲聘財。”宋姚寬《西溪叢語》卷下：“《宜都山水記》：‘佷山溪有釜灘，其石大者如釜，小者如砧鏌。’”

杙（wěn）扻（wěn）：上莫紛翻，小枝也。下武紛翻，拭也。

【釋證】

扻，擦拭。《玉篇》手部：“扻，武粉切。拭也。拒也。”《楚辭·九章·悲回風》“孤子唫而抆淚兮，放子出而不還”，洪興祖補注：“抆，拭也。”唐元結《宂樽銘》：“天地開鑿，日月扻拭，寒暑琢磨，風雨潤色。”

冡（méng）冢（zhǒng）：上音蒙，从冃。下知隴翻，冢宰，从勹。

【釋證】

冡，《說文》冃部：“冡，覆也。从冃、豕。”小篆作 𩇵。段玉裁注：“凡蒙覆、僮蒙之字今字皆作‘蒙’，依古當作‘冡’，‘蒙’行而‘冡’廢矣。艸部‘蒙’，艸名也。”

冢，《說文》勹部：“冢，高墳也。从勹，豕聲。”小篆作 𡩟。本指高大的墳墓，後指大的、地位高的。《逸周書·商誓》：“爾邦冢君，無敢其有不告見於我有周。”《爾雅·釋詁》：“冢，大也。”冢宰，周官名，六卿之首，又作“太宰”。

仕（tú）仕（shì）：上堂吳翻，仕行，从土。下助耳翻，从士。

【釋證】

仕，同“徒”。徒，从辵，土聲，作 𨑒（《集成》2833 禹鼎）、𨑒（《包》8）、𨑒（《睡·雜》12）等形；或簡省作 𨑒（《集成》4440 魯嗣徒仲齊盤），从彳，土聲。《易》賁卦“賁其趾，舍車而徒”，李鼎祚集解引虞翻曰：“徒，步行也。”

仕，《說文》人部：“仕，學也。从人，从士。”

佳（jiā）徏（kuǐ）：上古柴翻，美也。下丘弭翻，
徏步。

【釋證】

徏，《説文》走部："趌，半步也。从走，圭聲。讀若'跬'
同。"《玉篇》走部："趌，丘弭切。半步也。舉一足也。與'跬'
同。"根據郭氏"丘弭翻，徏步"，可知"徏"當是"趌"之異體。
从走之字或从彳，義近形符互換。

欏（luó）攞（luǒ）：上來何翻，杪欏，木。下來可
翻，裂也。

【釋證】

欏，《廣韻》歌韻："欏，杪欏，木名，出崐崘山。魯何切。"杪
欏，梵文的音譯，或作"娑羅"。唐殷堯藩《贈惟儼師》："擬掃緑
陰浮佛寺，杪欏高樹結爲鄰。"

攞，《廣韻》哿韻："欏，裂也。來可切。""欏、攞"形音皆近，
《廣韻》此處的"欏"當爲"攞"之訛。《龍龕手鑑》手部："攞，勒
可反。攞裂也。"

儿（rén）几（jǐ）：上古文奇字"人"也。下居履
翻，几案。

【釋證】

儿，《説文》儿部："儿，仁人也。古文奇字'人'也。象形。
孔子曰：'在人下，故詰屈。'"《汗簡》作丬（4·46）。《集韻》而
隣切。

瞻（zhān）膽（dǎn）：上之廉翻，視也。下丁感
翻，肝膽。

偏（piān）徧（biàn）：**上匹先翻，不正。下必篆翻，周帀。**

【釋證】

偏，《説文》人部：“偏，頗也。从人，扁聲。”段玉裁注：“頗，頭偏也。引伸爲凡偏之稱。”《廣韻》仙韻：“偏，不正也。芳連切。”《書·洪範》：“無偏無頗，遵王之義。”

徧，同“遍”。《説文》彳部：“徧，帀也。”

苛（kē）笴（gǎn/gě）：**上乎歌翻，毒草。下秆[1]、哿二音，箭也。**

【釋證】

苛，《説文》艸部：“苛，小艸也。从艸，可聲。”本義爲小草。《爾雅·釋言》“康，苛也”，邢昺疏：“苛者，毒草名，爲政刻急者取譬焉。”《廣韻》歌韻：“苛，政煩也。怒也。《説文》曰：‘小艸也。’胡歌切。”

笴，《廣韻》旱韻：“笴，箭笴。古旱切（gǎn）。”又哿韻：“笴，箭莖也。古我切（gě）。”唐段成式《酉陽雜俎·忠志》：“太宗虯鬚，嘗戲張弓掛矢，好用四羽大笴。”

幩（fén）憤（fèn）：**上扶云翻，幩飾。下房吻翻，怒也。**

【釋證】

幩，馬銜兩邊的綢條，用作裝飾，也用以扇去馬汗。《説文》巾部：“幩，馬纏鑣扇汗也。从巾，賁聲。《詩》曰：‘朱幩鑣鑣。’”

---

[1]　“秆”，原作“藁”，據澤存堂本改。“笴”字《廣韻》收秆、哿二音。上古“笴”與“藁”通，見《周禮》鄭玄注。

段玉裁注：“《衞風·碩人》曰‘朱幩儦儦’，傳曰：‘幩，飾也。人君以朱纏鑣扇汗，且以爲飾。儦儦，盛皃。’金部曰：‘鑣者，馬銜也。’以朱幓繀纏馬銜之上而垂之，可以因風扇汗，故謂之扇汗，亦名排沫。以其用幓也，故從巾。”

憤，《玉篇》心部：“憤，扶粉切。懣也。”即鬱結於心，憋悶。《後漢書·章帝紀》：“朕思遲直士，側席異聞，其先至者，各以發憤吐懣，略聞子大夫之志矣。”又指憤怒，怨恨。戰國楚宋玉《大言賦》：“壯士憤兮絶天維，北斗戾兮太山夷。”

禠（sī）褫（chǐ）：上音斯，福也。下丈尒翻，鞶帶三褫。

【釋證】

禠，《説文》示部：“禠，福也。”《文選》張衡《東京賦》：“馮相觀祲，祈禠禳災。”

褫，《説文》衣部：“褫，奪衣也。從衣，虒聲。讀若池。”奪衣，即脱衣。《易》訟卦“或錫之鞶帶，終朝三褫之”，李鼎祚集解引侯果曰：“褫，解也。”《文選》謝惠連《雪賦》“願低帷以昵枕，念解珮而褫紳”，李善注：“褫，奪衣也。”

紙（dī）紙（zhǐ）：上丁禮翻，絲滓。下之氏翻，繭紙。

【釋證】

紙，絲的渣滓。《説文》糸部：“紙，絲滓。從糸，氐聲。”段玉裁注：“滓者，澱也。因以爲凡物渣滓之稱。”

紙，《説文》糸部：“紙，絮一苫也。從糸，氏聲。”紙，本是在水中漂絮附著於筐上的絮渣，即前文所謂之“紙”。紙呈方形且平滑如砥，可用於書寫。受此啓發，古人用繭絲造紙，故稱繭

紙。《後漢書·蔡倫傳》:"自古書契多編以竹簡,其用縑帛者謂之
爲紙。縑貴而簡重,并不便於人。倫乃造意,用樹膚、麻頭及敝
布、魚網以爲紙。"

簞(dān) 薁(diǎn):上都干翻,簞食。下當殄翻,葶藶。

【釋證】

簞,盛飯的圓形竹器,有蓋。《説文》竹部:"簞,笥也。从
竹,單聲。《漢律令》:簞,小筐也。《傳》曰:'簞食壺漿。'"

薁,《説文》艸部:"薁,亭歷也。从艸,單聲。"《爾雅·釋草》
"薁,亭歷",郭璞注:"實、葉皆似芥。一名狗薺。"亭歷,字又作
"葶藶"。

擥(lǎn) 檻(jiàn):上力甘翻,撮持。下胡黯翻,欄也。

【釋證】

擥,同"擥、攬"。《玉篇》手部:"擥,持也。"

檻,《廣韻》檻韻:"檻,闌也。《説文》曰:'櫳也。一曰圈。'
胡黤切。"《楚辭·九歌·東君》"暾將出兮東方,照吾檻兮扶桑",
洪興祖補注:"檻,闌也。"

腎(shèn) 睍(xiàn):上石忍翻,水藏也。下胡簡翻,晚睍,無畏視。

【釋證】

睍,《説文》目部:"睍,大目也。从目,臤聲。"《玉篇》目部:
"䁖,亡限切,晚睍,目視皃。睍,音限,晚睍。"

暉（huī）　睴（gùn）：上火韋翻，日光。下胡本翻，視皃。

【釋證】

暉，《説文》日部：“暉，光也。”同“輝”。《易》未濟卦：“君子之光，其暉吉也。”

睴，《説文》目部：“睴，大目出也。從目，軍聲。”段玉裁注：“目本大而又出其目也。”即眼珠大而且突出貌。後轉義爲“視”。《廣韻》混韻：“睴，視皃。”

蚩（chī）　蠢（chǎn）：上赤之翻，蟲名；亦侮也。下丑善翻，蟲行，從屮。

【釋證】

蚩，《説文》虫部：“蚩，蟲也。從虫，之聲。”段玉裁注：“謂有蟲名蚩也。”《廣韻》之韻：“蚩，蟲名。亦輕侮。字從屮。赤之切。”《文選》張衡《西京賦》“爾乃商賈百族，裨販夫婦，鬻良雜苦，蚩眩邊鄙”，李善注：“《蒼頡篇》曰：‘蚩，侮也。’《廣雅》曰：‘眩，亂也。’”

蠢，《説文》虫部：“蠢，蟲曳行也。從虫，屮聲。讀若騁。”段玉裁注：“蠢，蟲申行也。各本作‘曳行’，以‘讀若騁’定之，則‘伸行’爲是，今正。許本無‘伸’字，衹作‘申’，故譌爲‘曳’也。”《玉篇》虫部：“蠢，丑善切。蟲伸行。”即蟲向前爬行。

緶（pián）　綆（gěng）：上邲連翻，縫也。下古杏翻，井索。

【釋證】

緶，《説文》糸部：“緶，交枲也。一曰緁衣也。從糸，便聲。”

段玉裁注："謂以枲二股交辮之也。交絲爲辮,交枲爲緶。"後引申爲"把兩條邊對合縫起來"。《玉篇》系部:"緶,婢連切。交枲縫衣也。"唐王建《宮詞一百首》之四七:"緶得紅羅手帕子,中心細畫一雙蟬。"

綆,汲水用的繩索。《説文》系部:"綆,汲井綆也。"《玉篇》系部:"綆,古杏切。汲繩也。繘也。"

箘(qūn) 菌(jùn):上苦筠翻,竹名;一曰桂。下渠殞翻,地蕈。

【釋證】

箘,《説文》竹部:"箘,箘簬也。从竹,囷聲。一曰博棊也。"《書·禹貢》"惟箘簵、楛,三邦底貢",蔡沈集傳:"箘簵,竹名。……蓋竹之堅者,其材中矢之笴。"箘桂,桂樹的一種。《文選》左思《蜀都賦》:"於是乎邛竹緣嶺,箘桂臨崖。"明李時珍《本草綱目·木一·箘桂》:"箘桂生交趾、桂林山谷巖崖間。無骨,正圓如竹,立秋采之。"

菌,《説文》艸部:"菌,地蕈也。从艸,囷聲。"《玉篇》艸部:"菌,奇隕切。地菌。"北魏賈思勰《齊民要術·素食》:"菌,一名地雞。口未開、内外全白者佳,其口開裏黑者臭不堪食。"

搒(péng) 榜(bǎng):上蒲庚翻,打也。下北朗翻,木片。

【釋證】

搒,《説文》手部:"搒,掩也。从手,旁聲。"《廣韻》庚韻:"搒,笞打。薄庚切。"《廣雅·釋詁》:"搒,擊也。"搒,篆文𢫾之隸定,今作"搒"。晉袁宏《後漢紀·明帝紀下》:"世祖謂倫曰:

'聞卿爲吏搒婦公，不過從兄飯，寧有之邪？'"《新唐書·楊炯傳》："至官，果以嚴酷稱，吏稍忤意，搒殺之。"

榜，《廣韻》蕩韻："榜，木片。 北朗切。"《正字通》木部："榜，俗'榜'字。"《南史·鄧琬傳》："攸之繕修船舸，板材不周，計無所出。會琬送五千片榜供胡軍用。"《資治通鑑·宋明帝泰始二年》"仲玉至南陵，載米三十萬斛，錢布數十舫，豎榜爲城"，胡三省注："榜，木片也。"

奘（zàng）　奘（zhuǎng）：上阻羊翻，健犬，出《説文》。下徂朗翻，大也。

【釋證】

奘，《説文》犬部："奘，妄彊犬也。从犬，从壯，壯亦聲。"

奘，《説文》大部："奘，駔大也。从大，从壯，壯亦聲。"《方言》卷一："秦晉之間，凡人之大謂之奘，或謂之壯。"

嫌（lián）　慊（qiǎn）：上力占翻，帷也。下苦忝翻，恨也。

【釋證】

嫌，《説文》巾部："嫌，帷也。"《玉篇》巾部："嫌，力沾切。帳也。施之户外也。"《新序·雜事》："隆冬烈寒，士短褐不完，四體不蔽，而君之臺觀帷嫌錦繡，隨風飄飄而弊。"

慊，《説文》心部："慊，疑也。从心，兼聲。"段玉裁注："疑者，惑也。故下文受之以'惑'。今字多作'嫌'。按女部'嫌'者：'不平於心也。一曰疑也。''不平於心'爲嫌之正義，則嫌疑字作'慊'爲正。今則'嫌'行而'慊'廢，且用'慊'爲'歉'，非是。"慊，本義爲"疑"，後轉義爲"恨"。《玉篇》心部："慊，切齒恨也。"《廣韻》忝韻:"慊,慊恨。苦簟切。"《淮南子·齊俗訓》"林類、榮啟期衣若縣衰而意不慊",高誘注:"慊,恨也。"《禮記·坊記》"使民富不足以驕,貧不至於約,貴不慊於上,故亂益亡",鄭玄注:"慊,恨,不滿之貌也。"

冤(yuān) 冕(miǎn):上於袁翻,枉也,屈也。下亡辯翻,冠冕。

【釋證】

冤,《説文》兔部:"冤,屈也。从兔,从冖。兔在冖下,不得走,益屈折也。"《漢書·息夫躬傳》"冤頸折翼,庸得往兮",顏師古注:"冤,屈也。"冤之本義爲"屈縮、不舒展",引申爲"冤屈"。《廣雅·釋言》:"冤,枉也。"《論衡·調時》:"無過而受罪,世謂之冤。"

冕,《玉篇》冃部:"冕,冠冕也。"《左傳·桓公二年》"袞、冕、黻、珽……昭其度也",杜預注:"冕,冠也。"孔穎達疏:"冕者,冠中之別號。"

鳺(guī) 雉(zhì):上居隨翻,鳥名。下直几翻,亦鳥名。

【釋證】

鳺,子規,又名杜鵑鳥。《玉篇》隹部:"鳺,子鳺,子鴂鳥。"

雉,《玉篇》隹部:"雉,直理切。野鷄也。"

麙(shēng) 麈(zhǔ):上所庚翻,獸,大如兔。下之庚翻,鹿屬。

【釋證】

麙,《玉篇》鹿部:"麙,所京切。獸似鹿。"《廣韻》庚韻:

“麠，所庚切。獸名，大如兔也。”

麠，《説文》鹿部：“麠，麖屬。从鹿，主聲。”《漢書·地理志下》“山多麠麖”，顔師古注：“麠似鹿而大。”

迂（qiān）迂（yū）：上與“阡”同，阡陌。下於武① 翻，遠也。

【釋證】

迂，迂迴，曲折。《説文》辵部：“迂，避也。”後引申爲“遠”。《荀子·榮辱》：“失之己，反之人，豈不迂乎哉！”

椑（bēi）捭（bǎi）：上半移翻，果，似柿而小。下北買翻，《鬼谷·捭闔篇》。

【釋證】

椑，《廣韻》支韻：“椑，木名，似枾。《荆州記》曰：‘宜都出大椑。’府移切。”晉潘岳《閑居賦》：“張公大谷之梨，梁侯烏椑之枾。”明李時珍《本草綱目·果二·椑枾》：“椑乃枾之小而卑者，故謂之椑。他枾至熟則黃赤，惟此雖熟亦青黑色，擣碎浸汁，謂之枾漆，可以染罾扇諸物，故有漆枾之名。”

捭，《廣雅·釋詁》：“捭，開也。”《鬼谷子·捭闔篇》：“捭闔者，以變動陰陽，四時開閉，以化萬物，……此天地陰陽之道，而説人之法也。”

貧（pín）貧②（shǎn）：上皮巾翻，乏財。下失冉

---

① “於武”，原作“武於”，澤存堂本亦作“武於”，誤。《廣韻》麌韻：“迂，曲迴皃。於武切。”據正。

② “貧”，原作“旮”，據澤存堂本改。

翻，蕃姓。

【釋證】

　　貧，《廣韻》琰韻：“貢，蕃姓。亦作‘貧’。失冉切。”

汍（wán）**氿**（guǐ）：上胡官翻，汍瀾，泣也。下九委翻，水醮也。

【釋證】

　　汍，《説文》水部新附：“汍，泣涙皃。从水，丸聲。胡官切。”《隸釋》漢金鄉長侯成碑：“號泣發哀，泣涕汍蘭。”《後漢書·馮衍傳》：“涙汍瀾而雨集兮，氣滂浡而雲披。”

　　氿，《説文》水部：“氿，水厓枯土也。从水，九聲。《爾雅》曰：‘水醮曰氿。’”《爾雅·釋水》：“氿泉穴出。穴出，仄出也。”郭璞注：“從旁出也。”《釋名·釋水》：“側出曰氿泉。氿，軌也，流狹而長如車軌也。”

沋（yóu）**沈**（shěn）：上于求翻，水名。下直林、士稔二翻。

【釋證】

　　沋，《説文》水部：“沋，水也。从水，尤聲。”《廣韻》尤韻：“沋，水名，在高密。羽求切。”

　　沈，《説文》水部：“沈，陵上滈水也。从水，尤聲。一曰濁默也。”《玉篇》水部：“沈，直林切，没也，濁也，止也。又式枕切，姓也。”

膮（xiāo）**皞**（hào）：上許腰翻，腫欲潰。下胡老翻，肝也。

【釋證】

腺，《玉篇》肉部：“腺，虛聊切。膝腺。”《廣韻》蕭韻：“腺，膝腺，腫欲潰也。許幺切。”

暤，《說文》日部：“暤，晧旰也。从日，皋聲。”《廣韻》晧韻：“暤，明也。旰也。曜也。亦太暤。又姓，本出武落鍾離山黑穴中者，見《蜀錄》。胡老切。”《正字通》日部：“暤，俗‘暤’字。”

昭（zhāo） 昭（chǎo）：上之遥翻，明也。下尺沼翻，弄人昭目。

【釋證】

昭，《說文》日部：“昭，日明也。从日，召聲。”《玉篇》日部：“昭，之遥切。明也。光也。見也。”《詩·大雅·既醉》：“君子萬年，介爾昭明。”

昭，用目光挑逗人。

攈（méi） 攈（jùn）：上莫悲翻，水荵名。下居殞翻，拾也。

【釋證】

攈，《廣韻》脂韻：“攈，水荵名也。武悲切。”《爾雅·釋草》“淩，蕨攈”，郭璞注：“淩，今水中芝。”“攈”字又訛作“檽”。《集韻》脂韻：“檽，水中芝也。《爾雅》：‘淩，蕨檽。’”

攈，同“捃”，拾取。《說文》手部：“攈，拾也。从手，麋聲。”《玉篇》《廣韻》均作居運切。

臉（liǎn） 瞼（jiǎn）：上七占翻，臞也。下己冉翻，目也。

【釋證】

臉，《玉篇》肉部：“臉，七廉切，臉膔。又力減切，臉臠。”膔，同“膔”。臉膔，一種羹類食品。《齊民要術·羹臛法》：“臉臠，用豬腸。經湯出，三寸斷之，決破，切細。”

瞼，《說文》目部新附：“瞼，目上下瞼也。从目，僉聲。”《玉篇》目部：“瞼，九儉切。眼瞼也。”《北史·姚僧垣傳》：“帝親戎東討，至河陰遇疾，口不能言，瞼垂覆目，不得視。”

沘（bǐ）泚（cǐ）：上㿃支翻，水名，在楚。下千禮翻，水清泚。

【釋證】

沘，《玉篇》水部：“沘，音比。水名。”《廣韻》脂韻：“沘，水名，在楚。房脂切。”

泚，《說文》水部：“泚，清也。从水，此聲。”《廣韻》薺韻：“泚，水清也。千禮切。”南朝齊謝朓《始出尚書省》：“邑里向疏蕪，寒流自清泚。”

仉（fàn）仉（zhǎng）：上符咸翻，輕也。下之兩翻，人姓。

【釋證】

仉，《方言》卷一〇：“仉，輕也。楚凡相輕薄謂之相仉。”《文選》左思《魏都賦》：“過以仉剽之單慧，歷執古之醇德。”

仉，《玉篇》人部：“仉，之養切。梁四公子姓也。”《廣韻》養韻：“仉，姓，梁公子仉啓後也。諸兩切。”

肪（fáng）肪（fǎng）：上扶良、甫王二翻，脂也。下方兩翻，明也。

【釋證】

肪，《説文》肉部：“肪，肥也。从肉，方聲。”段玉裁注：“‘肥’亦當作‘脂’。《通俗文》曰：‘脂在腰曰肪。’”三國魏曹丕《與鍾大理書》：“竊見玉書，稱美玉白如截肪。”唐張鷟《朝野僉載》卷二：“後誅易之、昌宗等，百姓臠割其肉，肥白如豬肪，煎炙而食。”

昉，《説文》日部新附：“昉，明也。从日，方聲。”《公羊傳·隱公二年》：“始不親迎，昉於此乎？”

徂（cú）伹（zǔ）：上才吾翻，往也。下才古翻，淺也。

【釋證】

徂，《説文》辵部：“㣪，往也。从辵，且聲。䢾，齊語。徂，㣪或从彳。”《爾雅·釋詁》：“徂，往也。”《詩·豳風·東山》“我徂東山，慆慆不歸”，鄭玄箋：“我往之東山，既久勞矣。”

伹，《説文》人部：“伹，拙也。”《廣韻》姥韻：“伹，淺也。伹古切。”“拙”與“淺”義近，唐李翱《與本使楊尚書請停修寺觀錢狀》：“拳拳下情，深所未曉，伏惟憫其拙淺，不惜教誨。”

㫃（chǎn）㫃（yǎn）：上知升、丑善二翻，旌旗杠。下於輦翻，旌旗皃。

【釋證】

㫃，《説文》丨部：“㫃，旌旗杠皃。从丨，从㫃，㫃亦聲。”段玉裁注：“杠謂旗之竿也。”

㫃，《説文》㫃部：“㫃，旌旗之游㫃蹇之皃。从中，曲而下，垂㫃相出入也。讀若偃。”即旌旗飛揚貌。

恒（héng）愃（xuān）：上户登翻，常也。下況晚翻，寬心。

【釋證】

恒，《説文》二部：“恒，常也。从心，从舟，在二之閒上下。”《孟子·梁惠王上》：“無恒産而有恒心者，惟士爲能。”另參“《中興書》舟在二閒爲舟”條釋證。

愃，《説文》心部：“愃，寬嫺心腹皃。从心，宣聲。”王筠釋例：“寬閑心腹，猶云心廣體胖。”

批（pī）捪（jǐ）：上匹迷翻，署也。下子禮、側買二翻，殺也。

【釋證】

批，本字應作“挋”。《説文》手部：“挋，反手擊也。从手，㲋聲。”《玉篇》手部：“挋，蒲結、普雞二切。反手擊也。《左氏傳》曰：挋而殺之。”又同部：“批，普迷切。擊也。”段玉裁認爲“批”是“挋”的俗字。批，中古轉義爲“批署、批示”。唐黃滔《寄獻梓橦山侯侍御》：“賜衣僧脱去，奏表主批還。”宋周煇《清波別志》卷下：“聖人出口爲敕，批出，誰敢違。”

銀（yín）錕（gǔn）：上語巾翻，白金。下古本翻，車轂。

【釋證】

錕，車釭。《方言》卷九：“車釭，齊燕海岱之間謂之鍋，或謂之錕。”

沅（yuán）沇（yǎn）：上魚袁翻，水名，在牂牁。下余準翻，水名。

【釋證】

沇,《説文》水部:"沇,水,出牂牁故且蘭,東北入江。"《玉篇》水部:"沇,牛袁切。水,出蜀郡。"《廣韻》元韻:"沇,水名,在象郡鐔淳城西。亦云在牂牁。愚袁切。"《楚辭·九章·涉江》:"乘舲船余上沇兮,齊吳榜以擊汰。"唐戴叔倫《過三閭廟》:"沇湘流不盡,屈子怨何深。"

沇,《説文》水部:"沇,水,出河東東垣王屋山,東爲沛。从水,允聲。沿,古文沇。以轉切。"《玉篇》惟沔切,《廣韻》以轉切,《集韻》兪水、以轉、庚準三切。

槍(qiāng)搶(qiǎng):上千羊翻,兵器。下千兩翻,頭搶地。

【釋證】

搶,《廣韻》養韻:"搶,頭搶地,見《史記》。初兩切。又七良、七養二切。"《戰國策·魏策》:"秦王曰:'布衣之怒,亦免冠徒跣以頭搶地爾。'"

坥(qū)坦(tǎn):上千如翻,益部謂螾場爲坥。下天版翻,平也。

【釋證】

坥,《説文》土部:"坥,益州部謂螾場曰坥。从土,且聲。"段玉裁注:"螾,丘蚓也。場,失羊切,俗作'塲',古作'壤'。"郭氏"益部",《説文》作"益州部",地名,梁、宋之間。螾場,即蚯蚓的糞便。《方言》卷六"坥,場也。螾場謂之坥",郭璞注:"螾,蚰蟺也。其糞名坥。"

斜(xié)斜(dǒu):上似嗟翻,曲也。下天口

翻，人姓，出《姓苑》。

【釋證】

斜，《説文》斗部：“斜，抒也。从斗，余聲。讀若荼。”段玉裁注：“斜，抒也。抒，各本从木，今正。手部曰：‘抒者，挹也。’‘挹者，抒也。’水部：‘浚，抒也。’革部：‘鞏，所以抒井也。’臼部：‘舀，抒臼也。’凡以斗挹出之謂之‘斜’，故字从斗。音轉義移，乃用爲‘衺’。俗人乃以人之衺正作‘邪’，物之衺正作‘斜’。”《玉篇》斗部：“斜，徐嗟切。抒也。散也。不正也。”《廣韻》麻韻：“衺，不正也。斜，上同。”唐韓愈《南山詩》：“或斜而不倚，或弛而不彀。”

桐（tóng）挏（dòng）：上徒公翻，木也。下達孔翻，《吕氏》“百官有挏捄”，捄，動也。

【釋證】

挏，《玉篇》手部：“挏，達孔切。《吕氏春秋》云：‘百官挏擾。’挏，動也。”今本《吕氏春秋》作“恫”，“恫”與“挏”通。《吕氏春秋·審分覽》“若此則百官恫擾，少長相越……此亡國之風也”，高誘注：“恫，動。擾，亂。”《佩觿》“捄，動也”，疑“捄”爲“挏”之訛。

莊（zhuāng）茻（mǔ）：上側霜翻，敬也，字從壯士之壯。下莫古翻，藥有知茻，字從牡丹之牡。

【釋證】

莊，《説文》茻部：“莊，上諱。”段玉裁注：“其説解當曰：‘茻大也。从茻，壯聲。’其次當在莿、蔪二字之間。此形聲兼會意字。‘壯’訓大，故‘莊’訓茻大。古書‘莊、壯’多通用。引伸爲凡壯盛精嚴之義。”《玉篇》茻部：“莊，阻陽切。草盛皃。又莊敬也。”《吕氏春秋·孝行覽》：“居處不莊，非孝也。”

柔（róu）柔（shù）：上如舟翻，和也，字從戈矛之矛。下石與翻，木也，字從我予之予。

【釋證】

柔，《説文》木部：“柔，木曲直也。從木，矛聲。”後引申爲“柔軟、柔和”義。《管子·四時》“柔風甘雨乃至”，尹知章注：“柔，和也。”

柔，《説文》木部：“柔，栭也。從木，予聲。讀若杼。”《玉篇》木部：“柔，時渚切。栭也。今爲杼。”柔，木名，今之所謂麻櫟，與機杼之“杼”不同。《詩·唐風·鴇羽》“肅肅鴇羽，集於苞栩”，毛傳：“栩，杼也。”朱熹集傳：“栩，柞櫟也。”《三國志·魏書·東夷傳》：“其山有丹，其木有柟、杼、豫樟。”

揮（dān）樿（shàn）：上徒干翻，觸也。《太玄經》云：“揮擊其名。”下音善，木名，可爲勺。

【釋證】

揮，《玉篇》手部：“揮，徒安切。觸也。《太玄經》云：遭逢并合，揮擊其名。揮，觸也。”揮擊，今本《太玄·玄數》作“揮繫”。“繫”與“擊”通。

樿，又名白理木。木質堅硬，紋白，可製梳、杓等物。《玉篇》木部：“樿，之善切。木名，白理者可爲櫛。”《廣韻》獮韻：“樿，木名。《禮記》用之爲杓。旨善切。”《禮記·禮器》“樿杓。此以素爲貴也”，孔穎達疏：“樿杓者，樿，白理木也，貴素，故用白理木爲杓。”《禮記·玉藻》“櫛用樿櫛，髮晞用象櫛”，孔穎達疏：“樿，白理木也。櫛，梳也。沐髮爲除垢膩，故用白理澀木以爲梳。”

椒（zōu）掫（zōu）：上子俟、蘇后二翻，薪也。下子俟翻，夜戍[1]守所擊也；亦色久翻，持物相著。

【釋證】

椒，《説文》木部："椒，木薪也。从木，取聲。"

掫，《説文》手部："掫，夜戒守，有所擊。"《玉篇》手部："掫，側九、子侯二切。行夜設火以備也。"《左傳·昭公二十年》"賓將掫，主人辭"，杜預注："掫，行夜。"《新唐書·趙昶傳》："昶夜掫師，疲而寢，如有神相之者。"

壬（rén）壬（tǐng）：上如林翻，北方干也，字中畫長。下他頂翻，人壬然而立也，从亻下土。

【釋證】

壬，天干的第九位，與地支相配用以記年、月、日。《説文》壬部："壬，位北方也。陰極陽生，故《易》曰：'龍戰于野。'"

壬，《説文》壬部："壬，善也。从人、士。士，事也。一曰：象物出地挺生也。……臣鉉等曰：'人在土上，壬然而立也。'"

氾（fán）汜（sì）：上音凡，水名，字从巳。巳，乎感翻。下詳里翻，亦水名，从辰巳之巳。

【釋證】

氾，古有兩氾水，其一在今河南省中牟縣南，久湮不存。《左傳·僖公三十年》"晉軍函陵，秦軍氾南"，楊伯峻注："氾音凡，水名。……在今中牟縣南。"其二在今山東省曹縣北，亦久湮不存。《史記·高祖本紀》"甲午，乃即皇帝位氾水之陽"，張守節正義引《括地志》："高祖即位壇在曹州濟陰縣界。張晏曰：'氾水

---

① "戍"，原作"戊"，據澤存堂本改。

在濟陰界,取其汜愛弘大而潤下。'"

汜,《廣韻》止韻:"汜,水名,在河南成皋縣。詳里切。"《荀子·儒效》"武王之誅紂也,行之日以兵忌,東面而迎太歲,至汜而泛,至懷而壞,至共頭而山隧",章詩同注:"汜,即河南汜水。"

扳(bān)板(bǎn):上布营翻,挽也。《公羊傳》曰:"扳隱而立。"下布綰翻,木板。

【釋證】

扳,《廣韻》删韻:"扳,挽也。《公羊傳》云:'扳隱而立。'又音攀。布還切。"又同韻:"攀,引也,普班切。扳,上同,又音班。"《公羊傳·隱公元年》"隱長又賢,諸大夫扳隱而立之",何休注:"扳,引也。"宋沈作喆《寓簡》卷五:"(楊文公)在翰苑日,有新幸近臣以邪説進者,意欲扳公入其黨中。"

朽(wū)朽(xiǔ):上乙孤翻,秦謂之朽,關東謂之椴。下虛久翻,腐也。

【釋證】

朽,詳見"朽朽"條釋證。

橑(lǎo)撩(liáo):上落蕭翻,蓋骨也;亦力道翻,檐前木。下音聊,取也。

【釋證】

橑,同"撩"。《説文》木部:"橑,椽也。从木,尞聲。"《廣韻》蕭韻:"橑,蓋骨。亦椽也。落蕭切。又力道切。"蓋骨,古代傘蓋的骨架。《淮南子·説林訓》:"蓋非橑不能蔽日,輪非輻不能追疾。"《大戴禮記·保傅》:"古之爲路車也,蓋圓以象天,二十八橑以象列星。"《楚辭·九歌·湘夫人》"桂棟兮蘭橑,辛夷楣兮藥房",王夫之通釋:"橑,音老。桷也。今謂之椽。"晉葛洪《抱朴子·務正》:"大廈凌霄,賴群橑之積。"

撩,同"撩"。《玉篇》手部:"撩,力條切。手取物。"《北齊書·陸法和傳》:"凡人取果,宜待熟時,不撩自落。"隋煬帝《鳳艒歌》:"意欲垂鈎往撩取,恐是蛟龍還復休。"又《廣韻》篠韻:"撩(liǎo),抉也。盧鳥切。又力凋切。"宋蘇軾《申三省起請開湖六條狀》:"蓋西湖水淺,葑葑壯猛,雖盡力開撩,而三二年間,人工不繼,則隨手葑合,與不開同。"宋吳自牧《夢粱録·井泉》:"杭城內外,民物阜蕃,列朝帥臣,常命工開撩井泉,以濟邦民之汲。"

窘(qún)窘(jiǒng):上居云翻,屋皃,一曰与"困"同,亦与"羣"同。下渠殞翻,迫急。

【釋證】

窘,《説文》宀部:"窘,羣居也。从宀,君聲。"徐鍇繫傳:"窘,古亦借'麇'字爲之也。"郭氏"一曰与'困'同,亦与'羣'同",蓋古書"窘"與"困、羣"通假。《趙正書》:"今道遠而詔期窘臣,恐大臣之有謀,請立子胡亥爲代後。""窘"通"羣","窘臣"即"羣臣"。

窘,《説文》穴部:"窘,迫也。"《楚辭·離騷》"何桀紂之猖披兮,夫唯捷徑以窘步",王逸注:"窘,急也。"《史記·游俠列傳》:"適有天幸,窘急常得脱,若遇赦。"

巂(guī)巂(xī):上胡圭翻,似馬,一角;又均暌翻,子巂鳥。下息委翻,越巂郡。

【釋證】

雟,《説文》隹部:"雟,周,燕也。从隹,中象其冠也,冎聲。一曰:蜀王望帝,婬其相妻,慙亡去,爲子雟鳥。故蜀人聞子雟鳴,皆起云'望帝'。"段玉裁注:"各本'周'上無'雟',此淺人不得其句讀,删複舉之字也。《釋鳥》雟周,燕;燕,鳦。孫炎、舍人皆云:'一物三名。'郭景純、陸德明誤讀《説文》,滅去'一曰'二字,乃以'子雟'釋'雟周'矣。雟周、子雟異物而同字。《文選·七命》'鷰髀猩脣',李云:'《吕氏春秋》曰:肉之美者,雟燕之髀。'此燕名雟周之證。今《本味篇》不同。户圭切。十六部。按:冎聲在十五部,合韵也。《曲禮》'立視五雟',借爲規字。漢之越雟即此字,音髓。或以作'巂'别之,誤。……子雟亦曰子規,即杜鵑也。人化爲鳥,固或然之事,而常璩曰:'有王曰杜宇,號曰望帝。其相開明,决玉壘山以除水害。遂禪位於開明,升西山隱焉。時適二月,子鵑鳥鳴,故蜀人悲子鵑鳥鳴也。'説略同楊雄《蜀王本紀》。"郭氏所謂"似馬,一角",《爾雅·釋獸》"騱,如馬,一角,不角者騏",郭璞注:"元康八年,九真郡獵得一獸,大如馬,一角,角如鹿茸。此即騱也。今深山中人時或見之。"《廣韻》齊韻:"酅(xī),地名,在東平。"《春秋·莊公三年》"秋,紀季以酅入於齊",杜預注:"酅,紀邑,在齊國東安平縣。"楊伯峻注:"在今山東省臨淄鎮東,與壽光縣相近。"《史記·田敬仲完世家》"割齊自安平以東至琅邪",張守節正義引《括地志》:"安平城在青州臨淄縣東十九里,古紀國之酅邑。"

巂,《集韻》紙韻:"巂、巂,越巂郡名。或作'巂'。"

"雟、巂"爲一字之異體。

裯(dāo/chóu) 裯(dǎo):上丁牢翻,祇裯。祇,

丁兮翻。短衣。又直留翻，衾也。下丁老翻，馬祭。

【釋證】

裯，《説文》衣部："裯，衣袂袛裯。从衣，周聲。"《玉篇》衣部："裯，丁勞切。袛裯。"《方言》卷四："汗襦，自關而西或謂之袛裯。"《楚辭·九辯》"被荷裯之晏晏兮，然潢洋而不可帶"，王逸注："裯，袛裯也，若襜褕矣。"袛裯，襜褕，即短衣。《玉篇》衣部："裯，又丈流切。禪被也。牀帳也。"泛指衾被。《詩·召南·小星》"肅肅宵征，抱衾與裯"，毛傳："衾，被也。裯，禪被也。"晉潘岳《寡婦賦》："歸空館而自憐兮，撫衾裯以歎息。"

禂，《説文》示部："禂，禱牲馬祭也。从示，周聲。《詩》曰：'既禡既禂。'騆，或从馬，壽省聲。"《周禮·春官·甸祝》"禂牲禂馬"，鄭玄注："禂，禱也。爲馬禱無疾，爲田禱多獲禽牲。"即爲牲畜肥壯而祈禱。

杺（yóu）枕（zhěn）：上于求翻，木名。下直揕翻，繫牛弋；又之甚、州禁二翻，所以承首也。

【釋證】

杺，《玉篇》木部："杺，于牛切。木名。"《字彙》木部："杺，木名。樟屬。"《太平御覽》卷九六〇引《交州記》："杺，赤色，堪作舩、作牀。"

枕，《説文》木部："枕，卧所薦首也。"即枕頭。《詩·陳風·澤陂》："有美一人，碩大且儼。寤寐無爲，輾轉伏枕。"《廣韻》侵韻："枕，繫牛杙也。"拴牛的木樁。又寝韻："枕，枕席。又姓，出下邳。章荏切。又之賃切。"又沁韻："枕，枕頭也。《論語》曰：'飲水，曲肱而枕之。'之任切。又之稔切。"

　　掊（póu）棓（bàng）：**上薄侯翻，古《易》曰："君子掊多益寡。"又《礼》曰："污尊而掊飲。"下步項翻，《史》曰："白棓以戰也。"**

【釋證】

　　掊，《廣雅·釋詁》："掊，減也。"《玉篇》手部："掊，蒲溝切。把也。《易》曰：'君子以掊多益寡。'掊猶減也。本亦作'裒'。""掊"與"抔"通。《玉篇》手部："抔，步侯切。手掬物也。"《禮記·禮運》"汙尊而抔飲"，鄭玄注："抔飲，手掬之也。"另參"杯抔"條釋證。

　　棓，《說文》木部："棓，梲也。从木，音聲。"段玉裁注："棓、棒，正俗字。"《玉篇》木部："桙，步項切，杖也。棒，同上。棓，同上。"《淮南子·詮言訓》"王子慶忌死於劍，羿死於桃棓"，高誘注："棓，大杖。"《新唐書·李嗣業傳》："常爲先鋒，以巨棓笞闞，賊值，類崩潰。"

　　謟（tāo）諂（chǎn）：**上土高翻，字从舀。舀，弋沼翻。下丑冉翻，字从臽。臽，胡減翻。**

【釋證】

　　謟，《爾雅·釋詁》："謟，疑也。"《左傳·昭公二十六年》："天道不謟，不貳其命，若之何禳之？"《宋書·文帝紀》："天道所以不謟，卜世所以靈長。"

　　諂，《說文》言部："讇，諛也。从言，閻聲。諂，讇或省。"《易·繫辭下》："君子上交不諂，下交不瀆。"唐韓愈《與鳳翔邢尚書書》："是故布衣之士雖甚賤而不諂，王公大人雖甚貴而不驕。"

祇（qí） 秖（zhī） 柢（dǐ）：上翹支翻，神祇。中章移翻，適也。下丁禮翻，本也。

【釋證】

祇，《説文》示部："祇，地祇，提出萬物者也。从示，氏聲。"《玉篇》示部："祇，巨支切。地之神也。"

秖，《玉篇》禾部："秖，竹尸切。穀始熟也。"从氏與从氐之字常混，故字又作"秖"。《廣韻》脂韻："秖，穀始熟也。丁尼切。"《集韻》支韻："祇、秖，適也。或从禾。章移切。"《國語·晉語五》"病若未死，祇以解志"，韋昭注："祇，適也。"《史記·項羽本紀》："雖殺之無益，祇益禍耳！"

柢，《説文》木部："柢，木根也。从木，氏聲。"朱駿聲通訓定聲："蔓根爲根，直根爲柢。"《廣韻》薺韻："柢，本也。根也。都禮切。"《老子》："是謂深根固柢，長生久視之道也。"《文選》張衡《西京賦》："流長則難竭，柢深則難朽。"宋陸游《秋夜遣懷》："心如秋燕不安巢，迹似春萍本無柢。"

抄（chāo） 秒（miǎo） 杪（miǎo）：上初交翻，抄録，亦初教翻。中下竝彌小翻，中禾芒，下末也。

【釋證】

秒，《説文》禾部："秒，禾芒也。"引申爲"細小"，《新唐書·蔣欽緒傳》："欽緒精治道，馭吏整嚴，雖銖秒罪不貸。"

杪，《廣雅·釋詁》："杪，末也。"《禮記·王制》："冢宰制國用，必於歲之杪。"

几（shū） 凡（fán） 几（jī）：上市朱翻，鳥羽也。中梵字平聲，皆也，作"凣"，訛。下居水翻，案屬。

【釋證】

几,《説文》几部:"几,鳥之短羽飛几几也。象形。讀若殊。"即短羽鳥飛貌。

凡,《廣雅·釋詁》:"凡,皆也。"《干禄字書》:"几、凡,上俗,下正。"《三國志·魏書·華佗傳》:"佗之絕技,凡此類也。"

毌(guàn) 毋(wú) 母(mǔ):上古丸①翻,穿物也。中武扶翻,禁止之辭。下莫厚翻,父母。

【釋證】

毌,《説文》毌部:"毌,穿物持之也。从一横貫,象寶貨之形。讀若冠。"毌,"貫"之初文。《墨子·備城門》:"疏束樹木,令足以爲柴搏,毌前面樹,長丈七尺一,以爲外面。"

栞(kān) 栞(kān) 棤(jiǎn):上中竝口干翻,皆《夏書》"隨山栞木"字。下工笘翻,小束也。

【釋證】

栞,《説文》木部:"栞,槎識也。从木、㓞。闕。《夏書》曰:'隨山栞木。'讀若刊。栞,篆文从开。"栞、栞,古"刊"字。《廣韻》寒韻:"栞,槎木也。苦寒切。栞,上同。"《漢書·地理志上》引《書·禹貢》"禹敷土,隨山栞木,奠高山大川",顔師古注:"栞,古'刊'字也。"今本《書·禹貢》作"刊"。

棤,《説文》束部:"棤,小束也。从束,开聲。讀若繭。"《齊民要術·種麻》:"勃如灰便收。棤欲小,穊欲薄,一宿輒翻之。"

晞(xī) 睎(xī) 㣊(xìn):上中竝向衣翻,上日

---

① "丸",原作"九",據澤存堂本改。

氣乾,中視也。下希臀翻,腫起。

【釋證】

晞,《説文》日部:"晞,乾也。"《詩·秦風·蒹葭》:"蒹葭淒淒,白露未晞。"

睎,《説文》目部:"睎,望也。"《文選》班固《西都賦》:"於是睎秦嶺,睋北阜。"

西(xī) 襾(yà) 酉(yǒu):上先兮翻,金方。中火下翻,上下相蒙。下羊久翻,卯酉。

【釋證】

西,《玉篇》西部:"西,先兮切。方名。"金方,即西方。唐王勃《晚秋游武擔山寺序》:"于時金方啟序,玉律驚秋。"

襾,《説文》襾部:"襾,覆也。从冂,上下覆之。凡襾之屬皆从襾,讀若晉。"《廣韻》馬韻:"襾,《説文》曰:'覆也。'覆、覈、賈類皆從此。許下切。"又禡韻:"襾,覆也。覆、覈、罨、賈從此。衣嫁切。""襾"訛作"襾"。

邛(qióng) 卭(jié) 卬(áng):上其恭翻,蜀地。中五禾翻,木節。下五郎翻,又宜兩翻,高望也。

膮(xiāo) 䁌(kōu) 曉(xiǎo):上許堯翻,豕羹①膮也。中烏矦、苦矦二翻,深目也。下呼了翻,明白也。又作"曉",从日者明。

【釋證】

膮,豬肉羹。《説文》肉部:"膮,豕肉羹也。从肉,堯聲。"

---

① "羹",原作"美",據澤存堂本改。

《禮記·內則》“膳、膮、臐、膮”，陸德明釋文：“(膮)豕膲也。《字林》云：豕羹也。”《隋書·音樂志下》：“鹽梅既濟，鼎鉉調。特以膚腊，加臐膮。”

曉，《玉篇》目部：“曉，烏侯、口侯二切。深目兒。”《集韻》或作“䁖、眗、睮、眗”。

皛，《說文》白部：“皛，日之白也。從白，堯聲。”又日部：“曉，明也。從日，堯聲。”“皛、曉”形音義皆近，常混同。《玉篇》白部：“皛，火了切。明也。日白也。”或以爲“皛、曉”本爲一字。清俞樾《兒笘錄》：“樾謂曉、皛一字，曉即皛之俗體也。凡從日之字，俗或從白。”

疧（qí）底（dǐ）厎（dǐ）：上巨支翻，病也。中丁禮翻，下也。下音指，致也。

【釋證】

疧，《說文》疒部：“疧，病也。從疒，氏聲。”《爾雅·釋詁》“疧，病也”，陸德明釋文引孫炎云：“滯之病也。”《詩·小雅·白華》“之子之遠，俾我疧兮”，毛傳：“疧，病也。”鄭玄箋：“王之遠外我，欲使我困病。”

底，《玉篇》广部：“底，丁禮切。止也。滯也。下也。”《廣韻》薺韻：“底，下也。止也。作‘厎’非也。都禮切。”《文選》宋玉《高唐賦》：“俯視崢嶸，窒寥窈冥；不見其底，虛聞松聲。”

厎，舊讀 zhǐ。《說文》厂部：“厎，柔石也。從厂，氏聲。砥，厎或從石。”本義爲質細的磨刀石。段玉裁注：“按：厎者，‘砥’之正字，後人乃謂‘砥’爲正字。‘厎’與‘砥’異用，强爲分別之過也。‘厎’之引伸之義爲致也，至也，平也。……按此字從氏聲，俗從氏，誤也。古音氏聲在十六部，氏聲在十五部，不容稍誤,唐以來知此者鮮矣。《五經文字》石刻譌作'厎',少一畫,不可從。顧亭林與潘次耕書分別'厎、底'不同義,不知古無從氏之'厎'。'厎'與'底'爭首筆之有無,末筆則從同也。'厎'與'底'音義均別。"《玉篇》厂部:"厎,之視切。致也。至也。均也。平也。又石聲。"《文選》潘岳《秋興賦》:"行投趾於容迹兮,殆不踐而獲厎。"《新唐書·李逢吉元稹等傳贊》:"幸主屠昏,不厎於戮,治世之罪人歟?""厎"釋爲"致",五代後周的常用義,非本義。

批(pī) 枇(pí/bǐ):上匹迷翻,批署。下芘脂翻,枇杷;亦卑水翻,所以載生體。

【釋證】

枇,《説文》木部:"枇,枇杷,木也。从木,比聲。"枇,通"匕",古代一種取食的長柄淺斗器具。《禮記·雜記上》"枇以桑",鄭玄注:"枇,所以載牲體者。此謂喪祭也,吉祭枇用棘。"孔穎達疏:"枇者,所以載牲體,從鑊以枇升入於鼎,從鼎以枇載之於俎。"即古代祭祀用的大木匙,喪祭用桑枇,吉祭用棘枇。

審(pān) 審(shěn):上蒲官翻,出《莊子》。下尸荏翻,詳也。

【釋證】

審,《字彙補》穴部:"審,《六書索隱》曰:'審,水洄也。'通作'潘'。《莊子》:'止水之審爲淵。'與'審'不同,今本皆誤爲'審'也。"《莊子·應帝王》"止水之審爲淵",陸德明釋文:"崔本作'潘',云:'回流所鍾之域也。'"

延(zhēng) 迆(xǐ):上古"征"字,延行也。下

息子翻，遷也，今作"徙"，訛。

【釋證】

　　逛，《説文》辵部："迳，正行也。从辵，正聲。征，迳或从彳。"古文字作𧼂（《合》31791）、𢖑（《集成》4131 利簋）、𧾷（《集成》2840 中山王𧾷鼎）、𢓊（帛丙 1.4），从彳，正聲。

　　述，古文字作𧿹（《合》16301）、𢓊（《集成》6633 徙觚），从彳，从二止。所从之彳與下部之止相結合而成"辵"，字作𢓊（《睡·秦》162）。《説文》辵部："徙，迻也。从辵、止。"辵或進一步省簡作"辶"，字遂作"述"。《玉篇》辵部："述，斯子切。移也。今作'徙'。"《正字通》辵部："述，同'徙'。"徙，《説文》或體作"征"，古文作"屧"。

　　廆（guī）**麈**（zhǔ）：**上古攜翻，下之庾翻，竝鹿属。**

　　勭（tóng）**動**（dòng）：**上亭東翻，未成人，出王存乂《切韻》。下特董翻，運動。**

【釋證】

　　勭、動，爲一字之異體。"童"與"重"古書多通用，作爲聲符亦多通用。婁壽碑"固不勭心"，"勭心"即"動心"。毛公鼎"虩許上下若否，𢓊四方死母（毋）童"，"童"與"重"通。《禮記·檀弓下》"與其鄰重汪踦往"，鄭玄注："重皆當爲童。"又銀雀山竹簡"將吏士卒，童静如身"，"童静"即"動静"。馬王堆帛書《老子》乙本《德經》"生之〔徒十有三，死〕之徒十又（有）三，而民生生，僮皆之死地十有三"，甲本"僮"作"動"，傅奕本作"而民之生生而動，動皆之死地亦十有三"，通行本亦作"動"。

又銀雀山竹簡《定心固氣》:"心不僮,氣不侈(移)。實者口定,气固也;虛者心㥾(怵)惕。"

《禮記·雜記》"稱陽童某甫",鄭玄注:"童,未成人之稱也。"《詩·鄘風·芄蘭》序"芄蘭,刺惠公也",鄭玄箋:"惠公以幼童即位。"孔穎達疏:"童者,未成人之稱。"童,字又作"僮"。

郭氏所謂"勭,上亭東翻,未成人,出王存乂《切韻》",蓋傳抄古文中"勭"常假作"童"。黃錫全《汗簡注釋》:"王存乂《切韻》爲唐人所撰《切韻》之一種。據《佩觿》及《廣川書跋》所記,此書當是一部據流傳之'古文'和有關典籍校正陸氏《切韻》,并對唐以前諸家《切韻》有所删除,且另有增字之專著。書中著重記述了王存乂對《切韻》的看法。"

蘧(qú)簴(jù):上其魚翻,菜,似蘇。下其魚、其呂二翻,牛笒也。

【釋證】

蘧,《説文》艸部:"蘧,菜也,似蘇者。从艸,遽聲。"《玉篇》艸部:"蘧,渠與切。今之苦蘧,江東呼爲苦蕒。又音渠。"

簴,《説文》竹部:"簴,飲牛筐也。从竹,虡聲。方曰筐,圜曰簴。"《廣韻》語韻:"簴,飤牛筐。居許切。又强魚切。"

軝(qí)軧(dǐ):上具移、及宜二翻,長轂之軝,以朱約之,《詩》曰:"約軝錯衡。"下丁禮翻,大車後也。

【釋證】

軝,車轂上的裝飾。《説文》車部:"軝,長轂之軝也。以朱約之。从車,氏聲。《詩》曰:'約軝錯衡。'軝,軝或从革。"

《詩·小雅·采芑》"方叔率止，約軝錯衡，八鸞瑲瑲"，毛傳："軝，長轂之軝也，朱而約之。"孔穎達疏："言'朱而約之'，謂以朱色纏束車轂以爲飾。"

軝，《説文》車部："軝，大車後也。从車，氐聲。"段玉裁注："大車以載任器，牝負長八尺，謂較也。其後必崇，其闌與三面等，非若小車之後也，故曰軝。軝之言底也。"

平聲去聲相對

揀(dōng) 楝(dòng)：上都公翻，揀打。下都弄翻，屋棟也。
【釋證】

揀，《玉篇》手部："揀，都籠切。打也。"

棟，房屋的正梁。《説文》木部："棟，極也。从木，東聲。"《廣韻》送韻："棟，屋棟。《爾雅》曰：'棟謂之桴。'多貢切。"

畀(bēi) 畁(bì)：上必支翻，尊畀也。下必寐翻，与也。
【釋證】

畀，《説文》丿部："畀，賤也。執事也。从丿、甲。"《玉篇》丿部："畀，補支切。下也。《易》曰：'天尊地畀。'"

畁，《説文》丌部："畁，相付與之。約在閣上也。从丌，由聲。"《爾雅·釋詁》："畁，予也。"《玉篇》丌部："畁，必未切。賜也。與也。相付也。"《書·洪範》"帝乃震怒，不畁洪範九疇"，孔安國傳："畁，與。"

梧（wú）捂（wù）：上五胡翻，梧桐。下五故翻，受也。

【釋證】

　　捂，《儀禮·既夕禮》“若無器，則捂受之”，鄭玄注：“謂對相授，不委地。”賈公彦疏：“捂即逆也，對面相逢受也。”

林（lín）㭌（pài）：上力深翻，山林。下匹債翻，麻紵①。

【釋證】

　　㭌，《説文》㭌部：“㭌，葩之總名也。”小篆作 ，隸定作“㭌”，又或隸省作“林”，遂與“林”字形近。《玉篇》㭌部：“㭌，匹賣切。《説文》曰：‘葩之總名也。’今作‘林’，亦与‘麻’同。”段玉裁注：“‘林、微’音相近。《春秋説題辭》曰：‘麻之爲言微也。’‘林、麻’古蓋同字。”

梯（tī）捑（tì）：上他兮翻，梯蹬。下他弟翻，去淚。

【釋證】

　　梯，《説文》木部：“梯，木階也。从木，弟聲。”《龍龕手鑑》木部：“梯，磴也。”《玉篇》石部：“磴，巖磴。”梯，木階。磴，巖階。“梯、磴”同義，梯磴即指階梯。唐盧仝《月蝕詩》：“上天不爲臣立梯磴，臣血肉身，無由飛上天，揚天光。”郭氏將“梯磴”寫作“梯蹬”，疑爲俗寫。

　　捑，《玉篇》手部：“捑，他弟切。去涕淚。”捑，又作“鼻”，从鼻。

---

① “紵”，原作“紓”，據澤存堂本改。

擕（xié）**檇**（zuì）：上乎泥翻，提擕。下子遂翻，檇里，地名。

【釋證】

擕，《説文》手部：“擕，提也。从手，雟聲。”“提、擕”同義。宋陸游《小市》：“暫憩軒窗仍汎掃，遠遊書劍亦提擕。”

檇，《春秋·定公十四年》“五月，於越敗吴于檇李”，杜預注：“檇李，吴郡嘉興縣南醉李城。”檇李，又寫作“醉李、雋李、檇里”等。

棑（bèi）**排**（pái）：上皮拜翻，船頭。下皮皆翻，排比。

【釋證】

排，《説文》手部：“排，擠也。从手，非聲。”《廣韻》皆韻：“排，推排。步皆切。”中古引申爲“排列、安排”義。北魏賈思勰《齊民要術·雜説》：“至十二月内，即須排比農具使足。”五代王定保《唐摭言·雜文》：“公聞之，即處分所司，排比迎新使。”排比，又寫作“排批”。《敦煌變文集·伍子胥變文》：“排批舟船，横軍渡水。”

櫰（huái）**壞**（huài）：上音懷，木，大葉而黑。下工壞翻，毁也。

【釋證】

櫰，槐之别名。《爾雅·釋木》：“櫰，槐大葉而黑。”

壞，《集韻》怪韻：“壞、壞、𢿛、𪐈，毁也。或从手，从攴。古作‘𪐈’。”《説文》土部：“壞，敗也。”段玉裁注：“敗者，毁也。”

泒（gū）**派**（pài）：上音孤，水名。下匹賣翻，水源。

【釋證】

沠，《説文》水部：“沠，水，起鴈門葰人戍夫山，東北入海。从水，瓜聲。”

派，《説文》水部：“派，別水也。从水，从𠂢，𠂢亦聲。”即水的支流。

搥（chuí）槌（zhuì）：上直追翻，擊也。下丈媿翻，蠶槌。

【釋證】

搥，一音 chuí。《字彙》手部：“搥，擊也。”《後漢書·袁紹傳》“馥自懷猜懼，辭紹索去”，李賢注引王粲《英雄記》：“（朱漢）收得馥大兒，搥折兩脚。”唐孟郊《寒地百姓吟》：“高堂搥鐘飲，到曉聞烹炮。”搥，又音 duī。《玉篇》手部：“搥，丁回切。摘也。”《廣韻》灰韻：“搥，摘也。都回切。”按：《篇》《韻》所謂之“摘”，當爲“擿”，投擲。《廣雅·釋詁》：“搥，擿也。”

槌，《説文》木部：“槌，關東謂之槌，關西謂之持。从木，追聲。”徐鍇繫傳：“今江淮謂之槌，此則架蠶薄之木也。”《玉篇》木部：“槌，紂愧切。植也。蠶槌也。”北魏賈思勰《齊民要術·種桑柘》：“老時值雨者，則壞繭，宜於屋裏簇之，薄布薪於箔上，散蠶訖，又薄以薪覆之，一槌得安十箔。”

檳（bīn）擯（bìn）：上必人翻，檳榔。下必刃翻，擯斥。

【釋證】

擯，《玉篇》手部：“擯，卑振切。相排斥也。”《戰國策·趙策》：

"六國從親以擯秦,秦必不敢出兵於函谷關以害山東矣。"《後漢書·趙壹傳》:"恃才倨傲,爲鄉黨所擯。"

栙(qiāng) 控(kòng):上口江翻,木,虛心。下苦貢翻,引也。

【釋證】

栙,《説文》木部:"栙,枧樂也。从木,空聲。"枧,古代打擊樂器,形如木桶,中空。《禮記·樂記》"然後聖人作爲鞀、鼓、栙、楬、壎、篪,此六者,德音之音也",鄭玄注:"栙、楬,謂枧、敔也。"

控,《説文》手部:"控,引也。"段玉裁注:"引者,開弓也。"《史記·匈奴列傳》:"控弦之士三十餘萬。"唐岑參《白雪歌送武判官歸京》:"將軍角弓不得控,都護鐵衣冷難著。"

援(yuán) 楥(xuàn):上音袁,援引。下火願翻,履法。

【釋證】

援,《説文》手部:"援,引也。从手,爰聲。"《左傳·襄公二十三年》:"右撫劍,左援帶,命驅之出。"《三國志·魏書·臧洪傳》:"重獲來命,援引古今,紛紜六紙,雖欲不言,焉得已哉。"

楥,《説文》木部:"楥,履法也。从木,爰聲。讀若指撝。"徐鍇繫傳:"楥,織履中模範也,故曰法。"段玉裁注:"今鞋店之楦也。楥、楦,正俗字。"宋吳自牧《夢粱録·諸色雜貨》:"家生動事如桌、櫈、涼牀、交椅……油杆杖、楉轆、鞋楦、棒槌。"

橎(fán) 播(bō):上甫爰翻,堅木。下北卧翻,播種也。

【釋證】

橎，《説文》木部："橎，木也。从木，番聲。讀若樊。"《集韻》元韻："橎，堅木不華而實。孚袁切。"

繇（yáo）繇（zhòu）：上余幺翻，皋繇。下音胄，卜兆辞。

【釋證】

繇，皋繇，亦作"皋繇、皋陶、皋陶"，傳説中虞舜時的法官。《書·舜典》："帝曰：'皋陶，蠻夷猾夏，寇賊姦宄，汝作士。'"《論語·顏淵》："舜有天下，選於衆，舉皋陶，不仁者遠矣。"《荀子·非相》："皋陶之狀，色如削瓜。"

窌（liáo）窌（liù）：上力交翻，深空皃。下力救翻，石窌，地名。

【釋證】

窌，《廣韻》肴韻："窌，深空之皃。 力嘲切。"《文選》馬融《長笛賦》"寥窌巧老，港洞坑谷"，李善注："寥窌巧老，深空之貌。"

窌，石窌，地名。《篇》《韻》該義字均作"窌"。《玉篇》穴部："窌，普孝切，穿也，窖也，藏也。又力救切，地名。"《廣韻》宥韻："窌，地名。《左傳》云：'與之石窌之田。'力救切。"《左傳·成公二年》"齊侯以爲有禮。既而問之，辟司徒之妻也，予之石窌"，杜預注："石窌，邑名。"後泛指封地。唐張説《贈吏部尚書蕭公神道碑》："封其石窌，俾承土宇之榮；表以金章，永閟珩璜之飾。"

揎（xuān）楥（xuàn）：上音宣，揎手。下許愿

翻，木楦。

【釋證】

揎，《玉篇》手部：“揎，息全切。捎也。”《廣韻》仙韻：“揎，手發衣也。須緣切。”即捋起袖子露出手臂。唐王建《搗衣曲》：“婦姑相對神力生，雙揎白腕調杵聲。”宋蘇軾《四時詞》之二：“玉腕半揎雲碧袖，樓前知有斷腸人。”

楦，做鞋用的模型，同“楥”。詳參“楥楥”條釋證。

汗（qiān）汗（hàn）：上七賢翻，水名。下胡幹翻，液汗。

【釋證】

汗，《説文》水部：“汗，水也。从水，千聲。”

槵（xuán）擐（huàn）：上辭緣翻，圜案。下音卝，擐甲。

【釋證】

槵，古代有足的圓形食物托盤。《説文》木部：“槵，圜案也。从木，睘聲。”

擐，《説文》手部：“擐，貫也。从手，睘聲。”《左傳·成公二年》：“擐甲執兵，固即死也。”

傳（chuán）傅（fù）：上呈專翻，傳受。下方遇翻，人姓。

杭（háng）抗（kàng）：上户剛翻，杭州。下苦浪翻，抗舉。

【釋證】

抗,《廣雅·釋詁》:"抗,舉也。"《詩·小雅·賓之初筵》:"大侯既抗,弓矢斯張。"《儀禮·既夕禮》"甸人抗重出自道,道左倚之",鄭玄注:"抗,舉也。"

快(yáng) 怏(yàng):**上衣良翻,怏也。下英養翻,悵怏。**

清(qīng) 凊(qìng):**上七經翻,清濁。下千定翻,溫凊。**

【釋證】

凊,《説文》仌部:"凊,寒也。从仌,青聲。"《玉篇》冫部:"凊,七性切。寒也。冷也。"《禮記·曲禮上》"凡爲人子之禮,冬溫而夏凊,昏定而晨省",陸德明釋文:"凊,七性反。字从冫,冰冷也。本或作水旁,非也。"唐柳宗元《天對》:"凊溫燠寒,迭出于時。"

幧(jiān) 懺(chàn):**上子廉翻,幧拭也。下叉鑒翻,懺悔。**

【釋證】

幧,《説文》巾部:"幧,拭也。从巾,韱聲。"段玉裁注:"其義少見。"

吞(tūn) 吞(guì):**上土根翻,嚥也。下古惠翻,人姓。**

【釋證】

吞,《説文》口部:"吞,咽也。从口,天聲。"《莊子·庚桑楚》:"吞舟之魚,碭而失水,則蟻能苦之。"嚥(yàn),《玉篇》口部："嚥,吞也。亦作'咽'。"《正字通》口部："嚥,俗'咽'字。"
漢王充《論衡·效力》："淵中之魚,遞相吞食,度口所能容,然後
嚥之。"

　　吞,《廣韻》霽韻："桂,……又姓,後漢太尉《陳球碑》有城
陽炅橫,漢末被誅,有四子:一守墳墓,姓炅;一子避難居徐州,
姓昋;一子居幽州,姓桂;一子居華陽,姓炔。此四字皆九畫。古
惠切。"

鍜(xiá) 鍛(duàn)：上户家翻,錏鍜。下丁亂翻,鍛鍊。
【釋證】

　　鍜,《説文》金部："鍜,錏鍜也。从金,叚聲。"同部："錏,錏
鍜,頸鎧也。"錏鍜,保護頸項的鎧甲。唐韓翃《送劉將軍》："明
光細甲照錏鍜,昨日承恩拜虎牙。"

　　鍛,《説文》金部："鍛,小冶也。从金,段聲。"鍛鍊,冶煉鍛
造。漢王充《論衡·率性》："夫鐵石天然,尚爲鍛鍊者變易故質,
況人含五常之性,賢聖未之熟鍛鍊耳,奚患性之不善哉?"唐郭
震《古劍篇》："良工鍛鍊凡幾年,鑄得寶劍名龍泉。"

檀(tán) 擅(shàn)：上徒干翻,木名。下時彦翻,專也。
【釋證】

　　擅,《説文》手部："擅,專也。"《韓非子·孤憤》："當塗之人
擅事要,則外内爲之用矣。"

官(guān) 宦(huàn)：上古桓翻,官職。下胡慣翻,仕宦。

丁（dīng）丅（xià）：**上當青翻，丙丁。下是古文"丅"字。**

【釋證】

丁，《說文》丄部："丁，底也。指事。丅，篆文丁。"依《說文》體例，"丁"爲古文。"下"字古文寫作"二、丁"二形，兩周文字多作"二"，春秋晚期始出現"丁"形。戰國貨幣文字作丁（《貨系》3367），與《說文》古文吻合。後由"二、丁"進一步演變成"下"。

罵（jī）罵（mà）：**上己知翻，馬絡也，与"羈"同。下莫駕翻，惡言。**

【釋證】

罵，《說文》网部："罵，馬絡頭也。从网，从馬。馬，馬絆也。羈，罵或从革。"段玉裁注："既絆其足，又网其頭。居宜切。十六部。今字作'羈'，俗作'羈'。"

葭（jiā）葭（duàn）：**上古牙翻，葭葰。下徒玩翻，草名。**

【釋證】

葭，《說文》艸部："葭，葦之未秀者。从艸，叚聲。"即初生的蘆葦。《詩·衞風·碩人》"葭葰揭揭"，毛傳："葭，蘆。葰，薍也。"《文選》張衡《東京賦》："內阜川禽，外豐葭葰。"宋范仲淹《上張右丞書》："今復吏于海隅葭葰之中，與國家補緇銖之利。"葰，《說文》艸部："菼，薍之初生。一曰蘿。一曰雛。从艸，剡聲。葰，菼或从炎。"即初生的荻，似葦而小，莖稈可以編席箔等。

葭，《集韻》換韻："葭，木名，槿也。通作'椴'。徒玩切。"《爾雅·釋草》"椵，木槿"，郭璞注："別二名也。似李樹，華朝生夕隕，可食。"

幝（chān）憚（dàn）：上充山翻，"檀車幝幝"。下徒案翻，難也。

【釋證】

幝，《說文》巾部："幝，車弊皃。"車子破舊的樣子。《詩·小雅·杕杜》"檀車幝幝，四牡痯痯，征夫不遠"，毛傳："幝幝，敝貌。"

憚，《說文》心部："憚，忌難也。從心，單聲。一曰難也。"《廣雅·釋詁》："憚，難也。"《論語·學而》："過，則勿憚改。"《詩·小雅·綿蠻》"豈敢憚行，畏不能趨"，鄭玄箋："憚，難也。"唐韓愈《送靈師》："尋勝不憚險，黔江屢洄沿。"

旡（wú）旡（jì）：上文夫翻，虛旡。下普①既翻，已也。

【釋證】

旡，《說文》旡部："旡，飲食氣屰不得息曰旡。"即飲食氣逆哽塞。又《廣韻》止韻："已，止也。"旡、既，古今字。

𡌶（fēng）丯（jiè）：上芳風翻，𡌶茸，艸盛。下音界，艸皃。

【釋證】

𡌶，古文字作 𡴆（《屯》3121）、𡴈（《集成》2153 康侯丰鼎），隸定作"𡌶、丰"。《說文》生部："𡌶，艸盛𡌶𡌶也。從生，上下達也。"《廣韻》鍾韻："丰，丰茸，美好。敷容切。"

丯，《說文》丯部："丯，艸蔡也。象艸生之散亂也。讀若

---

① "普"，澤存堂本作"音"。頗疑當爲"音既"，"翻"字誤衍。

介。”艸蔡，後作“草芥”。

芝（zhī）　芝（fàn）：**上止而翻，神艸。下扶泛翻，艸浮水。**

【釋證】

　　芝，《說文》艸部：“芝，艸浮水中皃。从艸，乏聲。”《玉篇》艸部：“芝，孚劍切。草浮出水皃。”

莧（huán）　莧（xiàn）：**上火丸、胡官二翻，山羊。下疾綻翻，菜名。**

【釋證】

　　莧，甲骨文作 𦥑（《合》8648）、𦥑（《合》902），象山羊形。小篆形訛，作 𦥑，隸定作“莧”。《說文》莧部：“莧，山羊細角者。从兔足，苜聲。凡莧之屬皆从莧。讀若丸。寬字从此。”《玉篇》《廣韻》并胡官切。莧，上部所从爲“𦥑”，不是“卝”。

　　莧，《說文》艸部：“莧，莧菜也。从艸，見聲。”北齊顏之推《顏氏家訓·書證》：“《詩》云：‘參差荇菜。’《爾雅》云：‘荇，接余也。’……博士皆以參差荇是莧菜，呼人莧爲人荇，亦可笑之甚。”盧文弨補注引《本草圖經》：“莧有六種：有人莧、赤莧、白莧、紫莧、馬莧、五色莧。入藥者人、白二莧，其實一也，但人莧小而白莧大耳。”

旬（xún）　眴（xuàn）：**上徐勻翻，十日也。下許佃翻，動目。**

【釋證】

　　眴，《說文》目部：“眴，目搖也。从目，勻省聲。眩，眴或从旬。”

紗（shā）紗（yāo）：上所加翻，紗帛。下乙教翻，急戾，从弦省。

【釋證】

紗，《說文》玄部：“紗，急戾也。从弦省，少聲。於霄切。”小篆作𦃃，隸定作“紗”，或省作“紗、紗”等形。《玉篇》幺部：“紗，乙肖切。急戾也。紗㡵，小兒也。”又《廣韻》笑韻彌笑切（miào），今作“妙”。南朝齊邱巨源《詠七寶扇》：“紗縞貴東夏，巧媛出吳閫。”紗，一本作“妙”。唐張彥遠《歷代名畫記·論畫六法》：“自古善畫者，莫匪衣冠貴冑，逸士高人，振紗一時，傳芳千祀。”

槽（cáo）撍（zào）：上在刀翻，馬槽。下在到翻，手攬。

椌（qióng）柳（àng）：上巨容翻，椊柜，椌①木也。下五浪翻，繫馬柱。椊柜，一作“椊拒”。

【釋證】

椌，《說文》木部：“椌，椊椐木也。从木，邛聲。”段玉裁注：“按：椊字無攷。椊椐木，合二木爲名，未知何木也。……《說文》蓋取諸《爾雅》，‘椊’與‘椊’形似，‘椐’與‘柜’同聲。‘椊’疑‘椊’之誤。”

柳，《說文》木部：“柳，馬柱。从木，卬聲。”《玉篇》木部：“柳，五浪、五郎二切。繫馬柱也。”《三國志·蜀書·先主傳》：“先主率其屬從校尉鄒靖討黃巾賊有功，除安喜尉。督郵以公事到縣，先主求謁，不通，直入縛督郵，杖二百，解綬繫其頸著馬柳，

① “椌”，原作“柳”，澤存堂本亦作“柳”，誤，據上下文意改。

棄官亡命。”

攎（shū）櫨（lǜ）：上丑居翻，舒也。下良御翻，木名。

【釋證】

攎，《廣雅·釋詁》：“攎，舒也。”《文選》班固《答賓戲》“卒不能攎首尾，奮翼鱗”，呂向注：“攎，舒也。”唐白居易《讀謝靈運詩》：“豈惟玩景物，亦欲攎心素。”

櫨，《玉篇》木部：“櫨，力豫切。止櫐也，似葛而麤大。”《廣韻》御韻：“櫨，林櫨，山林。又山櫐也。良倨切。”《爾雅·釋木》“諸慮，山櫐”，郭璞注：“今江東呼櫐爲藤，似葛而麤大。”陸德明釋文：“櫐，字或作‘藟’。”

宋（máng）朱（kùn）：上勿方、莫耕二翻，棟也，廇也。下古文“困”。

【釋證】

宋，《説文》木部：“宋，棟也。从木，亡聲。《爾雅》曰：‘宋廇謂之梁。’”段玉裁注：“‘棟’與‘梁’不同物，‘棟’言東西者，‘梁’言南北者。……宋廇者，宋之言网也；廇者，中庭也。架兩大梁，而後可定中庭也。《釋宮》曰：‘宋廇謂之梁，其上楹謂之梲。’今宮室皆如此，不得謂梁爲棟也。”《玉篇》木部：“宋，武方、莫當二切。屋大梁也。”

朱，《説文》口部：“困，故廬也。从木在口中。朱，古文困。”戰國文字有如下形體：𣏗（《中國錢幣》1992.4）、𣏗（《貨系》2341），李家浩釋爲“榦”，可隸定爲“㴱”，从木，㕚聲，是“榦”字的簡體。“困”之《説文》古文𣏗當來源於𣏗形，从木㕚聲。㕚，影紐元部；困，溪紐文部，音近可通。古文𣏗假“㴱”爲“困”。

儌(jiǎo) 徼(jiào)：上古堯翻，儌倖。下古弔翻，循也，小道也。

【釋證】

儌，《廣韻》蕭韻：“憿，憿幸。或作‘儌’。又作僥倖。古堯切。”《莊子·盜跖》“使天下學士不反其本，妄作孝弟，而儌倖於封侯富貴者也”，成玄英疏：“儌倖，冀望也。”宋吳曾《能改齋漫録·記事一》：“當劉太后時，人多儌倖，以希大用，公乃中立不倚。”

徼，《説文》彳部：“徼，循也。從彳，敫聲。”《漢書·敘傳上》：“據徼乘邪，以求一日之富貴。”王念孫雜志：“《老子》釋文云：‘徼，小道也。古弔反。’……然則‘據徼乘邪’云云，猶言據小道，乘邪途，以求富貴耳。”

鍊(dōng) 鍊(liàn)：上德紅翻，鍊鏽，車轄。下來甸翻，鍊金。

【釋證】

詳見“鍊鏽之鍊爲鍛鍊”條釋證。

吆(āo) 吠(fèi)：上於交翻，惡聲。下符乂翻，犬吠。

【釋證】

吆，《玉篇》口部：“吆，於交切。媱聲。”媱，“婬”之訛。吆，字又作“咬”。《廣韻》肴韻：“咬，滛聲。於交切。”滛，“淫”之訛。婬聲，指俚俗靡曼的音樂。漢傅毅《舞賦》：“�般鼓則騰清眸，吐哇咬則發皓齒。”唐柳宗元《吊屈原文》：“哇咬環觀兮，蒙耳大呂。”

樿（tán）撢（tàn）：上徒含翻，木名，灰可染。下他紺翻，取也。

【釋證】

樿，《正字通》木部：“樿，徒含切，音潭。檅木別名。”明李時珍《本草綱目·木二·檅木》：“藏器曰：‘檅木生江南深山大樹。樹有數種，取葉厚大白花者入藥，自餘灰入染家用。’此木最硬，梓人謂之檅筋木是也。木入染絳用，葉亦可釀酒。”

撢，《説文》手部：“撢，探也。从手，覃聲。”《廣韻》勘韻：“撢，探取。他紺切。”《周禮·夏官·序官》“撢人”，鄭玄注：“撢人，主撢序王意以語天下。”陸德明釋文：“撢，與‘探’同。”唐皮日休《九諷系述》：“是後詞人摭而爲之，皆所以嗜其麗詞，撢其逸藻者也。”

篺（bēi）箄（bì）：上補移翻，取魚器。下博戾翻，甑之蔽。

【釋證】

篺，《廣韻》支韻：“篺，取魚竹器。府移切。”唐陸龜蒙《漁具詩序》：“矢魚之具……編而沉之曰篺，矛而卓之曰稓。”

箄，《説文》竹部：“箄，蔽也。所以蔽甑底。从竹，畀聲。”即釜甑中的竹箅。

鞭（biān）鞕（yìng）：上卑連翻，策也。下五更、渠敬二翻，堅也。

【釋證】

鞕，《玉篇》革部：“鞕，牛更切。堅也。亦作‘硬’。”《廣韻》静韻：“鞕，堅牢。五静切。硬，上同。”唐義净《南海寄歸内法傳》：“其菜食之，味與神州蔓青無别。其根堅鞕，復與蔓青不同。"

乑(yín) 辰(pài)：上牛林翻，衆立皃。下匹賣翻，水分流。

【釋證】

乑，《説文》乑部："乑，衆立也。从三人。讀若欽崟。""衆、聚"均从乑。《玉篇》乑部："乑，牛林切，又丘林切。衆也。"北周衞元嵩《元包經·太陰》"臨，乑牲牲，欵欣欣，組之帶，璽之文"，蘇源明傳："乑牲牲，所菠者衆也。"

辰，《説文》𠂢部："辰，水之衺流，別也。从反永。"後作"派"。

捘(zùn) 梭(suō)：上七旬翻，推也，亦子内翻。下先禾翻，織梭。

【釋證】

捘，《説文》手部："捘，推也。从手，夋聲。《春秋傳》曰：'捘衞侯之手。'"《玉篇》手部："捘，子寸切，又子對切。《左氏傳》曰'捘衞侯之手'，捘，擠也。"

仚(xiān) 企(qǐ)：上許延翻，高舉也。下丘賜翻，望也。

【釋證】

仚，《説文》人部："仚，人在山上。从人，从山。"段玉裁注："引伸爲高舉貌。 顔元孫引鮑明遠《書勢》云：'鳥仚魚躍。'"《干禄字書》："仚，高舉皃。"唐劉禹錫《九華山歌》"氣勢不死如騰仚"，自注："輕舉貌。"清顧藹吉《隸辨》："後人移人於旁，以爲神仙之仙。"

企，《説文》人部：“企，舉踵也。从人，止聲。”《廣韻》眞韻：“企，望也。去智切。”唐韓愈《秋懷》：“生平企仁義，所學皆孔周。”

檐（yán）擔（dān/dàn）：上余廉翻，正“簷”字。下丁甘、都濫二翻，荷也。

【釋證】

檐，俗作“簷”。《説文》木部：“檐，樀也。从木，詹聲。臣鉉等曰：‘今俗作簷，非是。’”《廣韻》鹽韻：“檐，屋檐。……簷，上同。”《正字通》竹部：“簷，俗‘檐’字。”

樵（qiáo）撨（xiāo）：上前喬翻，柴也。下煎弔翻，推也。

【釋證】

撨，《玉篇》手部：“撨，先弔、先凋二切。擇也。”《廣雅·釋詁》：“撨，擇也。”

桭（zhēn）振（zhèn）：上之人翻，簡也；又挾桭，木。下之人、之刃二翻，奮也。

【釋證】

桭，《玉篇》木部：“桭，之仁切。屋梠也。”“桭、宸”互爲異體。《説文》宀部：“宸，屋宇也。从宀，辰聲。”屋梠、屋宇，即房檐。《佩觿》“簡也”，頗疑乃“簷”之訛寫。挾桭，不辭，令人費解。頗疑乃“柍桭”之訛，“柍、挾”形近致訛。《漢書·揚雄傳》“列宿乃施於上榮兮，日月纔經於柍桭”，顏師古注：“服虔曰：‘柍，中央也。桭，屋梠也。’……柍，音央。桭，音辰。”王先謙補注引王念孫曰：“柍，當作‘央’。……桭，與‘宸’同。《説

文》：'宸，屋宇也，'即今人所謂屋檐。央栐，謂半檐也。"另，
"央、夾"互訛，古籍常見。例如：映睞，《玉篇》目部："睞，丘郎
切。映睞，目兒。"《廣韻》唐韻："睞，映睞，目兒。""映"訛作
"眏"。

再（chēng）再（zài）：上昌仍翻，舉也。下作代翻，重也。

【釋證】

再，《説文》冓部："再，并舉也。从爪，冓省。"段玉裁注："冓
爲二。爪者，手也。一手舉二，故曰并舉。"再，後作"稱"。《玉
篇》冓部："再，齒陵切。舉也。又尺證切。與'稱'同。"《隸
釋》漢綏民校尉熊君碑："君長子再孝存，姿操敦良，耽志好學，
博覽雅藝。"《書·牧誓》"稱爾戈，比爾干，立爾矛，予其誓"，孔
安國傳："稱，舉也。"

矖（lí）矖（shài）：上吕支翻，矖瞜。下所奇、色介二翻，暴也。

【釋證】

矖，《廣韻》支韻："矖，矖瞜也。吕支切。"矖瞜，也作"離
婁、離朱"，傳説中視力超強之人。《孟子·離婁上》："孟子曰：'離
婁之明，公輸子之巧，不以規矩，不能成方圓。'"焦循正義："離
婁，古之明目者，黃帝時人也。黃帝亡其玄珠，使離朱索之。離
朱，即離婁也，能視於百步之外，見秋毫之末。"

矖，《玉篇》日部："矖，所賣切。暴乾物也。"南朝宋劉義慶
《世説新語·排調》："郝隆七月七日出日中仰臥，人問其故，答曰：
'我矖書。'"

弓（gōng）弓（dàn）：上居中翻，弓矢。下大旦翻，古文“彈”。

【釋證】

弓，郭忠恕《汗簡》載此文。《汗簡》：“弓，彈，今《説文》脱此古文。”（5·70）弓，隸定作“弓”。

㯇（qú）㯇（jù）：上其魚翻，㯇梧，藩籬。下居御翻，依㯇也。

【釋證】

㯇，《玉篇》木部：“㯇，距於切。藩落籬。”《廣韻》魚韻：“㯇，㯇枯，藩籬名。强魚切。”《廣雅·釋宫》“㯇，杝也”，王念孫疏證：“杝，今‘籬’字也。”

瞳（tóng）曈（tóng）：上徒公翻，目瞳子。下他動翻，曉色。

【釋證】

瞳，《玉篇》目部：“瞳，徒公切。目珠子也。《大傳》：‘舜四瞳子也。’”南朝宋顔延之《赭白馬賦》：“雙瞳夾鏡，兩權協月。”

曈，《説文》日部新附：“曈，曈曨，日欲明也。從日，童聲。”唐盧綸《腊日觀咸寧王部曲婆勒擒豹歌》：“山頭曈曈日將出，山下獵圍照初日。”宋陸游《明日又來天微陰再賦》：“天寒山慘淡，雲薄日曈曨。”

眏（yāng）映（yìng）：上於良翻，眏睐，目皃。下於定翻，掩目也。

【釋證】

眏，《玉篇》目部：“眏，於郎切。目不明也。”《玉篇》目部：

“瞙,丘郎切。映瞙,目兒。”《廣韻》唐韻:“瞙,映瞙,目兒。苦岡切。”按:眏,“映”之訛也。

英（yīng）**漢**（hàn）：上於京翻，英華。下火旱翻，關。

瞑（míng）**暝**（míng）：上莫丁、莫見二翻，合目。下莫定翻，日將没。

【釋證】

瞑,《説文》目部:“瞑,翕目也。从目、冥,冥亦聲。”《廣韻》莫經切。《吕氏春秋·先識覽》:“人之目以照見之也,以瞑則與不見同。”晉葛洪《抱朴子·嘉遯》:“并默則子貢與喑者同口,咸瞑則離朱與矇瞽不殊矣。”瞑,《廣韻》又作莫賢、莫甸切。《玉篇》目部:“瞑,眉田切。寐也。《説文》云:‘翕目也。’又音莧。”《廣韻》先韻:“眠,寐也。莫賢切。瞑,上同。《説文》曰:‘翕目也。’又音麵。”瞑,俗作“眠”。《莊子·列御寇》“彼至人者,歸精神乎無始,而甘冥乎無何有之鄉”,陸德明釋文:“冥……本亦作‘瞑’,又音眠。”郭慶藩集釋引俞樾曰:“瞑、眠古今字……甘瞑即甘眠。”《文選》嵇康《養生論》“夜分而坐,則低迷思寢;内懷殷憂,則達旦不瞑”,李善注:“瞑,古‘眠’字。”

暝,《玉篇》日部:“暝,亡定切。夜也。”《廣韻》徑韻:“暝,夕也。莫定切。”《玉臺新詠·古詩爲焦仲卿妻作》:“奄奄日欲暝,愁思出門啼。”唐韓愈《病鴟》:“朝餐輟魚肉,暝宿防狐狸。”

杶（chūn）**扽**（dèn）：上丑均翻，木名。下丁寸翻，撼也。

【釋證】

枕，《説文》木部："枕，木也。从木，屯聲。《夏書》曰：'枕榦
栝柏。'櫄，或从熏。"《玉篇》木部："枕，敕倫切。木似樗。"明
李時珍《本草綱目·木二·椿樗》："香者名椿。《集韻》作'櫄'，
《夏書》作'枕'。"

扽，又作"拕"。《玉篇》手部："扽，都困切。引也。撼也。"
《廣雅·釋詁》"扽，引也"，王念孫疏證："古通作'頓'。《荀子·勸
學篇》云：'若挈裘領，詘五指而頓之，順者不可勝數也。'……
案：頓者，振引也。"

髻（diān）髻（jì）：上丁兼翻，髻鬏，鬢髮踈。下古詣翻，綰髮。

【釋證】

髻，《玉篇》髟部："髻，丁兼切。髻鬏，鬢髮踈薄皃。"

瘳（chōu）廖（liào）：上勅牛翻，病差。下力救翻，人姓。

【釋證】

瘳，《説文》疒部："瘳，疾瘉也。从疒，翏聲。"《玉篇》疒
部："瘳，敕周切。病愈也。"《書·金滕》"王翌日乃瘳"，孔穎達
疏："瘳訓差，亦爲愈，病除之名也。"《漢書·季布傳》"今瘡痍未
瘳"，顏師古注："瘳，差也。"

羊（yáng）羊（rěn）：上以常翻，牛羊。下如甚翻，稍甚皃。

【釋證】

羊，《説文》干部："羊，掫也。从干。入一爲干，入二爲羊。

讀若能。言稍甚也。”

汷（chí）汳（biàn）：上与“坻”同，水中可居。下正“汴”字，水名。

【釋證】

汷，《説文》土部：“坻，小渚也。《詩》曰：‘宛在水中坻。’从土，氏聲。汷，坻或从水，从夂。”

汳，《説文》水部：“汳，水，受陳留浚儀陰溝，至蒙爲雝水，東入于泗。从水，反聲。”段玉裁注：“皮變切。十四部。《漢志》作‘卞’，《後漢書》作‘汴’。按：卞者，弁之隸變也。變‘汳’爲‘汴’，未知起於何代。恐是魏晉都雒陽，惡其从反而改之。舊音切芳萬，今則併其音改之也。”南朝宋謝靈運《撰征賦》：“塗經九守，路踰千里，沿江亂淮，遡薄泗汳。”

痁（shān）痼（gù）：上式占翻，瘧也。下古路翻，小兒口瘡。

【釋證】

痁，《説文》疒部：“痁，有熱瘧。从疒，占聲。”《玉篇》疒部：“痁，始廉切。瘧疾也。”《左傳·昭公二十年》“齊侯疥，遂痁”，陸德明釋文：“痁，失廉反。瘧疾也。”《説文》疒部：“瘧，二日一發瘧。从疒，亥聲。”

痼，《説文》疒部：“痼，久病也。从疒，古聲。”《玉篇》疒部：“痼，古護切，久病也。痼，同上，又小兒口瘡。”《東坡志林》卷一：“口謂眼曰：‘他日我痼，汝視物，吾不禁也。’”

羨（xiàn）羨（xiàn）：上以脂翻，江夏地名。下似面翻，慕也。

【釋證】

羡、羨，《龍龕手鑑》羊部：“羡，今。羨，正。”《廣韻》脂韻：“羡，沙羡，邑名，在江夏，出《地理志》。以脂切。又羊箭、祥面二切。”又線韻：“羡，貪慕。又餘也。又姓，《列仙傳》有羡門。似面切。”同韻：“羨，延也。進也。予線切。”《正字通》羊部：“《佩觿集》分羡、羨爲二，非。”

亢（kàng）元（yuán）：上古郎、苦浪二翻，高也。下魚袁翻，善之長也。

【釋證】

元，《書·舜典》“柔遠能邇，惇德允元”，孔安國傳：“元，善之長。”《國語·晉語七》“抑人之有元君，將稟命焉”，韋昭注：“元，善也。”《淮南子·時則訓》“擇元日，令民社”，高誘注：“元者，善之長也……嫌日不吉，故言擇元也。”

丞（chéng）承（zhěng）：上石陵翻，官名。下石證翻，縣名。

【釋證】

丞，古官名，傳說中帝王的四輔之一。《尚書大傳》卷二：“古者天子必有四鄰：前曰疑，後曰丞，左曰輔，右曰弼。天子有問無以對，責之疑；可志而不志，責之丞。”《廣韻》蒸韻：“丞，佐也。翊也。署陵切。”

承，縣名，因承水而得名，在今山東省棗莊市。清顧祖禹《讀史方輿紀要·山東三·兗州府》：“承城，（嶧）縣西北一里。漢置承縣，以承水所經而名。承讀拯，俗作‘承’，誤也。晉爲蘭陵郡治。劉宋泰始中郡移治昌慮縣，後魏仍爲郡治。隋爲鄫州治，大業初改承縣爲蘭陵。唐復爲承縣。”

俫（lái）徠（lài）：**上落哀翻，見也。下洛代翻，勞也。**

儒（rú）儒（rú）：**上人朱翻，儒教。下乃奐翻，弱也。**

【釋證】

　　儒、儒，《龍龕手鑑》而部："需，正。相俞反，卦名。耎，俗。"《集韻》虞韻："需，俗作'耎'，非是。""耎"是"需"的俗字，故"儒"也是"儒"的俗字。《干祿字書》："儒、儒，上通，下正。"魏《張猛龍碑》"儒"寫作"儒"。郭氏"乃奐翻，弱也"，蓋"偄"字之訓。《說文》人部："偄，弱也。從人，從耎。"《廣韻》換韻："偄，偄弱也。奴亂切。"又虞韻："儒，柔也。人朱切。""偄、儒"形義皆近，古書多有混同。《集韻》換韻："偄、愞、需、懦、燸、耎，奴亂切，《說文》：'弱也。'或從心，亦作'需、懦、燸、耎'。"

椽（chuán）掾（yuàn）：**上直專翻，榱桷。下以絹翻，官名。**

【釋證】

　　椽，《廣韻》仙韻："椽，屋桷也。直攣切。"《左傳·桓公十四年》"宋人以諸侯伐鄭……以大宮之椽歸爲盧門之椽"，陸德明釋文："椽，榱也。圓曰椽，方曰桷。"

　　掾，歷代屬官的通稱。《玉篇》手部："掾，與絹切。公府掾吏也。"《漢書·蕭何傳》："（何）以文毋害爲沛主吏掾。"

浪（yín）浪（làng）：**上宜巾翻，水名。下力宕翻，波也。**

【釋證】

浪，《玉篇》水部：“浪，牛巾切。水名。又涯也。亦作‘垠’。”《山海經·南山經》：“東五百里曰禱過之山，……浪水出焉。”北魏酈道元《水經注·浪水》：“浪水出武陵鐔成縣北界沅水谷，南至鬱林潭中縣與鄰水合。……又東至南海番禺縣西，分爲二：其一南入於海，其一又東過縣東南入於海。”浪水，古水名，上游即今廣西壯族自治區東北部洛清河，中下游指柳江、黔江、西江。

頑（wán）頄（yòu）：上五山翻，惡也。下焉救翻，顫也。

【釋證】

頑，《廣韻》删韻：“頑，頑愚。　五還切。”《説文》《玉篇》《廣韻》皆不載“惡”義。《書·益稷》“苗頑，弗即工”，孔安國傳：“惟三苗頑凶，不得就官。”三國魏嵇康《管蔡論》：“管蔡流言，叛戾東都。周公征討，誅以凶逆。頑惡顯著，流名千載。”

頄，頭部顫抖病。《説文》頁部：“頄，顫也。從頁，尤聲。”《玉篇》頁部：“頄，有救切。顫也。又病也。亦作‘疣’。”

痤（cuó）座（zuò）：上才戈翻，癰也。下才臥翻，座位。

閼（yòu）閎（hóng）：上于救翻，門扇。下户萌翻，閎夭，人名。

【釋證】

閼，《玉篇》門部：“閼，于救切。古‘祐’字。”《龍龕手鑑》門部：“閼，古文，音右。助也。”《汗簡》“祐”作閼（5·65）。郭氏所謂“門扇”，蓋其本義。假借爲“祐”。

閎,巷門,亦泛指門。《廣韻》耕韻:"閎,《爾雅》曰:'閎,衖門謂之閎。'郭璞云:'閎,衖頭門。'又曰:'所以止扉謂之閎。'郭璞云:'門辟旁長橛也。'又姓,漢有閎孺。戶萌切。"殷周之際有閎夭。《史記·殷本紀》:"西伯之臣閎夭之徒,求美女、奇物、善馬以獻紂,紂乃赦西伯。"

橙(chéng) 橙(dèng):上直耕翻,果名。下都鄧翻,几也。

【釋證】

橙,《玉篇》手部:"扠,音蒸,又上聲,救助也。橙、拯,并同上。"《龍龕手鑑》手部:"橙,直庚反。又俗都鄧反,正從木。"可知"橙"讀爲"都鄧反"時,是"橙"的俗字。橙(都鄧反),同"凳"。《廣韻》嶝韻:"橙,几橙。都鄧切。"《集韻》隥韻:"凳、橙,《字林》:'牀屬。'或從木。"《晉書·王獻之傳》:"魏時陵雲殿榜未題,而匠者誤釘之,不可下,乃使韋仲將懸橙書之。"

泉(quán) 泉(jì):上慈鉛翻,水泉。下巨意翻,及也,俗作"洎"。

【釋證】

泉,《龍龕手鑑》水部:"洎,居器反,肉汁也。又渠器反,至也,及也。"《廣韻》至韻:"洎,潤也,及也。具冀切。"同韻:"洎,肉汁。又音泉。"泉,《説文》禾部:"眔,衆詞與也。從禾,自聲。《虞書》曰:'眔咎繇。'"段玉裁注:"'與詞'各本誤倒,今依《廣韵》正。衆與者,多與也,所與非一人也。詞者,意内言外之謂。或假'洎'爲之。……亦假'暨'爲之。"《説文》引《虞書》作"眔咎繇",今本《書·堯典》作"暨咎繇"。《史記·夏本紀》"淮夷蠙珠臮魚,其篚玄纖縞",司馬貞索隱:"臮,古'暨'字。

㝃，與也。"

　　裒（bāo）　褏（xiù）：上不刀翻，美也。　下古
"袖"字。

【釋證】

　　裒，《説文》衣部："襃，衣博裾。从衣，保省聲。保，古文
保。"《説文》小篆作襃，《集篆古文韻海》作裒。依照許慎説解，
可知"裒"爲古文。段玉裁注："襃，引伸之爲凡大之偁。爲襃
美。隸作襃、作裒。"《玉篇》衣部："襃，布刀切。揚美也。衣博
裾也。"《廣韻》豪韻："襃，進揚美也。《説文》作'裒'，衣博裾
也。又姓，禹後，因國爲氏。博毛切。襃，俗。"襃，隸省作褒、
裒等形，遂寫作"裒、襃、裒"。

　　褏，《説文》衣部："褏，袂也。从衣采聲。袖，俗褏从由。"
《廣韻》宥韻："袖，衣袂也。亦作'褏、褎'。似祐切。"《集篆
古文韻海》作褏，與"褏"同。敦煌寫卷有褏、袖二體。《詩・唐
風・羔裘》："羔裘豹褎，自我人究究。"《漢書・楊惲傳》"奮褎低
卬，頓足起舞"，顔師古注："褎，古衣袖字。"

　　次（xián）　次（cì）：上叙連翻，次液也，从水。下
千賜翻，次第，从一二之二。

【釋證】

　　㳄，《説文》欠部："㳄，慕欲口液也。从欠从水。㳄，㳄或从
侃。"《玉篇》欠部："㳄，亦作'涎、㳄'。"

　　次，《説文》欠部："次，不前，不精也。从欠，二聲。"段玉裁
注："當作从二，从欠。从二故爲次。七四切。古音在十二部。
讀如漆，是以'魯漆室之女'或作'次室'。"《廣雅・釋詁》："第，
次也。"《玉篇》欠部："次，敘也。"《國語・周語中》："吾曰：'子

則賢矣。抑晉國之舉也不失其次，吾懼政之未及子也。’”三國魏曹操《船戰令》：“鼓三通鳴，大小戰船以次發。”

澌（sī）澌（sī）：上先智翻，“死之言澌也”。下小兹、先智二翻，水上冰也。

【釋證】

澌，《説文》水部：“澌，水索也。從水，斯聲。”水索，水盡也。《玉篇》水部：“澌，息咨切，水名。又音賜，水盡。”《禮記·曲禮下》“庶人曰死”，鄭玄注：“死之言澌也。”孔穎達疏：“今俗呼盡爲澌。”三國吳楊泉《物理論》：“人含氣而生，精盡而死。死，猶澌也，滅也。”“死、澌”音義皆近，“死之言澌”，聲訓。

澌，《説文》仌部：“澌，流仌也。”段玉裁注：“謂仌初結及已釋時隨流而行也。”《楚辭·九歌·河伯》“與女遊兮河之渚，流澌紛兮將來下”，洪興祖補注：“澌……從仌者，流冰也。”

秅（chá）秏（hào）：上丈加翻，秭數別名；又丁固翻，禾束，又濟陰縣。下呼報翻，減也。

【釋證】

秅，《説文》禾部：“秅，二秭爲秅。從禾，乇聲。《周禮》曰：‘二百四十斤爲秉，四秉曰筥，十筥曰稯，十稯曰秅，四百秉爲一秅。’”古代禾稼計數單位，四百束爲一秅。《廣韻》麻韻：“秅，《説文》曰：‘秭也。《周禮》云：《聘禮》曰，十斗曰斛，十六斗曰籔，十籔曰秉，四秉曰筥，十筥曰稯，十稯曰秅。’宅加切。”又暮韻：“秅，禾束。又縣名，在濟陰。或作‘秺’。當故切。”

秏，《説文》禾部：“秏，稻屬。從禾，毛聲。伊尹曰：‘飯之美者，玄山之禾，南海之秏。’”《玉篇》禾部：“秏，呼到切。減也。敗也。《詩》云：‘秏斁下土。’又稻屬。”《廣韻》號韻：“秏，減也。亦稻屬。……又姓，出何氏《姓苑》。俗作‘耗’。呼到切。”
《漢書·魏豹田儋韓王信傳贊》“周室既壞，至春秋末，諸侯耗盡，
而炎、黄、唐、虞之苗裔尚猶頗有存者”，顏師古注：“耗，減也。
言漸少而盡也。”

涷（dōng）涷（dòng）：上德紅翻，水名，出發鳩山，亦瀧涷，沾漬；又都貢翻，瀑雨。下德紅翻，凍凌；又都弄翻，寒凍。

【釋證】

涷，《説文》水部：“涷，水，出發鳩山，入於河。从水，東聲。”
朱駿聲通訓定聲：“即《禹貢》之濁漳，出今山西潞安府長子縣西
發鳩山，經河南彰德府涉縣，合清漳入直隸，至天津府西沽東入
海。”北魏酈道元《水經注·濁漳水》：“漳水又東，涷水注之。水
西出發鳩山。”又《廣韻》東韻：“涷，瀧涷，沾漬。德紅切。”《荀
子·議兵》“案角鹿埵隴種東籠而退耳”，楊倞注：“東籠，與‘涷
瀧’同，沾濕貌，如衣服之沾濕然。”又《爾雅·釋天》：“暴雨謂之
涷。”《廣韻》送韻：“涷，瀑雨。多貢切。”《楚辭·九歌·大司命》
“令飄風兮先驅，使涷雨兮灑塵”，王逸注：“暴雨爲涷雨。”宋司
馬光《石榴花》：“畏日助殷紅，涷雨滌濃翠。”

凍，《説文》仌部：“凍，仌也。从仌，東聲。”《玉篇》仌部：
“凍，都洞切。孟冬地始凍。”《廣韻》送韻：“凍，冰凍。多貢
切。”《莊子·庚桑楚》：“是乃所謂冰解凍釋者。”唐韓愈《赴江陵
途中寄贈三學士》：“商山季冬月，冰凍絕行輈。”又《廣韻》東韻：
“凍，凍凌。德紅切。”北魏賈思勰《齊民要術·造神麴并酒等》：
“隆冬寒厲，雖日茹甕，麴汁猶凍；臨下釀時，宜漉出凍凌，於釜中
融之。”

"涷、凍"本爲兩字，因形義相近，古籍往往互通。《淮南子·覽冥訓》"若乃至於玄雲之素朝，陰陽交爭，降扶風，雜凍雨，扶搖而登之，威動天地，聲震海内"，高誘注："凍雨，暴雨也。"《隸釋》漢巴郡太守張納功德碑敘"俾寧業宇，泚澹涷餒"，"涷"通"凍"。

棬（quān）犍（qián）：上丘員翻，器似升，屈木爲之；亦音居倦翻，西棬，縣名，在日南。下渠焉翻，犍爲縣，在嘉州。

【釋證】

棬，《玉篇》木部："棬，去權切，屈木盂也。又居媛切，拘牛鼻。亦作'桊'。"《廣韻》仙韻："棬，器似升，屈木作。丘圓切。"《集韻》元韻："棬，九元切。西棬，縣名。"又線韻："捲、棬，西捲，縣名。或從木。古倦切。"從反切與釋義可看出郭氏所釋之"棬"應爲"棬"。

犍，《説文》牛部："犍，犗牛也。从牛，建聲。亦郡名。"

椹（zhēn）揕（zhèn）：上陟林翻，鈇椹，斫木質。下知鴆翻，擊也。《史記》："右手揕其胷。"

【釋證】

椹，《廣韻》侵韻："椹，鈇椹，斫木質。《文字指歸》：'俗用爲桑椹字，非。'知林切。"《爾雅·釋宮》"椹謂之榩"，郭璞注："斫木櫍也。"邢昺疏："椹者，斫木所用以藉者之木名也。一曰榩。"鈇椹，古代斬人用的鍘刀和砧板，又寫作"鈇鑕、鈇質"。《史記·項羽本紀》："將軍何不還兵與諸侯爲從，約共攻秦，分王其地，南面稱孤，此孰與身伏鈇質，妻子爲僇乎？"《晉書·齊王冏傳》："言入身戮，義讓功舉，退就鈇鑕，此惠之死賢於生也。"

揕,《玉篇》手部:“揕,知鴆切。右手揕其胸。揕,擽也。”《廣韻》沁韻:“揕,擬擊。《史記》曰:‘右手揕其胸。’知鴆切。”宋洪邁《夷堅志·支景》卷二:“即奮拳揕其頂,立没於地。”

肦(bān/fén)盼(pàn):上布還、符分二翻,大首皃。下匹莧翻,美人動目皃。

【釋證】

肦,《正字通》月部:“肦,同‘頒’。”唐元稹《望云騅馬歌》:“龍騰魚鼈啅然驚,驥肦驢騾少顔色。”

腄(chuí)睡(shuì):上竹垂翻,瘢胝;又于求翻,東萊,縣。下士僞翻,眠也。

【釋證】

腄,《説文》肉部:“腄,瘢胝。”朱駿聲通訓定聲:“腄,俗謂之老繭。”蔡夢麒《廣韻校釋》尤韻:“腄,當音馳僞切,已見於寘韻。《漢書·郊祀志》:‘之罘山於腄,成山於不夜,萊山於黄。’應劭曰:‘腄音甀。’晉灼曰:‘腄、不夜、黄縣皆屬東萊。’師古曰:‘腄音丈瑞反。’均與馳僞切同音。此處音羽求切,蓋以爲‘腄’从郵省聲而衍有此音,故當删。”

瞪(céng)贈(zèng):上作恒翻,舉目作態也。下昨亘翻,以玩好相送。

【釋證】

瞪,《廣韻》登韻:“瞪,目小作態,瞢瞪也。昨楞切。”《集韻》登韻:“瞪,瞢瞪,目不明。”

纁(xūn)緟(chóng):上許云翻,玄纁。下直容

纁，增益也；又直用翻，繒縷也。

【釋證】

纁，《說文》糸部："纁，淺絳也。从糸，熏聲。"淺絳，即淺赤色。《周禮·考工記·鍾氏》"三入爲纁"，鄭玄注："染纁者，三入而成。"一染謂之縓，再染謂之赬，三染謂之纁。玄纁，黑色和淺紅色。《左傳·哀公十一年》"公使大史固歸國子之元，寘之新篋，褽之以玄纁，加組帶焉"，楊伯峻注："此謂以紅黑色與淺紅色之帛作墊。"

縄，《說文》糸部："縄，增益也。从糸，重聲。"《玉篇》糸部："縄，除恭切。增也。疊也。益也。複也。或作'褈'。今作'重'。"

任（kuāng）任（rén/rèn）：上于方翻，任踉，行急。下而今翻，勝也，又姓；又而禁翻，用也。

【釋證】

任，"伾"字省訛。《玉篇》人部："伾，渠往切。《楚辭》曰：'魂伾伾而南征兮。'伾伾，遑遽兒。"《楚辭·九辯》"悼余生之不時兮，逢此世之伾攘"，洪興祖補注："伾，音匡。"《四聲篇海》人部："任，雨方切。急行也。"《正字通》人部："任，伾字之訛。舊注'音王，急行'，誤。"

蟦（fén/bēn/bì）蟦（shì）：上扶云翻，三尺龜；又保昆翻，虎蟦；又音秘。下尺曳、神舍二翻。

【釋證】

蟦，《廣韻》文韻："蟦（fén），三足龜。符分切。"《爾雅·釋魚》："鱉三足，能；龜三足，蟦。"明李時珍《本草綱目·介一·蟦龜》："按《山海經》云：狂水西注伊水，中多三足龜，食之無大疾，可以已腫。”《佩觿》所謂“三尺龜”,“尺”乃“足”之訛。又《廣韻》魂韻:“賁(bēn),勇也。《周禮》有虎賁氏,掌先後王而趨以卒伍,軍旅、會同亦如之,舍則守王閑。閑,椊桓也。《書》云:‘武王伐紂,戎車三百兩,虎賁三百人。’亦姓,古有勇士賁育。博昆切。又肥、祕、墳三音。”《書·牧誓序》“武王戎車三百兩,虎賁三百人”,孔穎達疏:“虎賁爲勇士稱也。若虎之奔走逐獸,言其猛也。”《漢書·百官公卿表上》“衞士、旅賁”,顏師古注:“賁與奔同。言爲奔走之任也。”《宋書·百官志下》:“虎賁舊作虎奔,言如虎之奔走也。王莽輔政,以古有勇士孟賁,故以奔爲賁。”賁,又音bì。《説文》貝部:“賁,飾也。从貝,卉聲。”《廣韻》眞韻:“賁,卦名。賁,飾也。亦姓,漢有賁赫。彼義切。”《易》賁卦“賁其趾,舍車而徒”,高亨注:“‘賁其趾’者,謂文其足也。”《書·湯誥》“天命弗僭,賁若草木”,孔安國傳:“賁,飾也。”漢伶玄《趙飛燕外傳》:“后姊弟母事陽華,陽華善賁飾。”

賁,《説文》貝部:“貰,貸也。从貝,世聲。”貰,小篆作 贳,隸定作“貰、貰”,又簡省作“貰”。《廣韻》祭韻:“貰,賒也。貸也。舒制切。”又禡韻“神夜切”。

檕(jī) 擠(jǐ) 穧(jì):上子兮翻,白棗也。中將西、子計二翻,排盪也。“顛擠若之何?”下祭、劑二音。

【釋證】

檕,古代指兩種樹木。一指白棗。《爾雅·釋木》“檕,白棗”,郭璞注:“即今棗子白熟。”郝懿行義疏:“凡棗熟時赤,此獨白熟爲異。”一指榆樹一類的樹木。《説文》木部:“檕,木也。可以爲大車軸。从木,齊聲。”《廣韻》齊韻:“檕,檕榆,堪作車轂。

祖稽切。”

擠,《廣韻》霽韻:“擠,排盪。子計切。又將西反。”排盪,又作“排蕩”,即激蕩、衝激。《釋名·釋言語》:“蕩,盪也,排盪去穢垢也。”宋王令《靳口道中》詩之一:“舟行邈棲遲,江流潏排蕩。”顛擠,又作“顛隮、顛隮”。顛、隮,墜也。《書·微子》“今爾無指告予,顛隮若之何其”,孔安國傳:“汝無指意告我殷邦,顛隕隮墜,如之何其救之。”

穧,《說文》禾部:“穧,穫刈也。一曰撮也。从禾,齊聲。”段玉裁注:“穫刈謂穫而芟之也。”《詩·小雅·大田》“彼有不穫穉,此有不斂穧”,孔穎達疏:“穧者,禾之鋪而未束者。”宋魯應龍《閑窗括異志》:“嘉泰辛酉歲,種早禾八十畝,悉以成孰收割,囤穀於柴穧之側。”

萑(zhuī) 萑(huán) 雚(guàn):上之追翻,艸多皃。中胡官翻,鵙屬。下工奐翻,烏也。

【釋證】

萑,《說文》艸部:“萑,艸多皃。从艸,隹聲。”

萑,《說文》萑部:“萑,鵙屬。从隹,从廿,有毛角。所鳴,其民有旤。凡萑之屬皆从萑。讀若和。”指貓頭鷹的一種。古文字作🦉(《合》9607)、🦉(《合》454)、萑(《說文》小篆),隸定作“萑”。

雚,《說文》萑部:“雚,小爵也。从萑,吅聲。《詩》曰:‘雚鳴于垤。’”段玉裁注:“爵,當作‘雀’。雚,今字作‘鸛’。鸛雀乃大鳥,各本作‘小爵’,誤。”《玉篇》萑部:“雚,公換切。水鳥。今作‘鸛’。”

暇(xiá)暇(xiá)腶(duàn)：上乎加翻，目中白
也。中乎嫁翻，閑也。下丁貫翻，籢脯。

【釋證】

暇，《集韻》麻韻：“暇，目白皃。何加切。”

暇，《説文》日部：“暇，閑也。从日，叚聲。”《廣韻》禡韻：
“暇，閑也。《書》曰：‘不敢自暇自逸。’俗作‘睱’。胡駕切。”

腶，《玉篇》肉部：“腶，丁貫切。腶，籢脯也。”籢，通“纖”，
細碎。腶脯、腶脩，搗碎加以薑桂的乾肉。《儀禮·有司》“（主
婦）入于房，取糗與腶脩，執以出”，鄭玄注：“腶脩，搗肉之脯。”
陸德明釋文：“加薑桂以脯而鍛之曰腶脩。”《左傳·哀公十一
年》：“道渴，其族轅咺進稻醴、粱糗、腶脯焉。”漢賈誼《新書·先
醒》：“（虢君）曰：‘吾渴而欲飲。’其御乃進清酒。曰：‘吾飢而欲
食。’御進腶脯、粱糗。”

疵(cī)庇(cì)庇(bì)：上秦兹翻，瑕疵。中千
賜翻，耒面也，長尺一寸①。下必至翻，庇麻也。

【釋證】

疵，《易·繫辭上》“悔吝者，言乎其小疵也”，陸德明釋文：
“疵，瑕也。”《漢書·平帝紀》“令士厲精鄉進，不以小疵妨大
材”，顏師古注：“疵，病也。”

庇，《周禮·考工記·車人》“車人爲耒，庇長尺有一寸，中
直者三尺有三寸，上句者二尺有二寸”，鄭玄注：“庇讀爲棘刺之
刺。刺，耒下前曲接耜。”賈公彦疏：“庇者，耒之面。但耒狀若

---

① “耒面也長尺一寸”，原作“耒面也長尺一寸”，澤存堂本作“耒庇長尺有一寸”，據澤
存堂本補“尺”字。詳見釋證。

今之曲柄枚也。面長尺有一寸。”

庇，《説文》广部：“庇，蔭也。从广，比聲。”又《爾雅·釋言》：“庇，廕也。”《左傳·文公七年》：“葛藟猶能庇其本根。”唐杜甫《茅屋爲秋風所破歌》：“安得廣廈千萬間，大庇天下寒士俱歡顏。”

肝（gān）盱（xū）盰（gàn）旰（gàn）：一古安翻，木藏也。二况于翻，盱眙，縣。三古旦翻，張目也。四亦古旦翻，日晚。

【釋證】

盰，《説文》目部：“盰，目多白也。一曰張目也。从目，干聲。”《玉篇》目部：“盰，公旦切。目白皃。”《白虎通·聖人》：“盰目陳兵，天下富昌。”

旰，《説文》日部：“旰，晚也。从日，干聲。《春秋傳》曰：‘日旰君勞。’”《左傳·襄公十四年》“日旰不召，而射鴻于囿”，杜預注：“旰，晏也。”南朝梁何遜《苦熱》：“暗暗風逾静，瞳瞳日漸旰。”

冋（jiōng）向（xiàng）：上古熒翻，郊冋也。下許障翻，所向趣也。

【釋證】

冋，《説文》冂部：“冂，邑外謂之郊，郊外謂之野，野外謂之林，林外謂之冂。象遠界也。凡冂之屬皆从冂。冋，古文冂从口，象國邑。”依許慎説解，“冋”爲古文。冋，西周金文作𢍰（《集成》2813 師奎父鼎），爲《説文》古文𢍰所本。

向，《集韻》漾韻：“向、姠，許亮切。《説文》：‘北出牖也’，引《詩》‘塞向墐户’。或从片、向。一曰趣也，救也。”《三國志·魏書·陳泰傳》:"審其定間,知所趣向,須東西勢合乃進。"

　　蕪(wú)筮(shì):上文夫翻,蕪荑,艸。下成制翻,卜筮。

【釋證】

　　蕪,《玉篇》艸部:"蕪,武俱切。蕪荑。一名白蕢。"蕪荑,又作"蕪荑",木名。葉、果、皮可入藥,仁可做醬,味辛。又名"无姑"。漢董仲舒《春秋繁露·郊語》:"蕪荑生於燕,橘枳死於荆。"明李時珍《本草綱目·木二·蕪荑》:"蕪荑有大小兩種:小者即榆莢也,揉取仁,醞爲醬,味尤辛。人多以外物相和,不可不擇去之。入藥皆用大蕪荑。"

　　垠(yín)埌(làng):上魚斤翻,垠岸。下來宕翻,出《莊子》。

【釋證】

　　埌,《玉篇》土部:"埌,力盎切。《方言》曰:'秦晉或謂冢曰埌。'"《廣雅·釋丘》:"埌,冢也。"《莊子·應帝王》:"無名人曰:'去! 汝鄙人也,何問之不豫也! 予方將與造物者爲人,厭則又乘夫莽眇之鳥,以出六極之外,而遊無何有之鄉,以處壙埌之野。'"陸德明釋文引崔譔云:"壙埌,猶曠蕩也。"

　　抽(chōu)柚(yòu):上丑牛翻,拔之也。下以秀翻,江南橘之大者。

　　医(fǔ)医(yì):上方于翻,器也,亦古"簠"字。下烏計翻,盛弩箭器也。

【釋證】

医,《説文》竹部:"簠,黍稷圓器也。从竹,从皿,甫聲。医,古文簠从匚,从夫。"《廣韻》虞韻:"簠,簠簋,祭器。甫無切。又方羽切。""医"字从匚,與"簠"字🔲(《集成》4690 厚氏簠)从🔲(即匚)同;从夫聲,與"簠"字或从夫聲作🔲(《集成》4629 陳逆簠)、🔲(《包》124)同。《周禮·地官·舍人》"凡祭祀,共簠、簋,實之陳之",鄭玄注:"方曰簠,圓曰簋,盛黍稷稻粱器。"《新唐書·東夷傳·高麗》:"食用籩、豆、簠、簋、罍、洗。"

医,《説文》匚部:"医,盛弓弩矢器也。从匚,从矢。《國語》曰:'兵不解医。'"《玉篇》匚部:"医,於計切。所以蔽矢也。盛弓弩矢器也。或作'翳'。"

平聲入聲相對

茮(qī)敕(chì):上居宜翻,木別生。下丑力翻,正也。

【釋證】

茮,又作"秖"。《玉篇》市部:"秖,巨宜切。木別生。"《廣韻》支韻:"秖,木別生也。渠羈切。茮,上同。"

敕,《廣韻》職韻:"敕,誡也。正也。固也。勞也。理也。書也。急也。今相承用'勅','勅'本音賚。恥力切。"敕,古時自上告下之詞。漢時凡尊長告誡後輩或下屬稱敕,南北朝以後特指皇帝的詔書。南朝宋劉義慶《世説新語·賢媛》:"(王經)被收,涕泣辭母曰:'不從母敕,以至今日!'"清顧炎武《金石文字記·西嶽華山廟碑》:"漢時人官長行之掾屬,祖父行之子孫,皆曰敕。……至南北朝以下,則此字惟朝廷專之。"

云(yún) 㐬(tū):上王分翻,云爲。下他勿翻,不孝子;一云疏通兒。

【釋證】

云,《廣韻》文韻:"云,辭也。言也。《説文》古文'雲'字。亦姓,出自祝融之後。王分切。"云爲,言論行爲。《易·繫辭下》"變化云爲,吉事有祥",孔穎達疏:"或口之所云,或身之所爲也。"

㐬,《説文》㐬部:"㐬,不順忽出也。从到子。《易》曰:'突如其來如。'不孝子突出,不容於内也。㐬,或从到古文子,即《易》'突'字。"㐬,小篆作㐬,爲倒立之"子",逆子也,故云"不孝子"。

戈(gē) 弋(yì):上古禾翻,干戈。下与力翻,弋射。

將(jiāng) 牻(liè):上即羊翻,从爿,从肉。下力拙翻,牛白脊,从爪,从牛。

【釋證】

將,《説文》寸部:"將,帥也。从寸,牆省聲。"許氏説解有誤。將,从寸,牉聲。牉,从肉,爿聲。爿,牀之初文,象豎立的牀形,甲骨文作爿(《合》22238),小篆作爿,隸定作"爿"。

牻,《説文》牛部:"牻,牛白脊也。从牛,寽聲。"《説文》寽部:"寽,五指持也。从受,一聲。讀若律。"受,从爪,从又。

持(chí) 梼(zhé):上直支翻,把也。下竹革

翻，槌也。

【釋證】

栫，《説文》木部：“栫，槌也。从木，特省聲。”段玉裁注：“从木，寺聲。各本作‘特省聲’，淺人所改也。特又何聲耶？”段氏所言是，栫，楚文字作 （《郭·老甲》37），从木，之聲。寺，从寸，之聲。《玉篇》木部：“栫，陟革切。槌橫木也。關西謂之栫。”《方言》卷五“槌，其橫……齊部謂之栫”，郭璞注：“槌，縣蠶薄柱也。”栫，即擱架在蠶箔上的橫木。

錫（yáng）錫（xī）：上弋良翻，馬額飾。下先擊翻，金錫。

【釋證】

錫，《説文》金部：“鍚，馬頭飾也。从金，陽聲。《詩》曰：‘鉤膺鏤鍚。’一曰鍱，車輪鐵。”鍚，省作“錫”。《玉篇》金部：“鍚，餘章切。鏤鍚馬面飾。錫，同上。”《詩·大雅·韓奕》：“玄袞赤舄，鉤膺鏤鍚。”《周禮·春官·巾車》“王之五路，一曰玉路，錫樊纓”，鄭玄注：“錫，馬面當盧，刻金爲之，所謂鏤鍚也。”《左傳·桓公二年》“錫、鸞、和、鈴，昭其聲也”，杜預注：“錫在馬額……動皆有鳴聲。”

模（mó）摸（mō）：上莫胡翻，楷模。下音莫，捫摸。

【釋證】

摸，《廣雅·釋言》：“摸，撫也。”唐玄應《一切經音義》卷三：“《聲類》云：‘捫，摸也。’”“捫、摸”同義。晉干寶《搜神記》卷三：“呼問左右，左右莫見，因起自往，手捫摸之，壁自如故。”

椋（liáng）掠（lüè）：**上力將翻，車輞材。下力勺翻，抄掠。**

【釋證】

椋，《說文》木部："椋，即來也。从木，京聲。"段玉裁注："《釋木》曰：'椋，即棶。'《釋文》曰：'棶，《埤蒼》《字林》作'來'。'本《說文》也。累評曰即來，單評曰來。《唐本艸》謂之椋子木。"《玉篇》木部："椋，力將切。材中車輞也。"椋，即棶，木名，木材細緻堅硬，宜作車輪、車軸。

掠，《說文》手部新附："掠，奪取也。从手，京聲。本音亮。《唐韻》或作'擽'。"《廣韻》藥韻："掠，抄掠，劫人財物。離灼切。"《左傳·襄公二十一年》"欒盈過於周，周西鄙掠之"，杜預注："劫掠財物。"唐張籍《董逃行》："聞道官軍猶掠人，舊里如今歸未得。"

棺（guān）揎（wò）：**上古桓翻，棺椁。下於活翻，揎棺[①]也。**

【釋證】

揎，《說文》手部："揎，揎揎也。从手，官聲。一曰援也。"段玉裁注："揎乃複舉字，誤移揎下耳。義理與抉略同。今人剜字當作此。"《玉篇》手部："揎，於活切。揎揎也。拱也。"揎揎，挖取、剜取。

蚑（qí）蛂（bié）：**上音祇，蟲行也。下蒲結翻，蚇蟥，蟲。**

"揎揎"，澤存堂本亦作"揎揎"，不辭。疑"揎"乃"揎"之訛，詳見釋證。

【釋證】

蚑，《說文》虫部：“蚑，行也。从虫，支聲。”《廣韻》支韻：“蚑，蚑蚑，蟲行兒。又長蚑，蠨蛸別名，出崔豹《古今注》。巨支切。”蚑蚑，動物緩慢蠕動的樣子。《淮南子·脩務訓》：“蚑行蟯動之蟲，喜而合，怒而鬬，見利而就，避害而去，其情一也。”

蚚，《玉篇》虫部：“蚚，步結切。蠀螬也。”《爾雅·釋蟲》“蚚，蠀螬”，郭璞注：“甲蟲也。大如虎豆，綠色，今江東呼黃螬。”即金龜子。

慱（tuán）博（bó）：上徒官翻，憂心。下布郭翻，厚，从十。

【釋證】

慱，《爾雅·釋訓》：“慱慱，憂也。”《詩·檜風·素冠》“庶見素冠兮，棘人欒欒兮，勞心慱慱兮”，毛傳：“慱慱，憂勞也。

博，本義爲“大”。《說文》十部：“博，大通也。从十，从尃。尃，布也。”後引申爲“深厚、寬厚”。《禮記·中庸》：“博厚所以載物也，高明所以覆物也。”《新唐書·崔漢衡傳》：“崔漢衡，博州博平人。沈懿博厚，善與人交。”

觕（cū）桷（jué）：上千胡翻，与“麤”同。下古岳翻，㮡桷。

【釋證】

觕，《玉篇》牛部：“觕（chù），昌欲切。牴人也。”《廣韻》燭韻：“觸，突也。尺玉切。觕，古文。”《龍龕手鑑》角部：“觕、觕，二或作。牚、觸，二正。尺玉反。突也。”牚，从牛，从角，會意，牛以角觸人也。戰國文字作🜨（《集成》11210 羊角戈）、🜨（《銘圖》18064 十八年平國君鈹），爲《龍龕手鑑》“牚”字所本。或形聲化，作𩮤（《集成》11294 丞相觸戈），从角，蜀聲。字形爲《説文》小篆𩮤所本，隸定作“觸”。《説文》有“觸”，無“㹲”。段玉裁以爲“㹲”乃“㹲”之形訛，亦非。㹲，又音 cū，通“麤”。《公羊傳·莊公十年》“㹲者曰侵，精者曰伐”，何休注：“㹲，麤也。將兵至竟，以過侵責之，服則引兵而去，用意尚麤。”《吕氏春秋·孟夏紀》“食菽與雞，其器高以㹲”，高誘注：“㹲，大也。”《漢書·藝文志》“數術者，皆明堂羲和史卜之職也。……漢有唐都，庶得麤㹲”，顏師古注：“㹲，粗略也。”

桷，方的椽子。《説文》木部：“榱，秦名爲屋椽，周謂之榱，齊魯謂之桷。”又同部：“桷，榱也。椽方曰桷。从木，角聲。《春秋傳》曰：‘刻桓宫之桷。’”三國魏嵇康《與山巨源絶交書》：“足下見直木必不可以爲輪，曲者不可以爲桷，蓋不欲枉其天才，令得其所也。”宋王安石《寄贈胡先生》：“先收先生作梁柱，以次構架桷與榱。”

朮（huá）朮（zhú）：上互瓜翻，兩刃㔾。下丈出翻，山薊。

【釋證】

朮，《説文》木部：“朮，兩刃㔾也。从木；丷，象形。宋魏曰朮也。”《玉篇》木部：“朮，胡瓜切。兩刃㔾也。今爲‘鏵’。”

朮，《説文》艸部：“朮，山薊也。从艸，术聲。”《廣韻》術韻：“术，藥名。直律切。朮，上同。”《山海經·中山經》“（泰室之山）有艸焉，其狀如朮”，郭璞注：“朮，似薊也。”

暘（yáng）暘（yì）：上余章翻，暘谷日出。下音亦，日覆暫見。

【釋證】

暘，《書·堯典》"分命羲仲，宅嵎夷，曰暘谷"，孔安國傳："暘，明也。日出於谷而天下明，故稱暘谷。"孔穎達疏："日所出處，名曰暘明之谷。"《淮南子·墜形訓》："暘谷、榑桑在東方。"

暍，《說文》日部："日覆雲暫見也。从日，易聲。"《廣韻》昔韻："暍，日無光。施隻切。"

槜（zuī）撮（cuō）：上子灰翻，木節。下倉活、子活二翻。
【釋證】

槜，《玉篇》木部："槜，子回切。木槜節也。"同部："梭，子回切。節木。亦作'槜'。"

撮，《廣韻》末韻："撮，挽牽也。　子括切。"又同韻："撮，六十四黍爲圭，四圭爲撮。撮，手取。倉括切。"《漢書·律曆志上》"量多少者不失圭撮"，顏師古注引應劭曰："四圭曰撮，三指撮之也。"《孫子算經》卷上："量之所起，起於粟。六粟爲一圭，十圭爲一撮。"

夌（líng）麥（mài）：上力[1]升翻，高也。下莫責翻，來牟也。
【釋證】

夌，《說文》夊部："夌，越也。从夊，从㚏。㚏，高也。一曰夌僇也。"

麥，甲骨文作𪊨（《合》9553），从夊，來聲，乃來去之來的本字。來，甲骨文作𣏂（《合》223），象麥子有根、桿、葉之形。後世

---

[1]　"力"，原作"方"，據澤存堂本改。

形義互換，"來"表來去之來義，"麥"表禾麥之麥義。來牟，又作"麥牟、麥麰、來麰"等。《詩·周頌·思文》"貽我來牟，帝命率育"，朱熹集傳："來，小麥。牟，大麥也。"

遝（huán）遝（tà）：上戶關翻，迴也。下徒荅翻，合也。

【釋證】

遝，《說文》辵部："遝，迒也。从辵，眔聲。"同部："迒，遝也。从辵，合聲。""迒、遝"疊韻，詞義相同，均爲"途中會合"之義，故郭氏云"合也"。《楚辭·天問》"天何所遝，十二焉分"，王逸注："遝，合也。"《文選》揚雄《羽獵賦》"出入日月，天與地遝"，李善注引應劭曰："遝，合也。"

巴（bā）弓（jié）：上博加翻，蛇名；地名。下子結翻，瑞信。

【釋證】

弓，篆文作弓，隸變作弓、卩、卩等形。《說文》卩部："卩，瑞信也。守國者用玉卩，守都鄙者用角卩，使山邦者用虎卩，土邦者用人卩，澤邦者用龍卩，門關者用符卩，貨賄用璽卩，道路用旌卩。象相合之形。"《玉篇》卩部："卩，子結切。瑞信也。今作'節'。"

文（wén）攵（pū）：上亡分翻，文章。下普卜翻，擊也。

涷（dōng）涷（sù）：上德紅翻，東郡館名。下桑谷翻，鼎實。

【釋證】

餗，《説文》鬲部：“𩰛，鼎實。惟葦及蒲。陳留謂鍵爲𩰛。从鬲，速聲。餗，𩰛或从食，束聲。”《廣韻》屋韻：“餗，鼎實。桑谷切。”《易》鼎卦“鼎折足，覆公餗”，孔穎達疏：“餗，糝也。八珍之膳，鼎之實也。”宋葉適《承事郎致仕黄君墓志銘》：“種之炊之，有實其餗。熟而食之，孔美且馥。”

囚（qiú）囜（niè）：上徐由翻，繫囚也。下女洽翻，甲囜，貪也。

【釋證】

囜，《正字通》口部：“按：《説文》有‘𡆥’無‘囜’，《元包經》：囜，取也。與‘𡆥’義近。‘入’者，‘又’之譌。”《説文》口部：“𡆥，下取物縮藏之。从口，从又。讀若聶。”（按：“下”疑爲“私”之訛。）《正字通》所言甚是。𡆥，甲骨文作𡆥（《合》22293），戰國文字作𡆥（《望》2·50）、𡆥（《上博簡·紂》23）。所从之“又”訛作“入”，作“囜”。《廣韻》緝韻：“𡆥，𡆥𡆥，私取皃。尼立切。又女洽切。”又洽韻：“𡆥，手取物。俗作‘𡆥’。女洽切。”蓋因“私取”，故郭氏釋“囜”爲“貪”。

慆（tāo）幍（tāo）：上土刀翻，悦樂。下土刀、苦洽二翻，巾幍。

【釋證】

慆，《説文》心部：“慆，説也。从心，舀聲。”《廣韻》豪韻：“慆，悦樂。土刀切。”《左傳·昭公元年》：“君子之近琴瑟，以儀節也，非以慆心也。”

幍，《廣韻》豪韻：“縚，編絲繩也。土刀切。幍，上同。”《集韻》豪韻：“幍，巾帙也。他刀切。”《篇海類編·衣服類·巾部》：

"帽，巾帽士服。"

默（yóu）默（mò）：上籀文"肬"字。下莫北翻，犬默噬。

【釋證】

默，《説文》肉部："肬，贅也。从肉，尤聲。默，籀文肬从黑。"字又作"疣"。《廣韻》尤韻："疣，結病也。《釋名》曰：'疣，丘也，出皮上聚高如地之有丘也。'默，籀文。羽求切。"《楚辭·九章·惜誦》："竭忠誠而事君兮，反離群而贅肬。"南朝梁劉勰《文心雕龍·熔裁》："駢拇枝指，由侈於性；附贅縣肬，實侈於形。"

默，《説文》犬部："默，犬暫逐人也。"沈濤古本考："濤按：《六書故》引《説文》曰'犬潛逐人也'是。今本'暫'乃'潛'字之誤。"本指犬不吠而噬人，後引申爲"静默、不語"。《易·繫辭上》："或出或處，或默或語。"

秩（fū）秩（zhì）：上音敷，已見平字。下丈一翻，官秩。

易（yáng）易（yì）：上余章翻，光也。下音亦，變也。

鳺（fū）鳺（dié）：上甫無翻，鳺鳩。下也節、余日二翻，鳥名。

【釋證】

鳺，《爾雅·釋鳥》"隹其，鳺鵃"，郭璞注："今鵃鳩。"《廣韻》虞韻："鳺，鵃鳩，鳥。甫無切。"蔡夢麒《廣韻校釋》："鵃鳩，又名雛、鶝鴡、楚鳩，即火斑鳩。”

鴂，《玉篇》鳥部：“鴂，余日切。 鵏鴂鳥。”《廣韻》質韻：“鴂，鵏鼓鳥也。夷質切。”又屑韻：“鴂，《爾雅》云：‘鴂，鵏鼓。’徒結切。”

苗（miáo）　苗（dí）：上明昭翻，田苗。下徒曆翻，蓨苗，艸。

【釋證】

苗，《説文》艸部：“苗，蓨也。 从艸，由聲。”蓨，又名羊蹄草，多年生草本，根入藥。《管子·地員》：“黑埴，宜稻麥，其草宜苹蓨。”北魏賈思勰《齊民要術·五穀果蓏菜茹非中國物産者》：“《詩義疏》曰：‘今羊蹄，似蘆菔，莖赤。煮爲茹，滑而不美；多噉令人下痢，幽、揚謂之蓫，一名蓨，亦食之。’”

刕（lí）　劦（xié）：上力支翻，人姓，出字書。下胡頰翻，同力。

【釋證】

刕，《玉篇》刀部：“刕，歷低切，姓。又力脂切。”《北史·夷貊傳下·百濟》：“國中大姓有八族，沙氏、燕氏、刕氏、解氏、真氏、國氏、木氏、苗氏。”

劦，《説文》劦部：“劦，同力也。从三力。”同力，即合力。

嵒（yán）　嵲（niè）：上五咸翻，山高皃。下尼輒翻，地名。

【釋證】

嵒，同“巖”。《説文》山部：“嵒，山巖也。从山、品。 讀若吟。”《廣韻》咸韻：“嵒，巖也。又嶄嵒，山高皃。亦地名。五咸切。”《龍龕手鑑》山部：“嵒，古。喦，《玉篇》同。巖，五銜反，峰也，險也，峻也。”

　　喦，甲骨文作𠱸（《合》17599 反），从人，上有三口相連。或簡省作𠱠（《合》5574），爲《説文》小篆𠱟所本。《説文》品部：“喦，多言也。从品相連。《春秋傳》曰：‘次于喦北。’讀與聶同。”《廣韻》葉韻：“喦，多言。而涉切。”又春秋時宋國地名。

禓（yáng）禓（xī）：上余章、舒羊二翻，道上祭。下先的翻，袒衣。

【釋證】

　　禓，《説文》示部：“禓，道上祭。从示，易聲。”《玉篇》示部：“禓，與章、書羊二切。强鬼也。道上祭也。”《廣韻》陽韻：“禓，道上祭。一曰道神。與章切。又舒羊切。”《急就篇》卷四“祠祀社稷叢臘奉，謁禓塞禱鬼神寵”，顏師古注：“禓，道上之祭也。”《禮記·郊特牲》“鄉人禓”，鄭玄注：“禓，强鬼也。謂時儺，索室毆疫，逐强鬼也。禓或爲獻，或爲儺。”陸德明釋文：“禓，音傷。鬼名也。”

　　裼，《説文》衣部：“裼，袒也。从衣，易聲。”袒衣，袒開或脱去外衣露出身體。《戰國策·秦策》：“聞戰，頓足徒裼。”《史記·張儀列傳》“秦人捐甲徒裼以趨敵”，司馬貞索隱：“裼，袒也，謂袒而見肉也。”

縁（yuán）緑（lǜ）：上弋全翻，因縁。下吕玉翻，色也。

乎（hū）㪺（lǔ）：上户吾翻，語助。下吕戍翻，捋取。

田（tián）由（fú）：**上徒年翻，土田。下分物翻，鬼頭。**

【釋證】

由，《說文》由部：“由，鬼頭也。象形。”所謂“鬼頭”，“鬼”字上部所從。徐灝注箋：“此字不見經傳，惟釋氏書有之。”小篆作田。

豚（tún）豚（dū）：**上徒門翻，豚魚。下丁木翻，尾下；亦與“豱”同。**

【釋證】

豚，小豬。《說文》豚部：“豚，小豕也。从彖省，象形。从又持肉，以給祠祀。豚，篆文从肉、豕。”《廣韻》魂韻：“豚，豕子。徒渾切。”《易》中孚卦“豚魚，吉，信及豚魚也”，王弼注：“魚者，蟲之隱者也。豚者，獸之微賤者也。爭競之道不興，中信之德淳著，則雖微隱之物，信皆及之。”《宋書·何承天傳》：“蒲亭雖陋，可比德於盛明；豚魚微物，不獨遺於今化。”

豚，一指肛門。《廣韻》屋韻：“豚，尾下竅也。丁木切。”郭氏所謂“尾下”乃“尾下竅”之諱省。豚，又音 zhuó，同“豱”，星名，東方蒼龍七宿之一。《廣韻》覺韻：“豱，龍尾。豚，上同。竹角切。”

曆（gān）曆（lì）：**上大禾翻，和也。下力的翻，律曆。曆，一本作“厤”。**

【釋證】

曆，金文作圅（《集成》4122 录作辛公簋）、厤（《集成》4165 大簋），隸定作“曆”。《說文》甘部：“曆，和也。从甘，从麻。麻，

調也。甘亦聲。讀若函。"段玉裁注認爲"𪉠"當作"曆":"曆,
和也。'和'當作'盉',寫者亂之耳。皿部曰:'盉,調味也。'从
甘、麻。麻,調也。説从麻之意。厂部曰:'麻,治也。'秝部曰:
'稀疏適也。'稀疏適者,調穌之意。《周禮》:'凡和,春多酸,夏
多苦,秋多辛,冬多鹹。調以滑甘。'此从甘、麻之義也。各本
及《篇》《韵》《集韵》《類篇》字體皆譌,今正。"《玉篇》甘部:
"𪉠,古三、紅談二切。和也。"《廣韻》覃韻:"曆,和也。口含
切。又紅談、古三二切。"

忉(dāo) 忇(lè):上丁高翻,憂心忉忉。下牢則翻,精誠。

【釋證】

忉,《玉篇》心部:"忉,都勞切。憂心皃。"《詩·齊風·甫田》
"無思遠人,勞心忉忉",毛傳:"忉忉,憂勞也。"孔穎達疏:"憂
也,以言勞心,故云憂勞也。"

忇,《玉篇》心部:"忇,盧得切。功大也。"《正字通》心部:
"忇,俗字,舊注誤。"《字彙》:"忇,歷德切,音勒。思也。"

亳(háo) 亳(bó):上胡刀翻,毛也。下蒲各翻,州名。

跗(fū) 跌(diē):上甫無翻,跏跗坐。下大結翻,跌踢也。

【釋證】

跗,《龍龕手鑑》足部:"蹄、跗,二俗。跗,正,甫無反,足上
也。又符遇反。"《廣韻》虞韻:"跗,足上也。甫無切。跗,上
同。又跏跗大坐。"《無量壽經》卷上:"哀受施草敷佛樹下跏跗

而坐,奮大光明使魔知之。"宋張世南《游宦紀聞》卷四:"小師
之趨東室也,急欲化去,跏趺不盡一脚。"跏趺,佛教中修禪者的
坐法,以兩足交叉置於左右股上,亦稱"全跏坐"。後泛指靜坐,
端坐。

　　趺,《説文》足部:"趺,踢也。从足,失聲。一曰越也。"又同
部:"踢,跌踢也。从足,易聲。"《廣韻》屑韻:"跌,跌踢。又差
跌也。徒結切。"宕韻:"踢,跌踢,行失正。徒浪切。""跌踢",
又作"跌宕、跌蕩"。《後漢書·孔融傳》"又前與白衣禰衡跌蕩
放言",李賢注:"跌蕩,無儀檢也。"《三國志·蜀書·簡雍傳》:"優
游風議,性簡傲跌宕,在先主坐席,猶箕踞傾倚,威儀不肅,自
縱適。"

勻(yún) 匀(sháo):上唯均翻,勻調。下之若翻,抄勺。

牥(tāo) 牧(mù):上土刀翻,牛行遲。下亡卜翻,放牧。

【釋證】

　　牥,《説文》牛部:"牥,牛徐行也。从牛,㠯聲。讀若滔。"

抓(guā) 抪(bò):上工華翻,引也。下普百翻,破拍。

【釋證】

　　抓,《玉篇》手部:"抓,古華切。引也。擊也。"《廣雅·釋
詁》"抓,引也",王念孫疏證:"抓之言扝也。"亦作"扝"。《吕氏
春秋·貴直論》:"扝弓而射之。"

　　抪,《廣雅·釋詁》:"抪,裂也。"

筠(yún) 筤(báo)：上爲巾翻，竹有筠。下抱角翻，車筤。

【釋證】

筠，《説文》竹部新附："筠，竹皮也。"《禮記·禮器》"其在人也，如竹箭之有筠也，如松柏之有心也"，鄭玄注："筠，竹之青皮也。"孔穎達疏："筠是竹外青皮。"唐劉禹錫《許給事見示哭工部劉尚書詩因命同作》："特達圭無玷，堅貞竹有筠。"

筤，車筤，車篷。《玉篇》竹部："筤，又卓切。 筤帶。"《廣韻》覺韻："筤，車筤帶也。蒲角切。"筤，或爲"筤"之俗寫。《類篇》竹部："筤，弼角切。筤篧，筤帶也。"

葟(bí) 筆(bǐ)：上兵苗[1]翻，艸名。下彼乙翻，筆札。

【釋證】

葟，《廣雅·釋草》："葟，藜也。"《康熙字典》："又《類篇》兵笛切，音筆。艸名。"

瘍(yáng) 瘱(yì)：上以祥翻，頭創，与"痒"同。下夷益翻，脈瘱。

【釋證】

瘍，《説文》疒部："瘍，頭創也。 从疒，易聲。"段玉裁注："按：'頭'字蓋賸。上文'疕'下曰'頭瘍'，則見瘍不專在頭矣。鄭注《周禮》云'身傷曰瘍'，以别於頭瘍曰疕。 許則疊韵爲訓。"《廣韻》陽韻："瘍，傷也。……《周禮》：'療瘍，以五毒攻之。'"《左傳·襄公十九年》："荀偃瘅疽，生瘍於頭。"《禮記·曲

---

[1] "苗"，原作"苗"，澤存堂本亦作"苗"，皆非，形近而誤刻。

禮上》:“頭有創則沐,身有瘍則浴。”《説文》疒部:“痒,瘍也。从疒,羊聲。”《集韻》陽韻:“瘍,或作‘痒’。”

瘍,一指脉病。《説文》疒部:“瘍,脈瘍也。从疒,易聲。”《玉篇》疒部:“瘍,羊赤切。脉病也。”又指傳染病。《廣韻》昔韻:“瘍,病相染也。羊益切。”《集韻》昔韻:“瘍,關中謂病相傳爲瘍。”

敭(yáng)敡(yì):上余章翻,對敭。下余益翻,改也。

【釋證】

敭,《玉篇》攴部:“敭,弋章切。亦作‘揚’。”對敭,亦作“對揚”,古代常語,金文習見。凡臣受君賜時多用之,兼有答謝、頌揚之意。《書·説命下》“敢對揚天子之休命”,孔安國傳:“對,答也。答受美命而稱揚之。”唐宋以來爲官吏除授後謝恩的一種儀式。宋宋敏求《春明退朝録》:“吏部流内銓,每除官,皆云權判。正衙謝,復正謝前殿,引選人謝辭。繇唐以來,謂之對揚。”

敡,又寫作“敭”,《説文》攴部:“敭,侮也。从攴,从易,易亦聲。”《集韻》寘韻:“敭,《説文》:‘侮也。’通作‘易’。”故郭氏釋爲“改也”。

豝(bā)豝(dū):上必加翻,豕也。下丁角、丁木二翻,龍尾星。

【釋證】

豝,母猪。《説文》豕部:“豝,牝豕也。从豕,巴聲。”《詩·召南·騶虞》“彼茁者葭,壹發五豝”,鄭玄箋:“豕牝曰豝。”

豝,詳見“豚豚”條釋證。

殳（shū） 殳（mò）：**上示朱翻，戈殳。下莫勿翻，沈也。**

【釋證】

殳，《釋名·釋兵》："殳，殊也。長丈二尺而無刃，有所撞挃於車上，使殊離也。"戈殳，泛指兵器。三國魏曹植《七啟》："丹旗燿野，戈殳晧旰。"

殳，《説文》又部："殳，入水有所取也。从又在冋下。冋，古文'回'。回，淵水也。讀若沫。"《玉篇》又部："殳，莫骨切。古'没'字。

葱（cōng） 葱（hū）：**上千公翻，菜。下呼兀翻，牀葱。**

呼（hū） 呼（liè）：**上火乎翻，叫也。下力別翻，雞鳴。**

屯（tún） 屯（zhé）：**上徒門翻，聚也。下竹革翻，草生兒。**

【釋證】

屯，詳見"屯卦之屯音豚"及"屯屯"條釋證。

屯，《説文》屮部："屮，艸葉也。从垂穗，上貫一，下有根。象形。"即草木生葉，象形，小篆作屮。

麻（má） 麻（lì）：**上莫加翻，紵也。下來狄翻，理也。**

【釋證】

麻，治理。《説文》厂部："麻，治也。从厂，秝聲。"段玉裁注："甘部'曆'下云：'从甘、麻。麻者，調也。'按：調和即治之義也。秝从秝。秝者,稀疏適秝也。”《莊子·天下》:“(惠施)麻物之意,曰:‘至大無外,謂之大一;至小無内,謂之小一。’”陸德明釋文:“秝,古‘歷’字,本亦作‘歷’。物之意,分別歷説之。”

翎(líng)翕(xī):上力丁翻,羽也。下与“翕”同,出《漢史》。

【釋證】

翎,《説文》羽部新附:“翎,羽也。从羽,令聲。郎丁切。”《廣韻》青韻:“翎,鳥羽。郎丁切。”唐韓愈《薦士》:“鶴翎不天生,變化在啄菢。”

翕,《玉篇》羽部:“翕,許及切,合也,斂也,聚也,炙也。翕,同上。”《廣韻》緝韻:“翕,漢有翕侯。許及切。”《漢書·張騫傳》“子昆莫新生,傅父布就翕侯抱亡置草中”,顔師古注:“翕侯,烏孫大臣官號,其數非一,亦猶漢之將軍耳。而布就者,又翕侯之中別號,猶右將軍、左將軍耳,非其人之字。‘翕’與‘翕’同。”

祴(gāi)祴(gé):上古哀翻,夏樂章名。下古得翻,内典有衣祴。

【釋證】

祴,《説文》示部:“祴,宗廟奏祴樂。从示,戒聲。”《祴夏》,九夏樂章名之一,也作《陔夏》。《周禮·春官·鍾師》“凡樂事,以鍾鼓奏九夏:《王夏》……《祴夏》《驁夏》”,鄭玄注引杜子春曰:“祴,讀爲陔鼓之陔。……客醉而出奏《陔夏》。”賈公彦疏:“賓醉將出奏之,恐其失禮,故陔切之,使不失禮。”

祴,《廣韻》德韻:“祴,釋典有衣祴。古得切。”釋典,即内典,佛經。衣祴,即衣襟。宋普濟《五燈會元·十祖尊者》:“祖付法已,即現神變而入涅槃,化火自焚,四衆各以衣裓盛舍利,隨處興塔而供養之。"

槐(pí) 挄(pī):上防脂、方兮二翻,楣也。下蒲結翻,用手擊物。

【釋證】

槐,指屋檐前板。《説文》木部:"槐,柢也。从木,皀聲。讀若枇杷之枇。"同部:"柢,楣也。"《文選》張衡《西京賦》"鏤檻文槐",李善注引《聲類》曰:"槐,屋連綿也。"

挄,《説文》手部:"挄,反手擊也。从手,皀聲。"

相(xiāng/xiàng) 枂(wò):上思羊翻,又息亮翻。下五活翻,去樹皮;又柮枂,柱上木。

【釋證】

枂,《廣韻》末韻:"枂,去樹皮。又柮枂,柱頭木。五活切。"柮枂,柱端木,即斗栱之類的木構件。

滴(shāng) 滴(dī):上式羊翻,滴河,从商。商,式羊翻。下丁狄翻,水滴,从商。商,古"啻"字。

磨(mó) 厤(lì):上門禾翻,琢磨,字从广,广音儼;从林,林,匹賣翻。下力狄翻,字从厂,厂音罕;从秝,秝音歷。

【釋證】

厤,《説文》石部:"厤,石聲也。从石,麻聲。"

佅(fū) 佚(yì):上音膚。凡日晷長爲潦,短爲旱,奢爲佅。佅者,邪臣進,正臣疏。下以質翻,樂也。

【釋證】

佚，郭氏所云"日晷長爲潦"句，見今本《漢書》，"佚"作"扶"。《漢書·天文志》"晷，長爲潦，短爲旱，奢爲扶。扶者，邪臣進而正臣疏，君子不足，姦人有餘"，顔師古注引晉灼曰："扶，附也。小臣佞媚附近君子之側也。"《釋名·釋言語》："扶，傅也，傅近之也。"

佚，同"逸"，安樂，舒閑。唐玄應《一切經音義》卷五引《倉頡篇》："佚，樂也。"

袀（jūn）禴（yuè）：上居匀翻，戎衣，《傳》曰："袀服振振。"下以匀翻，《易》曰："不如西鄰禴祭。"

【釋證】

袀，《玉篇》衣部："袀，居純切。戎服也。裳削副也。純也。"《廣韻》諄韻："袀，戎衣也。《左傳》曰：'均服振振。'字書從衣。居匀切。"袀服，又作"均服"，同一的服裝，即相同的戎裝。

禴，古代宗廟祭名。夏商時爲春祭，周代則爲夏祭。《說文》示部："禴，夏祭也。從示，勺聲。"《禮記·王制》"天子諸侯宗廟之祭，春曰禴，夏曰禘，秋曰嘗，冬曰烝"，鄭玄注："此蓋夏殷之祭名，周則改之，春曰祠，夏曰禴。"《公羊傳·桓公八年》"夏曰禴"，何休注："薦尚麥苗，麥始熟可禴，故曰禴。"漢董仲舒《春秋繁露·四祭》："四祭者，因四時之所生孰，而祭其先祖父母也。故春曰祠，夏曰禴，秋曰嘗，冬曰蒸。……祠者，以正月始食韭也；禴者，以四月食麥也；嘗者，以七月嘗黍稷也；蒸者，以十月進初稻也。”

　　揨（chéng） **椁**（guǒ）：**上宅耕翻，出《周禮》。或从“亭”作，撞也。下古鑊翻，棺椁。**

【釋證】

　　揨，《集韻》耕韻：“杄，《說文》：‘橦也。’或作‘揨、敳、揨、敪’。除耕切。”《說文》木部：“杄，橦也。从木，丁聲。”段玉裁注改“橦”爲“撞”，云：“撞從手，各本誤從木、從禾，今正。《通俗文》曰：撞出曰杄。丈鞭、丈莖二切。與《說文》合，謂以此物撞彼物使出也。《三蒼》作‘敳’，《周禮·職金》注作‘揨’，他書作‘敳’、作‘敪’，實一字也。杄之字俗作‘打’，音德冷、都挺二切，近代讀德下切，而無語不用此字矣。”

　　斟（zhēn） **戡**（chì）：**上止深翻，勺也。下止入翻，戡盛也。汝南謂蠶盛爲戡。**

【釋證】

　　斟，用勺子舀取。《說文》斗部：“斟，勺也。从斗，甚聲。”段玉裁注：“勺之謂之斟，引申之盛於勺者亦謂之斟。”《廣韻》侵韻：“斟，斟酌也。職深切。”

　　戡，《說文》十部：“戡，戡戡，盛也。从十，从甚。汝南名蠶盛曰戡。”《玉篇》十部：“戡，子入、充入二切。戡戡，蠶盛也。又會聚也。”

　　涑（sōu/sù） **涑**（qì）：**上先俟翻，浣也；又音粟，水名，在河東。下七彳翻，北地水名。**

【釋證】

　　涑，一音 sōu。《說文》水部：“涑，澣也。从水，束聲。河東有涑水。"同部："瀚,濯衣垢也。从水,榦聲。浣,瀚或从完。"
《玉篇》水部："涑,先侯切,濯生練也。又先候切,與'漱'同。"
涑,又音 sù。《玉篇》先卜切,《廣韻》桑谷切,水名。《左傳·成
公十三年》"入我河曲,伐我涑川",杜預注："涑水出河東聞喜
縣,西南至蒲坂縣入河。"

涑,《廣韻》昔韻："涑,水名,在北。七迹切。"蔡夢麒《廣韻
校釋》："北,當依《切三》《王一》《唐韻》作'北地',《類篇》同,
當補'地'字。"涑水,在今甘肅省境內。

馼(wén) 駁(bó)

馼（wén）駁（bó）：上無分翻,"馼馬百駟"。下
步角、北角二翻,馬雜色,亦作"駮"。
【釋證】
馼,《說文》馬部："馼,馬赤鬣縞身,目若黃金,名曰媽。吉
皇之乘,周文王時犬戎獻之。从馬,从文,文亦聲。《春秋傳》曰:
'媽馬百駟。'畫馬也。西伯獻紂,以全其身。"

踢

踢（tàng）踢（tī）：上土郎、徒浪二翻,趹踢。
下他曆翻,跡踢,獸名,左右有翼,出《山海經》。
【釋證】
踢,詳見"趹趹"條釋證。
踢,《廣韻》錫韻："踢,趹踢,獸名,左右有首。出《山海經》。
他曆切。"

柭

柭（lú）柭（liè）捋（luō）：上來吳、來古二翻,黃
柭木,可染。中才羊翻,帆柭;亦來拾翻,木名。下
來拔翻,捋取。

【釋證】

枱,《集韻》薛韻:"枱,《説文》:'木也。' 一曰舟檣。"

　場(cháng) 塲(shāng) 埸(yì):上音長,治穀
處。中音傷,耕塲。下音亦,疆埸。

【釋證】

場,用於收打莊稼、翻曬糧食的平坦場地。《説文》土部:
"場,一曰治穀田也。"《詩·豳風·七月》:"九月築場圃,十月納
禾稼。"宋陸游《秋興》詩之四:"隣父築場收早稼,溪姑負籠賣
秋茶。"

塲,《廣韻》陽韻:"塲,耕塲。式羊切。埸,上同。"

埸,《説文》土部新附:"埸,疆也。"《左傳·桓公十七年》
"疆埸之事,慎守其一,而備其不虞",孔穎達疏:"疆埸,謂界畔
也。"《三國志·吳書·士燮傳》:"處大亂之中,保全一郡,二十餘
年疆埸無事。"

　搯(tāo) 榒(tāo) 掐(qiā):上中竝他刀翻,上
揎也,中櫃也。下苦洽翻,爪掐。

【釋證】

搯,《説文》手部:"搯,揎也。从手,舀聲。"段玉裁注:"《通
俗文》:揎出曰掏。……掏,即搯也。"唐劉朝霞《賀幸溫泉賦》:
"直攫得盤古髓,搯得女媧瓢,遮莫你古時千帝,豈如我今日
三郎。"

榒,《廣韻》豪韻:"榒,木名。《爾雅》云:'榒,山榎。' 今山
楸也。土刀切。"《詩·秦風·終南》"有條有梅",鄭玄箋:"條,
榒。"陸璣疏:"榒,今山楸也,亦如下田楸耳。皮葉白,色亦白,

材理好,宜爲車板。能濕,又可爲棺木。"檟,一名山楸,古人多植於墓前。南朝梁沈約《懷舊詩·傷庾杲之》:"楸檟今已合,容範尚昭昭。"《北齊書·王琳傳》:"昔廉公告逝,即淝川而建塋域;孫叔云亡,仍芍陂而植楸檟。"

掐,《説文》手部新附:"掐,爪刺也。从手,臽聲。苦洽切。"南朝宋劉義慶《世説新語·雅量》:"(顧雍)以爪掐掌,血流沾褥。"《北齊書·孝昭帝紀》:"太后常心痛不自堪忍,帝立侍帷前,以爪掐手心,血流出袖。"

支(zhī) 㕛(tāo) 攴(pū):上章移翻,度支也。中土刀翻,滑也,鼓字從此。鼓音古。下普卜翻,小擊也。

【釋證】

支,《説文》支部:"支,去竹之枝也。从手持半竹。""去竹之枝"蓋其本義,郭氏所謂"度支",又作"支度",乃中古習用之假借義,即規劃計算開支。《北齊書·唐邕傳》:"比及武平之末,府藏漸虚,邕度支取捨,大有裨益。"《三國志·魏書·徐邈傳》:"家家豐足,倉庫盈溢,乃支度州界軍用之餘,以市金帛犬馬。"《宋史·食貨志下》:"乾德三年,始詔諸州支度經費外,凡金帛悉送闕下,毋或占留。"

㕛,《説文》又部:"㕛,滑也。《詩》云:'㕛兮達兮。'从又、中。一曰取也。"《玉篇》又部:"㕛,敕勞切。滑也。一曰取也。"《廣韻》豪韻:"㕛,滑也。又腰鼓大頭名。土刀切。"《集韻》豪韻:"㕛,一曰戎鼓大道謂之㕛。"小篆作㞢,"鼓"字从之。鼓,甲骨文作𪔂(《合》22749),金文作𪔂(《集成》2836大克鼎),小篆作𪔂,字形一脈相承。左上像鼓飾,中像鼓面,下像鼓架;右上像有飾物的鼓槌,下从又。合而觀之,會以槌擊鼓之意。

祆(xiān) 祅(yāo) 祓(fú):上呼賢翻,胡神。中乙喬翻,祅祥。下分物翻,祓禊;又芳吠翻。

【釋證】

祆,《説文》示部新附:"祆,胡神也。从示,天聲。"祆,我國古代對拜火教信奉之神的統稱。唐段成式《酉陽雜俎·境異》:"(孝億國)出金鐵,衣麻布,舉俗事祆,不識佛法。"宋姚寬《西溪叢語》:"宋公言祆立廟,出於胡俗,而未必究其即波斯教法也。"

祅,《説文》示部:"祅,地反物爲祅也。从示,芺聲。"段玉裁注:"祅,省作'祅',經傳通作'妖'。"《廣韻》宵韻:"祅,於喬切。祅災。"又引申爲"凶兆"。祅祥,凶兆和吉兆。《國語·晉語六》:"辨祅祥於謠。"

祓,《廣雅·釋詁》:"祓,除也。"祓禊,猶祓除,古祭名。源於古代"除惡之祭"。三國魏以前多在三月上巳,魏以後改在三月三日。《後漢書·禮儀志上》"是月上巳,官民皆絜於東流水上",劉昭注:"蔡邕曰:《論語》:'暮春者,春服既成,冠者五六人,童子六七人,浴乎沂,風乎舞雩,詠而歸。'自上及下,古有此禮。今三月上巳,祓禊於水濱,蓋出於此。"祓,又音fèi。《廣韻》廢韻:"祓,福也。除惡祭也。方肺切。"

昀(yún) 旳(dì) 旳(dì):上羊倫翻,日光。中下竝都曆翻,中明也,下指的。

【釋證】

昀、旳,《説文》日部:"旳,明也。从日,勺聲。《易》曰:'爲旳額。’”段玉裁注：“旳者，白之明也。故俗字作‘的’。漢魯峻碑曰：‘永傳音齡，映矣旳旳。’引伸爲躰旳。”《集韻》錫韻：“旳、的、㣙，丁歷切。《説文》：‘明也。’引《易》‘爲的額’。或作‘的、㣙’。”《廣韻》錫韻：“的，指的。又明也。《説文》作‘旳’。都歷切。”指的的，確切指明。《敦煌變文集·大目乾連冥間救母變文》：“青提夫人欲似有，影响不能全指的。”

或（gē）或（huò）或（yù）：上各何翻，地名。中胡北翻。下音郁，文章盛。

【釋證】

或，甲骨文歷組卜辭有人名“㳄或”。或，甲骨文作𢦏（《合》33107），从戈，从口。

或，同“馘、馘”。《説文》有部：“馘，有文章也。从有，戜聲。”《玉篇》彡部：“彧，於六切。文章皃。《詩》曰：‘黍稷彧彧。’彧彧，茂盛皃。”《廣韻》屋韻：“馘，有文章也。於六切。彧，上同。”《集韻》屋韻：“馘、彧，乙六切。《説文》：有章也。或作‘彧’，通作‘郁’。”《論語·八佾篇》：“郁郁乎文哉！”

剝（chuān）剝（bō）剢（dú）：上丑緣翻，削也。中北角翻，割也。下丁木翻，刀鉏。

【釋證】

剝，《玉篇》刀部：“剝，丑全切。削也。去枝也。”北魏賈思勰《齊民要術·栽樹》：“正月盡、二月，可剝樹枝。”

簹（tuán）蒪（chún）蒪（pò）：上徒丸翻，竹器。中殊諄翻，水菜。下匹各翻，蒪苴，大蘘荷。

【釋證】

篿,《説文》竹部:"篿,圓竹器也。从竹,專聲。"

蓴,《説文》艸部:"蓴,蒲叢也。从艸,專聲。"段玉裁注:"鉉本常倫切,此蒓絲字。"《玉篇》艸部:"蓴,常倫切。蓴菜。"蓴,蒓菜,睡蓮科。北魏賈思勰《齊民要術·羹臛法》:"食膾魚蓴羹:芼羹之菜,蓴爲第一。"三國吴陸璣《毛詩草木鳥獸蟲魚疏·薄采其茆》:"茆與荇葉相似,南人謂之蓴菜。"

蕁,《玉篇》艸部:"蕁,匹各切。蘘荷,蒩也。"《楚辭·大招》"醢豚苦狗,膾蒩蕁只",王逸注:"蒩蕁,蘘荷也。"

榑(fú) 摶(tuán) 搏(bó):上音扶,榑桑。中音團,摶飯。下音博,擊搏也。

【釋證】

榑,《説文》木部:"榑,榑桑,神木,日所出也。从木,專聲。"東部:"東,動也。从木。官溥説:从日在木中。"木部:"杲,明也。从日在木上。"所从之木皆榑桑木。《山海經·東山經》"至於無皋之山,南望幼海,東望榑木,無草木,多風",郝懿行按:"即扶桑。"《文選》嚴忌《哀時命》"衣攝葉以儲與兮,左袪挂於榑桑",王逸注:"榑,一作'扶'。"洪興祖補注:"榑,與'扶'同。"

摶,《説文》手部:"摶,圜也。从手,專聲。"摶飯,捏飯成團。《禮記·曲禮上》"毋摶飯",孔穎達疏:"共器若取飯作團,則易得多,是欲争飽,非謙也。"

月(zhōu) 冄(dān) 冈(ròu) 月(yuè):上偏旁舟。二偏旁丹。三偏旁肉。下魚曰翻。

狋(yín) 狄(dí):上魚斤翻,犬相咋。下亭歷

翻, 北狄也。

【釋證】

　　狄, 同 "狀、猲"。《説文》狀部: "狀, 兩犬相齧也。从二犬。"《玉篇》狀部: "狀, 牛斤切。兩犬相齧也。"《廣韻》欣韻: "猲, 犬争。"《字彙》犬部: "猲, 犬争聲。"《楚辭·九辯》"猛犬猲猲而迎吠兮, 關梁閉而不通", 朱熹集注: "猲, 犬争吠聲。"宋蘇洵《幾策·審敵》: "投骨於地, 猲然而争者, 犬之常也。"

　　狀(rán)胈(bá): 上而施翻, 肉也。下蒲末翻, 出《莊子》。

【釋證】

　　狀,《説文》肉部: "狀, 犬肉也。从犬、肉。讀若然。"

　　胈,《玉篇》肉部: "胈, 蒲末切。禹治水, 腓無胈。胈, 股上小毛也。"《莊子·在宥》: "堯、舜於是乎股無胈, 脛無毛。"

　　筋(jīn)筋(bó): 上居欣翻, 肉之有力者也。下方卓翻, 手足指節①之鳴者也。

【釋證】

　　筋,《説文》筋部: "筋, 手足指節鳴也。从筋省, 勺聲。肕, 筋或省竹。"

　　佩觿卷中

---

① "節", 原作 "筋", 據澤存堂本改。

佩觿卷下

朝請大夫國子周易博士柱國臣郭忠恕記

上聲自相對

寵（chǒng）寵（lǒng）：**上丑隴翻，寵愛。下力董翻，孔寵。**

【釋證】

詳見"則有寵字爲寵"條釋證。

枳（zhǐ）扺（zhǎi）：**上側尔翻，木名。下側買翻，打也。**

【釋證】

枳，《説文》木部："枳，木似橘。从木，只聲。"木名，枸橘、臭橘。《周禮·考工記序》："橘踰淮而北爲枳。"《後漢書·馮衍傳》"揵六枳而爲籬兮，築蕙若而爲室"，李賢注："枳，芬木也。……枳之爲木，芳而多刺，可以爲籬。"

扺，《玉篇》手部："扺，側買切。擊也。"

峙（zhì）峙（zhì）：**竝直市翻。上山形，下止也。**

【釋證】

峙，《玉篇》山部："峙，直里切。峻峙。"峙，屹立，聳立。《列子·湯問》:"五山始峙。"《文選》張衡《西京賦》:"通天訬以竦峙,徑百常而莖擢。"

　　跱,《説文》止部:"跱,躇也。从止,寺聲。"《玉篇》止部:"跱,直里切。躇也。止不前也。""跱"與"峙"同。《廣雅·釋詁》:"跱,止也。"晉葛洪《抱朴子·逸民》:"刳凡獸之胎,則麒麟不跱其郊;害一介之士,則英傑不踐其境。"

抒(shū)杼(zhù):上時与翻,除也。下直吕、神与二翻,木。

【釋證】

　　抒,《左傳·文公六年》"有此四德者,難必抒矣",杜預注:"抒,除也。"

　　杼,《説文》木部:"杼,機之持緯者。从木,予聲。"指織布的梭子。《廣韻》語韻:"杼,《説文》曰:'機之持緯者。'直吕切。"《詩·小雅·大東》"小東大東,杼柚其空",朱熹集傳:"杼,持緯者也。"宋王安石《促織》:"只向貧家促機杼,幾家能有一絇絲。"又《廣韻》語韻:"杼(shù),橡也。神與切。"杼,木名,橡也,今之櫟樹。《管子·輕重丁》:"上斲輪軸,下采杼栗。"《詩·唐風·鴇羽》"肅肅鴇羽,集於苞栩",毛傳:"栩,杼也。"朱熹集傳:"栩,柞櫟也。"

岠(jù)岠(jù):竝其吕翻。上山岠海,下大山名。

【釋證】

　　岠,《説文》止部:"岠,止也。"《漢書·敘傳上》:"商竭周移,秦決南涯,自兹岠漢,北亡八支。"唐玄奘《大唐西域記·屈露多國》:"依巖據嶺,石室相距,或羅漢所居,或僊人所止。"

楮（chǔ）摣（chě）：上丑吕翻，木名。下朱也翻，擊也。

【釋證】

楮,《説文》木部:"楮,榖也。从木,者聲。柠,楮或从宁。"《山海經·西山經》"鳥危之山,其陽多磬石,其陰多檀楮",郭璞注:"楮即榖木。"明李時珍《本草綱目·木三·楮》:"按:許慎《説文》言楮、榖乃一種也,不必分別,惟辨雌雄耳。雄者皮斑而葉無椏叉,三月開花成長穗,如柳花狀,不結實,歉年人采花食之。雌者皮白而葉有椏叉,亦開碎花,結實如楊梅,半熟時水澡去子,蜜煎作果食。二種樹并易生,葉多澀毛,南人剝皮搗煮造紙,亦緝練爲布,不堅易朽。"

褚（chǔ）褚（zhǔ）：上竹吕翻，姓也。下中吕翻，衣。

【釋證】

褚,《龍龕手鑑》示部:"褚,丑吕反。人姓。"《正字通》:"褚,褚字之譌。《姓譜》無褚姓。"《字彙》:"褚,丑吕切,音杵。姓也。按:此字衣部爲正。"《廣韻》語韻:"褚,姓,出河南,本自殷後,宋恭公子石食采於褚,其德可師,号曰褚師,因而命氏也。丑吕切。"

褚,《玉篇》衣部:"褚,丑吕切,又張吕切。裝衣也。"《廣韻》語韻:"褚,裝衣。"用絲、綿裝衣服。《漢書·南粵傳》"上褚五十衣,中褚三十衣,下褚二十衣,遺王",顏師古注:"以綿裝衣曰褚。上中下者,綿之多少薄厚之差也。"褚,又指棉衣。《新唐書·李愬傳》："蔡吏驚曰：'城陷矣！'元濟尚不信，曰：'是洄曲子弟來索褚衣爾。'"宋朱弁《送春》："風煙節物眼中稀，三月人猶戀褚衣。"

肇（zhào）肇（zhào）：竝呈了翻。上擊也。下初也，又戟屬。

【釋證】

肇，《說文》攴部："肇，擊也。从攴，肇省聲。"《玉篇》攴部："肇，直皎切。俗'肇'字。"

肇，《說文》戈部："肇，上諱。臣鉉等曰：'後漢和帝名也。案：李舟《切韻》云：擊也。从戈，肁聲。'"段玉裁注："按古有'肇'無'肇'，从戈之肇漢碑或从攴，俗乃从攵作肇，而淺人以竄入許書攴部中。《玉篇》曰：'肇，俗肇字。'《五經文字》戈部曰：'肇作肇，訛。'《廣韵》有肇無肇。"《廣韻》小韻："肇，始也。正也。敏也。長也。治小切。"

栲（kǎo）栲（kǎo）：竝苦皓翻。上木名，下打栲。

【釋證】

栲，《玉篇》木部："栲，苦道切。山樗也。"《廣韻》晧韻："栲，木名，山樗也。苦浩切。"《說文》木部："栲，山樗也。从木，尻聲。"段玉裁注："'栲、栲'古今字，許所據作'栲'也。"明李時珍《本草綱目·木二·椿樗》："香者名椿，臭者名樗，山樗名栲。"

梗（gěng）挭（gěng）：竝古杏翻。上桔梗，藥。下挭槩。

【釋證】

捸,《集韻》梗韻:"擖、捸、攬也。或作'捸'。古杏切。"捸,本義爲攬擾,因"捸、梗"形音皆近,古通。《方言》卷一三"梗,略也",郭璞注:"梗概,大略也。"《集韻》梗韻:"梗,一曰略也。"《玉篇》手部:"捸,古杏切。捸槩也。"《廣韻》梗韻:"捸,捸槩,大略。古杏切。"

朽(xiǔ) 巧(qiǎo):上休九翻,敗也。下古"巧"字。

【釋證】

朽,《説文》歺部:"歺,腐也。从歺,丂聲。朽,歺或从木。"漢王充《論衡·論死》:"夫臥,精氣尚在,形體尚全,猶無所知,況死人精神消亡,形體朽敗乎?"北魏賈思勰《齊民要術·種漆》:"世人見漆器暫在日中,恐其炙壞,合著陰潤之地,雖欲愛慎,朽敗更速矣!"

巧,《玉篇》手部:"巧,苦絞切。古文'巧'。"《汗簡》"巧"字作朽(5·66),《古文四聲韻》引《古老子》作巧(3·19),均从手,丂聲。戰國楚簡"巧"字作巧(《郭·老甲》1),从攴,丂聲。从攴、从手其義一也。

橄(gǎn) 撖(hàn):上古覽翻,果名。下胡黯翻,人姓。

【釋證】

橄,《玉篇》木部:"橄,古覽切。橄欖,果木,出交趾。"《文選》左思《吳都賦》"其果則丹橘、餘甘……龍眼、橄欖",劉逵注:"橄欖,生山中,實如雞子,正青,甘美,味成時食之益善。始興以南皆有之，南海常獻之。”

撖，《廣韻》檻韻：“撖，姓也。《姓苑》云：‘今河内有之。’胡黤切。”

寑（qǐn）寢（qǐn）：竝七稔翻。上寑室，下寢疾。
【釋證】

寑、寢，《説文》㝱部：“癮，病臥也。从㝱省，壹省聲。”宀部：“寑，臥也。从宀，彐聲。”段玉裁注：“侵聲。”許氏説解迂曲，“癮、寑”蓋一字之異體。《玉篇》㝱部：“癮，且荏切。癮臥也。《論語》曰：‘寢不言。’寢、寑，并上同。”《廣韻》寑韻：“寑，室也，臥也。七稔切。寢，上同，見經典。”《隸辨》尹宙碑：“遭離寑疾。”費鳳碑：“寢疾卒。”張表碑：“癮疾而終。”寢疾，亦作“寑疾”，即臥病。《左傳·昭公七年》：“寡君寢疾，於今三月矣。”《後漢書·董卓傳》：“及靈帝寑疾，璽書拜卓爲并州牧。”

檢（jiǎn）撿（liǎn）：上居儉翻，書檢。下吕掩翻，撿手。
【釋證】

檢，《説文》木部：“檢，書署也。”古書以竹（木）簡爲之，書成，則穿以皮條或絲繩，於繩結處封泥，在泥上鈐印，謂之檢。《急就篇》卷三“簡札檢署槧牘家”，顔師古注：“檢之言禁也。削木施於物上，所以禁閉之，使不得輒開露也。”《後漢書·公孫瓚傳》：“（袁紹）每有所下，輒卑囊施檢，文稱詔書。”

撿，《説文》手部：“撿，拱也。”段玉裁注：“凡斂手宜作此字。”即拱手。《隸續》漢成皋令任伯嗣碑“官朝家静，姦軌撿手”，洪适釋：“碑以撿爲斂。”

埯(yǎn) **掩**(yǎn)：竝於撿翻。上奈也，下掩藏。

【釋證】

埯，《廣韻》琰韻："埯，埯奈。衣儉切。"明李時珍《本草綱目·果二·奈》："奈與林檎，一類二種也。樹、實皆似林檎而大，西土最多，可栽可壓。有白、赤、青三色。白者爲素奈；赤者爲丹奈，亦曰朱奈；青者爲綠奈。皆夏熟。涼州有冬奈，冬熟，子帶碧色。"

邼(kǒu) **叩**(kòu)：竝苦后翻。上京兆藍田鄉，下叩頭。

【釋證】

邼，《説文》邑部："邼，京兆藍田鄉。从邑，口聲。"鄉名，在陝西省藍田縣。

樐(lǔ) **擼**(lǔ)：竝來古翻。上彭排，下摇動。

【釋證】

樐，《説文》木部："櫓，大盾也。从木，魯聲。樐，或从鹵。""樐、櫓"互爲異體。《新書·過秦上》："伏尸百萬，流血漂櫓。"《釋名·釋兵》："彭排。彭，旁也。在旁排敵禦攻也。"《太平御覽》卷三五七引諸葛亮《軍令》："帳下及右陣各持彭排。"彭排、旁排，即盾牌。

栱(gǒng) **拱**(gǒng)：竝居竦翻。上棧栱，下斂手也。

【釋證】

栱，立柱和橫梁之間弓形的承重結構。《正字通》木部："栱，柱頭斗栱。"

杻(niǔ) 扭(niǔ)：竝女久翻。上木名，下手轉皃。

【釋證】

杻，《爾雅·釋木》：“杻，檍。”《詩·唐風·山有樞》“山有栲，隰有杻”，毛傳：“杻，檍也。”朱熹集傳：“葉似杏而尖，白色，皮正赤，其理多曲少直，材可爲弓弩幹者也。”

睹(shǔ) 睹(dǔ)：竝丁古翻。上旦明也。下睹物，与“覩”同。

【釋證】

睹，《説文》日部：“睹，旦明也。”後作“曙”。

也(yě) 乜(miě)：上羊者翻，之也。下彌也翻，蕃姓。

【釋證】

乜，《廣韻》馬韻：“乜，蕃姓。彌也切。”宋鄧名世《古今姓氏書辨證》卷二六：“乜，蕃姓，今秦隴間有之。”

啓(qǐ) 启(qǐ)：上康禮翻，開也。下启、睹二音，人名。

【釋證】

启，《廣韻》薺韻：“启，《説文》云：‘雨而晝姓也。’又姓，後燕有將軍启倫。或作‘啓’。康禮切。”又線韻：“启，雨而晝止。去戰切。”姓，《玉篇》夕部：“又作‘晴’。”

莒(jǔ) 筥(jǔ)：竝居許翻。上地名，下竹器。

【釋證】

莒，古邑名，春秋時齊邑，在今山東省莒縣。《廣韻》語韻：

"莒，草名。亦國名。又姓，嬴姓之後，漢有繆氏令莒誦。居許切。"

筥，《説文》竹部："筥，䈱也。从竹，吕聲。"《玉篇》竹部："筥，九吕切。盛米器也。方曰筐，圓曰筥。"

捧（pěng）棒（bàng）：上芳隴翻，擎也。下步項翻，打也。

晚（wǎn）腕（wàn）：竝巫遠翻。上早晚，下色肥澤。

【釋證】

腕，豐艷肥滿的樣子。《楚辭·遠游》"玉色頩以腕顏兮，精醇粹而始壯"，洪興祖補注："腕，澤也。音萬。"

臯（gǎo）昊（hào）：上古老翻，白，澤。下胡老翻，昊天。

【釋證】

臯，《説文》大部："臯，大白，澤也。从大，从白。古文以爲澤字。"段玉裁注："臯，以白、大會意，則訓之曰大白也。"澤，戰國楚文字作𤀳（《上博簡·容》13），與篆文同。或省作𤄒（《包》100）、𤃬（《郭·語四》7），抑或省作臯（《郭·語一》87）。臯，即"臯"。

劋（jiǎo）勦（jiǎo）：竝子小翻。上絶也，下勞也。

【釋證】

劋，《龍龕手鑑》刀部："勦，或作。劋，正。子小反。劋，絶也。"劋，"剿"之異體。《説文》刀部："剿，絶也。从刀，巢聲。

《周書》曰:'天用剿絕其命。'"

　　勦,即勞擾。《説文》力部:"勦,勞也。《春秋傳》曰:'安用勦民？'从力,巢聲。"《左傳·宣公十二年》:"桓子欲還,曰:'無及於鄭而勦民,焉用之？'"杜預注:"勦,勞也。"《新唐書·高郢傳》:"臣謂悉力追孝,誠爲有益,妨時勦人,不得無損。"

晥(huǎn)睆(huǎn):上音緩,縣,在廬江。下户版翻,大目。

【釋證】

　　晥,《玉篇》日部:"晥,乎縮切。　明星也。"《廣韻》緩韻:"晥,縣名。胡管切。"又潸韻:"晥,明星。户板切。"《集韻》潸韻:"晥、睆,明貌。或从日。"

　　睆,《説文》目部:"睅,大目也。　从目,旱聲。睆,睅或从完。"《玉篇》目部:"睆,華縮切。出目皃。"

　　"晥、皖、睆"三字形音皆近,經典多混用。《後漢書·馬援傳》"遂共聚會徒黨,攻没皖城",李賢注:"皖,縣名,屬廬江郡,今舒州懷寧縣。"皖,字又作"晥"。《後漢書·光武帝紀》"妖巫李廣等羣起據皖城",李賢注:"皖,縣名,屬廬江郡,故城在今舒州。"皖,字又作"晥"。《漢書·地理志上》:"(廬江郡)縣十二:舒……晥。"《詩·小雅·大東》"睆彼牽牛,不以服箱",朱熹集傳:"睆,明星貌。"唐房寬《泰階六符賦》:"跂彼無報,既織女之多慼;睆爾服箱,知牽牛之增愧。"

市(shì)巿(zǐ):上時止翻,市肆。下阻史翻,止也。

【釋證】

　　朿，《說文》朿部："朿，止也。从朿盛而一橫止之也。"《玉篇》市部："朿，止也。姉、秭字從此。"《廣韻》止韻："朿，止也。从市（按：當爲"朿"之訛），一橫止之，出《文字音義》。《說文》即里切。阻史切。"《正字通》："朿，俗'朿'字。"

后（hòu）厝（hù）：上胡口翻，君也。下丁古、俟古二翻，美石。

【釋證】

　　厝，《說文》厂部："厝，美石也。从厂，古聲。"

挺（tǐng）梃（tǐng）：竝徒鼎翻。上挺出，下木片。

【釋證】

　　梃，木棒。《孟子·梁惠王上》："殺人以梃與刃，有以異乎？"唐柳宗元《封建論》："負鋤梃謫戍之徒，圜視而合從，大呼而成羣。"

眅（pān）昄（bǎn）：上匹版、捕版二翻，目多白。下步版翻，日光。

【釋證】

　　眅，《說文》目部："眅，多白眼也。从目，反聲。"

　　昄，《說文》日部："昄，大也。从日，反聲。"《詩·大雅·卷阿》"爾土宇昄章，亦孔之厚矣"，毛傳："昄，大也。"朱熹集傳："昄章，大明也。或曰'昄'當作'版'，版章，猶版圖也。"

柜（jǔ）拒（jù）：上九呂翻，柜柳，木。下其呂翻，拒張。

【釋證】

　　柜，《説文》木部：“柜，木也。从木，巨聲。”段玉裁注：“柜，今俗作‘櫸’。”《玉篇》木部：“柜，居旅切。柜柳也。”

　　拒，《玉篇》手部：“拒，强舉切。抵也。”拒張，猶抗拒。唐張鷟《遊仙窟》：“雖作拒張，又不免輸他口子。”《宋史·李至傳》：“幽州爲敵右臂，王師所嚮，彼必拒張。”

　　欖（lǎn）**攬**（lǎn）：**竝盧敢翻。上橄欖，果。下與“擥”同，採也。**

　　稾（gǎo）**稾**（gǎo）：**上苦道翻，枯稾，与“槁”同。下公道翻，稾稭。**

【釋證】

　　稾，穀類的莖稈。《説文》禾部：“稾，稈也。从禾，高聲。”《玉篇》禾部：“稾，公道切。禾稈也。又稾草。”“稭”亦爲農作物莖稈。《史記·封禪書》“古者封禪……埽地而祭，席用菹稭”，裴駰集解引應劭曰：“稭，禾稾也。”“稾、稭”同義。

　　改（gǎi）**攺**（yǐ）：**上公亥翻，更也，从戊己之己。下羊止翻，攺攺，大剛卯，以逐鬼也，从辰巳之巳。**

【釋證】

　　攺，《説文》攴部：“攺，毅攺，大剛卯，以逐鬼魅也。从攴，巳聲。讀若巳。”毅攺，古時驅鬼辟邪的佩物。《急就篇》“射鬾辟邪除群兇”，顏師古注：“一曰射鬾謂大剛卯也，以金玉及桃木刻而爲之。一名毅攺。其上有銘，而旁穿孔，系以綵絲，用係臂焉，亦所以逐精魅也。”

寀（cǎi）寀（shěn）：**上且殆翻，寮寀，从采取之采。下尸稔翻，察也，从采。采，蒲莧翻。**

【釋證】

寀，《説文》宀部新附："寀，同地爲寀。从宀，采聲。"《爾雅·釋詁》"寀、寮，官也"，郭璞注："官地爲寀，同官爲寮。"邢昺疏："寀，謂寀地，主事者必有寀地。寀，采也，采取賦税以供己有。"寮寀，亦作"寀寮"，官舍，引申爲官的代稱。宋蘇軾《與陳季常書》之九："文武寀寮，常居禄位，亦如與季常書作戲耳。"

寀，《説文》采部："寀，悉也，知寀諦也。从宀，从采。審，篆文寀从番。"按照《説文》體例，可知"寀"當爲古文。郭氏《汗簡》作𡩟、𡧅（3·40），从宀，从采，正與"寀"字形契合。寀，金文作𡩟（《集成》2832 五祀衞鼎）、𡧅（楚王酓審盂），戰國楚簡作𡨋（《上博簡·孔》21），从寀，从口。

眹（zhèn）朕（zhèn）：**上直引翻，目童子也；又吉凶形兆謂之兆眹，字从目。下直錦翻，天子所稱，朕，我也，自秦始皇始稱，字从月。月，真由翻。**

【釋證】

眹，《説文》目部新附："眹，目精也。从目，夆聲。"又，徵兆。《莊子·齊物論》"若有真宰，而特不得其眹"，陸德明釋文："眹，兆也。"

朕，《説文》舟部："朕，我也。"段玉裁注："按：朕在舟部，其解當曰舟縫也。"皇帝自稱曰"朕"，自秦始皇始。《史記·秦始皇本紀》："臣等昧死上尊號，王爲'泰皇'，命爲'制'，令爲'詔'，天子自稱曰'朕'。"

潁（jiǒng）潁（yǐng）潁（yǐng）：上古迥翻，篋名。中余頃翻，禾秀。下余頃翻，水名。

上聲去聲相對

宄（guǐ）究（jiū）：上歸止翻，姦宄。下居又翻，究窮。

【釋證】

宄，從内部作亂或盜竊。《説文》宀部：“宄，姦也。外爲盜，内爲宄。从宀，九聲。讀若軌。”《廣韻》旨韻：“宄，内盜也。”《國語·晉語六》：“亂在内爲宄，在外爲姦。御宄以德，禦姦以刑。”唐陳子昂《上軍國機要事》：“遂令綱紀日廢，姦宄滋多。”

軌（guǐ）軓（fàn）：上九恥翻，軌轍。下音范，車前軓。

【釋證】

軓，軾前掩輿之板。《説文》車部：“軓，車軾前也。从車，凡聲。《周禮》曰：‘立當前軓。’”《周禮·考工記·輈人》“軓前十尺，而策半之”，鄭玄注：“鄭司農云：‘軓謂式前也。書或作軓。’玄謂軓是。軓，法也，謂輿下三面之材，輢式之所尌，持車正也。”

揀（jiǎn）楝（liàn）：上皆版翻，擇也。下來見翻，木名。

【釋證】

楝，木名，楝樹，又名“苦楝”。明李時珍《本草綱目·木二·楝》：“楝實導小腸、膀胱之熱，因引心包相火下行，故心腹痛及疝氣爲要藥。”

拄（zhǔ） 柱（zhù）：上知庾翻，指拄。下直主翻，梁柱。

【釋證】

拄，《玉篇》手部：“拄，張庾切。指拄也。”《廣韻》麌韻：“拄，从旁指。知庾切。”北魏酈道元《水經注·河水三》：“故楊泉《物理論》曰：秦始皇使蒙恬築長城，死者相屬。民歌曰：‘生男愼勿舉，生女哺用餔，不見長城下，尸骸相支拄。’”

芮（bǐng） 芮（ruì）：上音丙，艸名。下而銳翻，虞芮。

【釋證】

芮，古國名。虞，亦古國名。相傳兩國有人曾因爭地興訟，到周地求西伯姬昌平斷。《史記·周本紀》：“於是虞、芮之人有獄不能決，乃如周。入界，耕者皆讓畔，民俗皆讓長。虞、芮之人未見西伯，皆慙，相謂曰：‘吾所爭，周人所恥，何往爲，祇取辱耳。’遂還，俱讓而去。”

捲（juǎn） 棬（juàn）：上居篆翻，舒捲。下其線翻，牛鼻棬。

【釋證】

捲，《説文》手部：“捲，气勢也。从手，卷聲。《國語》曰：‘有捲勇。’一曰：捲，收也。”段玉裁注：“即今人所用舒卷字也。”

棬，又作“桊”。《説文》木部：“桊，牛鼻中環也。从木，𢍰聲。”戰國楚簡文字作𣒱（《包》260）。《玉篇》木部：“棬，去權切,屈木盂也。又居媛切,拘牛鼻。亦作'桊'。"《吕氏春秋·孟春紀》:"使五尺豎子引其棬,而牛恣所以之,順也。"

受(shòu) 受(dào):上殖酉翻,傳受。下都導翻,人姓。

【釋證】

　　受,《廣韻》号韻:"受,姓也,出河内。都導切。"

胏(zǐ) 肺(fèi):上側恥翻,噬乾胏。下芳廢翻,金①藏。

【釋證】

　　胏,又作"𦞠"。《説文》肉部:"𦞠,食所遺也。从肉,仕聲。《易》曰:'噬乾𦞠。'胏,楊雄説:𦞠从朿。"《玉篇》肉部:"胏,爪里切,脯有骨也。《易》曰:'噬乾胏。'𦞠,同上。又《説文》云:'食所遺也。'"《易》噬嗑卦"噬乾胏,得金矢,利艱貞,吉",陸德明釋文:"胏,馬云:'有骨謂之胏。'"肺,"胏"之俗字。另參"市巿"條釋證。

褣(yù) 袞(gǔn):上羊戌翻,寬也。下古本翻,袞服。

【釋證】

　　褣,《説文》衣部:"裕,衣物饒也。从衣,谷聲。"《玉篇》衣部:"裕,瑜句切,物饒也,寬也,道也。褣,同上。"

　　袞,《説文》衣部:"袞,天子享先王,卷龍繡於下幅,一龍蟠阿上鄉。从衣公聲。"《玉篇》衣部:"袞,古本切。衣畫爲

---

① "金",原作"火",據澤存堂本改。

龍文。”

彖（shǐ）彖（tuàn）：**上式是翻，与"豕"同。下他貫翻，彖象。**

【釋證】

彖，頗疑"彖"來源於戰國古文。豕，傳抄古文寫作𢑓（《汗》4·53）、𢑪（《四》3·5），戰國楚簡寫作𧰲（《包》146）、𧰭（《包》227）、𧰴（《包》246）。"彖"上部所從之"彐"當由楚簡文字隸變而來。

彖，"𢑨"之俗字。《説文》彑部："𢑨，豕走也。从彑，从豕省。通貫切。"小篆作𧰲。《龍龕手鏡》彐部："彖，通貫反。象也。"《廣韻》換韻："彖，《易》有彖象。通貫切。"

罒（wǎng）四（sì）：**上亡往翻，罒①羅。下息利翻，數名。**

【釋證】

罒，"网"作偏旁之寫法。

㘈（chǐ）臼（jiù）：**上古文"齒"字。下巨九翻，杵臼也。**

【釋證】

㘈，《玉篇》齒部："齒，昌始切。《説文》曰：'口齗骨也。'《周禮》大司寇之職云：'自生齒以上，登于天府。'鄭玄曰：'人生齒而體備，男八月、女七月而生齒。'㘈、齒，并古文。"齒，仰天湖楚簡作𣥸（34），隸變作"㘈、齒"等形。

艸（cǎo）丱（guàn）：上且道翻，艸木。下古患翻，總角。

【釋證】

丱，《廣韻》諫韻：“丱，鬌角也。幼稚也。古患切。”丱，舊時兒童束髮如兩角之貌，商代金文作𢆶（《集成》3195 丱父己簋）。《詩·齊風·甫田》：“婉兮孌兮，總角丱兮。”

匕（bǐ）𠤎（huà）：上卑水翻，匕匙也。下呼嫁翻，變𠤎也。

【釋證】

匕，古代一種取食的工具，形狀像湯勺，小篆作𠤗。《儀禮·公食大夫禮》：“雍人以俎入，陳於鼎南，旅人南面，加匕於鼎，退。”

𠤎，後作“化”。《説文》𠤎部：“𠤎，變也。从到人。”小篆作𠤕。

免（miǎn）兔（tù）：上美選翻，脱也。下湯故翻，獸。

广（yǎn）厂（hǎn）：上魚檢翻，因巖爲屋。下呼旰翻，山石之崖。

挽（wǎn）輓（wǎn）：上巫遠翻，引也。下巫販翻，輓車。

【釋證】

輓，《集韻》阮韻：“輓，木名。武遠切。”

丳（chǎn）串（chuàn）：上初限翻，炙肉丳。下古患翻，穿也。

【釋證】

弗，烤肉用的鐵簽。唐玄應《一切經音義》卷一二"鐵弗"注："弗，謂以籤貫肉炙之者也。"北魏賈思勰《齊民要術·炙法》："白魚，長二尺，淨治。勿破腹。……合取，從背入著腹中，弗之。"《集韻》産韻："弗，燔肉器。"

串，《廣韻》諫韻："串，穿也。習也。古患切。"南朝梁簡文帝《妾薄命》："玉貌歇紅臉，長嚬串翠眉。"

椵（jiǎ） 椴（duàn）：上古雅翻，下徒玩翻，竝木名。

【釋證】

椵，《説文》木部："椵，木，可作牀几。从木，叚聲。讀若賈。"《爾雅·釋木》"櫠，椵"，郭璞注："柚屬也。子大如盂，皮厚二三寸，中似枳，食之少味。"

椴，《廣韻》換韻："椴，木名。徒玩切。"《爾雅·釋木》"椴，柂"，郭璞注："白椴也。樹似白楊。"

欓（dǎng） 攩（tǎng）：上多朗翻，木名。下胡曠翻，打也。

【釋證】

欓，《玉篇》木部："欓，多朗切。茱萸類。"即食茱萸。落葉喬木，有刺。果實紅色，可入藥。果油味辛香，可供佐食調味用。北魏賈思勰《齊民要術·炙法》："薑、橘、椒、葱、胡芹、小蒜、蘇、欓，細切鍛，鹽、豉、酢，和以漬魚。"明李時珍《本草綱目·果四·食茱萸》："此即欓子也。…… 蘇恭謂茱萸之開口者爲食茱萸，孟詵謂茱萸之閉口者爲欓子。"

攟，《方言》卷一〇："扽、扰，推也。南楚凡相推搏曰扽，或曰揔，沅涌濆幽之語或曰攟。"《廣雅·釋詁》："攟，擊也。"

杖（zhàng）杕（dì）：上直兩翻，持也。下大計翻，杕杜。

【釋證】

杖，《説文》木部："杖，持也。从木，丈聲。"段玉裁注："杖、持疊韻。凡可持及人持之皆曰杖。"

杕，詳見"杕杜文乖"條釋證。

姆（mǔ）㛵（wǔ）：上莫古、莫布二翻，女師。下古"侮"字。

【釋證】

姆、㛵，《説文》女部："㛵，女師也。从女，每聲。讀若母。"段玉裁注："今音'每'與'母'殊，古音同在一部耳。故許作'㛵'，《字林》及《禮記音義》作'姆'也。"《玉篇》女部："姆，音茂，女師也。㛵，同上。《説文》又莫后切。""姆、㛵"古蓋一字，母、每聲同。《儀禮·士昏禮》"姆纚、笄、宵衣，在其右"，鄭玄注："婦人年五十無子，出而不復嫁，能以婦道教人者，若今時乳母矣。"

"㛵"與"侮"經典常通。《漢書·張良傳》"四人年老矣，皆以上嫚㛵士，故逃匿山中，義不爲漢臣"，顏師古注："㛵，古'侮'字。"《漢書·賈誼傳》"今匈奴嫚㛵侵掠"，顏師古注："㛵，古'侮'字。"侮，又作"佅"。唐玄應《一切經音義》卷三"欺侮"注："侮，古文'佅'，同。"《類篇》人部："侮，古作'佅'。"戰國中山王鼎（《集成》2840）"父母"之"母"作 ✝。

店(diàn) 扂(diàn)：上丁念翻，舍也。下徒點翻，閉户。

【釋證】

店，《廣韻》㮇韻："店，店舍。崔豹《古今注》云：'店，置也，所以置貨鬻物也。'都念切。"

扂，《玉篇》户部："扂，閉門也。"唐韓愈《進學解》："椳闑扂楔，各得其宜。"

睍(xiàn) 晛(xiàn)：上胡典翻，目皃。下胡典、奴甸二翻，日光。

【釋證】

睍，《説文》目部："睍，出目也。从目，見聲。"《玉篇》目部："睍，下顯切。目出皃。《詩》云：'睍睆黄鳥。'"《新唐書·韓愈傳》："刺史雖駑弱，亦安肯爲鱷魚低首下心，伈伈睍睍，爲民吏羞，以偷活於此也？"睍睍，小視貌。

晛，《説文》日部："晛，日見也。从日，从見，見亦聲。"《玉篇》日部："晛，奴見切，日氣。又户顯切，明也。"《廣韻》銑韻："晛，日出好皃。胡典切。"又霰韻："晛，日光。奴甸切。"《詩·小雅·角弓》："雨雪瀌瀌，見晛曰消。"

拒(jù) 挋(zhèn)：上其吕翻，拒張。下之刃翻，与"振"同。

【釋證】

拒，詳見"柜拒"條釋證。

挋，《爾雅·釋詁》："挋、拭、刷，清也。"振，《汗簡》作(5·66)，《古文四聲韻》作(1·30)。挋，古文。《説文》手

部："拒,給也。从手,臣聲。一曰約也。"王筠繫傳校録："蓋'給
也'云者,拒之本義也。《漢書》用'振',今人用'賑',而'拒'
其正字也。"

栩(xǔ)裪(yǔ)：上音詡,木名。下于①外翻,縣,在馮翊。

【釋證】

栩,《説文》木部："栩,柔也。从木,羽聲。其皁,一曰樣。"
《玉篇》木部："栩,吁羽切,《説文》云:'柔也。一曰樣也。'柔,
時渚切,栩也。今爲'杼'。樣,辭兩切,栩實也。"柔,"柔"之
訛。段玉裁《説文解字注》："栩,今柞櫟也。徐州人謂櫟爲杼,
或謂之爲栩。按:《毛傳》《説文》皆栩、柔、樣爲一木。"

裪,《玉篇》示部："裪,于矩切。祋裪,縣名,在馮翊。又音
詡。"《史記·孝景本紀》："置南陵及内史、祋裪爲縣。"

瞟(piǎo)暴(piǎo)：上匹小翻,瞭也。下匹召翻,暴。

【釋證】

瞟,《説文》目部："瞟,瞭也。从目,樂聲。瞭,察也。从目,
祭聲。"徐鍇繫傳："微視之也。"段玉裁注："今江蘇俗謂以目伺
察曰瞟。"

暴,《玉篇》日部："暴,匹妙切。置風日中令乾。"

勁(jǐng)勁(jìng)：上公冷翻,刑也。下居正翻,健也。

---

① "于",原作"丁",據澤存堂本改。

【釋證】

剄，又作"剄"。《説文》刀部："剄，刑也。从刀，巠聲。"《玉篇》刀部："剄，古冷切。以刀割頸也。"《漢書·賈誼傳》"已乃墮骨肉之屬而抗剄之"，顏師古注引應劭曰："抗其頭而剄之也。"

勁，《墨子·節葬下》："耳目不聰明，手足不勁强。"

忍（rěn）忕（yì）：上而軫翻，隱忍。下魚未翻，怒也。

【釋證】

忕，《説文》心部："忕，怒也。从心，刀聲。讀若顈。李陽冰曰：'刀非聲，當从刈省。'"段玉裁注："各本作刀聲，今删正。从心、刀，謂心中含怒如懷刃也。李陽冰云當从刈省聲，非是，本部固有忩篆矣。"

冃（mǎo）冃（mào）：上莫保翻，重覆兒。下莫報翻，小兒蠻夷頭衣。

【釋證】

冃，《説文》冃部："冃，重覆也。从冂、一。"小篆作冃。王筠句讀："冂又加一，故曰重也。竊疑冃、冒蓋同字，古人作之，有繁省耳。雖音有上去之别，古無此别也。以覒、冒二字推之可見。"

忮（zhì）忯（pì）：上支義翻，害也。下披義翻，衣也。

【釋證】

忮，《説文》心部："忮，很也。从心，支聲。"段玉裁注："很者,不聽从也。《雄雉》《瞻卬》傳皆曰:'忮,害也。'害即很義之引申也。"《詩·邶風·雄雉》"不忮不求,何用不臧",毛傳:"忮,害。"

扊(diàn)扅(diàn):上余冉翻,与"琰"同,扊扅。下丁念翻,所以扃户。

【釋證】

扊,《玉篇》户部:"琰,琰扅,户壯。扊,同上。又徒忝切,閉門也。"(户壯,當作"户牡"。)琰,門閂。北齊顔之推《顔氏家訓·書證》:"古樂府歌《百里奚詞》曰:'百里奚,五羊皮。憶别時,烹伏雌,吹扊扅;今日富貴忘我爲!'吹,當作炊煮之'炊'。……然則當時貧困,并以門牡木作薪炊耳。"宋陸游《舍北行飯》詩:"晚來嬾復呼童子,自掩柴門上扊扅。"

扊,《集韻》忝韻:"扊、昳,户牡。或作'昳'。徒點切。"郭氏"丁念翻,所以扃户",據音義,頗疑"扅"乃"扊"之訛字。

檽(ruǎn)擩(rǔ):上而兗翻,檽棗。下而戍翻,擩莝;又女又翻,染也。

【釋證】

檽,《集韻》之韻:"檽、楎,木名。一曰木桓。或从奭。"《玉篇》木部:"楎,而兗切。一曰棗似柿也。"宋孫光憲《北夢瑣言》卷三:"近者石晉朝趙令公瑩家,庭有檽棗樹,婆娑異常,四遠俱見。"明楊慎《藝林伐山·檽棗》:"檽棗,俗作軟棗,一名牛嬭柿,一名丁香柿。……蜀中製扇,以此果榨油染紙爲之。"

擩,《説文》手部:"擩,染也。从手,需聲。《周禮》:'六曰擩祭。'"擩祭,古代九種祭儀之一。《周禮·春官·大祝》"辨九

祭：……六曰擩祭”，鄭玄注：“鄭司農云：‘擩祭，以肝肺菹擩鹽
醢中以祭也。’……不食者擩則祭之。”《廣韻》脂韻：“擩，染
也。儒佳切。又而樹切。”又遇韻：“擩，擩莝，手進物也。而
遇切。”

縰(xǐ) 縱(zòng)：上山尔翻，冠織也，所以結
之。下子用翻，放也。

【釋證】

縰，《玉篇》糸部：“纚，山綺切，冠織也。又颯纚，長袖皃。
縰，同上。”《廣韻》紙韻：“纚，韜髮者。又颯纚，長紳皃。所綺
切。縰，上同。”冠織，古時束髮的布帛。《荀子·禮論》“薦器則
冠有鍪而毋縰”，楊倞注：“縰，韜髮者也。”

縱，《玉篇》糸部：“縱，子容切，縱橫也。又子用切，恣也，放
也，緩也，置也。”《韓非子·八姦》：“縱禁財，發墳倉。”

駊(pǒ) 馶(zhī)：上博我翻，駊騀。下經弃翻，
彊馬，又巨奇、其義二翻。

【釋證】

駊，《玉篇》馬部：“駊，布可切。駊騀，馬搖頭。”唐杜甫《揚
旗》：“庭空六馬入，駊騀揚旗旌。”

馶，《說文》馬部：“馶，馬彊也。从馬，支聲。”

牡(mǔ) 壯(zhuàng)：上莫厚翻，牝牡；又牡
丹，華也。从牛，从土。下側亮翻，壯士。从爿，
从士。

彼(bǐ) 佊(bǐ)：上甫委翻，彼此。下甫委、冰

義二翻，《論語》："子西佊哉。"

【釋證】

佊，《廣韻》紙韻："佊，《埤蒼》云：'佊，邪也。' 甫委切。"章炳麟《新方言·釋言》："今人呼邪人爲佊子，俗誤書'疲'。"《廣韻》眞韻："佊，哀也。《論語》云：'子西佊哉。' 彼義切。"（哀，"衰"之訛。）佊，今本《論語》作"彼"。《論語·憲問》："或問子産，子曰：'惠人也。' 問子西，曰：'彼哉彼哉！'"馬融注："彼哉彼哉，言無足稱。"

柿(fèi) 柿(shì)：上芳廢翻，斫木片也，从朿。朿音刺。下鉏里翻，果名也。

【釋證】

柿，《龍龕手鑑》木部："柿，芳癈反。斫木斥零柿也。"斫木削下的木片。詳見"削柿施脯"條釋證。

汱(quǎn) 汏(tài) 汏(dà)：上音畎，水名。中音太，沙汏。下音大，濤也。

【釋證】

汱，《玉篇》水部："汱，音畎。水也。"

汏，《字彙》水部："沙，汏也。"《晉書·孫綽傳》："綽性通率，好譏調。嘗與習鑿齒共行，綽在前，顧謂鑿齒曰：'沙之汏之，瓦石在後。' 鑿齒曰：'簸之颺之，穅粃在前。'"晉葛洪《抱朴子·明本》："沙汏事物之臧否，覈實古人之邪正。"

汏，《廣韻》曷韻："汏，汏過。他達切。"章炳麟《新方言·釋言》："江南運河而東，至於浙西，多謂洒爲汏。

檼(nǐ) 擬(nǐ) 檼(ài)：上中竝魚紀翻，上禾

盛皃，中比擬也。下午載翻，門下木。

【釋證】

穊，同“薿”。《玉篇》禾部：“穊，言紀切。穊然，黍稷盛皃。”《説文》艸部：“薿，茂也。”《詩·小雅·莆田》“或耘或耔，黍稷薿薿”，鄭玄箋：“薿薿然而茂盛。”

檥，《龍龕手鑑》木部：“檥，五代反。門下木也。”《玉篇》木部：“檥，午載切。與‘礙’同。”

采（cǎi）釆（biàn）𥝢（suì）：上七改翻，从爪、木。中蒲莧翻，从八，木曲頭。下徐醉翻，禾秀。

【釋證】

釆，《説文》釆部：“釆，辨别也。象獸指爪分别也。”郭氏將此字拆釋爲“从八，木曲頭。”“木曲頭”即“禾”。《説文》禾部：“禾，木之曲頭，止不能上也。”小篆作。

𥝢，又作“穗”。《説文》禾部：“𥝢，禾成秀也。人所以收。从爪、禾。”段玉裁注：“‘𥝢’與‘秀’古互訓。”

己（jǐ）已（yǐ）巳（sì）𢎘（hàn）：上居里翻，身也。二羊止翻，止也。三詳里翻，辰名。四下感翻，艸木之華發。

【釋證】

己，《玉篇》己部：“己，居喜切。己身也。”《書·大禹謨》：“稽于衆，舍己从人。”

已，《廣韻》止韻：“已，止也。”《詩·鄭風·風雨》：“風雨如晦，雞鳴不已。”

𢎘，《説文》𢎘部：“𢎘，嘾也，艸木之華未發圅然。”小篆作弓,舊隸定作"马"。段玉裁注據小篆字形改"马"作"巳",段玉裁是。《佩觿》字頭均爲形近字,"巳"與"己、已、巳"形近,頗疑《佩觿》字頭原作"己、已、巳、巳"。

 　诞(dàn)诞(yàn):**上廷宣翻,古"诞"字。下魚變翻,迎也。**
【釋證】
　　诞,《説文》言部:"诞,詞诞也。从言,延聲。诞,籒文诞省正。"《玉篇》言部:"诞,徒旱、徒旦二切。大也。天子生曰降诞。"

上聲入聲相對

 　琢(zhuàn)琢(zhuó):**上音篆,珪璧文。下竹角翻,琢玉。**
【釋證】
　　琢,玉器上雕飾的凸紋。《説文》玉部:"琢,圭璧上起兆琢也。从玉,篆省聲。《周禮》曰:'琢圭璧。'"《周禮·春官·典瑞》"琢圭璋璧琮",鄭玄注引鄭司農曰:"琢有圻鄂琢起。"林尹注:"琢,刻文隆起以爲飾也。"《列子·黃帝》:"雕琢復朴,塊然獨以其形立。"

 　豕(shǐ)豕(chù):**上施是翻,豬也。下丑足翻,絆豕之足。**
【釋證】
　　豕,《説文》豕部:"豕,豕絆足行豕豕。从豕,繫二足。"豕豠，豬絆脚難行貌。

疋（yǎ）足（zú）：上五下翻，正也。下即玉翻，手足。
【釋證】

疋，《説文》疋部："疋，足也。上象腓腸，下从止。《弟子職》曰：'問疋何止。' 古文以爲《詩·大疋》字，亦以爲足字。或曰胥字。一曰疋，記也。" 段玉裁注："此謂古文叚借疋爲雅字。"《廣韻》馬韻："疋，正也。待也。"《龍龕手鑑》雜部："疋，古文'雅'字。"《古文四聲韻》引《古孝經》"雅"作𤴓（3·22），即"疋"字，可證。《淮南子·脩務訓》"邯鄲師有出新曲者"，高誘注："新曲，非疋樂也。"

膞（zhuǎn）膊（bó）：上之兗翻，亦市兗翻，切肉。下譜各翻，肩膊。
【釋證】

膞，《説文》肉部："膞，切肉也。从肉，專聲。"

棯（rěn）捻（niǎn）：上而審翻，果名。下乃叶翻，指捻。
【釋證】

棯，《玉篇》木部："棯，而審切。果木。"《爾雅·釋木》"還味，棯棗"，邢昺疏："還味者，短味也，名棯棗。"

捻，《説文》手部新附："捻，指捻也。"唐玄應《一切經音義》卷五："謂以手指捻持也。"《齊民要術·種李》："手捻之，令褊。"

皿（mǐn）血（xuè）：上眉永翻，器皿。下呼決

翻，血脈。

毐（ǎi）毒（dú）：上烏改翻，摎毐。下徒木翻，苦毒。

【釋證】

毒，同“毒”。《廣韻》沃韻：“毒，痛也。害也。苦也。憎也。《説文》作：‘毒，厚也，害人之草往往而生。’徒沃切。”《書·湯誥》：“爾萬方百姓罹其凶害，弗忍荼毒。”

㥶（yǐn）急（jí）：上於近翻，謹也，隱从此。下居立翻，疾也。

【釋證】

㥶，《説文》心部：“㥶，謹也。从心，�224聲。”

假（jiǎ）徦（jiǎ）：上簡雅翻，不真。下加額翻，至也。

【釋證】

徦，《説文》彳部：“徦，至也。从彳，叚聲。”段玉裁注：“《毛詩》三頌‘假’字或訓大也，或訓至也。訓至則爲‘徦’之假借。”

挍（hài）核（hé）：上胡改翻，動也。下户革翻，果核。

【釋證】

挍，《廣雅·釋詁》：“挍，動也。”《玉篇》手部：“挍，胡改切。撼動也。”

㚭（yǎo）㚭（fā）：上於兆翻，尫弱。下博轄翻，

人姓。

【釋證】

　　忝,《廣韻》小韻:"忝,忝僑,不伸。又尪弱皃。於兆切。"

　　汞(gǒng)彔(lù):**上胡孔翻,水銀滓。下力木翻,水彔彔。**

【釋證】

　　彔,《説文》彔部:"彔,刻木彔彔也。象形。"古文字作 🔺(《合》28800)、🔺(《集成》3702彔簋),象井上轆轤打水之形,當爲轆轤之"轆"的初文。彔彔,又作"渌渌",濕潤貌。

　　夭(yāo)矢(zè):**上乙小翻,夭折。下阻力翻,傾頭。**

【釋證】

　　矢,《説文》矢部:"矢,傾頭也。"小篆作🔺。段玉裁注:"矢象頭傾,因以爲凡傾之偁。"《玉篇》矢部:"矢,壯力切。傾頭也。今并作'側'。"

　　启(qǐ)屌(dū):**上口禮翻,明星。下東木翻,尾下孔。**

【釋證】

　　启,《説文》口部:"启,開也。"後作"啟"。張舜徽《説文解字約注》卷五:"今經傳中惟《爾雅·釋天》'明星謂之启明'其字作'启',餘皆通用'啟'字。"

　　屌,《玉篇》尸部:"屌,都谷切。俗'豚'字。"《廣韻》屋韻:"豚,尾下竅也。丁木切。屌,俗。"屌,从尸,从口,會意。

綹（liǔ）絡（luò）：上力酉翻，絲綹。下郎各翻，經絡。

犬（quǎn）犮（bá）：上企畎翻，狗有懸蹄。下蒲末翻，老犬。

【釋證】

犬，《説文》犬部：“犬，狗之有縣蹄者也。”古特指大狗，後爲犬、狗通名。

犮，《説文》犬部：“犮，走犬皃。”《玉篇》《廣韻》均作“犬走皃”。《佩觿》釋“犮”爲“老犬”，誤，疑爲“走犬”之訛。

悚（sǒng）悳（cè）：上先勇翻，懼也。下叉兦翻，病也。

【釋證】

悚，《孔子家語·弟子行》“不懾不悚”，王肅注：“悚，懼。”晉潘岳《射雉賦》：“噭出苗以入場，愈情駭而神悚。”

悳，《方言》卷二：“悷、刺，痛也。自關而西秦晉之間或曰悷。”《集韻》麥韻：“悷、悳，《博雅》：‘痛也。’或省。測革切。”

杳（yǎo）皀（bī）：上於小翻，遠望也。下方立翻，穀粒。

【釋證】

杳，《説文》日部：“杳，望遠合也。从日、匕。匕，合也。讀若窈窕之窈。”望遠合，遠望渾然不分的樣子。《論衡·説日篇》：“人望不過十里，天地合矣。遠，非合也。”《玉篇》日部：“杳，於了切。望遠也。或作‘杳、窅’。”

皀，《説文》皀部：“皀，穀之馨香也。象嘉穀在裹中之形。

匕，所以扱之。或説：皀，一粒也。又讀若香。”《玉篇》皀部：“皀，許良、方立二切。穀皀也。”《廣韻》職韻：“皀，皀粒。”按：今浙東方言仍稱豆粒爲豆皀。

厗（shì）厄（è）：上成里翻，雷外。下於革翻，屯也。

【釋證】

厗，同“阤”。宋李誡《營造法式》：“阤，雷外砌謂之阤。”雷，屋檐。《書·顧命》“四人綦弁，執戈上刃，夾兩階阤”，孔安國傳：“堂廉曰阤，士所立處。”阤，堂廉下的臺階。《文選》張衡《西京賦》：“金阤玉階，彤庭煇煇。”

厄，《玉篇》户部：“厄，倚革切。困也。災也。亦作‘厄’。”《後漢書·趙岐傳》：“岐遂逃難四方，江、淮、海、岱，靡所不歷。自匿姓名，賣餅北海市中。……藏岐複壁中數年，岐作《厄屯歌》二十三章。”

少（shǎo）少（tà）：上申兆翻，不多。下他末翻，蹋也，“步”字從此。

【釋證】

少，《説文》止部：“少，蹋也。從反止。讀若撻。”

懇（kěn）懇（miǎo）：上苦很翻，誠也。下亡角翻，美也。

【釋證】

懇，《玉篇》心部：“懇，口很切。悲也。誠也。信也。”唐玄應《一切經音義》卷四引《通俗文》：“至誠曰懇。”《三國志·吴書·陸凱傳》：“表疏皆指事不飾，忠懇内發。”

愬，同“懇”。《説文》心部：“懇，美也。从心，貇聲。”《廣韻》覺韻：“愬，《説文》：‘美也。’莫角切。”《後漢書·橋玄傳》：“幽靈潛翳，愬哉緬矣。”

薾（ěr）籋（niè）：上古文“苊”字，草名。下尼輒翻，機籋。

【釋證】

薾，《説文》艸部：“薾，華盛。从艸，爾聲。”《玉篇》艸部：“薾，奴禮切。草盛皃。”薾，楚簡文字作𦺊（《包》150），从艸，爾聲。《玉篇》艸部：“苊，奴禮切。薺苊也。”明李時珍《本草綱目·草一·薺苊》：“薺苊根莖都似人參，而葉小異，根味甜絶，能殺毒，以其與毒藥共處，毒皆自然歇，不正入方家用也。”

籋，《説文》竹部：“籋，箝也。从竹，爾聲。”段玉裁注：“夾取之器曰籋，今人以銅鐵作之，謂之鑷子。”宋陳瓘《蝶戀花》：“見説近來頭也白，髭鬚那得長長黑？……籋子鑷來，須有千堆雪。”

陜（xiá）陝（shǎn）：上遐甲翻，隘也，从二入。下矢冉翻，郡名，从二入。

【釋證】

陜，《説文》𨸏部：“陜，隘也。从𨸏，夾聲。”《玉篇》阜部：“陜，諸夾切。不廣也。亦作‘狹’。”《史記·孫子吳起列傳》：“馬陵道陜，而旁多阻隘，可伏兵。”

陝，古地名，在今河南省陝縣。《公羊傳·隱公五年》“自陝而東者，周公主之；自陝而西者，召公主之”，何休注：“陝者，蓋今弘農陝縣是也。”

帄（diǎo）忰（zhuó）：上丁了翻，絹帄也。下亦丁了翻，垂心；又之若翻，痛忰。

【釋證】

帄，《玉篇》巾部："帄，丁皎切。帄幪，繒頭也。"《廣韻》篠韻："帄，絹布頭也。都了切。"

忰，《玉篇》心部："忰，都了切，憂也。又之藥切，痛也。"垂心，即關心，掛心。

戻（niǎn）戻（fú）：上儒衍翻，柔弱，从尸主之尸。下古文"服"字，从卪。卪音節。

【釋證】

戻，《説文》尸部："戻，柔皮也。从申尸之後。尸或从又。"段玉裁注："大徐作'戻'，而曰'或从又'；小徐作'戻'，而曰'或从又'。疑从又爲是。"《廣雅·釋詁》："戻，弱也。"

戻，《説文》又部："戻，治也。从又，从卪。卪，事之節也。房六切。"

取（qǔ）敪（xiè）耴（zhé）：上千庾翻，取与。中而葉翻，動也。下張躡翻，耴耳。

【釋證】

敪，同"敤"。《説文》支部："敤，使也。从攴，耴省聲。"

耴，《説文》耳部："耴，耳垂也。从耳下垂，象形。《春秋傳》曰：'秦公子輒者，其耳下垂，故以爲名。'"小篆作卪。《廣韻》葉韻："耴，耴耳，國名。《説文》曰：'耳垂也。'陟葉切。"

筍（gǒu）苟（gǒu）苟（jì）：上中竝工后翻，上取魚竹器，中艸名。下己力翻，慎言也。

【釋證】

苟,《說文》苟部:"苟,自急敕也。 从羊省,从包省,从口。口猶慎言也。从羊,羊與義、善、美同意。"苟,甲骨文作𦫳(《合》21954),金文作𦫳(《集成》4140 大保簋)、𦫳(《集成》10125 楚季咩盤),《說文》古文作𦫳。"苟"乃"敬"之初文,故《說文》云"口猶慎言也"。"苟"與"亟"通,故云"急敕也"。

鼓(gǔ)歔(yǐ)鼓[①](gǔ):上音古,鐘鼓,从攴。攴,他刀翻。从攴、从皮者皆非也。中於几翻,歔歔,驢鳴。下之錄、工五二翻,擊鼓也,从攴。攴,普卜翻。

【釋證】

鼓、鼓,乃一字之異體。詳參"支攴攴"條釋證。

去聲自相對

幗(guó)憴(guó):竝古對翻。上婦人喪冠,下恨也。

【釋證】

幗,喪冠,服喪時所戴的一種帽子;也泛指婦人頭飾。《晉書·宣帝紀》:"亮數挑戰,帝不出,因遺帝巾幗婦人之飾。"《新唐書·東夷傳·高麗》:"庶人衣褐,戴弁。女子首巾幗。"

庫(kù)厙(shè):上苦故翻,貯物舍。下始夜

---

① "鼓",原作"鼓",據澤存堂本改。

翻,人姓。

【釋證】

厙,《廣韻》禡韻:"厙,姓也,出《姓苑》。今台括有之。始夜切。"《後漢書·竇融傳》"金城太守厙鈞",李賢注:"《前書音義》曰,厙姓,即倉庫吏後也。今羌中有姓厙,音舍,云承鈞之後也。"

楮(jiàn) 搢(jìn):上子賤翻,木名。下音晉,搢笏。

【釋證】

楮,《説文》木部:"楮,木也。从木,晉聲。《書》曰:'竹箭如楮。'"

搢,《説文》手部新附:"搢,插也。"《廣韻》震韻:"搢,搢紳之士,搢笏而垂紳。又插也。即刃切。"搢笏,古代君臣朝見時執笏,用以記事備忘,不用時插於腰帶上。《穀梁傳·僖公三年》"陽穀之會,桓公委端搢笏而朝諸侯",范甯注:"搢,插也。笏,所以記事也。"《墨子·公孟》"公孟子戴章甫,搢忽,儒服,而以見子墨子",畢沅校注:"忽,即笏字。"

杆(gàn) 扞(hàn):上古案翻,檀木。下胡旦翻,拒扞。

【釋證】

杆,《玉篇》木部:"杆,公旦切。檀木也。"《集韻》翰韻:"杆、櫸,木名,柘也。一曰檀也。或从幹。"《尸子》卷下:"鴻鵠在上,杆弓韣弩以待之。"

扞,《廣韻》翰韻:"扞,以手扞。又衛也。侯旰切。"又語韻:

"拒，捍也。"拒扞，猶抵禦，抗拒。《漢書·鄒陽傳》"此四分五裂之國，權不足以自守，勁不足以扞寇"，顏師古注："扞，禦也。"《漢書·丙吉傳》："臣尊日再侍卧庭上。後遭條獄之詔，吉扞拒大難，不避嚴刑峻法。"

挍(jiào)　校(xiào)：上音教，比挍。下胡教翻，校尉。

【釋證】

挍，《廣雅·釋詁》："挍，度也。"《孟子·滕文公上》："貢者，挍數歲之中以爲常。"

典籍挍、校常混，《佩觿》卷上云"《五經字書》不分挍、校""校尉之校爲比挍"。唐王建《新晴》："夏夜新晴星校少，雨收殘水入天河。"《廣韻》旨韻："比，校也。"

枅(biàn)　抃(biàn)：竝皮變翻。上屬柱，下与"抃"同。

【釋證】

枅，門柱上的斗拱。《玉篇》木部："枅，皮變切。門柱上槒櫨也。亦作'閞'。"

抃，《説文》手部："抃，拊手也。从手，弁聲。"《廣韻》線韻："抃，擊手。皮變切。"《集韻》線韻："抃、拚，《説文》：'拊手也。'或从卞。"《吕氏春秋·仲夏紀》"帝嚳乃令人抃"，高誘注："兩手相擊曰抃。"《文選》左思《吴都賦》"翹關扛鼎，抃射壺博"，李善注引孟康曰："手搏爲抃。"

悵(chàng)　帳(zhàng)：上丑亮翻，惆悵。下知亮翻，帳設。

袖（xiù）袖（liù）：上似祐翻，衣袖。下力救翻，祝也。

【釋證】

袖，《玉篇》示部："袖，恥雷切。古文'褶'。"《說文》示部："褶，祝褶。"祝褶，又作"祝由"，以祝禱治病。《素問·移經變氣論》"故毒藥不能治其內，鍼石不能治其外，故可移精祝由而已"，王冰注："是以移精變氣，無假毒藥，祝說病由，不勞鍼石而已。"

胄（zhòu）胄（zhòu）：竝直祐翻。上胄嗣，下介胄。

【釋證】

胄，胄嗣之"胄"，小篆作 𦜉，從肉，由聲。意爲後代。

胄，介胄之"胄"，小篆作 𧘂，從冃，由聲。意爲作戰時保護頭部的帽子。介胄，指鎧甲和頭盔。

詳見"胄子爲甲胄"條釋證。

晏（yàn）晏（yàn）：竝於諫翻。上天清也。下晚也，安也。

【釋證】

晏，《說文》日部："晏，天清也。從日，安聲。"天清，晴朗無雲。《淮南子·繆稱訓》"暉目知晏，陰諧知雨"，高誘注："暉目，鳩鳥也。晏，無雲也。天將晏静，暉目先鳴。"

晏，《說文》女部："晏，安也。從女、日。《詩》曰：'以晏父母。'"傳抄古文中，"晏"通"晏"。《古文四聲韻》"晏"作 𣇄（4·20），《集篆古文韻海》"晏"作 𣇄（4·30）。晏，經典多用爲"晚"。《論語·子路》："冉子退朝。子曰：'何晏也？'"《淮南子·天文訓》："（日）至于曾泉，是謂蚤食；至于桑野，是謂晏食。"

挂（guà）桂（guì）：上古賣翻，懸挂。下古惠翻，木名。

宙（zhòu）宿（xiù）：上直祐翻，宇宙。下似祐翻，山穴，与"岫"同。

【釋證】

宙，《淮南子·覽冥訓》"而燕雀佼之，以爲不能與之争於宇宙之間"，高誘注："宇，屋簷也。宙，棟梁也。"

宿，《說文》山部："岫，山穴也。从山，由聲。宿，籀文从穴。"《爾雅·釋山》"山有穴爲岫"，郭璞注："謂巖穴。"《文選》張衡《東京賦》"王鮪岫居，能鼈三趾"，薛綜注："山有穴曰岫也。王鮪，魚名也，居山穴中。"

冣（jù）最（zuì）：上才句翻，積也。下子外翻，極也。

【釋證】

冣，《說文》冖部："冣，積也。从冖，从取，取亦聲。"段玉裁注："'冣'與'聚'音義皆同，與月部之'最'音義皆別。"《墨子·號令》："嚴令吏民無敢讙囂、三冣并行。"冣，同"聚"。朱駿聲《說文通訓定聲》："（冣）六朝以後皆訛作'最'。"

最，《說文》冃部："最，犯而取也。从冃，从取。"《廣韻》泰韻："最，極也。俗作'冣'。祖外切。"

閦（chù）閉（bì）：上丑住翻，塞門。下博計翻，

手拒門。

【釋證】

閗，《玉篇》門部："閗，丑住切。直開也。"《廣韻》遇韻："閗，直開也。丑注切。"《集韻》遇韻："閗、戺，丑注切。直開也。或從戶。"疑"閗"乃"閗"之訛。

幼（yòu）幻（huàn）：**上幽謬翻，幼少。下胡盼翻，幻惑。**

媦（wèi）媢（mào）：**上云未翻，楚人呼妹。下莫告翻，婦妒夫。**

【釋證】

媦，《説文》女部："媦，楚人謂女弟曰媦。從女，胃聲。"《玉篇》女部："媦，楚人呼妹。"《公羊傳·桓公二年》"若楚王之妻媦，無時焉可也"，何休注："媦，妹也。"《新唐書·諸帝公主傳》："同安公主，高祖同母媦也。"

媢，《説文》女部："媢，夫妒婦也。從女，冒聲。一曰相視也。"《漢書·五行志中》"劉向以爲時夫人有淫齊之行，而桓有妬媢之心"，顔師古注："媢，謂夫妒婦也。"男子嫉妒妻妾稱之爲"媢"，而女子嫉妒男子則稱之爲"媢"。《廣韻》遇韻："媢，媢妬也。女子妬男子。牛具切。"故疑此處《佩觿》原文"婦妒夫"爲誤寫。另參"妒媢之殊"條釋證。

恑（bì）帔（pèi）：**上悲備翻，險也。下披義翻，衣也。**

【釋證】

恑，《集韻》眞韻："恑，心恑愱也。通作'詖'。"《玉篇》言部："詖，彼寄切。佞謟也。"《廣韻》寘韻："詖，諂詖。又慧也。佞也。彼義切。"

帔，《説文》巾部："帔，弘農謂帬帔也。从巾，皮聲。"《方言》卷四："裙，陳魏之間謂之帔。"《急就篇》卷二"袍襦表裏曲領帬"，顔師古注："帬即裳也。一名帔，一名襬。"《新唐書·顔師古傳》："及是頻被譴，仕益不進，罔然喪沮，乃闔門謝賓客，巾褐裹帔，放情蕭散，爲林墟之適。"

孝（xiào）斆（jiào）：上虚教翻，孝悌。下加孝翻，斆導。

【釋證】

斆，《説文》攴部："教，上所施下所效也。从攴，从孝。𢾺，古文'教'。㸚，亦古文'教'。"斆，又作"㸎"，亦古文"教"。教，甲骨文作𤕝（《合》27732），金文作𤕟（《集成》10583 匽侯載器），从攴，从子，从爻。或簡省作𤔔（《合》28008）、𢻲（《集成》10176 散氏盤）、𢻻（《郭·唐》4），爲《説文》古文"㸚"所本。抑或簡省作🈒（與兵壺），與傳抄古文𢽻（《汗》1·15）、𢽼（《四》4·28）契合，隸定作"㸎"或"㸎"。

詗（dòng）詗（xiòng）：上音洞，謰詗。下火鎣翻，自言長。

【釋證】

詗，《説文》言部："詗，譀也。"段玉裁注："《通俗文》：'言過謂之謰詗。麤痛、徒痛二切。'按：言過者，言之太過也。與'譀'訓合。"謰詗，亦作"謰詗"，即説大話。《三國志·魏書·程曉傳》："以謹慎爲粗疏，以謰詗爲賢能。"

訶，《説文》言部：“訶，知處告言之。从言，同聲。”訶，告密，偵查。又《廣韻》勁韻：“訶，自言長。休正切。”

笵（fàn）范（fàn）：上防凵翻，与“範”同。下亦防凵翻，人姓。
【釋證】

笵，《説文》竹部：“笵，法也。从竹。竹，簡書也。氾聲。古法有竹刑。”後作“範”。《玉篇》竹部：“笵，音范。楷式也。與‘範’同。”

券（quàn）劵（juàn）：上丘願翻，契券。下巨願翻，勞劵。
【釋證】

券，《説文》刀部：“券，契也。从刀，关聲。券別之書，以刀判契其旁，故曰契券。”段玉裁注：“恭聲。”《戰國策·齊策》：“於是約車治裝，載券契而行。”

劵，《説文》力部：“劵，勞也。从力，卷省聲。臣鉉等曰：‘今俗作倦，義同。渠卷切。’”《廣雅·釋詁》“罷、劵，勞也”，王念孫疏證：“‘罷’與‘疲’同，‘劵’與‘倦’同。”《隸釋》漢涼州刺史魏元丕碑：“施舍弗劵，求善不猒。”

柲（bì）祕（mì）：竝兵媚翻。上戟柄，一曰矛屬。下祕藏。
【釋證】

柲，《説文》木部：“柲，欑也。”徐鍇繫傳：“欑即矛戟柄。”《廣雅·釋器》：“柲，柄也。”《方言》卷九：“其柄，自關而西謂之柲。”《左傳·昭公十二年》“君王命剥圭以爲鍼柲”，杜預注：

“鏚，斧也。柲，柄也。破圭玉以飾斧柄。”

祕，《玉篇》示部：“祕，悲冀切。《説文》云：‘神也。’《廣雅》曰：‘勞也。蜜也。藏也。’”《廣韻》至韻：“祕，密也。神也。視也。勞也。又姓，《西秦録》有僕射祕宜。俗作‘秘’。兵媚切。”唐李白《宴陶家亭子》：“緑水藏春日，青軒祕晚霞。”唐韓愈《峋嶁山》：“事嚴迹祕鬼莫窺，道人獨上偶見之。”

攢（guì）　櫃（kuì）：上房沸翻，擊也。下巨位翻，木名。

【釋證】

攢，《龍龕手鑑》手部：“攢，俗。求位反。攢檻也。又丘位反。”《四聲篇海》手部：“攢，求位切。檻也。又丘位切。”《淮南子·要略訓》“（禹）燒不暇攢，濡不給扢”，高誘注：“攢，排去也。”郭氏“房沸翻，擊也”，殊令人費解，音義皆不契。疑“攢”當爲“攢”。攢（fèi），《集韻》未韻：“攢，擊仆也。芳未切。”同韻：“攢、拂，楚謂搏擊曰攢。或省。父沸切。”音義皆契。北周庾信《哀江南賦》：“硎谷摺拉，鷹鸇批攢。”《文選》司馬相如《上林賦》：“拂鷖鳥，捎鳳凰，捷鵷鶵，揜焦明。”

櫃，即椐，又名靈壽木。《説文》木部：“櫃，椐也。从木，貴聲。”《廣韻》至韻：“櫃，木名。又腫節名。求位切。”《爾雅·釋木》“椐，櫃”，郭璞注：“腫節可以爲杖。”三國吳陸璣《毛詩草木鳥獸蟲魚疏》：“椐，櫃。節中腫以扶老，今靈壽是也。即今人以爲馬鞭及杖。”

淠（pài）　潷（pì）：上匹賣翻，水，出丹陽。下

淠^①四翻,水,出汝南。

【釋證】

淠,同"潷"。《説文》水部:"潷,水,在丹陽。从水,箄聲。"《玉篇》水部:"潷,普計、匹賣二切。《説文》曰:'水,在丹陽。'淠,同上。"

淠,《説文》水部:"淠,水,出汝南弋陽垂山,東入淮。从水,畀聲。"《玉篇》水部:"淠,匹備切。水聲也。又匹計切。"北魏酈道元《水經注‧淮水》:"淮水又東北,淠水注之。水出弋陽縣南垂山……俗曰白鷺水。"

泮(pàn) 泮(pàn):竝普半翻。上泮宫,下冰解。

【釋證】

泮,《説文》水部:"泮,諸侯鄉射之宫。西南爲水,東北爲牆。从水,从半,半亦聲。"泮宫,古代舉行鄉射所設的學宫。《詩‧魯頌‧泮水》:"既作泮宫,淮夷攸服。"《漢書‧郊祀志上》:"周公相成王,王道大洽,制禮作樂,天子曰明堂辟雍,諸侯曰泮宫。"後泛指學宫。唐楊炯《少室山少姨廟碑》:"辟雍所以行其禮,泮宫所以辨其教。"

泮,《廣韻》换韻:"泮,冰散。普半切。"《集韻》换韻:"泮,冰釋。"《新唐書‧賈循傳》:"張守珪北伐,次灤河,屬凍泮,欲濟無梁。"宋陸游《甲寅元日予七十矣酒間作短歌示子侄輩》:"豁然忽大笑,愁若春冰泮。"

戾(tì) 戾(lì):上他計翻,輻車之旁。下來計

戾,曲也。

【釋證】

戾,車壁兩旁的門。《説文》户部:"戾,輻車旁推户也。从户,大聲。讀與欽同。"

戾,《説文》犬部:"戾,曲也。从犬出户下。戾者,身曲戾也。"《廣韻》郎計切。《山海經·海外南經》"其爲人交脛",郭璞注:"言脚脛曲戾相交。"《吕氏春秋·季春紀》:"飲必小咽,端直無戾。"

　　蔽(kuǎi)籢(kuǎi):竝公壞翻。上艸名,下竹名。籢,一作"籨"。

【釋證】

蔽,同"蒯",草名。《説文》艸部:"蔽,艸也。从艸,叡聲。"

籢,即簡竹。《玉篇》竹部:"籢,苦怪切。竹箭也。"《廣韻》怪韻:"籢,箭竹名也。"

　　掞(shàn)棪(yǎn):竝失驗翻。上摛也。下木名,又失冉翻。

【釋證】

掞,《廣韻》豔韻:"掞,舒藻。舒贍切。"《集韻》豔韻:"掞、摛,舒也。或从焱。以贍切。"《説文》手部:"摛,舒也。从手,离聲。""掞、摛"同義,均釋爲"舒"。《文選》左思《蜀都賦》:"幽思絢道德,摛藻掞天庭。"宋歐陽修《答李秀才啟》:"溢雲紙以摛思,掞春華而發藻。"

棪,《廣韻》琰韻:"棪,木名,實似柰,可食。以冉切。"《山海經·南山經》:"又東三百里,曰堂庭之山,多棪木。"

廢(fèi) 癈(fèi):竝芳吠翻。上屋廢,下疾也。

【釋證】

廢,《説文》广部:"廢,屋頓也。从广,發聲。"《淮南子·覽冥訓》"往古之時,四極廢,九州裂",高誘注:"廢,頓也。"

癈,久病不愈。《説文》疒部:"癈,固病也。从疒,發聲。"《玉篇》疒部:"癈,方吠切。痼病也。"《正字通》:"癈,芳未切,音吠。篆作'癈',通作'廢'。"《周禮·地官·族師》:"辨其貴賤、老幼、癈疾可任者。"

祽(zuì) 祽(zuì):上子内翻,祭名。下千内翻,禪衣。

【釋證】

祽,《廣韻》隊韻:"祽,月祭名也。子對切。"

祽,即單衣。《方言》卷四:"覆祽謂之禪衣。"

掉(diào) 棹(zhào):上徒弔翻,摇也。下直效翻,楫也。

【釋證】

掉,《説文》手部:"掉,摇也。"《左傳·昭公十一年》:"末大必折,尾大不掉。"

徇(xùn) 徇(xùn):竝思閏翻。上以身從物,下自衒名行。

【釋證】

徇,《説文》人部:"徇,疾也。从人,旬聲。"通"殉",爲某種目的而死。唐慧琳《一切經音義》卷六:"以身從物曰徇。"

徇,炫耀,誇示。《文選》左思《吳都賦》"徇蹲鴟之沃,則以爲世濟陽九”,劉逵注:“夸物示人亦曰徇。”

沁(qìn)沁(qìn):竝七鴆翻。上水名,下冷也。

【釋證】

沁,同“浸”。《集韻》沁韻:“浸、沁,冷氣。或从心。”

税(shuì)裞①(shuì):竝式芮翻。上征也,下贈終者衣被。

【釋證】

裞,《說文》衣部:“裞,贈終者衣被曰裞。从衣,兑聲。”裞,也作“襚”。《說文》衣部:“襚,衣死人也。从衣,遂聲。《春秋傳》曰:‘楚使公親襚。’”段玉裁注:“《士喪禮》‘君使人襚’,注:‘襚之言遺也。’《公羊傳》曰‘車馬曰賵,貨財曰賻,衣被曰襚’,注:‘襚猶遺也。遺是助死之禮,知生者賻賵,知死者贈襚。’”《漢書·朱建傳》“辟陽侯乃奉百金裞”,顏師古注:“贈終者之衣被曰裞。言以百金爲衣被之具。”

妬(dù)姤(gòu):上丁故翻,嫉妬,《說文》作“妒”。下古候翻,卦名。

【釋證】

姤,六十四卦之一。《易》姤卦:“姤,遇也,柔遇剛也。”

晬(zuì)晬(suì):上子對翻,周年也。下雖遂翻,視皃;又潤澤皃。

【釋證】

晬,《說文》日部新附:“晬,周年也。从日、卒,卒亦聲。”又

---

① “裞”,原作“祱”,據澤存堂本改。

特指嬰兒周歲或滿百日。唐韓愈《故中大夫陝府左司馬李公墓志銘》："炭爲蜀州晉原尉，生公，未晬以卒。"《遼史·太祖紀上》："三月能行，晬而能言，知未然事。"

晬，《孟子·盡心上》"其生色也晬然，見於面"，趙岐注："晬然，潤澤之貌也。"《文選》左思《魏都賦》："魏國先生有晬其容。"

㮧（huà）擭（hù/huò）：上胡霸、胡郭二翻，木名。下胡誤翻，布擭，分解也；亦户博翻，柞擭，阱也，淺則施之。

【釋證】

㮧，《龍龕手鑑》木部："㮧，正。樺，通。"㮧、樗、樺，一字之異體。

擭，《廣韻》暮韻："擭（hù），布擭，猶分解也。胡誤切。"布擭，又作"布濩"。《史記·司馬相如列傳》："鮮枝黃礫，蔣芧青薠，布濩閎澤，延曼太原。"《文選》張衡《東京賦》"聲教布濩，盈溢天區"，薛綜注："布濩，猶散被也。"又《廣韻》鐸韻："擭（huò），柞擭，阱淺則施之。胡郭切。"《禮記·中庸》"驅而納諸罟擭陷阱之中，而莫之知辟也"，朱熹集注："擭，機檻也。陷阱，坑坎也。皆所以掩取禽獸者也。"柞擭，裝有機關的捕獸木籠。

檜（guì）檜（guì）擓（guài）：竝古外翻。上地名，中建木置石以摧敵，下收也。

【釋證】

擓，《路史·禪通紀·有巢氏》："搏獸而食，鑿井而飲，擓菣秸以爲蓐。"

況（kuàng）況（kuàng）况（kuàng）：竝虛訪翻。

上發語之端。中寒冰也。下形況；亦修況，琴名。
今多通用下字。

【釋證】

況、况、況，《說文》水部：“況，寒水也。从水，兄聲。”段玉裁注：“《毛詩·常棣》《桑柔》《召旻》皆曰：‘兄，滋也。’矢部𡴼下曰：‘兄，詞也。’古矧兄、比兄皆用兄字，後乃用況字，後又改作况、作況。”況，《玉篇》氵部：“況，俗‘况’字。”《廣韻》漾韻：“況，匹擬也。善也。矧也。《說文》曰：‘寒水也。’亦脩況，琴名。又姓，何氏《姓苑》云：‘今廬江人。’許訪切。况，俗。”按：現通用“況”字。《康熙字典》按：“況本从水，亦从二作‘况’。今从冫，當即‘況、况’二字之訛。”

去聲入聲相對

崒（cuì）崒（zú）：上秦醉翻，止也。下昨沒翻，
山兒。

【釋證】

崒，停留。《廣韻》至韻：“崒，止崒。秦醉切。”《廣雅·釋詁》“崒，待也”，王念孫疏證：“待者，止也。”

崒，同“崪”，山峰高而險。《說文》山部：“崪，危高也。从山，卒聲。”《廣韻》沒韻：“崒，崒屼，山兒。昨沒切。”《詩·小雅·十月之交》：“百川沸騰，山冢崒崩。”

卂（xùn）卂（jǐ）：上息進翻，疾飛不見其羽。
下几逆翻，持也。

【釋證】

卂，《説文》卂部：“卂，疾飛也。从飛而羽不見。”段玉裁注：“引申爲凡疾之偁。”饒炯部首訂：“其从飛省者，造字遠取諸物也。蓋迅疾之事，凡物皆有，情亦難狀，惟飛較疾，而飛不見羽則尤疾。故迅疾字古文从飛省其羽毛以指事。”後作“迅”。

卂，《説文》卂部：“卂，持也。象手有所卂據也。”

駛（shǐ）駃（jué）：上山利翻，疾也。下古穴翻，騠駃。

【釋證】

駃，《説文》馬部：“駃，駃騠，馬父赢子也。”《玉篇》馬部：“駃，古穴切。駃騠，馬也，生七日超其母。”駃騠，亦作“駃題”，駿馬名。《史記·李斯列傳》：“而駿良駃騠不實外厩。”唐楊炯《大周明威將軍梁公神道碑》：“駃騠將駙駼齊衡，驥騮共駒駼伏櫪。”

措（cuò）楛（cuò）：上千妒翻，安也。下思脊翻，皮甲錯。

【釋證】

楛，樹皮粗糙。《爾雅·釋木》“楛，散”，郭璞注：“謂木皮甲錯。”陸德明釋文：“楛，音錯。”邢昺疏：“木皮甲麤錯者名楛，亦名散。”

帨（shuì）悦（yuè）：上音税，手巾。下弋雪翻，喜悦。

【釋證】

帨，《廣雅·釋器》“帨，巾也”，王念孫疏證：“巾者，所以覆物,亦所以拭物。"《詩·召南·野有死麕》:"舒而脱脱兮,無感我帨兮。"

伏(fú)　伏(dài):上音服,俯伏。下音大,地名,在海中。

【釋證】

伏,海島名。

妹(mèi)　妹(mò):上莫佩翻,姊妹。下音末,桀妻。

【釋證】

妹,女子人名用字。《玉篇》女部:"妹,莫葛切。妹喜,桀妻也。"

樜(zhè)　摭(zhí):上之夜翻,木,出發鳩山。下之石翻,拾也。

【釋證】

樜,《説文》木部:"樜,木,出發鳩山。从木,庶聲。"《玉篇》木部:"樜,之夜、舒預二切。大木,出發鳩山。"同部:"柘,之夜切。木名。亦作'樜'。"《廣韻》禡韻:"柘,木名,亦姓。之夜切。樜,上同。"明李時珍《本草綱目·木三·柘》:"喜叢生,幹疎而直,葉豐而厚,團而有尖。其葉飼蠶取絲作琴瑟,清響勝常。"

摭,《玉篇》手部:"摭,之石切。取也。拾也。"《禮記·禮器》"君子之於禮也,有直而行也,……有順而摭也",孔穎達疏:"摭,猶拾取也。"

喙(huì)　啄(zhuó):上許穢翻,口。下丁角翻,

鳥啄。

　　宋[①]（bèi）木（mù）：上匹刃翻，麻屬。下莫卜翻，東方之行。
【釋證】
　　宋，《說文》宋部：“宋，艸木盛宋宋然。象形，八聲。讀若輩。”《廣韻》卦韻：“宋，分枲皮也。匹卦切。”又震韻：“宋，麻片。匹刃切。”

　　借（jiè）借（jiè）：上資昔翻，饒借。下子夜翻，假借。

　　臭（chòu）臭（jú）：上蚩又翻，香臭。下古役翻，犬視也。
【釋證】
　　臭，《說文》犬部：“臭，犬視皃。”《廣韻》錫韻：“臭，《說文》云：‘犬視皃。’亦獸名，猨屬，脣厚而碧色。古闃切。”北周衞元嵩《元包經·仲陰》“旅，童竊妻，婦奔自闈，眂之臭，爪之攜”，蘇源明傳：“眂之臭，驚顧如犬也。”

　　柘（zhè）拓（tuò）：上之夜翻，木名。下他各翻，開也。

　　肖（xiào）肎（xì）：上須妙翻，似也。下許乙翻，振肎也。

---

① “宋”，原作“宋”，據澤存堂本改。小篆作 𣎵，隸定作“宋”已失其形。《龍龕手鏡》《廣韻》《集韻》均作“宋”。

【釋證】

肎，《説文》肉部：“肎，振肎也。从肉，八聲。”《玉篇》肉部：“肎，呼乞切。振眆也。”段玉裁《説文解字注》改“振肎”爲“振胏”，云：“振胏，依《玉篇》。今本《玉篇》‘胏’譌‘眆’。十部曰：‘胏釁，布也。’然則振胏者，謂振動布寫也，以疊韵爲訓也。鍇本云‘振也’，鉉本云‘振肎也’，皆非是。《禮樂志》曰：‘鸞路龍鱗，罔不肎飾。’師古曰：‘肎，振也。謂皆振整而飾之也。’《上林賦》‘胏釁布寫’，師古曰：‘胏釁，盛作也。’《甘泉賦》‘薌呺胏以捆根’，師古曰：‘言風之動樹，聲響振起。’此皆與《説文》合。蓋‘肎’與‘胏’音義皆同，許無八佾字。今按：作‘肎’、作‘胏’皆可。《左傳》言振萬舞者，必振動也。尸部曰：‘屑，動作切切也。’此从肎會意也。許乞切。”

楇（guì）摑（guāi）：上工誨翻，筥也。下工麥翻，掌耳。

【釋證】

楇，《説文》木部：“楇，筐當也。从木，國聲。”段玉裁注：“匡當，今俗有此語，謂物之腔子也。楇，亦作‘簂’，亦作‘蔮’。”《玉篇》木部：“楇，古誨切。筐也。”《詩·召南·采蘋》“于以盛之，維筐及筥”，毛傳：“方曰筐，圓曰筥。”

債（zhài）嘖（zé）：上側賣翻，欠財也。下主革翻，客尋人。

【釋證】

嘖，《廣韻》麥韻：“嘖，容尋常人。士革切。”即容貌尋常的人。《佩觿》“客尋人”，疑寫訛。

　　晦(huì)　眛(mù)：上荒內翻，月盡。下莫六翻，目病。

　　藋(diào)　籊(tì)：上徒弔翻，艸名。下他歷翻，"籊籊竹竿"。

【釋證】

　　藋,《説文》艸部:"藋,釐艸也。一曰拜商藋。从艸,翟聲。"《玉篇》艸部:"藋,徒叫切。 藜藋也。"《左傳·昭公十六年》:"斬之蓬蒿藜藋,而共處之。"《莊子·徐無鬼》:"藜藋柱乎鼪鼬之逕。"

　　籊,竹竿細長的樣子。《廣韻》錫韻:"籊,竹竿皃。 又他歷切。"《詩·衞風·竹竿》"籊籊竹竿,以釣于淇",朱熹集傳:"籊籊,長而殺也。"《南史·隱逸傳上·漁父》:"竹竿籊籊,河水漵漵。"

　　系(xì)　糸(mì)：上胡計翻,緒也。下莫狄翻,細絲。

【釋證】

　　系,《説文》系部:"系,繫也。 从糸,丿聲。"《玉篇》系部:"系,下計切。 繼也。"《文選》班固《幽通賦》"系高頊之玄胄兮,氏中葉之炳靈",李善注:"系,連也。"《後漢書·班固傳》:"系唐統,接漢緒。"

　　糸,《説文》糸部:"糸,細絲也。"段玉裁注:"絲者,蠶所吐也。細者,微也。細絲曰糸。"

　　胙(zuò)　昨(zuó)：上在誤翻,祭餘肉。下在各翻,累日也。

【釋證】

胙，祭祀求福用的肉。《説文》肉部：“胙，祭福肉也。从肉，乍聲。”《左傳·僖公九年》：“王使宰孔賜齊侯胙。”《漢書·郊祀志上》“已祠，胙餘皆燎之”，顔師古注：“胙謂祭餘酒肉也。”宋陸游《入蜀記》卷五：“招頭，蓋三老之長，顧直差厚，每祭神，得胙肉倍衆人。”

昨，《説文》日部：“昨，壘日也。从日，乍聲。”《玉篇》日部：“昨，一宵也。”《廣韻》鐸韻：“昨，昨日，隔一宵。在各切。”《莊子·外物》：“周昨來，有中道而呼者。”

抓（zhuā）振（bò）：上側教翻，抓刺。下普宅翻，振挀。

【釋證】

振，《廣雅·釋詁》“振，裂也”，王念孫疏證引《方言》：“鏚、挀，裁也。梁益之間裁木爲器曰鏚，裂帛爲衣爲挀。”另參“槪挀”條釋證。

片（piàn）斥（chì）：上匹硯翻，判木也。下昌石翻，逐也，俗“庍”字。

【釋證】

斥，《廣韻》昔韻：“庍，逐也。遠也。又庍候。《説文》曰：‘卻行也。从广、屰。’屰音逆。昌石切。斥，上同。”《荀子·成相》：“世之愚，惡大儒，逆斥不通孔子拘。”《史記·天官書》：“輔星明近，輔臣親彊，斥小疏弱。”

朿（cì）束（shù）：上千賜翻，木芒。下收録翻，束縛。

【釋證】

束,《說文》束部:"束,木芒也。"後作"刺"。徐鍇繫傳:"從木形,左右象刺生之形也。"

束,《說文》束部:"束,縛也。"《詩·鄘風·牆有茨》:"牆有茨,不可束也。"

厝(cuò) 厝(jī):上倉故翻,安也。下音籍,地,在清河。

【釋證】

厝,《廣韻》暮韻:"厝,置也。倉故切。"又引申爲"安葬"。漢班固《白虎通·崩薨》:"時臣子藏其君父,安厝之義,貴賤同。葬之爲言下藏之也。"唐吳少微《爲任虚白陳情表》:"兩柩雙魂,未遑安厝。"

厝,《玉篇》广部:"厝,秦昔切。縣名,在清河。"

福(fù) 福(fú):上芳又翻,衣一幅。下芳伏翻,福佑。

【釋證】

福,《廣韻》宥韻:"福,衣一福。今作'副'。敷救切。"唐顏師古《匡謬正俗》卷六:"副貳之字,'副'字本爲'福'字。從衣,畐聲。今俗呼一襲爲一福衣,蓋取其充備之意,非以覆蔽形體爲名也。然而書史假借,遂以'副'字代之。副,本音普力反,義訓剖劈。"

昒(hū) 昒(mèi):上文弗翻,日曀,又呼没翻。下莫拜翻,昒眼。

【釋證】

眒，天將明而未明之時。《説文》日部：“眒，尚冥也。从日，勿聲。”《玉篇》日部：“眒，亡屈切。旦明也。”《漢書·郊祀志上》“十一月辛巳朔旦冬至，眒爽，天子始郊拜泰一”，顏師古注：“眒爽，謂日尚冥，蓋未明之時也。”

眒，《説文》目部：“眒，目冥遠視也。从目，勿聲。一曰久也。”段玉裁注：“冥，當作‘瞑’，目雖合而能遠視也。”《廣韻》怪韻：“眒，眒眼，久視。莫拜切。”

亞（yà）凸（tū）：上於嫁翻，次也。下徒結翻，高起。

僭（jiàn）偒（tiě）：上子念翻，踰度。下他迭翻，佚也。佚音脱，輕也。

【釋證】

僭，冒用在上者的名義、職權行事。《説文》人部：“僭，假也。从人，簪聲。儗，僭也。从人，从疑。”段玉裁注：“儗也。各本作‘假也’，今依《玉篇》所引正，《廣韵》亦云‘擬也’。以‘僭、儗’二篆相聯互訓，知作‘假’之非矣。以下儗上，僭之本義也。”《玉篇》人部：“僭，子念切。《説文》云：‘儗也。’《書》曰：‘天命不僭。’”《公羊傳·隱公五年》“譏始僭諸公也”，何休注：“僭，齊也，下傚上之辭。”

偒，《廣韻》屑韻：“偒，偒佚，狡猾。他結切。”

“僭、偒”形近，故訛同。《龍龕手鑑》人部：“僭，正。偒，今。子念反。差也。擬也。”

諫（cì）諫（cù）：上千賜翻，譏諫。下音速，衒也。

【釋證】

　　諫，《説文》言部："諫，數諫也。从言，束聲。""譏、諫"均有勸諫義。《楚辭·天問》"遷藏就岐何能依？殷有惑婦何所譏"，王逸注："譏，諫也。"

　　諫，《廣韻》燭韻："諫，飾也。七玉切。"衒，炫耀，自誇。

萖（chù）荰（zhè）：上差句翻，鳥巢。下張蹜翻，小葉。

【釋證】

　　萖，唐段成式《酉陽雜俎·肉攫部》："鷹巢一名萖。"

　　荰，《廣韻》葉韻："荰，《爾雅·釋草》云：'荰，小葉。'陟葉切。"《集韻》葉韻："荰，艸名，小葉。陟涉切。"

櫂（zhào）擢（zhuó）：上与"棹"同。下直角翻，拔也。

【釋證】

　　櫂，同"棹"，本義指船槳。《説文》木部新附："櫂，所以進舩也。从木，翟聲。或从卓。直教切。"《廣韻》效韻："棹，櫂也。直教切。櫂，上同。"宋陸游《泛舟》："水鄉元不減吳松，短櫂沿洄野興濃。"

　　擢，《説文》手部："擢，引也。从手，翟聲。"《方言》卷三："擢，拔也。自關而西或曰拔，或曰擢。"《廣韻》覺韻："擢，拔也。抽也。出也。直角切。"漢枚乘《上書諫吳王》："夫十圍之木，始生而蘗，足可搔而絶，手可擢而拔。"

縳（juàn）縛（fù）：上升眷、而眷二翻，鮮色。下附博翻，纏也。

【釋證】

縛，《説文》糸部：“縛，白鮮色也。从糸，專聲。”“鮮色”指
顏色鮮艷，而“白鮮色”殊令人費解，故郭氏僅云“鮮色”，然亦
非也。段玉裁注：“白鮮卮也。卮，各本作‘色’，今正。下文
云‘縞，鮮卮也’，今本譌‘鮮色’，則此‘色’誤亦同。‘卮’與
‘支’音同，縞爲鮮支，縛爲鮮支之白者。《聘禮》‘束紡’，注曰：
‘紡，紡絲爲之，今之縛也。’《周禮》‘素沙’，注曰：‘素沙者，
今之白縛也。’《釋文》皆引《説文》居掾反。《聲類》以爲今正
‘絹’字。按：據許則‘縛’與‘絹’各物，音近而義殊。二禮之
鄭注，自謂縛不謂絹也。‘縛’以其質堅名之，字從專；‘絹’以
色如麥稍名之，字從肙。李登作《聲類》時已失其傳矣。若《羽
人》‘十搏爲縛’、《左傳》‘縛一如瑱’，又皆卷縛之義，非字之本
義。”縛，即白色細絹。《儀禮·聘禮》“迎大夫賄，用束紡”，鄭玄
注：“紡，紡絲爲之，今之縛也。”

突(yào) 突(tū)：上烏弔翻，東南隅謂之突。下徒兀翻，衝突。

【釋證】

突，《廣韻》嘯韻：“窔，隱暗處。亦作‘亥’，東南隅謂之窔。
俗作‘突’。烏叫切。”《儀禮·既夕禮》“比奠，舉席埽室，聚諸
窔，布席如初”，鄭玄注：“室東南隅謂之窔。”《漢書·敘傳上》：
“守突奧之熒燭，未卬天庭而覩白日也。”

賣(mài) 賣(yù)：上買賣字。下音育，讀、贖、覿、續之類皆從此。

【釋證】

賣，《説文》出部：“𧷓，出物貨也。从出，从買。”小篆作 𧷓，隸定作“𧷓”，又省作“賣”。《廣韻》卦韻：“賣，《説文》作‘𧷓’，出物也。莫懈切。”《漢書·食貨志下》：“貴則賣之，賤則買之。”

𧶠，《説文》貝部：“𧶠，衒也。从貝，㕤聲。㕤，古文睦。讀若育。”𧶠，从貝，走著叫賣。西周金文作 𧶠（《集成》2838 曶鼎），小篆作 𧶠，隸定作“𧶠”，又省作“𧶠”。《玉篇》貝部：“𧶠，余六切。衒也。或作‘粥、鬻’。”“𧶠”與“賣”形近，經典多混。

釱(dì) 鈸(bó)：上大計翻，私鑄錢釱其左足。下父末翻，磬鈸。

【釋證】

釱，古代刑具，鋯脚鉗。《説文》金部：“釱，鐵鉗也。从金，大聲。”《廣韻》霽韻：“釱，特計切。以鎖加足。《説文》：‘鐵鉗也。’又音大。”《史記·平準書》“敢私鑄鐵器煮鹽者，釱左趾，没入其器物”，裴駰集解引韋昭注：“釱，以鐵爲之，著左趾以代刖也。”司馬貞索隱引張斐《漢晉律序》云：“狀如跟衣，著左足下，重六斤，以代臏，至魏武改以代刖也。”

鈸，打擊樂器，銅製，圓形，中部隆起如半球狀。《玉篇》金部：“鈸，音跋。鈴也。”《廣韻》末韻：“鈸，鈴鈸。蒲撥切。”《通典·樂四》：“銅鈸，亦謂之銅盤，出西戎及南蠻。其圓數寸，隱起如浮漚，貫之以韋，相擊以和樂也。”《宋史·食貨志》：“寺觀鐘、磬、鐃、鈸既籍定投稅外，不得添鑄。”

軑(dài) 軷(bá)：上大計翻，車轄，又徒蓋翻。下薄末翻，祭，取羝以軷道。

【釋證】

軑，車轂端圓管狀的冒蓋。《説文》車部：“軑，車輨也。从車，大聲。”《楚辭·離騷》“屯余車其千乘兮，齊玉軑而并馳”，王逸注：“軑，錭也。一云車轄也。”

軷，《説文》車部：“軷，出將有事於道，必先告其神，立壇四通，樹茅以依神爲軷。既祭軷，轢於牲而行爲範軷。《詩》曰：‘取羝以軷。’从車，犮聲。”《廣韻》末韻：“軷，將行祭名。蒲撥切。”古代祭路神稱軷，祭後以車輪碾過祭牲，表示行道無艱險。《詩·大雅·生民》：“載謀載惟，取蕭祭脂，取羝以軷。”

幓（qiàn）幯（xiè）：上倉旦翻，帓也。帓，於劫翻。下先列翻，殘帛。

【釋證】

幓，《玉篇》巾部：“帓，於劫切。幧頭也。橐也。”《方言》卷四：“帑、帓，幧頭也。自關以西秦晉之郊曰絡頭，南楚江湘之間曰帞頭，自河以北趙魏之間曰幧頭，或謂之帑，或謂之帓。”“幓”即“帑”之異體。

厎（xǐ）庢（yì）：上息祀翻，石利也。下逸即翻，行屋也；亦敬也。

【釋證】

厎，《説文》厂部：“厎，石利也。从厂，異聲。”段玉裁注：“謂石鋭也。……石之利，如硈、砭、厎、厲，厝是也。‘犀’與‘厎’雙聲，假借石利之義。引伸之，凡利皆曰‘厎’。”

庢，《説文》广部：“庢，行屋也。从广，異聲。”段玉裁注：“行屋，所謂幄也。……如今之蒙古包之類，‘庢’字本義如是。

魏晉後用爲'翼'字,如魏丁廙字敬禮,是用爲小心翼翼字也。《篇》《韻》皆曰:'廙,敬也。'"《玉篇》广部:"廙,謹敬也。亦作'翼'。"

耒(lěi) 秮(liè):上郎內翻,耒耜也,神農所作。下力悦翻,秮秮麥知多少。

【釋證】

耒,金文作🔾(《集成》5647 耒父己尊),象曲柄有雙叉的耕具之形。或繁化,加手形作🔾(《集成》6437 耒乍寶彝觶),會以手推耒之義。《説文》耒部:"手耕曲木也。从木推丰。古者垂作耒耜以振民也。"所从之"丰"即手形訛變而成。《廣韻》隊韻:"耒,耒耜。《世本》曰:'倕作耒。'《古史考》曰:'神農作耒。'《説文》云:'耕曲木也。'盧對切。"

秮,耒之異體。《隸辨》費鳳別碑"耕夫釋秮耜",北海相景君銘"農夫醳秮","耒"均作"秮"。《龍龕手鏡》秮部:"秮,正。盧對反。秮耜,田器也。神農作秮。又力軌反,義同。又力悦反,秮麥知多少也。"

刺(cì) 剌(là):上七賜翻,芒刺;又千亦翻,鍼刺。下來末翻,戾也。

沬(mèi) 沫(mò):上莫貝翻,水名,《漢史》以爲"頮"字。下莫割翻,水沫,亦水名。

【釋證】

沬,《説文》水部:"沬,洒面也。从水,未聲。湏,古文沬从頁。"《玉篇》水部:"頮,火內切,洒面也。沬,同上。又莫貝切,水名。湏,古文。"段玉裁則認爲"頮"爲古文。按:"頮、湏”皆爲古文。沬，甲骨文作🅰（《合》31951），金文作🅱（《集成》4168 𪊔兒簋）、🅲（《集成》10145 毛叔盤），會以手於皿中掬水洒面之意。戰國文字或省簡作🅳（《集成》4096 陳逆簋），遂爲《說文》古文🅴所本，隸定作“湏”。頮，亦其省也，从𠦬，从水，从頁。“頮”字形與傳抄古文契合，《汗簡》引《古文尚書》作🅵（4·47），《古文四聲韻》引《古文尚書》作🅶（4·16）、🅷（5·11）。沬，又爲古地名，春秋時衞邑，在今河南省淇縣南。《詩·鄘風·桑中》“爰采唐矣，沬之鄉矣”，毛傳：“沬，衞邑。”

卉（huì）卉（sà）：上音諱，草摠名，今用下字爲卉，隸變也。下先合翻，三十并也，俗作“卉”，又爲三十字。

枘（ruì）抐（nè）：上音芮，《楚辭》云：“不量鑿而正枘。”下奴骨翻，内物水中。

【釋證】

枘，《玉篇》木部：“枘，而銳切。柄枘。”《史記·孟子荀卿列傳》：“持方枘欲内圜鑿，其能入乎？”枘、鑿，榫頭與卯眼。

庴①（cì）庲（là）：上七賜翻，庴①，舍也。下郎達翻，《廣雅》曰：“庵也。”亦獄屋。

【釋證】

庴，《廣韻》寘韻：“庴，偏庴，舍也。七賜切。”《廣雅·釋宮》：“庴，舍也。”宋李誡《營造法式》：“偏舍謂之庴，庴謂之庴。”

庲，又作“廪”。《廣雅·釋宮》：“廪，庵也。”《集韻》曷韻：

---

① “庴”，原作“庴”，據澤存堂本改。

"廁、庪，《博雅》：'庵也。'一曰獄室。或省。"

　　昧(mèi) 眛(mèi) 昒(mò)：**上莫佩翻，暗也。中莫佩翻，目不明也。下莫曷翻，日中見昒**①。

【釋證】

　　昒，《廣韻》末韻："昒，星也。《易》曰：'日中見昒。'莫撥切。案：《音義》云：'《字林》作昒，斗杓後星。王肅音妹。'"蔡夢麒《廣韻校釋》："日中見昒，《周易·豐卦·九三》作'日中見沫'，《釋文》：'沫，徐武蓋反，又亡對反，微昧之光也。《字林》作昒，亡太反，云：斗杓後星。王肅云：音妹。鄭作昧。服虔云：日中而昏也。子夏傳云：昧，星之小者。'列六家之説而無本音。可見'昒'乃'昧'之訛字，因字訛从'末'遂衍有莫撥切之音。"

　　彴(xùn) 彴(zhuó) 彴(bó)：**上思順翻，徧也；亦辭閏翻，巡師宣令。中之約翻，倚也。下之若翻，橫木渡水也。**

【釋證】

　　彴，《説文》彳部："彴，行示也。从彳，匀聲。《司馬法》：'斬以彴。'"又《廣韻》稕韻："彴，巡師宣令。或作'徇'。辭閏切。"《左傳·僖公二十八年》："殺顛頡以徇於師。"《新唐書·吳元濟傳》："帝御興安門受俘，群臣稱賀，以元濟獻廟社，徇於市斬之。"

　　彴，獨木橋，引申之，用以渡水的橋或踏脚石亦稱之爲彴。《玉篇》彳部："彴，之約切。徛渡也。"《廣雅·釋宮》："榷、彴，獨梁也。"《爾雅·釋宮》"石杠謂之徛"，郭璞注："聚石水中，以爲步渡彴也。或曰今之石橋。"《新唐書·諸帝公主傳》："司農卿趙

---

① "昒"，原作"昧"，澤存堂本亦作"昧"，據上下文意及《廣韻》改。

履溫爲繕治,累石肖華山,隥矽橫邪,回淵九折,以石濆水。"《佩觿》"中之約翻,倚也","倚"應爲"猗"。

　　彴,《玉篇》人部:"彴,扶握切。《爾雅》曰:'奔星爲彴約。'即流星也。《説文》音狄,'約也'。"郭氏"下之若翻,橫木渡水也",據音義,所釋之字應爲"彴"。

　　炙(jiǔ) 炙(zhì) 炙(zhì):上救、九二音,炙烙也。中之夜翻,啖炙。下之亦翻,火炙也。
　　【釋證】

　　炙,乃"炙"之俗字。字見唐道因法師碑。又見敦煌俗字,寫作炙、炙(《敦煌俗字典》)。《龍龕手鑑》火部:"炙,之石反。燎炙也。《説文》:'從肉在火上。'"

　　戊(wù) 戉(yuè) 戌(xū):上莫候翻,辰名。中王伐翻,兵器。下辛聿翻,戌亥。

　　盻(xì) 盼(pàn) 肦(xī):上五計、下戾二翻,深視。中匹莧①翻,美人動目。下許乙翻,佛肦,古人。
　　【釋證】

　　盻,怒視。《説文》目部:"盻,恨視也。从目,兮聲。"《戰國策·韓策》:"楚不聽則怨結於韓,韓挾齊魏以盻楚,楚王必重公矣。"

　　盼,《説文》目部:"盼,《詩》曰:'美目盼兮。'从目,分聲。"《玉篇》目部:"盼,普莧切。《詩》云:'美目盼兮。'謂黑白分

---

① "莧",原作"莫",據澤存堂本改。

也。”《廣韻》襇韻:“盼,美目。匹莧切。”盼,本義爲眼珠黑白分明,後引申爲“美目流轉”。

肦,《説文》十部:“肦響,布也。从十,从分。”肦響,傳佈、散播。《文選》司馬相如《上林賦》:“郁郁菲菲,衆香發越,肦蛩布寫,晻薆咇茀。”肦,古常作人名,《左傳》有“侯肦”“楊肦”“羊舌肦”等。

藉(jiè) 籍(jí) 籍(cè):上慈夜翻,藉艸。中慈亦翻,文籍。下初百、初角二翻,擊也。

【釋證】

藉,古時祭祀時陳列禮品的草墊。《説文》艸部:“藉,祭藉也。一曰艸不編,狼藉。从艸,耤聲。”《廣韻》禡韻:“藉,以蘭茅藉地。慈夜切。”《楚辭·九歌》:“蕙肴蒸兮蘭藉。”《漢書·郊祀志上》:“江淮間一茅三脊爲神藉。”

籍,《説文》竹部:“籍,簿書也。从竹,耤聲。”《廣韻》昔韻:“籍,簿籍。秦昔切。”《文選》左思《詠史》之七:“四賢豈不偉,遺烈光篇籍。”

籍,《説文》手部:“籍,刺也。从手,籍省聲。《周禮》曰:‘籍魚鼈。’”《廣韻》覺韻:“籍,取魚箔也。士角切。”又陌韻:“籍,刺也。《國語》曰:‘籍魚鼈也。’測戟切。”又昔韻:“籍,打也。秦昔切。”《周禮·天官·鼈人》“以時籍魚鼈龜蜃凡貍物”,鄭玄注引鄭司農曰:“籍謂以杈刺泥中搏取之者。”《後漢書·馬融傳》:“乃命壼涿,驅水蟲,逐罔螭,滅短狐,籍鯨鯢。”

茂(mào) 茷(dài) 茷(fá) 筏(fá):上莫候翻,艸盛。二徒再翻,艸兒。三扶乂翻,艸兒。四防曰

翻,桴栰。

【釋證】

茷,《説文》艸部:"茷,艸葉多。从艸,伐聲。"唐柳宗元《始得西山宴遊記》:"斫榛莽,焚茅茷。"茷,又音 pèi,通"斾"。《左傳·定公四年》"分康叔以大路、少帛、綪茷、旃旌",孔穎達疏:"茷即斾也。"

栰,《廣韻》月韻:"栰,大曰栰,小曰桴,乘之渡水。房越切。"桴栰,亦作"桴栰"。《漢書·地理志下》"孔子悼道不行,設浮於海,欲居九夷",顏師古注:"言欲乘桴栰而適東夷,以其國有仁賢之化,可以行道也。"《論語·公冶長》"道不行,乘桴浮于海",邢昺疏:"言我之善道,中國既不能行,即欲乘其桴栰,浮渡于海而居九夷,庶幾能行己道也。"

入聲自相對

沐(mù) 沭(shù):上莫卜翻,沐浴。下音述,水名。

【釋證】

沐,《説文》水部:"沐,濯髮也。"即洗頭髮。《詩·小雅·采綠》:"予髮曲局,薄言歸沐。"沐浴,指濯髮洗身。

沭,《廣韻》術韻:"沭,水名,在琅邪。今沭陽縣,在海州。食聿切。"發源於山東省沂水縣北沂山南麓,同沂河平行南流,入江蘇省境內。

佶(jí) 佁(xì):上巨乙翻,正也,閑也。下許吉

翶,行也。

【釋證】

佶,《説文》人部:"佶,正也。从人,吉聲。《詩》曰:'既佶且閑。'"《詩·小雅·六月》"四牡既佶,既佶且閑",鄭玄箋:"佶,壯健之貌。"唐劉禹錫《答柳子厚書》:"端而曼,苦而腴,佶然以生,癯然以清。"

梮(jú) 掬(jū):竝居六翻。上柏梮,下掬撮。

【釋證】

梮,《玉篇》木部:"梮,居六切。柏梮也。"《正字通》木部:"梮,柏别名。"《禮記·雜記上》"暢,臼以椈,杵以梧",鄭玄注:"椈,柏也。"

掬,《玉篇》手部:"掬,撮也。居陸切。"《廣韻》屋韻:"匊,《説文》:'撮也。'居六切。掬,上同。"宋趙汝适《諸番志·真臘國》:"取雜肉羹與飯相和,用右手掬而食之。"

乙(yǐ) 乚(yà): 上於乞翻,甲乙也。下於八翻,氣出地乚。一本二字作"乚、乙"。

【釋證】

"一本二字作'乚、乙'",疑"乚、乙"爲是。《説文》乚部:"乚,玄鳥也。齊魯謂之乙,取其鳴自呼。象形。鳦,乙或从鳥。徐鍇曰:'此與甲乙之乙相類,其形舉首下曲,與甲乙字少異。'"乚,《集韻》《説文校議》作"乞"。段玉裁改"乚"爲"乞",云:"乞,燕燕,乞鳥也。齊魯謂之乞,取其鳴自謼,象形也。燕之鳴如云乞,燕乞雙聲。《莊子》謂之鷾鴯,鷾亦雙聲也。既得其聲而像其形,則爲乞。'燕'篆像其籋口布㧢枝尾全體之形,'乞'

篆像其于飛之形,故二篆皆曰像形也。⟨象翅開首竦,橫看之乃得,本與甲乙字異。俗人恐與甲乙亂,加鳥旁爲'鳦',則贅矣。本音烏拔反。十五部。入於筆切者,非是。"《集韻》黠韻:"乙、鳦,……或从鳥。乙黠切。"《詩·邶風·燕燕》"燕燕于飛",毛傳:"燕燕,鳦也。"《史記·秦本紀》"女脩織,玄鳥隕卵,女脩吞之,生子大業",司馬貞索隱:"女脩,顓頊之裔女,吞鳦子而生大業。"郭氏"氣出地兒",蓋因"甲乙"之"乙"而附會。《説文》乙部:"乙,象春艸木冤曲而出,陰气尚彊,其出乙乙也。"乙乙,難出之貌。《文選》陸機《文賦》"理翳翳而愈伏,思乙乙其若抽",李善注:"乙,難出之貌,音軋。"乙乙,六臣本作"軋軋",注:"烏入切。"

楃(wò)**握**(wò):竝依角翻。上木帳,下把握也。

橃(fá)**撥**(bō):上補達翻,海中大船。下北末翻,除也。

【釋證】

橃,《説文》木部:"橃,海中大船。从木,發聲。"《玉篇》木部:"橃,補達切。海中大船也。泭也。亦作'艐'。"

撥,《廣韻》末韻:"撥,理也。絶也。除也。北末切。"《史記·太史公自序》:"秦撥去古文,焚滅《詩》《書》。"

柏(bǎi)**拍**(pāi):上卜陌翻,松柏。下溥陌翻,打也。

杌(wù)**扤**(wù):竝五忽翻。上檮杌。下動也,又音月。

【釋證】

杬，《玉篇》木部：“杬，五骨切。樹無枝也。又《春秋傳》曰：‘檮杬。’”《字彙補》木部：“杬，檮杬，惡獸名，楚人取以名史。”《神異經·西荒經》：“西方荒中有獸焉，其狀如虎而大，毛長二尺，人面虎足猪口牙，尾長一丈八尺，攪亂荒中，名檮杬，一名傲狼，一名難訓。”《孟子·離婁下》：“晉之《乘》，楚之《檮杬》，魯之《春秋》，一也。”

扤，《說文》手部：“扤，動也。从手，兀聲。”《廣韻》没韻：“扤，搖動。五忽切。”又月韻作魚厥切。《詩·小雅·正月》“天之扤我，如不我克”，鄭玄箋：“天以風雨動搖我。”

栿（fú）拂（fú）：上甫物翻，連枷。下孚勿翻，拂拭。

【釋證】

栿，《說文》木部：“栿，擊禾連枷也。从木，弗聲。”《方言》卷五“僉，自關而西謂之棓，或謂之栿”，郭璞注：“今連枷，所以打穀者。”連枷，農具名。

不（bù）㔻（niè）：上分物翻，非也。下五割翻，木無頭。

【釋證】

不，樹木被砍伐後留下的樹樁。《說文》木部：“櫱，伐木餘也。从木，獻聲。㔻，古文櫱，从木無頭。”小篆作㮂。《玉篇》木部：“蘖，魚割切，餘也。櫱、㔻，并同上。”

栝（kuò）㧁（kuò）：竝古活翻。上矢栝弦，下包㧁。

【釋證】

栝，《說文》木部："栝，隱也。从木，昏聲。一曰矢栝，築弦處。"隸省作"栝"。《釋名·釋兵》："矢，其末曰栝。栝，會也，與弦會也。栝旁曰叉，形似叉也。"《國語·魯語下》"故銘其栝曰：肅慎氏之貢矢"，韋昭注："栝，箭羽之閒也。"《南齊書·孔稚珪傳》："然後姦邪無所逃其刑，惡吏不能藏其詐，如身手之相驅，若絃栝之相接矣。"

梜（jiā）挾（xié）：上古匣翻，木理亂。下胡頰翻，懷挾。

【釋證】

梜，《集韻》洽韻："梜，《說文》：'檢柙也。'一曰木名。一曰木理亂。訖洽切。"

挾，《廣韻》怗韻："挾，懷也。持也。藏也。胡頰切。"《莊子·齊物論》："旁日月，挾宇宙。"

稙（zhī）植（zhí）：上竹力翻，早種。下常弋翻，立也。

【釋證】

稙，《說文》禾部："稙，早穜也。从禾，直聲。《詩》曰：'稙稺尗麥。'"《詩·魯頌·閟宮》"黍稷重穋，稙穉菽麥"，毛傳："先種曰稙，後種曰穉。"

柙（xiá）押（yā）：上胡甲翻，"虎兕出于柙"。下甲、壓二音。

棁（zhuō）掇（duō）：上之劣翻，藻棁。下都括

翻,拈掇。

【釋證】

掇,藻掇,唐玄應《一切經音義》卷五:"藻掇,又作'梲',同。之悅反。《爾雅》'其上楶謂之梲',注云:'侏儒柱也。'《蒼頡篇》:'梲,樰也。'"宋李誡《營造法式》:"侏儒柱,其名有六:一曰梲,二曰侏儒柱,三曰浮柱,四曰掇,五曰上楶,六曰蜀柱。"《論語·公冶長》"臧文仲居蔡,山節藻梲,何如其知也",邢昺疏:"藻梲者,藻,水草有文者也;梲,梁上短柱也。畫爲藻文,故云藻梲。"

角(jiǎo)甪(lù):上古岳翻,頭角。下來谷翻,甪里先生。

【釋證】

角,甪里,複姓。《漢書·王貢兩龔鮑傳》:"漢興有園公、綺里季、夏黃公、甪里先生。"《通志·氏族略三》:"角氏,亦作甪里氏。漢初商山四皓有甪里先生,以其所居在甪里。"

洌(liè)冽(liè):竝良薛翻。上水清也,下水寒也。

悉(xī)悊(zhé):上先擊翻,畏敬。下知列翻,智也。

【釋證】

悊,《說文》口部:"哲,知也。悊,哲或从心。"《漢書·五行志上》:"《書》云:'知人則悊,能官人。'"顏師古注:"悊,智也。"

块(jué) 抉(jué)：**上古穴翻，盂盌。下烏^①穴翻，抉出。**

【釋證】

块，《玉篇》木部："块，古穴切。椀也。亦盂也。""盂、盌"皆爲食器。盂，盛湯漿或飯食的圓口器皿。盌，又作"椀"，俗作"碗"，一種敞口而深的食器。

抉，《説文》手部："抉，挑也。从手，夬聲。"段玉裁注："抉者，有所入以出之也。"

濕(tà) 淫(shī)：**上他帀翻，水名。下式入翻，水濕。**

【釋證】

濕，《説文》水部："濕，水，出東郡東武陽，入海。从水，㬎聲。桑欽云：'出平原高唐。'"《廣韻》合韻："濕，水名，在平原。他合切。濕，上同。"濕，古水名，後作"漯"。

淫，《説文》水部："淫，幽淫也。从水。一，所以覆也，覆而有土，故淫也。㬎省聲。"《廣韻》緝韻："淫，水霑也。失入切。"唐王昌齡《采蓮曲二首》之一："吳姬越艷楚王妃，爭弄蓮舟水淫衣。"淫，後寫作"濕"。

柮(duò) 拙(zhuō)：**上五滑翻，斷也。下之劣翻，不巧。**

【釋證】

柮，《説文》木部："柮，斷也。从木，出聲。"段玉裁注："橢柮也，舊作'斷也'二字，今更正。今人謂木頭爲榾柮，於古義未

---

① "烏"，原作"鳥"，據澤存堂本改。

遠也。”郭氏“斸也”,蓋承《説文》而誤。《玉篇》木部:“柮,當
骨切。榾柮,木頭。《説文》五滑切,斷也。一曰斷也。”宋陸游
《霜夜》詩之二:“榾柮燒殘地爐冷,喔咿聲斷天窗明。”榾柮,即
木柴塊,樹根疙瘩,又作“骨柮”。

　　帓(mò) 袜(mò):上莫葛翻,忘也。下莫八翻,
帶也。

【釋證】

　　袜,《廣韻》鎋韻:“袜,袜帶。莫鎋切。”唐韓愈《征蜀聯句》:
“盃盂酬酒醪,箱篋饋巾袜。”

　　枱(shì) 拭(shì):竝失職翻。上枱局,下拭
刷也。

【釋證】

　　枱,《玉篇》木部:“枱,丑力切。局也。”《廣韻》職韻:“枱,
局。又木名。恥力切。”蔡夢麒《廣韻校釋》:“枱,與《集韻》設
職切合。《廣雅·釋器》:‘枱,桐也。’《王三》釋作‘卜局’,《集
韻》釋作‘木局’。古代占卜時日的器具,後世稱星盤。”

　　挃(zhì) 桎(zhì):上中栗翻,穫禾。下之日翻,
桎梏。

【釋證】

　　挃,《説文》手部:“挃,穫禾聲也。”《詩·周頌·良耜》“穫之
挃挃,積之栗栗”,毛傳:“挃挃,穫聲也。”

　　淅(xī) 浙(zhè):上先擊翻,淅米。下之列翻,
浙江。

【釋證】

淅，《説文》水部：“淅，汰米也。从水，析聲。”《儀禮·士喪禮》“祝淅米於堂，南面用盆”，鄭玄注：“淅，汰也。”《淮南子·兵略訓》“百姓開門而待之，淅米而儲之”，高誘注：“淅，漬也。”唐李華《云母泉詩》序：“泉出石，引流分渠，周遍庭宇。發源如乳湩，末派如淳漿。烹茶、淅蒸、灌園、漱齒皆用之。”

颰（xù）颰（xuè）：上火律翻，小風。下火劣翻，亦小風。

【釋證】

颰，《廣雅·釋詁》“颰，風也”，王念孫疏證：“《説文》：‘颰，小風也。’‘颰’與‘颰’同。”

颰，《廣雅·釋詁》：“颰，風也。”王念孫疏證：“《廣韻》：‘颰，小風也。’”

疑“颰、颰”乃一字之訛。

樀（dí）摘（zhāi）：上丁狄翻，屋樀。下知革翻，采摘。

【釋證】

樀，《爾雅·釋宮》“檐謂之樀”，邢昺疏：“屋檐一名樀。”《廣韻》錫韻：“樀，屋梠。都歷切。”宋李誡《營造法式》：“檐，其名有十四：一曰宇……三曰樀。”

幅（fú）幅（bì）：上方六翻，布帛度。下匹逼翻，誠也。

【釋證】

幅，指布帛的寬度。《説文》巾部：“幅，布帛廣也。从巾，畐聲。"《玉篇》巾部:"幅,甫六切。布帛廣狹。"

　　愊,《說文》心部:"愊,誠志也。从心,畐聲。"《玉篇》心部:"愊,普力切。悃愊,至誠也。"《漢書·楚元王傳》:"發憤悃愊,信有憂國之心。"

　　飾(shì)　飭(chì):上失力翻,修飾。下丑力翻,與"敕"同。

　　谷(gǔ)　谷(jué):上古禄翻,山谷。下巨勺翻,口上文。

【釋證】

　　谷,《說文》谷部:"谷,口上阿也。从口,上象其理。"小篆作𧮫。《廣韻》藥韻:"谷,《說文》曰:'口上阿也。'一曰笑皃。其虐切。"

　　撽(jī)　檄(xí):上工益翻,出《莊子》。下胡亦翻,羽檄。

【釋證】

　　撽,《說文》手部:"撽,旁擊也。从手,敫聲。"《廣韻》嘯韻:"撽,旁擊。亦作'撽'。苦弔切。"又錫韻:"撽,傍擊。苦擊切。"《莊子·至樂》"莊子之楚,見空髑髏,髐然有形,撽以馬捶",成玄英疏:"撽,打擊也。"

　　釋(shì)　釋(shì):竝尸隻翻。上解也;捨也。下漬米也。

【釋證】

　　釋,《說文》米部:"釋,漬米也。从米,睪聲。"

柹（shì）擇（zé）：**上舒亦翻，柹棗。下音宅，揀擇。**

【釋證】

柹,《廣韻》昔韻:"柹,柹棗。施隻切。"柹棗,果木名。《説文》木部:"柹,棗也。"亦名梐櫨,即黑棗。

榻（tà）搨（tà）:**竝吐盍翻。上牀榻也,下模搨。**

【釋證】

搨,《集韻》合韻:"搨,一曰摹也。"用紙墨從鑄刻器物上捶印出其文字或圖畫。模搨,亦作"模拓、模搭、摹搨、摸搨"等,另參"搭搭"條釋證。宋梅堯臣《觀邵不疑學士所藏名書古畫》:"其餘又莫究,模搭似未備。"宋曹士冕《法帖譜系·烏鎮本》:"舊傳湖州烏鎮張氏以絳、閣二帖鋟木家塾,或遇良工模拓,亦有可觀。"唐封演《封氏聞見記·繹山》:"始皇刻石紀功,其文字李斯小篆。後魏太武帝登山,使人排倒之,然而歷代摹拓,以爲楷則。"宋周密《志雅堂雜鈔·圖畫碑帖》:"於咸淳間,嘗命善工翻刻《淳化閣帖》十卷、《絳帖》二十卷,皆逼真。仍用北紙佳墨摹搨,幾與真本并行。"

格（gé）挌（gé）:**竝古伯翻。上格式,下挌擊。**

【釋證】

格,法律、制度。《新唐書·刑法志》:"唐之刑書有四:曰律、令、格、式。……格者,百官有司之所常行之事也。""式"亦有法度、規矩之義,"格、式"義近。格式,官吏處事的規則法度。《新五代史·梁太祖紀下》:"十二月癸酉,頒律令格式。"

挌,《説文》手部:"挌,擊也。"段玉裁注:"凡今用'格鬥'字皆當作此。”漢焦贛《易林·訟之豫》：“弱雞無距，與鵲挌鬭。”

梌(dá) 搭(tà)：竝他荅翻。上櫗木。下摸搭；亦音荅，手搭。

【釋證】

梌，《説文》木部：“梌，梌櫗。果似李。从木，荅聲。讀若嚏。”

搭，《玉篇》手部：“搭，多蠟切，又他蠟切。摸搭。”《集韻》合韻：“揢、搨、搭，冒也。一曰摹也。或作‘搨、搭’。”另參“榻搨”條釋證。

㧺(lā) 拉(lā)：竝盧合翻。上木自折，下手拉。

【釋證】

㧺，《説文》木部：“㧺，折木也。从木，立聲。”

洛(luò) 洛(hè)：上盧各翻，水名。下遐各翻，洛澤。澤音鐸。

【釋證】

洛，《玉篇》冫部：“洛，下各切。洛澤，冰皃。”《楚辭》王逸《九思·憫上》：“霜雪兮灌澄，冰凍兮洛澤。”

蘥(yuè) 籥(yuè)：竝弋勺翻。上雀麥，下管籥。

【釋證】

蘥，禾本科，一年生草木，可作牧草，穀粒作飼料。《爾雅·釋草》“蘥，雀麥”，郭璞注：“即燕麥也。”

籥，樂器。《孟子·梁惠王下》“管籥之音”，趙岐注：“管，笙。籥，簫。或曰籥若笛，短而有三孔。”

鶻(hú)鴶(jiá)：**上胡屋翻，鳥名。下巨乙翻，鴶鵴，出《字統》。**

【釋證】

鶻，《爾雅·釋鳥》"鶌鳩，鶻鵃(jú)"，郭璞注："今之布穀也。"漢焦贛《易林·乾之蒙》："鶻鵃鶌鳩，專一無尤，君子是則，長受嘉福。"

箹(yuē)　药(yào)：**竝烏角翻。上小籥，下白芷。**

【釋證】

箹，古代的一種小管樂器。《玉篇》竹部："箹，於卓切。小籥也。"《爾雅·釋樂》："大籥謂之產，其中謂之仲，小者謂之箹。"

药，白芷的葉，又指白芷，傘形科，多年生草本。《廣雅·釋草》："白芷，其葉謂之药。"《玉篇》艸部："药，於略切。白芷葉，即蒚也。"

莁(zhú)　筑(zhú)：**竝陟六翻。上萹莁，艸。下樂，似箏，十三絃。**

【釋證】

莁，《說文》艸部："莁，萹莁也。从艸，筑省聲。"《玉篇》艸部："莁，萹莁也。似小藜，赤莖節，好生道旁，可食。亦作'竹'。"萹莁，即"萹蓄"，一名"扁竹"。《爾雅·釋草》"竹，萹蓄"，郭璞注："似小藜，赤莖節，好生道旁，可食，又殺蟲。"宋唐慎微《重修政和經史證類本草》："萹蓄，味苦平，無毒，主浸淫疥瘙疽痔，殺三蟲，療女子陰蝕，生東萊山谷。"

筑，古代的弦樂器。已失傳，大體形似箏，頸細而肩圓。演奏時以左手握持，右手以竹尺擊弦發音。

柷(zhù)祝(zhù)：竝之六翻。上柷敔，下巫祝。

【釋證】

柷，《玉篇》木部：“柷，昌六切。柷敔，樂器。”《書·益稷》“合止柷敔”，孔穎達疏：“樂之初，擊柷以作之；樂之將末，戛敔以止之。”《周禮·春官·小師》：“小師掌教鼓鼗柷敔。”晉陸機《演連珠》：“柷敔希聲，以諧金石之和。”

祝，古時稱事鬼神者爲巫，祭主贊詞者爲祝；後連用以指掌占卜祭祀的人。《禮記·檀弓下》：“君臨臣喪，以巫祝桃茢執戈，惡之也。”

襗(yì)襗(zé)：上以石翻，襗祭也。下徒各翻，褻也。

【釋證】

襗，周代祭名，正祭之日再祭曰襗。《玉篇》示部：“襗，音亦。祭之明日又祭，殷曰肜，周曰襗。亦作‘繹’。”

襗，貼身的內衣。《廣韻》鐸韻：“襗，褻衣。徒落切。”《周禮·天官·玉府》“掌王之燕衣服”，鄭玄注：“燕衣服者，巾絮寢衣袍襗之屬。”孫詒讓正義：“蓋凡著袍襺者必內著襗，次著袍，次著中衣，次加禮服爲表。”《詩·秦風·無衣》“與子同澤”，鄭玄箋：“襗，褻衣，近汙垢。”孔穎達疏：“《說文》云：‘襗，袴也。’是其褻衣近汙垢也。襗是袍類，故《論語》注云：‘褻衣，袍襗也。’”

篾(miè)蔑(miè)：竝莫結翻。上剖竹，下無也。

【釋證】

蔑，《廣韻》屑韻：“蔑，無也。《說文》曰：‘勞目無精也。從苜、戍，人勞則蔑然也。’苜音末。莫結切。”《詩·大雅·板》“喪亂蔑資，曾莫惠我師”，毛傳：“蔑，無。資，財也。”

苜(mò) 苜(mù)：**上莫割翻，目不正也。下莫卜翻，苜蓿，菜。**

【釋證】

苜,《説文》苜部："苜,目不正也。从屮,从目。莧从此。讀若末。"小篆作苜。

朸(lì) 扐(lè)：**竝力得翻。上木之理也，下揲扐之扐。**

【釋證】

朸,《説文》木部："朸,木之理也。从木,力聲。"

扐,古代筮法,數蓍草卜吉凶,每次將數剩零餘的蓍草夾在手指間爲扐。《説文》手部："扐,《易》筮,再扐而後卦。从手,力聲。"《廣韻》德韻："扐,筮者著蓍指間。盧則切。"《易·繫辭上》"歸奇於扐以象閏,五歲再閏,故再扐而後掛",陸德明釋文引馬融曰："扐,指間也。"朱熹本義："扐,勒於左手中三指之兩間也。"揲(shé),數蓍草占卦,以卜吉凶。"揲、扐"義近。《易·繫辭上》"揲之以四,以象四時",孔穎達疏："分揲其蓍,皆以四四爲數,以象四時。"朱熹本義："揲,間而數之也。"

閮(hú) 雀(què)：**上胡沃翻，高也。下即略翻，小鳥。**

【釋證】

閮,《説文》門部："閮,高至也。从隹上欲出門。《易》曰：'夫乾閮然。'"《廣韻》沃韻："閮,高也。胡沃切。"

穀(gǔ) 穀(gǔ)：**竝古禄翻。上禾也，下木名。**

【釋證】

穀，又稱"楮"，即構樹。《説文》木部："穀，楮也。从木，瞉聲。"《詩·小雅·鶴鳴》："樂彼之園，爰有樹檀，其下維穀。"《史記·封禪書》："後八世，至帝太戊，有桑穀生於廷，一暮大拱，懼。"三國吳陸璣《毛詩草木鳥獸蟲魚疏》"其下維穀"條："穀，幽州人謂之穀桑，或曰楮桑，荆揚交廣謂之穀，……今江南人績其皮以爲布，又擣以爲紙，謂之穀皮紙。"

眽（mò）脈（mài）：竝莫革翻。上斜視也，下血脈也。从永者俗。

【釋證】

眽，《説文》目部："眽，目財視也。"《廣韻》麥韻："眽，《説文》曰：'目邪視也。'莫獲切。"段玉裁《説文解字注》："財，當依《廣韻》作'邪'。"《文選》王延壽《魯靈光殿賦》"齊首目以瞪眄，徒眽眽而狋狋"，張載注："眽眽、狋狋，視貌。"李善注引《爾雅》："眽，相視也。"

脈，《説文》辰部："衇，血理分衺行體者。从辰，从血。脈，衇或从肉。"《廣韻》麥韻："衇，《説文》曰：'血理之分衺行體者。'又作'脈'。經典亦作'脉'。《周禮》曰：'以鹹養脈。'《釋名》曰：'脉，幕也，幕絡一體也。'莫獲切。"《正字通》肉部："脈，本作'衇'，籀文作'𧖴'，通作'脈'。俗作'胍、脉'，非。"《素問·脈要精微論》"夫脈者，血之府也"，王冰注："府，聚也。言血之多少皆聚見於經脈之中也。"《左傳·僖公十五年》"張脈僨興，外彊中乾"，楊伯峻注："脈，即今之血管。"

伯（bó）佰（bǎi）：竝補陌翻。上矦伯，下什佰。

析（xī）折（zhé）：**上先擊翻，分析。下之舌、常列二翻，拉折。**

椄（jiē）接（jiē）：**竝即葉翻。上續木，下承接。**

【釋證】

椄，《説文》木部：“椄，續木也。从木，妾聲。”段玉裁注：“今栽華植果者，以彼枝移椄此樹，而華果同彼樹矣。‘椄’之言‘接’也，今‘接’行而‘椄’廢。”後引申爲連接、續接。《睡虎地秦墓竹簡·爲吏之道》：“道易車利，精而勿致，與之必疾，夜以椄日。”

恰（qià）帢（qià）：**竝苦洽翻。上用心恰恰。下士服，魏武製也。**

【釋證】

恰，《説文》心部新附：“恰，用心也。从心，合聲。”唐玄應《一切經音義》卷二〇：“恰恰，用心也。”唐玄覺《禪宗永嘉集·奢摩他頌》：“恰恰用心時，恰恰無心用。”

帢，《廣韻》洽韻：“帢，士服，狀如弁，缺四角，魏武帝製。《魏志》注云：‘太祖以天下凶荒，資財乏匱，擬古皮弁，裁縑帛以爲帢，合乎簡易隨時之義，以色別其貴賤，本施軍飾，非爲國容。’苦洽切。”《資治通鑑·晉簡文帝咸安元年》：“帝著白帢單衣，步下西堂。”

欇（shè）攝（shè）：**竝舒葉翻。上木名，下兼也。**

【釋證】

欇，《説文》木部：“欇，木葉榣白也。从木，聶聲。”《廣韻》葉韻：“欇，《爾雅》‘欇，虎櫐’，郭璞云：‘今虎豆，纏蔓林樹而生,莢有毛刺。'書涉切。又音涉。”

攝,代理,兼理。《新唐書·杜如晦傳》:“俄檢校侍中,攝吏部
尚書。”

极（jí）扱（chā）:上巨業翻,插也。下初洽翻,取也。

【釋證】

极,《廣韻》業韻:“极,极插。巨業切。”疑“极”乃“扱”
之訛。《説文》木部:“极,驢上負也。从木,及聲。或讀若
急。”“极插”僅見於《廣韻》,《説文》《玉篇》《龍龕手鑑》《集
韻》《類篇》“极”字均僅載“驢上負”一義。扱,《集韻》葉韻:
“扱、插,摺也。或作‘插’。”《儀禮·士喪禮》:“復者一人,以爵
弁服,簪裳於衣,左何之,扱領於帶。”《禮記·問喪》“親始死,雞
斯徒跣。扱上衽,交手哭”,陸德明釋文:“扱,初洽反。”陳澔集
説:“上衽,深衣前襟也。以號踊履踐爲妨,故扱之於帶也。”《廣
雅·釋詁》:“摺、戢、箋、扱,插也。”《説文》手部:“插,刺肉也。
从手,从臿。”段玉裁注:“内,各本作‘肉’,今正。内者,入也。
刺内者,刺入也。漢人注經多叚‘捷’字、‘扱’字爲之。”

扱,挹取。《廣雅·釋詁》:“扱,取也。”《儀禮·聘禮》:“祭醴
再扱,始扱一祭,卒再祭。”

渹（qì）渹（qì）:竝丘及翻。上大羹,下幽溼。

【釋證】

渹,《集韻》緝韻:“胜、渹,《博雅》:‘膜謂之胜。’或作‘渹’。
乞及切。”又業韻:“渹,羹汁。”《清史稿·席慕孔傳》:“得餘羹,
啜渹,以肉歸。”

渣，《説文》水部：“渣，幽溼也。从水，音聲。”

“渣、渣”形音皆近，古籍多混訛。《玉篇》水部：“渣，去及切。煮肉汁。”《廣韻》緝韻：“渣，羹汁。去急切。”段玉裁《説文解字注》：“《五經文字》云：‘渣从𣲏下月，大羹也。渣从𣲏下日，幽深也。今《禮經》大羹相承多作下字，或傳寫久譌，不敢改正。’按：渣字不見於《説文》，則未知張説何本。《儀禮音義》引《字林》云：‘渣，羹汁也。’《玉篇》《廣韵》同。然則本無異字，肉之精液如幽溼生水也。《廣雅》：‘羹謂之胠。’皆字之或體耳。”《儀禮·士昏禮》“大羹渣在爨”，鄭玄注：“大羹渣，煮肉汁也。……今文渣皆作汁。”宋王安石《得曾子固書因寄》：“時開識子意，如渴得美渣。”

荚(jiá) 筴(jiā)：上古叶翻，莢荚。下古協、古洽二翻，箸也。

【釋證】

荚，詳見“筴莢”條釋證。

筴，夾物器具，又專指筷子。《廣雅·釋器》：“筴謂之箸。”

枱(gé) 拾(shí)：上江洽翻，劒飾。下音十，收拾。

【釋證】

枱，《説文》木部：“枱，劒柙也。从木，合聲。”《玉篇》木部：“枱，居業、公荅、渠業三切。劒柙也。《莊子》云：‘枱而藏之。’”

搨(tà) 楷(tà)：竝徒合翻。上指搨，下柱上木也。

【釋證】

揝,《説文》手部:"揝,縫指揝也。一曰韜也。从手,沓聲。讀若眔。"段玉裁注:"縫指揝者,謂以鍼紩衣之人恐鍼之契其指,用韋爲箍韜於指以藉之也。揝之言重沓也。"王筠句讀:"'揝'即衣工指套之名。"

楂,柱上支撑大梁的方木,即"枓"。詳見"枓枓"條釋證。

㨟(zhuó)櫂(zhào):竝直角翻。上拔㨟。下梢櫂,木。

【釋證】

㨟,詳見"㨟㨟"條釋證。

櫂,《集韻》覺韻:"櫂,梢櫂,木直上皃。直角切。"另參"梢捎"條釋證。

朴(pǔ)扑(pū):上匹角翻,木素。下匹木翻,手打。

【釋證】

朴,《説文》木部:"朴,木皮也。从木,卜聲。"同部:"樸,木素也。从木,菐聲。"《廣韻》覺韻:"樸,木素,匹角切。朴,上同。又厚朴,藥名。""朴、樸"古籍常通。段玉裁《説文解字注》:"樸,木素也。素猶質也,以木爲質,未彫飾,如瓦器之坯然。……又引伸爲不奢之偁,凡云儉樸是也。《漢書》'以敦朴爲天下先',假朴爲樸也。"《周書·文帝紀下》:"性好朴素,不尚虛飾。"

眣(dié)眣(dié):竝徒結翻。上日昳,下目出。

【釋證】

昳，指太陽偏西。《說文》日部新附："昳，日昃也。從日，失聲。"《玉篇》日部："昳，徒結切。日昃。"《史記‧天官書》："昳至餔，爲黍；餔至下餔，爲菽。"唐皎然《妙喜寺達公禪齋四十二韻》："與君北巖侶，遊寓日常昳。"

眣，《說文》目部："眣，目不正也。從目，失聲。"《廣韻》鎋韻："眣，目露皃，出《聲類》。陟鎋切。"又屑韻："眣，目出。徒結切。"

楫(jí) 挹(yī)：上即葉翻，舟楫。下一入翻，挹讓。

協(xié) 絬(xié)：竝胡頰翻。上和合，下束帶也。
【釋證】

協，共同。《廣韻》怗韻："協，和也。合也。胡頰切。"《書‧盤庚下》："爾無共怒，協比讒言予一人。"《爾雅‧釋詁》："協，和也。"《國語‧周語上》："先時五日，瞽告有協風至。"

㧰(tè) 棏(dé)：上他克翻，打也。下徒得翻，木名。
【釋證】

㧰，《玉篇》手部："㧰，拳打。他德切。"

朳(bā) 扒(bā)：竝必札翻。上無齒杷，下破聲。
【釋證】

朳，北魏賈思勰《齊民要術‧種棗》："以朳聚而復散之，一日中二十度乃佳。"元王禎《農書》卷一四："朳，無齒杷也。所以平土壤,聚穀實。"

扒,《廣韻》黠韻:"扒,破聲。"《集韻》黠韻:"扒,破也。"

聿(niè)聿(yù):上女涉翻,竹聿。下余律翻,述也。

【釋證】

聿,《説文》聿部:"聿,手之疌巧也。从又持巾。"

聿,《説文》聿部:"聿,所以書也。楚謂之聿,吴謂之不律,燕謂之弗。从聿,一聲。"

"聿"小篆作聿,"聿"小篆作聿。古文字"聿"作 (《合》10084)、 (《集成》5099 婦聿廎卣),从又(手)持 (筆),字形同"聿"。疑"聿、聿"古本一字,至篆文始分爲二。聿所从之"一"蓋飾筆耳。

伋(jí)彶(jí):竝居立翻。上子思名,下行皃。

【釋證】

伋,《説文》人部:"伋,人名。从人,及聲。"段玉裁注:"古人名、字相應,孔伋字子思,仲尼弟子燕伋字子思。然則伋字非無義矣,'人名'二字,非許書之舊也。"《玉篇》人部:"伋,居及切。孔鯉子名伋,字子思。"

彶,《説文》彳部:"彶,急行也。从彳,及聲。"《廣韻》緝韻:"彶,彶遽也。居立切。"

拮(jié)桔(jié):竝居列翻。上拮据,手病。下桔橰。

【釋證】

拮,《説文》手部:"拮,手口共有所作也。从手,吉聲。《詩》

曰：‘予手拮据。’”《詩·豳風·鴟鴞》“予手拮据”，毛傳：“拮据，
撠挶也。”陸德明釋文：“《韓詩》云：‘口足爲事曰拮据。’”所謂
“口足爲事”，即勞苦操作。

　　桔，《莊子·天運》：“且子獨不見夫桔槔者乎，引之則俯，舍
之則仰。”《淮南子·氾論訓》：“斧柯而樵，桔皋而汲。”桔槔，又
作“桔皋”，井上汲水的工具。

揊（pì）楅（bī）：上彼力翻，密也。下方力翻，擊聲。

【釋證】

　　揊，《玉篇》手部：“揊，普力切。擊也。”《廣韻》職韻：“揊，
擊聲。芳逼切。”唐崔湜《野燎賦》：“或霍濩以燐亂，乍轟嗃而
揊拍。”

　　楅，《說文》木部：“楅，以木有所逼束也。从木，畐聲。《詩》
曰：‘夏而楅衡。’”《玉篇》木部：“楅，甫六切。持牛不令觝觸人
也。”楅，加在牛角上用以控制牛的橫木，又指古代插箭的器具。
《儀禮·鄉射禮》“命弟子設楅”，鄭玄注：“楅，猶幅也，所以承笴
矢者。”《儀禮·鄉射禮》：“楅長如笴，博三寸，厚寸有半，龍首，
其中蛇交，韋當。”又爲木門背面的橫襯木條。宋李誡《營造法
式》：“楅，廣八分，厚五分。”

　　“揊、楅”二字，從注音與釋義來看，兩字順序顛倒，當爲誤
刻，應爲“楅、揊：上彼力翻，密也。下方力翻，擊聲”。

祏（shí）袥（tuō）：上常隻翻，宗廟主也。下他各翻，衣領；廣大。

【釋證】

祐,《説文》示部:"祐,宗廟主也。《周禮》有郊、宗、石室。一曰大夫以石爲主。从示,从石,石亦聲。"《左傳·昭公十八年》"(子産)使祝史徙主祏於周廟,告於先君",杜預注:"祏,廟主石函。周廟,屬王廟也。有火災,故合群主於祖廟,易救護。"孔穎達疏:"每廟木主皆以石函盛之。當祭,則出之。事畢,則納於函,藏於廟之北壁之内,所以辟火災也。"《管子·山至數》:"三世則昭穆同祖,十世則爲祏。"

祐,《玉篇》衣部:"祐,他各切。廣大也。衸也。"《廣韻》鐸韻:"祐,開衣領也。他各切。"漢揚雄《太玄·玄瑩》:"天地開闢,宇宙祐袒。"《隸釋》漢桐柏淮源廟碑:"開祐神門,立闕四達。"

戮(shú) 戮(yì):上神欲翻,人姓。下与即翻,麥戮。

【釋證】

戮,《廣韻》燭韻:"戮,姓也,梁四公子戮觴之後。神蜀切。"《太平廣記》卷八一引《梁四公記》:"梁天監中,有㕙閭、䎍杰、戮觴、仉肾四公謁武帝,帝見之甚悦。"

戮,麥戮,破碎的麥殼。《資治通鑑·唐肅宗乾元二年》"淘牆戮及馬矢以食馬",胡三省注:"先以麥戮雜土築牆,今圍急乏芻,故淘戮以飼馬。"

刖(yuè) 刖(wù):上魚曰翻,截足,从日月之月。下五刮翻,舟也。

【釋證】

刖，當爲"舠"之俗寫。《説文》舟部："舠，船行不安也。从舟，从刖省。讀若兀。"小篆作舠。《玉篇零卷》舟部引《字書》曰："舠，一曰船也。"宋柳開《時鑑》："蜀難通輈，吴莫容舠。"

崒（zú）捽（zuó）：竝才骨翻。上崒杌，以柄内孔。下手捽也。

【釋證】

捽，抓住頭髮。《説文》手部："捽，持頭髮也。从手，卒聲。"《漢書·西域傳下·烏孫國》："車騎將軍長史張翁留驗公主與使者謀殺狂王狀，主不服，叩頭謝，張翁捽主頭罵詈。"宋吴淑《江淮異人録·洪州書生》："乃出少藥，傅於頭上，捽其髮，摩之，皆化爲水。"

榷（què）撋（què）：竝古岳翻。以木渡水曰榷；又榷酤。下掎撋，与"拘"同。

【釋證】

榷，獨木橋。《説文》木部："榷，水上横木所以渡者也。从木，隺聲。"又引申爲專賣、專營。榷酤，漢代以後實行的酒專賣制度。《漢書·武帝紀》"三年春二月……初榷酒酤"，顔師古注引韋昭曰："謂禁民酤釀，獨官開置，如道路設木爲榷，獨取利也。"宋周煇《清波雜志》卷六："榷酤創始於漢，至今賴以佐國用。"

撋，《漢書·敘傳下》"揚撋古今"，顔師古注："撋，引也。"《玉篇》手部："掎（jǐ），居蟻切。偏引也。"《廣韻》覺韻："拘，掎拘。古岳切。"

樸（pǔ）撲（pū）：上匹角翻，樸素。下匹卜翻，拭也；亦捕角翻，相撲。

【釋證】

樸，未經加工成器的木材。《說文》木部："樸，木素也。從木，業聲。"漢王充《論衡·量知》："物實無中核者謂之郁，無刀斧之斷者謂之樸。"晉張協《七命》："營匠斲其樸，伶倫均其聲。"

撲，《廣韻》屋韻："撲，拂著。普木切。"又覺韻："撲，相撲。亦作'撲'。蒲角切。"《書·盤庚上》："若火之燎于原，不可嚮邇，其猶可撲滅？"唐杜甫《大曆三年春白帝城放船出瞿塘峽》："石苔凌几杖，空翠撲肌膚。"

梲（zhuō）挩（tuō）：上之悅翻，梁上楹也。下徒活、他活二翻，解也。

【釋證】

梲，梁上的短柱。《爾雅·釋宮》"㲿廇謂之梁，其上楹謂之梲"，郭璞注："侏儒柱也。"另參"棳掇"條釋證。

挩，即解脫，後作"脫"。《說文》手部："挩，解挩也。從手，兌聲。"朱駿聲通訓定聲："經傳皆以說、以稅、以脫爲之。"《廣韻》末韻："挩，解挩。徒活切。"又同韻："挩，除也。誤也。遺也。又解挩。或作'脫'。他括切。"

楬（jié）揭（jiē）：上渠列翻，有所表識也。下丘竭翻，高舉也，擔也，又其謁翻。

【釋證】

楬，《說文》木部："楬，楬桀也。從木，曷聲。《春秋傳》曰：

'楬而書之。'"楬桀，《説文》唐寫本木部殘卷作"楬槷"，指作標志的小木椿。《周禮·秋官·蠟氏》"若有死於道路者，則令埋而置楬焉"，鄭玄注引鄭司農曰："楬，欲令其識取之，今時揭槷是也。"

揭，《説文》手部："揭，高舉也。"《詩·小雅·大東》："維北有斗，西柄之揭。"又《廣雅·釋詁》："揭，擔也。"《莊子·胠篋》："然而巨盜至，則負匱揭篋擔囊而趨，唯恐緘縢扃鐍之不固也。"

汨（mì）汩（gǔ）：上莫的翻，汨羅江；又音骨，没也，从曰非。下于筆翻，流水。

【釋證】

汨，《説文》水部："汨，長沙汨羅淵，屈原所沈之水。从水，冥省聲。"《玉篇》水部："汨，莫歷切。……㵋，同上。"《玉篇零卷》日部："汨，《説文》古文'曶'字也。"曶，从日，勿聲。

汩，《説文》水部："汩，治水也。从水，曰聲。"戰國楚文字作𤃐（《帛甲》3·29），小篆作𣲘，隸定作"汩"。《玉篇》水部："汩，古没切，汩没。又爲筆切，水流也。"《廣韻》没韻："汩，汩没。古忽切。"

郭氏"又音骨，没也，从曰非"。頗疑《玉篇零卷》所載"曶"字古文"汨"即爲𣲘字，隸變作汩（曰聲），與汨（从日）混訛。"曶"字古文"汨"與汨羅江之"汨"音義皆別，然形同，郭氏混而爲一。

澤（zé）澤（duó）：上杖伯翻，恩澤；亦陂澤。下徒落翻，《楚辭》云："冬冰之洛澤。"洛，遏各翻。

【釋證】

澤，《釋名·釋地》："下而有水曰澤。"《風俗通·山澤》："水草交厝,名之爲澤。"《詩·陳風·澤陂》"彼澤之陂,有蒲與荷",毛傳:"陂,澤障也。"

澤,《玉篇》冫部:"澤,大洛切。冰也。"另參"洛洛"條釋證。

袟(zhì) 秩(zhì):竝直乙翻。上望袟,"袟,祭也",宋平説。下官秩,秩,序也。失禾爲秩,是應夢者。

【釋證】

袟,《集韻》質韻:"袟,祭有次也。直質切。"又《廣雅·釋天》:"望,祭也。"

秩,《玉篇》禾部:"秩,除室切。積也。程也。品也。"《廣韻》質韻:"秩,積也。次也。常也。序也。《書》曰:'望秩于山川。' 直一切。"望秩,祭祀日月山川。"秩"通"袟"。

搠(shā) 椴(shā):上桑達翻,抹搠,掃滅。下所八翻,似茱萸,實赤。

【釋證】

搠,抹搠,亦作"抹殺、抹煞"。唐韓愈《貞曜先生墓志銘》"唯其大翫於詞而與世抹搠,人皆劫劫,我獨有餘",馬其昶集注引何焯曰:"言其翫詞而抹搠名利,故人所徵逐者,處之裕如。"

椴,《楚辭·離騷》"椒專佞以慢慆兮,椴又欲充夫佩幃",王逸注:"椴,茱萸也。"

揲(shé) 枼(yè):上余涉、成設二翻,揲蓍也。下枼榆縣,在雲中,與涉翻。

【釋證】

揲,數蓍草占卦,以卜吉凶。《易·繫辭上》"揲之以四,以象四時”，孔穎達疏：“分揲其蓍，皆以四四爲數，以象四時。”朱熹本義：“揲，間而數之也。”《玉篇》手部：“揲，丈甲切，又時列切。數蓍也。”

郤（xì）卻（què）：**上去逆翻，姓也，作“郤”“郄”並訛。下去約翻，前卻**①**，作“却”者俗。**

【釋證】

郤，《説文》邑部：“郤，晉大夫叔虎邑也。从邑，谷聲。”《廣韻》陌韻：“郤，姓，出濟陰、河南二望，《左傳》晉有大夫郤獻子。俗从厺。綺戟切。”小篆作𨙫，隸變作𨙫（《睡·日乙》198）、郤（《隸辨》漢學師宋恩等題名）等形。《集韻》陌韻：“郤，或作‘郄’。”

卻，《玉篇》卩部：“卻，去略切，又居略切。節卻也。俗作‘却’。”《廣韻》藥韻：“卻，退也。去約切。”《吴子·治兵》：“前却有節，左右應麾。”前却，即進退。

柝（tuò）㡸（chè）：**上他各翻，重門擊柝。下丑格翻，裂也。此二字俗皆从斥。**

【釋證】

柝，又作“𣔰”。《説文》木部：“𣔰，判也。从木，庍聲。《易》曰：‘重門擊𣔰。’”《玉篇》木部：“柝，他洛切。擊木也。《爾雅》云：木謂之柝，今江東斫木爲柝。亦作‘杍’。”《廣韻》鐸韻：“柝，擊柝。《漢書》曰：‘宫中衞城門，擊刀斗，傳五更，衞士周廬擊柝也。’亦作‘杍’。他各切。”杍，古代巡夜人敲以報更的木梆。

---

① “卻”，原作“郤”，澤存堂本亦作“郤”，據上下文意及《玉篇》改。

圻,又作“坼”。《説文》土部:“圻,裂也。《詩》曰:‘不圻不
疈。’从土,斥聲。”《廣韻》陌韻:“圻,裂也。亦作‘坼’。丑格
切。”《淮南子·本經訓》“天旱地坼”,高誘注:“坼,燥裂也。”

夾(jiā) 夾(shǎn):上古洽翻,持也,从二人。下施隻翻,竊物入懷,从二入。

【釋證】

夾,詳見“陝字从夾”條釋證。

袷(jié) 袷(xiá):上居怯、侯夾二翻,衣領,與“衱”① 同。下億夾、胡夾二翻,祭也。

【釋證】

袷,《廣韻》業韻:“衱,衣領。居怯切。 袷,上同。”《禮記·深衣》“袂圜以應規,曲袷如矩以應方”,鄭玄注:“袷,交領也。古者方領如今小兒衣領。”

袷,《説文》示部:“祫,大合祭先祖親疏遠近也。从示、合。《周禮》曰:‘三歲一祫。’”《公羊傳·文公二年》:“大事者何? 大祫也。大祫者何? 合祭也。其合祭奈何? 毀廟之主陳於大祖,未毀廟之主,皆升,合食於大祖。五年而再殷祭。”何休注:“殷,盛也。謂三年祫,五年禘。”

棟(sè) 棟(sù) 揀(sè):竝所責翻。上赤棟。中亦木名。下揀擇,取物也。

---

① “衱”,原作“袯”,據澤存堂本改。《龍龕手鑑》示部:“衱,笈、刼二音。衣交領也。正從衣。”

【釋證】

楝,《爾雅·釋木》:"楝,赤楝。白者楝。"《玉篇》木部:"楝,山革切。赤楝木。"《詩·小雅·四月》"隰有杞楝",毛傳:"楝,赤楝也。"陸璣疏:"楝葉如柞,皮薄而白。其木理赤者爲赤楝,一名楝;白者爲楝。其木皆堅韌,今人以爲車轂。"

楝,《説文》木部:"楝,短椽也。从木,束聲。"《玉篇》木部:"楝,丑足、七足二切。短椽也。亦木名。"宋李誠《營造法式》:"短椽,其名有二:一曰楝,二曰禁楄。"

揀,《集韻》麥韻:"揀,擇也。色責切。"

戜(yù) 戜(guó):上于逼翻,与"域"同。下居墨翻,即邦戜字,与"國"同。

【釋證】

戜,《説文》戈部:"戜,邦也。域,或又从土。"域,从土从或。字或上下結構,寫作"戜",字形與傳抄古文契合,《三體陰符經》作𢧜,《集篆古文韻海》作𢨋(5·34)。

戜,《集韻》德韻:"國、戜、囻,骨或切。《説文》:'邦也。'古作'戜'。唐武后作'囻'。"戜,从王从或,字形與傳抄古文契合,三體石經古文作𤦡(石 37 下),《汗簡》作𤦡(6·74)。

"戜、戜"實爲一字,傳抄分化。

浹(jiā) 浹(xiǎ):上即葉翻,十二日爲浹。下杜甲、子叶二翻,渫浹也。

【釋證】

浹,《廣韻》怗韻:"浹,洽也。通也。徹也。浹辰,十二日也。子協切。"古代以干支紀日,稱自子至亥一周十二日爲"浹辰"。《左傳·成公九年》"浹辰之間,而楚克其三都",杜預注:"浹辰,十二日也。"三國魏曹植《武帝誄》:"欃槍北掃,舉不浹辰。紹遂奔北,河朔是賓。"

浹,《玉篇》氵部:"浹,胡頰切,冰凍相著也。渫,徒頰切,浹渫也。"浹渫,受凍而凝結。

佩觿卷下

舡:帆舡,一本作"艅舡"。艅,薄江翻,吳船也。舡,火江翻,船也。

枚:莫回翻,本作"枚"。

攕:所咸翻,《說文》曰:"好手皃。"《詩》曰:"攕攕女手。"

奞:息遺翻,《說文》曰:"鳥張羽毛自奮奞也。"又戌閏、先進二翻。

拖:託何翻,拖曳也。

幝:昌善翻,車蔽。《詩》曰:"檀車幝幝。"

丞:《聲類》云:"扰字。"与"拯"同韻,作丞上聲。

楗:渠偃翻,關楗也。与"鍵"同。

曆:《玉篇》作"曆"①,古三、紅談二翻,和也。

或:《玉篇》作"哦",又作"吪",各何翻。牡吪,即牂

---

① "曆",底本如此。《玉篇》作"曆","曆"爲"曆"之訛字。詳見"曆曆"條釋證。

㛈也。

姆：音茂，女師也。《説文》又莫后翻。与"姆"同。古文"侮"字作"姆"。

栭：鉏几翻，赤實果。

柿：蒲會、孚吠、方癈三翻，枝附也。斫木札也。

抵：《玉篇》作"鈨"，普的翻，又普賜翻，裁名也。

戜：徒結翻，利也。常也。國名，在三苗東。

以上諸字與《篇》《韻》音義或不同，故載之卷末，以俟來者考之。

辨　證

氷：辨證曰：按《説文》：“仌，凍也。筆陵切。冰，水堅也。魚陵切。徐鉉曰：今作筆陵切。俗从疑。”

渴：辨證曰：《説文》：“渴，盡也。苦葛切。”蓋有二音。

貞：辨證曰：《集韻》云：“貞，鼎省聲。京房説。”

鼎：辨證曰：按《説文》云：“籀文則从鼎作‘鼒’。”

無：辨證曰：按《集韻》“𣚌”作“橆”。

昭：辨證曰：按《魯語》云：“明者爲昭，其次爲穆。”則字不作“佋”而音非韶也審矣。蓋晉避文帝諱改音韶，義或然也。昭穆見《禮經》者非一，設漢世字作“佋”而爲韶音，則鄭康成必釋之曰“字當作佋”，或云“假借昭字”。唯《説文》所載異於經，未可從也。

鬐：辨證曰：鬐，今《家訓》作“暨”。

天后：辨證曰：按別本一作𠕁（天）、埊（地）、乙（日）、囝（月）、〇（星）、㠪（君）、恖（臣）、𢧵（載）、𡘋（初）、秊（年）、𠙲（正）、曌（照）、𤩅（證）、𡋥（聖）、穓（授）、𠨞（人）、囶（國）、匼（生）。

陝：辨證曰：按《集韻》：“夾，式冉切。”

廷：辨證曰：《説文》：“廷，特丁切。”

簥:辨證曰:"簥"字今《篇》《韻》不載。《廣韻》:"簥,居沼切。"《集韻》:"簥,居沼、居淆二[①]切。"

毛:辨證曰:按今河朔謂無爲謨,毛亦爲謨。俱不作毛音。

逄:辨證曰:按顔師古《刊謬正俗》:"逄姓者,蓋出於逄蒙之後,讀當如其本字,更無别音。今之爲此姓者,自稱乃与龐同。按德公、士元,所祖自别,殊非伯陵、丑父之裔,不得棄其本姓,混兹音讀。"今按《左傳》有逄伯陵、逄丑父,《孟子》有逄蒙。《左傳》無音,《孟子》音云丁張並薄江切。按逄伯陵,商諸侯,姜姓。逄丑父,齊人。《後漢》有逄萌,北海人。其字皆从夅。《廣韻》云:"逄,皮江反,姓也,出北海。《左傳》有逄丑父。"其字从夅。予疑師古以《左傳》《孟子》諸書皆寫爲逢遇之逢,故以爲更無别音,不思古今字書或借用,或傳寫舛訛,豈可以臆斷便謂姓無皮江切耶?《孟子音義》又云:"逄从夅。夅,下江切。"以此見正文誤从夆爾。

戹:辨證曰:《説文》:"科戹,木節也。"

夲:辨證曰:按《説文》:"夲,進趨也。从大,从十。土刀切。"本末下曰:"本,从木,一在其下。布忖切。"

趍:辨證曰:按《説文》:"趍趙,久也。"

聿:辨證曰:按《集韻》:"聿,允律切。藜也。"《玉篇》:"羊箠、惟畢二切。草木華初生者。"

① "二",原作"沼",據澤存堂本改。

湏:辨證曰:按《説文》:"湏,洒面也。荒内切。"

聑:辨證曰:按《説文》:"聑,聶語也。"

僭佻:辨證曰:按《集韻》:"僭,佼也。佻,輕也。"

舡:辨證曰:按《集韻》:"䑨音龐。舡音腔,又音肛。舟名,出《博雅》。"

玊:辨證曰:按《集韻》:"玊,音嗅[1],許救切,篆玉工。音粟,湏六切,西戎國名,亦姓。音肅,息六切,篆玉工,又姓。"

媮:辨證曰:《集韻》:"媮,容朱切。"

楊:辨證曰:按《禹貢》"淮海惟楊州",正義云:"江南其氣燥勁,厥性輕揚。"則非當从木。

蕑:辨證曰:按《博雅》:"蕑,蘭也。又姓。"

檎:辨證曰:按《尚書故實》云:"王内史有與蜀守書,求櫻桃、來禽、日給藤子。言味甘來衆禽,俗作林檎。"

爿:辨證曰:按《説文》:"牀,士莊切。安身之坐者。从木,从爿聲。徐鍇曰:'《左傳》蒍子馮詐病,掘地下氷而牀焉。至於恭坐,則席也,故从爿。爿則牀[2]之省,象人衺身有所倚著。至於牆、壯、戕、狀之屬,竝當从牀省聲。李陽氷言:木右爲片,左爲爿,音牆。且《説文》無爿字,其書亦異,故知其妄。'"

---

①　"嗅",原作"鳴",據澤存堂本改。

②　"牀",原右半殘缺,澤存堂本作"牀",不確,據《説文》補。

尢:辨證曰:尢,《集韻》作"允"①。

蔵:辨證曰:蔵,酸漿也。一本"含"作"寒"。

叧:辨證曰:按《集韻》"叧"與"夷"同。

儴:辨證曰:按《集韻》:"儴,因也。"

洚　洚:辨證曰:按《集韻》:洚,符容切,水名。洚,胡公、乎攻、胡江、古巷切,水不遵道也。

奞:辨證曰:按《集韻》:"奞,宣②隹切,鳥張毛羽自奮也。"若苦圭切,星名,當作"奎"。

朕:辨證曰:按《博雅》:"朧朕,醜也。"

攦:辨證曰:按《方言》:"梁益間裂帛爲衣曰攦。"

枰:辨證曰:按《集韻》:"枰,蒲兵切。"

抔:辨證曰:按《集韻》"褱"與"哀"同。

般:辨證曰:按《玉篇》般从丹,云:"古'班'字,賦也。"今《賈誼傳》作般。

雎　雎:辨證曰:雎,雎鳩。雎,水名。

召:辨證曰:《集韻》召作叴。③

①　"允",澤存堂本作"允"。
②　"宣",原作"宜",澤存堂本亦作"宜",形近而訛。
③　"召辨證曰集韻召作叴",澤存堂本作"叴辨證曰集韻叴作召"。

簑：辨證曰：按《集韻》：“簑，莫獲切。”《方言》：“車拘簔謂之簑。”

枑：辨證曰：按《集韻》：“枑，木名。”《爾雅》：“椸、枑、橇，衣架也。”並余支切。

徛：辨證曰：徛，按《説文》：“舉脛有渡也。”

挴：辨證曰：按《集韻》：“挴，母罪切。”

揣：辨證曰：按《集韻》：“揣，楚委切。”

倭 倭：辨證曰：按《集韻》：“倭，吐猥切，弱也。倭，烏和切，國名。”

僂：辨證曰：按《玉篇》：“僂，力宇 [①] 切，古姓也。”

扠：辨證曰：按《集韻》：“扠，擊也。”

筦：辨證曰：按《集韻》：“管，姓也。通作‘筦’。”

杻：辨證曰：杻，按《集韻》“杇”與“杻”同。

从：辨證曰：按《説文》：“从，良獎切。二人也。兩从此。”

夂：辨證曰：按《説文》：“夂，行遲曳夂夂。”

豐：辨證曰：按《説文》豐从豊，不从冊。云从冊者，出林罕《字源》。

---

① “宇”，原作“寧”，據澤存堂本改。《玉篇》巾部：“僂，力宇切。古姓也。”

仛^①: 辨證曰:"仛" 隸作 "徒"。按《説文》:"步行也。从辵,从土。"不从彳 。

徍: 辨證曰: 按《説文》:"趌,半步也。 从走,从圭声。" "徍,之也。从彳 ,圭声。于兩切。"

紙:辨證曰:按《説文》:"紙,絲滓也。都兮切。"

迁:辨證曰:按《集韻》:"墲謂之迁。一曰伺候也。進也。表也。"

氿:辨證曰:《爾雅》曰:"水醮曰氿。" 今《爾雅》則曰:"水醮曰屬。" 疏云:"醮,盡也。"

攈:辨證曰:按《集韻》:"攈,俱運切。"

愃:辨證曰:按《説文》:"愃,寬嫺心腹皃。《詩》曰:'赫兮愃兮。' 況晚切。"

掊:辨證曰:按《易》謙卦曰:"裒多益寡。"《禮運》曰:"汙尊而抔^② 飲。" 俱不作掊。

謟 諂: 辨證曰: 按《爾雅》:"謟,疑也。"《説文》:"諂,諛也。"

几^③:辨證曰:按《集韻》:"几,慵朱切。鳥之短羽飛几几然。象形。"

---

① "仛",原作"仕",據澤存堂本改。下同。
② "抔",原作"掊",澤存堂本亦作"掊",據上下文意與《禮運》文改。
③ "几",原作"几",澤存堂本亦作"几",形近而訛。下同。

卬:辨證曰:按《集韻》:"厄,牛戈切,木節。"不作卬。

延:辨證曰:按《廣韻》:"徙,斯氏切。"

捂:辨證曰:按《集韻》:"捂,斜相抵觸也。"

桸:辨證曰:按《集韻》:"桸[①],船後木。"

派:辨證曰:按《説文》:"派,別水也。"

搥:辨證曰:《玉篇》:"搥,丁回切。摘也。"《説文》:"椎,擊也。"《集韻》通作"槌"。齊謂之終葵。不从手。

椌:辨證曰:按《説文》:"椌,柷樂也。"

葭:辨證曰:按《集韻》:"葭,木名,槿也。"通作"椵"。

幝:辨證曰:案《集韻》:"幝,音灘,敝皃。《詩》:'檀車幝幝。'"

紗:辨證曰:按《集韻》:"紗[②],紗褐,理絲未成絇,急戾也。"於喬、於[③]兆二切。褐音謁。

撨:辨證曰:按《集韻》:"撨,才笑切。 拭也。"《玉篇》:"撨,先弔、先凋二切。擇也。"

桭:辨證曰:按《集韻》:"桭,屋梠也。兩楹間謂之桭。"

---

① "桸",原作"排",據上下文意及《集韻》改。

② "紗",原作"紗",澤存堂本亦作"紗",誤,據上下文意及《集韻》改。

③ "於喬於",原脱,據澤存堂本補。

曬:辨證曰:按《集韻》:"曬瞜,明目者。"

橙　撜:辨證曰:按《集韻》:橙,根、升二音,又音蒸上聲。撜,都鄧切,几橙,不從手。

棬　犍:辨證曰:按《集韻》:"棬,驅員切。屈木盂也。"又:"古倦切。西棬,縣名。"犍,渠建切,門限也。

任:辨證曰:按《集韻》"任"作"任"。

賷:辨證曰:按《集韻》:"賷,貸也。"

崔:辨證曰:按《集韻》:"崔,胡官切。鴟屬。"

庇:辨證曰:按《集韻》:《周禮》:'耒庇,長尺有一寸。'鄭康成曰:'耒下前曲接耜者。'"

垠:辨證曰:按《集韻》:"墦垠,冢也。一曰壙垠,原野皃。"

莪①:辨證曰:按《集韻》:"莪,渠羈切。"

夋:辨證曰:按《說文》:"夋,越也。"

囡: 辨證曰:《說文》:"囡,下取物縮藏之。 從囗,從又。 才洽切。"

屾:辨證曰:屾,《篇》《韻》作"出"。

厤:辨證曰:按《集韻》:"厤,胡甘切。和也。"

---

① "莪",原作"莪",澤存堂本亦作"莪",據卷中及《集韻》改。下同。

翎:辨證曰:按西域諸國官名有翎侯。

涑:辨證曰:按《集韻》:水,在河東[1],音速。

脈:辨證曰:按《集韻》:"脈,膚毳皮。"

啓:辨證曰:按《集韻》:啓,音覡,梁公子仉啓。

昄:辨證曰:按《廣韻》:"昄,入也。"

罒:辨證曰:按《集韻》"罒"作"网"。

翍[2]:辨證曰:按《集韻》:"祋[3],都外切。""翍,火羽切。祋翍,縣名,在馮翊。"

屇:辨證曰:按《玉篇》:"屇,同'痶'。又徒㖏切。"

柹 柿:辨證曰:按《集韻》:"柿,芳廢切。削木札檏也。""柹,上史切。赤實果。俗作'柿',非是。"

栟[4]:辨證曰:按《集韻》:栟,與"開"[5]同,門橝櫨也。

閖:辨證曰:按《廣韻》:"閖,丑注切。直開也。"《集韻》作"閖"。

录:辨證曰:按《集韻》:"刻木录录也。"

---

①　"東",原作"車",澤存堂本亦作"車",據《集韻》改。

②　"翍",原作"翍",澤存堂本亦作"翍"。《佩觽》卷下:"栟、翍,上音翎,木名。下于外翻,縣,在馮翊。"據卷下及《集韻》改。下同。

③　"祋",原作"祋",澤存堂本亦作"祋",據《集韻》改。下同。

④　"栟",原作"抃",澤存堂本亦作"抃",據《集韻》改。下同。

⑤　"開",原作"開",據澤存堂本改。

扈：辨證曰：按《集韻》：“《爾雅》：‘落時謂之扈。’一曰砌也。”

擯①：辨證曰：按《集韻》：“楚謂搏擊曰擯。父沸切。”不作“擯”。

襘　檜：辨證曰：按《集韻》：“襘，會福祭。”“檜，柏葉松身。”“礧，建大木，置石其上，發以機，以追敵。”

吻：辨證曰：按《集韻》：“吻，未明也。”

賣：辨證曰：按《說文》：“賣，衒也。从貝，齏聲。齏，古文睦。”

幨：辨證曰：按《集韻》：帤②，七旦③、七見二切，幨頭也，俺也。幨，倉刀切，絡頭也。

彴　彴：辨證曰：彴，之若切，橫木渡水也，徛渡也；又音杓，流星名。彴，市若切，彴約，流星名；《說文》音狄，約也。

用：辨證曰：按《資暇》云：“漢四皓其一號角里。角音禄，今多以覺音呼，乖也。是以《魏子》及孔氏《銘記》、荀氏《漢紀》，慮將來之誤，直書禄里，可得而明。”按《玉篇》等字書皆云：東方爲綠，綠音禄；或作角字，亦音禄。《魏子》《秘記》《漢紀》不書綠而作禄者，以其字僻，又慮誤音故也。字書而言角，直宜作綠爾。然

---

①　“擯”，原作“橫”，澤存堂本亦作“橫”。《佩觿》卷下：“擯、橫，上房沸翻，擊也。下巨位翻，木名。”據上下文意及《集韻》改。下同。

②　“帤”，原作“粲”，澤存堂本亦作“粲”，據《集韻》改。

③　“旦”，原作“日”，據澤存堂本改。

騄字亦音角。角音覺者,樂聲也。或亦通作隅角之角字,是以今人多亂其音呼之。或妄穿鑿云:音禄之角與音覺之角字,點畫有分別處。又不知角、騄各有二音,字體皆同,而其義有異也。

聿:辨證曰:按《集韻》:"聿,手之疌巧也。"

郭忠恕相關史料[①]

《**郭忠恕傳**》　　郭忠恕，字恕先，河南洛陽人也。幼能誦書屬文，七歲童子及第，兼通小學，最工篆籀，又善史書。弱冠之年，漢湘陰公辟爲從事。公在徐州，同府記室董裔與忠恕情意不叶，因爭事，忠恕拂衣辭去。周廣順初，召爲宗正丞兼國子書學博士、周易博士。皇朝建隆初，被酒與監察御史符昭文誼競於朝堂，御史彈奏，忠恕叱臺吏，奪其奏，毀之。坐貶乾州司户參軍。乘醉，歐[②]從事范滌，擅離貶所，削籍隸靈武。其後流落，不復求仕進。多遊岐雍京洛間，縱酒疎弛。逢人無貴賤，輒曰"猫"。有佳山水，即淹留不能去。或踰月不食。盛暑暴露日中，體不沾汗；窮冬即鑿河冰而浴，其傍凌澌消釋，人皆異之。尤善畫，所圖屋室重複之狀，頗極精妙。多遊王侯公卿之家，或待以美醞，預張紈素倚於壁，乘興即畫之。苟意不欲而固請之，必怒而去。得其畫者，藏以爲寶。太宗初即位，聞其名，召赴闕，授國子監主簿，賜襲衣、銀帶、錢五萬，館於太學，令刊定歷代字書。忠恕性無檢局，放縱敗度。上憐其才，每優容之。益使酒肆言，謗讟時政，擅鬻官物取其直。詔減死，決杖流登州，時太平興國二年。至齊州臨邑，謂部送吏曰："我逝矣。"因掊地爲穴，度可容其面，俯窺焉而卒。槀葬於道側。後數月，故人取其屍將改葬之，其體甚輕，空空然有若蟬蜕焉。所定《古文尚書》并《釋文》並行

① 標題爲整理者所拟。
② "歐"，澤存堂本作"歐"。

於世。又有《佩觿》三卷，論字所由，挍定分毫，有補後人，亦奇
書也。

　　《談苑》　　郭恕先，洛陽人。本名忠恕，字恕先，後秖稱字。
少能屬文，善史書、小學，通九經。七歲舉童子，漢湘陰公辟從
事。前與記室董裔爭事，拂衣去。周祖徵爲周易博士。國初，與
監察御史符昭文爭忿於朝堂，貶乾州司户。秩滿去官，遂不復
仕宦。縱放歧①雍陝②洛之間，逢人無貴賤，常口稱"猫"。值佳
山水，即旬日不去。或絶粒不食。盛夏暴體日中，不沾汗；大寒
鑿河冰而浴，旁水漸釋。尤善畫，工於屋木。多遊王公之門，有
設紈素求爲圖寫者，必怒而去。乘興，即自爲之。郭從義鎮歧
下，每延止山亭，張絹素設粉墨於旁。經數月，忽乘醉就圖之一
角作遠山數峯而已，郭氏亦珍惜之。歧有富人主官酒酤，其子喜
畫，日給醇酎，設几案、粉墨、絹素及好紙數軸，屢以情言。恕先
取紙一軸，凡數十番，首畫一丱角小童持線車，紙窮處作風鳶，
中引線，長數丈。富家子大怒，遂謝絶。時侍讀從祖宰天興，假
一役夫充給使。一日，衢中下馬，召役夫入茗坊同啜。役夫固
辭。恕先曰："吾常所接公卿、士大夫，皆子類也，何怪哉？"太
宗素聞其名，召歸闕。入，館于內侍省押班竇神興舍。恕先長髯
而美，忽盡剃之。神興驚問其故。恕先曰："聊以效顰耳。"神興
大怒，白太宗。以其少撿，除國子監主簿。出，館于太學。益縱
酒，肆言時政，頗有謗讟語聞上。上惡之，決杖配流登州。至齊
州臨邑（一作清），謂部送吏曰："我逝矣。"因掊地爲穴，度可容

<hr>

① "歧"，澤存堂本作"岐"。下同。
② "陝"，原作"陜"，據澤存堂本改。

面，俯窺焉而卒，藁葬道左。後數月，故舊取其屍改葬，但衣衾存焉。蓋是其屍解也。

《集古跋尾》　小字《說文字源》，郭忠恕書。忠恕者，五代漢周之際爲湘陰公從事，及事皇朝，其事見《實錄》。頗奇怪世人但知其小篆，而不知其楷法尤精。然其楷字亦不見刻石者，蓋惟有此爾，故尤可惜也。

《嘉祐雜誌》　中朝書人，惟郭忠恕可對二徐。宋相云。

《玉壺清話》　郭忠恕畫樓閣重複之狀，梓人校之，毫釐無差。太宗將建開寶塔，浙匠喻皓料十三層。郭以所造小樣末底一級折而計之，至上層餘一尺五寸而已。謂皓曰：“宜細審之。”皓數夕不寐，校之果然，叩門跪謝。尤工篆籀詩筆，惟縱酒無檢，多突梯於善人。聶崇義，建隆初拜學官，河洛之師儒也，趙韓王嘗拜之。郭使酒詠其姓玩之，云：“近貴全爲聵，攀龍即是聾。雖然三箇耳，其奈不成聰。”崇義應聲，反以“忠恕”二字解之，曰：“勿笑有三耳，全勝畜二心。”忠恕大憨，終以此敗。後坐謗時政，擅貿官物，流登州。中塗卒，藁葬於官道之傍。他日親友與斂葬，發土視之，輕若蟬蛻，殆非區中之物也。李留臺建中以書學名家手寫忠恕《翰簡集》以進，皆科斗文字。太宗深悼惜之，詔付秘閣。

《麈史》　郭忠恕僑寓安陸，郡守求其畫莫能得，陰以縑屬所館之寺僧。時俟其飲酣，請之。乃令濃爲墨汁，悉以潑漬其上，亟携就澗水滌之，徐以筆隨其濃淡爲山水之形勢。此與《封氏聞見》所說江南吳生畫同，但彼尤怪耳。

《五代史補》　郭忠恕，七歲童子及第，富有文學，尤工篆籀。常有人於龍門得鳥跡篆示之，忠恕一見輒誦，有如宿習。乾祐中，湘陰公鎮徐州，辟爲推官。周高祖之入京師也，少主崩於北崗。高祖命宰相馮道迎湘陰公，將立之。公至宋州，高祖已爲三軍推戴。忠恕知事變，且正色責道曰：“令公累朝大臣，誠信著於天下，四方談士無賢不肖皆謂之長者。今一旦反作脱空漢，前功並弃，令公之心安乎？”道無以對。忠恕因勸湘陰公殺道，以奔河東。公猶豫不決，遂及禍。忠恕竄跡久之。晚年尤好輕忽，卒以敗，坐除名配流。會赦，歸。卒於武興。

題新刻《佩觿》後

　　二王筆跡，冠絕古今，觀帖中往往點畫多忽，信字學與書法不同。字學者，根本六書是也；書法者，規模八法是也。故世鮮能兼之。能兼之者，惟郭恕先乎！恕先篆籀外，歐陽文忠公又稱其小楷之精。至王黃州作《五哀詩》，深悼才美鬱，爲時輩推重如此。所著《佩觿》三卷，玫論字源，邃窮肯綮，學者宗焉。嘗與顏祕監《干禄字書》並刻于宋，遂成二妙，惜傳流未廣。丹陽孫太學志新好古博雅，尤工翰墨，續刻置家塾，以訓諸子，可謂知所崇尚。余舊藏二書寫本，俱手摹宋刻者，彼此互有異同，因屬參挍，微析秋毫。而寫本復多《辯證》，若柿、柿之反，其類《辯證》爲得，亦不失郭氏忠臣，總增附卷末，始克完繕，可觀矣。然《詩·芄蘭》言："童子佩觿。"譏欲速成而無知識也。使世之幼學果能究心于此，群居終日，易飽食於博奕，以袪紈袴之習，則是書之行，豈直小子有造而已哉！志新曰："吾志也，識之。"

　　嘉靖六年歲次丁亥春三月望日江陰兼山徐充書于孫氏萬玉堂館中。

附録一

《經典釋文·序錄》（節選）①

序

夫書音之作，作者多矣，前儒撰著，光乎篇籍，其來既久，誠無閒然。但降聖已還，不免偏尚，質文詳略，互有不同。漢魏迄今，遺文可見，或專出己意，或祖述舊音，各師成心，製作如面。加以楚夏聲異，南北語殊，是非信其所聞，輕重因其所習，後學鑽仰，罕逢指要。夫筌蹄所寄，唯在文言，差若毫釐，謬便千里。夫子有言：“必也正名乎。名不正則言不順，言不順則事不成。故君子名之必可言也，言之必可行也。”斯富哉言乎，大矣，盛矣，無得而稱矣！然人禀二儀之淳和，含五行之秀氣，雖復挺生天縱，必資學以知道，故唐堯師於許由，周文學於虢叔。上聖且猶有學，而況其餘乎？至於處鮑居蘭，翫所先入，染絲斲梓，功在初變，器成采定，難復改移，一薰一蕕，十年有臭，豈可易哉！豈可易哉！余少愛墳典，留意藝文，雖志懷物外，而情存著述。粵以癸卯之歲，承乏上庠，循省舊音，苦其太簡，況微言久絕，大義愈乖，攻乎異端，競生穿鑿。不在其位，不謀其政，既職司其

---

① 本部分以王雲五主編《叢書集成初編》（商務印書館 1936 年）之《經典釋文》（據抱經堂本影印）爲底本整理。

憂，寧可視成而已？遂因暇景，救其不逮，研精六籍，采摭九流，搜訪異同，校之《蒼》《雅》，輒撰集《五典》《孝經》《論語》及《老》《莊》《爾雅》等音，合爲三袟三十卷，号曰“《經典釋文》”。古今竝録，括其樞要；經注畢詳，訓義兼辯；質而不野，繁而非蕪。示傳一家之學，用貽後嗣，令奉以周旋，不敢墜失，與我同志，亦無隱焉。但代匠指南，固取誚於博識，既述而不作，言其所用，復何傷乎云爾。

條例

先儒舊音，多不音注。然注既釋經，經由注顯，若讀注不曉，則經義難明。混而音之，尋討未易。今以墨書經本，朱字辯注，用相分別，使較然可求。舊音皆録經文全句，徒煩翰墨，今則各標篇章於上，摘字爲音，慮有相亂，方復具録；唯《孝經》童蒙始學，《老子》衆本多乖，是以二書特紀全句。

五經，人所常習，理有大宗，義行於世，無煩觀縷。至於《莊》《老》，讀學者稀，故于此書微爲詳悉。又《爾雅》之作，本釋五經，既解者不同，故亦略存其異。

文字音訓，今古不同。前儒作音多不依注，注者自讀，亦未兼通。今之所撰，微加斟酌：若典籍常用，會理合時，便即遵承，標之於首；其音堪互用，義可竝行，或字有多音，衆家別讀，苟有所取，靡不畢書，各題氏姓，以相甄識；義乖於經，亦不悉記。其“或音”“一音”者，蓋出於淺近，示傳聞見，覽者察其衷焉。

然古人音書止爲譬況之説，孫炎始爲反語，魏朝以降，蔓衍寔繁。世變人移，音訛字替，如徐仙民反“易”爲“神石”，郭景純反“餤”爲“羽鹽”，劉昌宗用“承”音“乘”，許叔重讀“皿”爲“猛”，若斯之儔，今亦存之音内，既不敢遺舊，且欲俟之來哲。

　　書音之用，本示童蒙。前儒或用假借字爲音，更令學者疑昧。余今所撰，務從易識。援引衆訓，讀者但取其意義，亦不全寫舊文。

　　典籍之文，雖夫子刪定，子思讀詩，師資已別，而況其餘乎？鄭康成云："其始書之也，倉卒無其字，或以音類比方假借爲之，趣於近之而已。受之者非一邦之人，人用其鄉，同言異字，同字異言，於茲遂生矣。"戰國交爭，儒術用息，秦皇滅學，加以坑焚，先聖之風，埽地盡矣。漢興，改秦之弊，廣收篇籍，孝武之後，經術大隆，然承秦焚書，口相傳授，一經之學，數家競爽，章句既異，蹖駮非一。後漢黨人既誅，儒者多坐流廢，後遂私行金貨，定蘭臺漆書經字以合其私文，靈帝乃詔諸儒正定五經於石碑之上，爲古文、篆、隸三體書法，以相參檢，樹之學門，使天下取則。未盈一紀，尋復廢焉。班固云："後世經傳既已乖離，傳學者又不思多聞闕疑之義，而務碎義逃难，便詞巧說，安其所習，毀所不見，終以自弊，此學者之大患也。"誠哉是言！余既撰音，須定紕繆，若兩本俱用，二理兼通，今竝出之，以明同異；其涇渭相亂，朱紫可分，亦悉書之，隨加刊正；復有他經別本，詞反義乖，而又存之者，示博異聞耳。

　　經籍文字，相承已久，至如"悦"字作"説"，"閑"字爲"閒"，"智"但作"知"，"汝"止爲"女"，若此之類，今竝依舊音之。然音書之體，本在假借，或經中過多，或尋文易了，則翻音正字以辯借音，各於經内求之，自然可見。其兩音之者，恐人惑故也。

　　《尚書》之字本爲隸古，既是隸寫古文，則不全爲古字，今宋齊舊本及徐、李等音所有古字蓋亦無幾。穿鑿之徒務欲立異，依傍字部，改變經文，疑惑後生，不可承用。今皆依舊爲音，字有別體，則見之音内，然亦兼采《説文》《字詁》，以示同異者也。

《春秋》人名字氏族及地名，或前後互出，或經傳更見，如此之類，不可具舉。若國異名同，及假借之字，兼相去遼遠，不容疎略，皆斟酌折衷，務使得宜。

《爾雅》本釋墳典，字讀須逐五經，而近代學徒好生異見，改音易字，皆采雜書，唯止信其所聞，不復考其本末。且六文八體，各有其義，形聲會意，寧拘一揆？豈必飛禽即須安鳥，水族便應著魚，蟲屬要作虫旁，草類皆從兩中，如此之類，實不可依。今竝校量，不從流俗。

方言差別，固自不同，河北、江南，最爲鉅異，或失在浮清，或滯於沈濁。今之去取，冀袪茲弊，亦恐還是甗音，更成無辯。夫質有精麤，謂之好、惡（竝如字），心有愛憎，稱爲好、惡（上胡報反，下烏路反）；當體即云名譽（音預），論情則曰毀譽（音餘）；及夫自敗（蒲邁反）、敗他（蒲敗反）之殊，自壞（呼怪反）、壞撤（音怪）之異。此等或近代始分，或古已爲別，相仍積習，有自來矣。余承師説，皆辯析之。比人言者，多爲一例。如、而靡異，邪（不定之詞）、也（助句之詞）弗殊，莫辯復（扶又反，重也）、復（音服，反也），寧論過（古禾反，經過）、過（古臥反，超過），又以登、升共爲一韻，攻、公分作兩音，如此之儔，恐非爲得，將來君子，幸留心焉。

五經字體，乖替者多，至如黿、鼉從龜，亂、辭從舌，席下爲帶，惡上安西，析旁著片，離邊作禺，直是字譌，不亂餘讀；如寵（丑隴反）字爲寵（力孔反），錫（思歷反）字爲錫（音陽），用支（普卜反，《字林》普角反）代文（武云反），將无（音無）混旡（音既），若斯之流，便成兩失。又來旁作力，俗以爲約勑字，《説文》以爲勞倈之字；水旁作曷，俗以爲飢渴字，字書以爲水竭之字。如此之類，改便驚俗，止不可不知耳。

《顔氏家訓·書證》①

　　《詩》云："參差荇菜。"《爾雅》云："荇，接余也。"字或爲"莕"。先儒解釋皆云：水草，圓葉細莖，隨水淺深。今是水悉有之，黃花似蓴，江南俗亦呼爲猪蓴，或呼爲荇菜。劉芳具有注釋。而河北俗人多不識之，博士皆以參差者是莧菜，呼人莧爲人荇，亦可笑之甚。

　　《詩》云："誰謂荼苦？"《爾雅》《毛詩傳》竝以荼，苦菜也。又《禮》云："苦菜秀。"案：《易統通卦驗玄圖》曰："苦菜生於寒秋，更冬歷春，得夏乃成。"今中原苦菜則如此也。一名游冬，葉似苦苣而細，摘斷有白汁，花黃似菊。江南別有苦菜，葉似酸漿，其花或紫或白，子大如珠，熟時或赤或黑，此菜可以釋勞。案：郭璞注《爾雅》，此乃"蘵，黃蒢"也。今河北謂之龍葵。梁世講《禮》者以此當苦菜，既無宿根，至春子方生耳。亦大誤也。又高誘注《呂氏春秋》曰："榮而不實曰英，苦菜當言英。"益知非龍葵也。

　　《詩》云："有杕之杜。"江南本竝木傍施大，傳曰："杕，獨皃也。"徐仙民音徒計反。《說文》曰："杕，樹皃也。"在木部。《韻集》音次第之第，而河北本皆爲夷狄之狄，讀亦如字，此大誤也。

　　《詩》云："駉駉牡馬。"江南書皆作牝牡之牡，河北本悉爲放牧之牧。鄴下博士見難云："《駉頌》既美僖公牧于坰野之事，何限騲騭乎？"余答曰："案：毛傳云：'駉駉，良馬腹幹肥張也。'其下又云：'諸侯六閑：有良馬，戎馬，田馬，駑馬。'若作牧放之意，

---

① 　本部分以王雲五主編《叢書集成初編》（商務印書館 1937 年）之《顔氏家訓》（據抱經堂本及知不足齋影宋本校訂排印）爲底本整理。

通於牝牡，則不容限在良馬獨得駉駉之稱。良馬，天子以駕玉輅，諸侯以充朝聘郊祀，必無驖也。《周禮·圉人職》：‘良馬，匹一人。駑馬，麗一人。’圉人所養，亦非驖也。頌人舉其强駿者言之，於義爲得也。《易》曰：‘良馬逐逐。’《左傳》云：‘以其良馬二。’亦精駿之稱，非通語也。今以《詩傳》良馬，通於牧驖，恐失毛生之意，且不見劉芳《義證》乎？”

　　《月令》：“荔挺出。”鄭玄注云：“荔挺，馬薤也。”《説文》云：“荔，似蒲而小，根可爲刷。”《廣雅》云：“馬薤，荔也。”《通俗文》亦云“馬藺”。《易統通卦驗玄圖》云：“荔挺不出，則國多火災。”蔡邕《月令章句》云：“荔似挺。”高誘注《吕氏春秋》云：“荔草挺出也。”然則《月令注》荔挺爲草名，誤矣。河北平澤率生之。江東頗有此物，人或種於階庭，但呼爲旱蒲，故不識馬薤。講《禮》者乃以爲馬莧，堪食，亦名豚耳，俗曰馬齒。江陵嘗有一僧，面形上廣下狹，劉緩幼子民譽年始數歲，俊晤善體物，見此僧云：“面似馬莧。”其伯父綰因呼爲“荔挺法師”。綰親講《禮》名儒，尚誤如此。

　　《詩》云：“將其來施施。”毛傳云：“施施，難進之意。”鄭箋云：“施施，舒行皃也。”《韓詩》亦重爲施施。河北《毛詩》皆云施施。江南舊本悉單爲施，俗遂是之，恐有少誤。

　　《詩》云：“有渰萋萋，興雲祁祁。”毛傳云：“渰，陰雲皃。萋萋，雲行皃。祁祁，徐皃也。”箋云：“古者，陰陽和，風雨時，其來祁祁然，不暴疾也。”案：“渰”已是陰雲，何勞復云“興雲祁祁”耶？“雲”當爲“雨”，俗寫誤耳。班固《靈臺》詩云：“三光宣精，五行布序，習習祥風，祁祁甘雨。”此其證也。

　　《禮》云：“定猶豫，決嫌疑。”《離騷》曰：“心猶豫而狐疑。”先儒未有釋者。案：《尸子》曰：“六尺犬爲猶。”《説文》云：“隴西謂犬子爲猶。”吾以爲人將犬行，犬好豫在人前，待人不得，又來迎候，如此往還，至於終日，斯乃豫之所以爲未定也，故稱猶豫。或以《爾雅》曰：“猶如麂，善登木。”猶，獸名也，既聞人聲，乃豫緣木，如此上下，故稱猶豫。狐①之爲獸，又多猜疑，故聽河冰無流水聲，然後敢渡。今俗云：“狐疑，虎卜。”則其義也。

齊侯痎，遂痁。《説文》云：“痎，二日一發之瘧。痁，有熱瘧也。”案：齊侯之病本是閒日一發，漸加重乎，故爲諸侯憂也。今北方猶呼痎瘧，音皆，而世閒傳本多以痎爲疥，杜征南亦無解釋，徐仙民音介，俗儒就爲通云：“病疥，令人惡寒，變而成瘧。”此臆説也。疥癬小疾，何足可論，寧有患疥轉作瘧乎？

《尚書》曰：“惟景響。”《周禮》云：“土圭測景，景朝景夕。”《孟子》曰：“圖景失形。”《莊子》云：“罔兩問景。”如此等字，皆當爲光景之景。凡陰景者，因光而生，故即謂爲景。《淮南子》呼爲景柱，《廣雅》云：“晷柱挂景。”竝是也。至晉世葛洪《字苑》，傍始加彡，音於景反，而世閒輒改治《尚書》《周禮》《莊》《孟》從葛洪字，甚爲失矣。

太公《六韜》有天陳、地陳、人陳、雲鳥之陳。《論語》曰：“衞靈公問陳於孔子。”《左傳》：“爲魚麗之陳。”俗本多作阜傍車乘之車。案：諸陳隊竝作陳鄭之陳。夫行陳之義，取於陳列耳，此六書爲假借也。《蒼》《雅》及近世字書皆無別字，唯王羲《小學章》獨阜傍作車，縱復俗行，不宜追改《六韜》《論語》《左傳》也。

《詩》云：“黃鳥于飛，集于灌木。”傳云：“灌木，叢木也。”此乃《爾雅》之文，故李巡注曰：“木叢生曰灌。”《爾雅》末章又

---

①　“狐”，原作“孤”，據《抱經堂叢書》本改。

云："木族生爲灌。"族亦叢聚也。所以江南《詩》古本皆爲叢聚之叢，而古叢字似冣字，近世儒生因改爲冣，解云："木之冣高長者。"案：衆家《爾雅》及解《詩》無言此者，唯周續之《毛詩注》音爲徂會反，劉昌宗《詩注》音爲在公反，又祖會反。皆爲穿鑿，失《爾雅》訓也。

"也"是語已及助句之辭，文籍備有之矣。河北經傳悉略此字，其閒字有不可得無者，至如"伯也執殳"，"於旅也語"，"回也屢空"，"風，風也，教也"，及《詩傳》云"不戢，戢也"，"不儺，儺也"，"不多，多也"，如斯之類，儻削此文，頗成廢闕。《詩》言："青青子衿。"傳曰："青衿，青領也，學子之服。"按：古者斜領下連於衿，故謂領爲衿。孫炎、郭璞注《爾雅》，曹大家注《列女傳》，並云："衿，交領也。"鄴下《詩》本既無"也"字，羣儒因謬説云："青衿、青領，是衣兩處之名，皆以青爲飾。"用釋"青青"二字，其失大矣！又有俗學聞經傳中時須"也"字，輒以意加之，每不得所，益成可笑。

《易》有蜀才注，江南學士遂不知是何人。王儉《四部目録》不言姓名，題云："王弼後人。"謝炅、夏侯該並讀數千卷書，皆疑是譙周；而《李蜀書》一名《漢之書》，云："姓范名長生，自稱蜀才。"南方以晉家渡江後，北閒傳記皆名爲僞書，不貴省讀，故不見也。

《禮・王制》云："贏股肱。"鄭注云："謂捋衣出其臂脛。"今書皆作擐甲之擐。國子博士蕭該云："擐當作捋，音宣。擐是穿著之名，非出臂之義。"案《字林》，蕭讀是，徐爰音患，非也。

《漢書》："田肎賀上。"江南本皆作"宵"字。沛國劉顯博覽經籍，偏精班《漢》，梁代謂之"《漢》聖"。顯子臻不墜家業，讀班史呼爲田肎。梁元帝嘗問之，答曰："此無義可求，但臣家舊本,以雌黄改宵爲冐。"元帝無以難之。吾至江北,見本爲"冐"。

《漢書·王莽贊》云:"紫色蛙聲,餘分閏位。"蓋謂非玄黄之色,不中律吕之音也。近有學士,名問甚高,遂云:"王莽非直鳶髆虎視,而復紫色蛙聲。"亦爲誤矣。

簡策字竹下施束,末代隸書,似杞宋之宋,亦有竹下遂爲夾者;猶如刺字之傍應爲束,今亦作夾。徐仙民《春秋禮音》遂以筴爲正字,以策爲音,殊爲顛倒。《史記》又作悉字誤而爲述,作妭字誤而爲姤,裴、徐、鄒皆以悉字音述,以妭字音姤。既爾,則亦可以亥爲豕字音,以帝爲虎字音乎?

張揖云:"虙,今伏羲氏也。"孟康《漢書》古文注亦云:"虙,今伏。"而皇甫謐云:"伏羲或謂之宓羲。"案:諸經史緯候,遂無宓羲之號。虙字從虍,宓字從宀,下俱爲必,末世傳寫,遂誤以虙爲宓,而《帝王世紀》因誤更立名耳。何以驗之?孔子弟子虙子賤爲單父宰,即虙羲之後,俗字亦爲宓,或復加山。今兗州永昌郡城,舊單父地也。東門有子賤碑,漢世所立,乃云:"濟南伏生,即子賤之後。"是虙之與伏,古來通字,誤以爲宓,較可知矣。

《太史公記》曰:"寧爲雞口,無爲牛後。"此是删《戰國策》耳。案:延篤《戰國策音義》曰:"尸,雞中之主。從,牛子。"然則"口"當爲"尸","後"當爲"從",俗寫誤也。

應劭《風俗通》云:"《太史公記》:'高漸離變名易姓,爲人庸保,匿作於宋子,久之作苦。聞其家堂上有客擊筑,伎癢,不能無出言。'"案:伎癢者,懷其伎而腹癢也。是以潘岳《射雉賦》亦云:"徒心煩而伎癢。"今《史記》竝作"徘徊",或作"傍徨不能無出言",是爲俗傳寫誤耳。

太史公論英布曰:"禍之興自愛姬生於妬媚,以至滅國。"又《漢書·外戚傳》亦云:"成結寵妾妬媚之誅。"此二"媚"竝當作

"媚"，媚亦妒也，義見《禮記》《三蒼》。且《五宗世家》亦云："常山憲王后妒媚。"王充《論衡》云："妒夫媚婦生，則忿怒鬭訟。"益知媚是妒之別名。原英布之誅爲意賁赫耳，不得言媚。

《史記·始皇本紀》："二十八年，丞相隗林、丞相王綰等，議於海上。"諸本皆作山林之林。開皇二年五月，長安民掘得秦時鐵稱權，旁有銅塗鐫銘二所。其一所曰："廿六年，皇帝盡并兼天下諸侯，黔首大安，立號爲皇帝，乃詔丞相狀、綰，灋度量則不壹歉疑者，皆明壹之。"凡四十字。其一所曰："元年，制詔丞相斯、去疾，灋度量，盡始皇帝爲之，皆刻辭焉。今襲號而刻辭不稱始皇帝，其於久遠也，如後嗣爲之者，不稱成功盛德，刻此詔□左，使毋疑。"凡五十八字，一字磨滅，見有五十七字，了了分明。其書兼爲古隸，余被敕寫讀之，與內史令李德林對見。此稱權今在官庫，其"丞相狀"字乃爲狀貌之狀，爿旁作犬，則知俗作"隗林"，非也，當爲"隗狀"耳。

《漢書》云："中外禔福。"字當從示。禔，安也，音匙匕之匙，義見《蒼》《雅》《方言》。河北學士皆云如此。而江南書多誤從手，屬文者對耦，竝爲提挈之意，恐爲誤也。

或問："《漢書注》：'爲元后父名禁，改禁中爲省中。'何故以省代禁？"答曰："案：《周禮》：'宫正，掌王宫之戒令糾禁。'鄭注云：'糾猶割也，察也。'李登云：'省，察也。'張揖云：'省，今省詧。'然則小井、所領二反，竝得訓察。其處既常有禁衛省察，故以省代禁。詧，古察字也。"

《漢明帝紀》："爲四姓小侯立學。"按：桓帝加元服，又賜四姓及梁、鄧小侯帛，是知皆外戚也。明帝時，外戚有樊氏、郭氏、陰氏、馬氏爲四姓。謂之小侯者，或以年小獲封，故須立學耳；或以侍祠猥朝，侯非列侯，故曰小侯。《禮》云："庶方小侯。"則其義也。

《後漢書》云：“鸛雀銜三鱣魚。”多假借爲鱧鮪之鱣，俗之學士因謂之爲鱣魚。案：魏武《四時食制》：“鱣魚大如五斗奩，長一丈。”郭璞注《爾雅》：“鱣長二三丈。”安有鸛雀能勝一者，況三乎？鱣又純灰色，無文章也。鱓魚長者不過三尺，大者不過三指，黃地黑文，故都講云：“蛇鱓，卿大夫服之象也。”《續漢書》及《搜神記》亦説此事，皆作“鱓”字。孫卿云：“魚鱉鮋鱣。”及《韓非》《説苑》皆曰：“鱣似蛇，蠶似蠋。”竝作“鱣”字。假“鱣”爲“鱓”，其來久矣。

《後漢書》：酷吏樊曄爲天水郡守，涼州爲之歌曰：“寧見乳虎穴，不入冀府寺。”而江南書本“穴”皆誤作“六”。學士因循，迷而不寤。夫虎豹穴居，事之較者，所以班超云：“不探虎穴，安得虎子？”寧當論其六七耶？

《後漢書·楊由傳》云：“風吹削肺。”此是削札牘之柿耳。古者，書誤則削之，故《左傳》云：“削而投之。”是也。或即謂札爲削，王褒《童約》曰：“書削代牘。”蘇竟書云：“昔以摩研編削之才。”皆其證也。《詩》云：“伐木滸滸。”毛傳云：“滸滸，柿貌也。”史家假借爲肝肺字，俗本因是悉作脯腊之脯，或爲反哺之哺。學士因解云：“削哺，是屏障之名。”既無證據，亦爲妄矣！此是風角占候耳。《風角書》曰：“庶人風者，拂地揚塵轉削。”若是屏障，何由可轉也？

《三輔決録》云：“前隊大夫范仲公，鹽豉蒜果共一箅。”“果”當作魏顆之“顆”。北土通呼物一由，改爲一顆，蒜顆是俗閒常語耳。故陳思王《鸛雀賦》曰：“頭如果蒜，目似擘椒。”又《道經》云：“合口誦經聲璨璨，眼中淚出珠子碨。”其字雖異，其音與義頗同。江南但呼爲蒜符，不知謂爲顆。學士相承，讀爲裹結之裹，言鹽與蒜共一苞裹，内箇中耳。《正史削繁》音義又音蒜顆爲苦戈反，皆失也。

有人訪吾曰：“《魏志》蔣濟上書云‘弊迍之民’，是何字也？”余應之曰：“意爲迍即是佌倦之佌耳。張揖、吕忱竝云：‘支傍作刀劍之刀，亦是剅字。’不知蔣氏自造支傍作筋力之力，或借剅字，終當音九僞反。”

《晉中興書》：“太山羊曼，常頹縱任俠，飲酒誕節，兗州號爲䨄伯。”此字皆無音訓。梁孝元帝嘗謂吾曰：“由來不識。唯張簡憲見教，呼爲噎羹之噎。自爾便遵承之，亦不知所出。”簡憲是湘州刺史張纘謚也，江南號爲碩學。案：法盛世代殊近，當時耆老相傳，俗閒又有䨄䨄語，蓋無所不施、無所不容之意也。顧野王《玉篇》誤爲黑傍沓，顧雖博物，猶出簡憲、孝元之下，而二人皆曰重邊。吾所見數本竝無作黑者，重沓是多饒積厚之意，從黑更無義旨。

《古樂府》歌詞，先述三子，次及三婦，婦是對舅姑之稱。其末章云：“丈人且安坐，調絃未遽央。”古者，子婦供事舅姑，旦夕在側，與兒女無異，故有此言。丈人亦長老之目，今世俗猶呼其祖考爲先亡丈人。又疑“丈”當作“大”，北閒風俗，婦呼舅爲大人公。“丈”之與“大”，易爲誤耳。近代文士頗作《三婦詩》，乃爲匹嫡竝耦己之羣妻之意，又加鄭、衞之辭，大雅君子，何其謬乎？

《古樂府》歌百里奚詞曰：“百里奚，五羊皮。憶別時，烹伏雌，吹扊扅，今日富貴忘我爲！”“吹”當作炊煮之“炊”。案：蔡邕《月令章句》曰：“鍵，關牡也，所以止扉。或謂之剡移。”然則當時貧困，并以門牡木作薪炊耳。《聲類》作扊，又或作扂。

《通俗文》，世閒題云：“河南服虔字子慎造。”虔既是漢人，

其敘乃引蘇林、張揖，蘇、張皆是魏人。且鄭玄以前全不解反
語，《通俗》反音甚會近俗。阮孝緒又云："李虔所造。"河北此
書，家藏一本，遂無作李虔者。《晉中經簿》及《七志》竝無其
目，竟不得知誰制。然其文義允愜，實是高才。殷仲堪《常用字
訓》亦引服虔《俗説》，今復無此書，未知即是《通俗文》，爲當有
異？近代或更有服虔乎？不能明也。

　　或問："《山海經》，夏禹及益所記，而有長沙、零陵、桂陽、諸
暨，如此郡縣不少，以爲何也？"答曰："史之闕文，爲日久矣。
加復秦人滅學，董卓焚書，典籍錯亂，非止於此。譬猶《本草》，
神農所述，而有豫章、朱崖、趙國、常山、奉高、真定、臨淄、馮翊
等郡縣名，出諸藥物；《爾雅》，周公所作，而云‘張仲孝友’；仲尼
修《春秋》，而經書孔丘卒；《世本》，左丘明所書，而有燕王喜、漢
高祖；《汲冢瑣語》，乃載秦望碑；《蒼頡篇》，李斯所造，而云‘漢
兼天下，海内并廁，豨黥韓覆，畔討滅殘’；《列仙傳》，劉向所造，
而贊云七十四人出佛經；《列女傳》，亦向所造，其子歆又作頌，終
於趙悼后，而傳有更始韓夫人、明德馬后及梁夫人嫕，皆由後人
所羼，非本文也。"

　　或問曰："《東宮舊事》何以呼鴟尾爲祠尾？"答曰："張敞
者，吳人，不甚稽古，隨宜記注，逐鄉俗訛謬，造作書字耳。吳人
呼祠祀爲鴟祀，故以祠代鴟字；呼紺爲禁，故以糸傍作禁代紺字；
呼盞爲竹簡反，故以木傍作展代盞字；呼鑊字爲霍字，故以金傍
作霍代鑊字；又金傍作患爲鐶字，木傍作鬼爲魁字，火傍作庶爲
炙字，既下作毛爲氊字，金花則金傍作華，窻扇則木傍作扇，諸
如此類，專輒不少。"

　　又問："《東宮舊事》‘六色罽緂’是何等物？當作何音？"
答曰："案：《説文》云：‘萮，牛藻也。讀若威。’《音隱》：‘塢瑰

反。'即陸機所謂'聚藻,葉如蓬'者也。又郭璞注《三蒼》亦云:'蘊,藻之類也,細葉蓬茸生。'然今水中有此物,一節長數寸,細茸如絲,圓繞可愛,長者二三十節,猶呼爲茗。又寸斷五色絲,橫著線股間繩之,以象茗草,用以飾物,即名爲茗。於時當紺六色罽,作此茗以飾緄帶。張敞因造糸旁畏耳,宜作縣。"

柏人城東北有一孤山,古書無載者。惟闞駰《十三州志》以爲舜"納于大麓"即謂此山,其上今猶有堯祠焉。世俗或呼爲宣務山,或呼爲虛無山,莫知所出。趙郡士族有李穆叔、季節兄弟、李普濟,亦爲學問,竝不能定鄉邑此山。余嘗爲趙州佐,共太原王邵讀柏人城西門内碑。碑是漢桓帝時柏人縣民爲縣令徐整所立,銘曰:"山有巏嶅,王喬所仙。"方知此巏嶅山也。巏字遂無所出。嶅字,依諸字書,即旄丘之旄也。旄字,《字林》一音亡付反,今依附俗名,當音權務耳。入鄴,爲魏收說之,收大嘉歡。值其爲《趙州莊嚴寺碑銘》,因云:"權務之精。"即用此也。

或問:"一夜何故五更? 更何所訓?"答曰:"漢、魏以來,謂爲甲夜、乙夜、丙夜、丁夜、戊夜;又云鼓,一鼓、二鼓、三鼓、四鼓、五鼓;亦云一更、二更、三更、四更、五更,皆以五爲節。《西都賦》亦云:'衛以嚴更之署。'所以爾者,假令正月建寅,斗柄夕則指寅,曉則指午矣。自寅至午,凡歷五辰。冬夏之月,雖復長短參差,然辰間遼闊,盈不過六,縮不至四,進退常在五者之間。更,歷也,經也,故曰五更爾。"

《爾雅》云:"朮,山薊也。"郭璞注云:"今朮似薊而生山中。"案:朮葉其體似薊,近世文士遂讀薊爲筋肉之筋,以耦地骨用之,恐失其義。

或問:"俗名傀儡子爲郭禿,有故實乎?"答曰:"《風俗通》云:'諸郭皆諱禿。'當是前代人有姓郭而病禿者,滑稽戲調,故後人爲其象，呼爲郭禿，猶文康象庾亮耳。"

或問曰："何故名治獄參軍爲長流乎？"答曰："《帝王世紀》云：'帝少昊崩，其神降于長流之山，於祀爲秋。'案：《周禮·秋官》，司寇主刑罰、長流之職，漢、魏捕賊掾耳。晉、宋以來，始爲參軍，上屬司寇，故取秋帝所居爲嘉名焉。"

客有難主人曰："今之經典，子皆爲非，《說文》所言，子皆云是，然則許慎勝孔子乎？"主人拊掌大笑，應之曰："今之經典，皆孔子手迹耶？"客曰："今之《說文》，皆許慎手迹乎？"答曰："許慎檢以六文，貫以部分，使不得誤，誤則覺之。孔子存其義而不論其文也。先儒尚得改文從意，何況書寫流傳耶？必如《左傳》止戈爲武，反正爲乏，皿蟲爲蠱，亥有二首六身之類，後人自不得輒改也，安敢以《說文》校其是非哉？且余亦不專以《說文》爲是也，其有援引經傳，與今乖者，未之敢從。又相如《封禪書》曰：'導一莖六穗於庖，犧雙觡共抵之獸。'此導訓擇，光武詔云：'非徒有豫養導擇之勞。'是也。而《說文》云：'槀是禾名。'引《封禪書》爲證。無妨自當有禾名槀，非相如所用也。'禾一莖六穗於庖'，豈成文乎？縱使相如天才鄙拙，強爲此語，則下句當云'麟雙觡共抵之獸'，不得云犧也。吾嘗笑許純儒，不達文章之體，如此之流，不足憑信。大抵服其爲書，隱括有條例，剖析窮根源，鄭玄注書，往往引其爲證。若不信其說，則冥冥不知，一點一畫，有何意焉。"

世閒小學者，不通古今，必依小篆是正書記。凡《爾雅》《三蒼》《說文》，豈能悉得蒼頡本指哉？亦是隨代損益，互有同異。西晉已往字書，何可全非？但令體例成就，不爲專輒耳。考校是非，特須消息。至如"仲尼居"，三字之中兩字非體，《三蒼》"尼"旁益"丘"，《說文》"尸"下施"几"，如此之類，何由可從？古無二字，又多假借，以中爲仲，以説爲悦，以召爲邵，以閒爲閑，如此之徒，亦不勞改。自有訛謬，過成鄙俗，亂旁爲舌，揖下無耳，鼄、鼇從黿，奮、奪從萑，席中加帶，惡上安西，鼓外設皮，鑿頭生毁，離則配禹，壑乃施豁，巫混經旁，皋分澤片，獵化爲獦，寵變成寵，業左益片，靈底著器。“率”字自有律音，强改爲别；“單”字自有善音，輒析成異。如此之類，不可不治。吾昔初看《説文》，蚩薄世字，從正則懼人不識，隨俗則意嫌其非，略是不得下筆也。所見漸廣，更知通變，救前之執，將欲半焉。若文章著述，猶擇微相影響者行之；官曹文書，世閒尺牘，幸不違俗也。

案：彌亘字從二閒舟，《詩》云：“亘之秬秠。”是也。今之隸書轉舟爲日，而何法盛《中興書》乃以舟在二閒爲舟航字，謬也。《春秋説》以人十四心爲德，《詩説》以二在天下爲酉，《漢書》以貨泉爲白水真人，《新論》以金昆爲銀，《國志》以天上有口爲吳，《晉書》以黃頭小兒爲恭，《宋書》以召刀爲邵，《參同契》以人負告爲造。如此之類，蓋數術謬語，假借依附，雜以戲笑耳。如猶轉貢字爲項，以叱爲七，安可用此定文字音讀乎？潘、陸諸子離合詩、賦，栻卜，破字經，及鮑昭謎字，皆取會流俗，不足以形聲論之也。

河閒邢芳語吾云：“《賈誼傳》云：‘日中必熭。’注：‘熭，暴也。’曾見人解云：‘此是暴疾之意，正言日中不須臾，卒然便昃耳。’此釋爲當乎？”吾謂邢曰：“此語本出太公《六韜》。案字書，古者暴曬字與暴疾字相似，唯下少異，後人專輒加傍日耳，言日中時，必須暴曬，不爾者，失其時也。晉灼已有詳釋。”芳笑服而退。

《分毫字樣》凡二百四十八字[①]

遲 還：上徒荅反，合也。下胡關反，返也。

刀 刁：上都勞反，刀斧。下的聊反，人姓。

閍 閌：上布盲反，宮門也。下側銜反，立侍人。

袖 柚：上似祐反，衣袖。下余救反，果也。

誄 誅：上力癸反，祝辭。下致娛反，誅斬。

閟 悶：上比冀反，慎也。下莫困反，憒也。

痤 座：上徂和反，短也。下徂臥反，座席。

窰 窒：上音遙，燒瓦也。下音遂，空也。

台 台：上湯來反，星也。下羊支反，我也。

搋 榹：上蘇臺反，擡搋。下相慈反，木也。

榷 摧：上作迴反，榷節。下昨迴反，摧折。

熊 羆：上于躬反，獸也。下彼皮反，獸名。

寘 寊：上徒賢反，寘塞。下支豉反，置也。

謟 諂：上天牢反，疑也。下丑冉反，媚也。

---

① 本部分以東京大學東洋文化研究所藏清康熙四十三年張氏澤存堂本《大廣益會玉篇》所收之《分毫字樣》爲底本整理。

滔 洎：上天牢反，水也。下胡感反，深也。

稻 揢：上楚交反，取也。下苦洽反，捻也。

捼 桵：上奴回反，擊也。下而佳反，木名。

雎 睢：上七余反，關雎。下息唯反，人姓。

緌 綏：上而佳反，冠也。下息佳反，安也。

推 椎：上尺佳反，推讓。下直追反，鎚也。

絰 經：上徒結反，孝絰。下古刑反，經書。

冷 泠：上魯打反，寒冷。下力丁反，泠水。

打 朾：上都冷反，擊也。下摘莖反，朾聲。

屏 屏：上必郢反，屏障。下薄名反，屏風。

晴 睛：上疾盈反，晴明。下七盈反，目睛。

否 兛：上方久反，臧否。下符鄙反，屯兛。

桶 桷：上他孔反，器也。下古岳反，椽也。

凍 涷：上都弄反，水凍。下得紅反，暴雨。

寵 寵：上力董反，孔寵。下勑勇反，寵愛。

揀 棟：上古限反，揀擇。下都弄反，屋棟。

摠 熜：上作孔反，摠集。下千弄反，熜檐。

楥 援：上許願反，鞋楥。下韋元反，援引。

崈 峻：上子公反，九崈。下蘇俊反，山峻。

狻 狨：上素官反，狻猊。下子公反，犬子。

種 種：上之隴反，本也。下之用反，耕種。

樬 摐：上七弓反，木名。下七江反，打鐘也。

橦 撞：上徒東反，花為布。下宅江反，打也。

憧 幢：上尺容反，往來。下宅江反，幡也。

梔 扼：上章移反，木也。下烏革反，車扼。

帷 惟：上于眉反，帷幔。下以隹反，辭也。

貽 眙：上與之反，遺也。下丑吏反，視也。

攘 㮚：上汝羊反，攘臂。下音衰，屋棟也。

時 偫：上市之反，時節。下時吏反，儲也。

箕 萁：上居之反，箕山。下巨疑反，豆萁。

笞 苔：上丑之反，笞責。下堂來反，青苔。

纂 綦：上作管反，纂集。下巨疑反，履也。

笑 笑：上思妙反，喜笑。下天計反，讒到。

捐 損：上余專反，棄也。下蘇本反，傷也。

焌 煗：上七律反，火焌。下奴緩反，温煗。

潛 潛：上昨廉反，潛藏。下所姦反，淚下。

筧 莧：上古典反，竹通木。下侯辦反，莧菜。

睍 垷：上胡硯反，出也。下古典反，塗也。

緪 緶：上古杏反，井索。下婢連反，緶縫。

塤 瑍：上許袁反，樂也。下胡犬反，玉名。

撚 撚：上人善反，束也。下奴典反，指也。

檀 擅：上徒干反，木也。下市戰反，自專。

搌 㛏：上知演反，束也。下女彥反，破也。

璱 琢：上音篆，璧上文。下陟角反，琢石。

梗 楩：上古杏反，桔梗。下符善反，木名。

鞕 鞭：上五幸反，堅鞕。下卑連反，打鞭。

夯 爹：上陟加反，張也。下徒可反，父也。

治 冶：上直吏反，理也。下羊者反，人姓。

舜 㸪：上詩閏反，堯舜。下古雅反，醱㸪。

炪 地：上徐者反，火炪。下途利反，天地。

槎 搓：上鋤加，水中浮木，下七阿反，手搓。

絮 絮：上思據反，緜絮。下抽據反，調絮。

歁 欺：上苦感反，能言。下去其反，屈也。

檬 橡：上莫紅反，木也。下詳兩反，木也。

旼 敗：上武巾反，和也。下蒲拜反，亂也。

馼 馭：上武云反，馬名。下魚去反，駕也。

暖 暖：上況袁反，目大。下奴緩反，熱也。

揮 褌：上許歸反，指揮。下戶昆反，祭服。

髧 髡：上丁感反，髮垂。下苦昆反，去髮。

根 挮：上古痕反，根本。下戶恩反，急挮。

棺 棺：上烏活反，棺舩。下古丸反，棺椁。

禪 襌：上市戰反，禪讓。下都寒反，襌衣。

菅 管：上古顏反，菅茅。下公短反，人姓。

販 昄：上方萬反，販賣。下普班反，目白。

甬 角：上余隴反，花發。下古岳反，牛角。

曻 㫺：上力著反，簡曻。下居洧反，日出。

簙 算：上博彌反，取魚。下博計反，甊算。

杫 祉：上思志反，枅杫。下勑里反，福也。

杷 把：上白麻反，木杷。下百馬反，執把。

暑 署：上商吕反，熱暑。下時據反，省署。

褚 楮：上丑吕反，人姓。下知吕反，木名。

橪 椿：上卓江反，木橪。下丑屯反，木也。

呰 咀：上兹冶反，罵也。下慈吕反，咀嚼。

柱 拄：上直縷反，梁柱。下之與反，拄杖。

枸 拘：上俱羽反，木名。下舉于反，拘執。

祐 祜：上于救反，助也。下胡古反，福也。

摞 樏：上洛戈反，理也。下力癸反，食器。

湎 洒：上免音，沉湎也。下先禮反，洒浣。

揩 楷：上客皆反，模也。下古諧反，木名。

浽 浽：上息遺反，小雨。下奴罪反，穢濁。

毐 毒：上於改反，無行。下徒木反，惡毒。

陪 倍：上薄來反，陪從。下蒲罪反，多也。

荀 筍：上息倫反，人姓。下思尹反，竹萌。

言 言：上去偃反，下語偃反，並脣破兒。

敞 敝：上昌兩反，開也。下必計反，集也。

汗 汙：上胡幹反，熱汗。下七賢反，水名。

挺 捵：上他鼎反，挺持。下拭然反，取也。

揣 椯：上初委反，度也。下市緣反，木名。

挑 桃：上土凋反，挑撥。下徒刀反，果也。

皁 早：上昨早反，黑色。下作皁反，早晚。

杲 果：上公老反，日色。下公禍反，果福。

囚 囚：上得立反，動也。下似由反，禁人。

睴 脛：上五鼎反，直視也。下胡定反，腳脛也。

甲 甲：上古狎反，兵甲。下女洽反，取物。

明 朋：上眉兵反，清也。下薄登反，黨也。

未 末：上亡貴反，不也。下莫撥反，木上。

天 夭：上他前反，天地。下於矯反，折也。

蒲 蒲：上薄胡反，草名。下莫旱反，盈也。

杳 沓：上伊鳥反，冥也。下徒合反，人姓。

恩 思：上烏痕反，澤也。下息茲反，念也。

竪 堅：上臣庾反，立也。下古賢反，固也。

子 孑：上即里反，人姓。下居列反，單也。

且 旦：上七也反，語辭。下得晏反，早也。

林 材：上力尋反，人姓。下昨哉反，木挺。

東 柬：上德紅反，東西。下古限反，擇也。

北 比：上博墨反，南北。下毗至反，黨也。

徂 阻：上昨胡反，往也。下側呂反，隔也。

枝 技：上章移反，人姓。下渠綺反，藝也。

辨 辦：上平免反，別也。下蒲莧反，具也。

己 已：上居里反，身也。下羊己反，止也。

附録二

音序索引

biāo		bò		chāi		chè			尌	232
標	131	捄	225/295	扠	86	坼	335		敕	211
biào		bù		chān		chén			飭	316
摽	131	不	28/310	延	80	沈	58		chōng	
bié		不典	19	姁	86	沉	58		椿	84
蚾	214		C		梴	79	陳	30		僮	61
bīn		cā		幝	183	瞋	51		憧	63
邠	17	攃	51	攙	107	chēng			chóng	
豳	17	cái		chán		再	191		緟	204
檳	176	才	138	欃	85	搶	85		蟲	50
bìn		材	137	禪	72	chéng			chǒng	
擯	176	cǎi		欃	107	丞	196		寵	45/240
bīng		采	266	chǎn		丞尉	41		chōu	
冰	2	寀	252	冴	155	乘	22		抽	210
栟	111	cán		弗	257	振	90		摺	76
掤	89	蠶	51	崟	147	撑	232		瘳	194
bǐng		cáo		諂	165	根	90		chóu	
芮	254	槽	185	chàn		橙	199		惆	105
bō		cǎo		懺	180	chī			惆	105
剥	237	艸	257	chāng		蚩	147		裯	163
鉢囉	33	cè		昌	13	摛	117		chǒu	
播	177	悚	271	cháng		鴟	16/95		杶	137
撥	309	簎	306	長	12	chí			chòu	
bó		céng		場	234	汝	195		臭	292
仢	304	贈	204	chàng		坻	126		chū	
伯	322	chā		悵	277	持	212		摴	66
亳	224	叉	138	chāo		蚳	107		樗	66
博	215	扱	324	抄	166	趍	50		chǔ	
搏	238	枚	86	chǎo		榹	64		楮	242
箔	239	chá		昭	153	chǐ			褚	242
鈸	300	耖	201	chē		凹	256		chù	
馭	233	查	104	車	29	褫	145		豖	267
髆	268	槎	75	chě		chì			蕀	298
				扯	242	斥	295		閦	279

là
刺 302
庩 303

lái
倈 197

lài
徠 197

lán
藍 93
籃 93

lǎn
擥 146
攬 251
欖 251

làn
濫讀 11

láng
鋃 104

lǎng
朗 5

làng
埌 210
浪 197

lǎo
老 10
橑 161

lào
嫪 36

lè
扐 321
仂 224

léi
樏 69

lěi
耒 302

lěng
冷 134

lí
孖 221
秙 87
樆 117
稖 117
離合 17
曬 191

lǐ
豊 44/140
澧 120

lì
立教 4
朸 321
戾 284
麻 228
隸加 5
隸行 5
隸省 5
隸變 5
厤 223
曆 230

lián
怜 105
慊 149
薕 91
簾 91

liǎn
撿 245
臉 153

liàn
棟 253
鍊 50/187

liáng
梁 89
椋 214
梁 89

liǎng
从 137

liáo
窌 178
撩 161

liǎo
蓼 58
蔆 58

liào
廖 194

liè
禾 302
冽 312
洌 312
呼 228
柌 233
将 212
獵 50

līn
拎 81

lín
林 36/174
痳 113

líng
令支 31
伶 81
夌 217

吟 82
衿 81
冷 134
柃 81
瓴 118
凌 79
聆 109
翎 229
淩 79

liú
摎 36/76
榴 76
聊 97

liǔ
綹 271

liù
窌 178
袖 278

lóng
龍 91
櫳 60
籠 91

lǒng
攏 60
竉 45/240

lōu
摟 77

lóu
僂 135
樓 77

lú
枠 233
壚 68
櫨 68

lǔ
撝 246
橀 246
魯魚 35

lù
甪 312
录 270

luàn
亂 20

lún
掄 72
棆 72

luō
将 233

luó
欏 143

luǒ
攞 143

luò
洛 318
絡 271
摞 69

lú
腰 106
膄 106

lǔ
孚 222
樓 135

lù
緑 222
櫖 186

lüè
掠 214

派　51/175
楸　174
渒　283
　　pān
販　250
審　170
　　pán
般　113
　　pàn
泮　284
沜　284
盼　46/204/305
　　páng
彷　133
逄　44/80
　　pèi
帔　280
　　pēng
抨　104
　　péng
芃　101
捀　148
棚　89
　　pěng
捧　248
　　pī
批　156/170
披　121
捒　230
　　pí
枇　170
琵琶　33
椑　230

鼙婆　33
　　pǐ
匹　51
圮　122
　　pì
帔　262
渒　283
揊　329
譬況　21
　　piān
偏　144
　　pián
緶　147
　　piàn
片　295
　　piǎo
暶　261
暶　261
　　pīn
拼　111
　　pín
貧　151
　　píng
枰　104
屏　58
屏　58
　　pō
頗　42
潑　11
　　pǒ
駊　264
　　pò
尃　237

　　póu
抔　108
捊　165
　　pū
攴　235
攵　45/218
扑　326
撲　332
　　pǔ
朴　326
溥　127
樸　332

Q

　　qī
莃　211
　　qí
祇　166
痕　169
蚑　214
蚔　107
其　95
軝　172
徛　123
鶀　95
麒麟　33
　　qǐ
芑　32
企　189
启　270
啟　247
晵　247
　　qì
昗　51
湁　232

湆　324
湇　324
　　qiā
掐　234
　　qià
帢　323
恰　323
　　qiān
迁　151
辛　82
汗　179
鉛　51
遷革　7
　　qián
岺　105
乹　58
前　5
乾　58
犍　203
潛　140
　　qiǎn
淺陋　8
慊　149
　　qiàn
槏　301
　　qiāng
椌　177
槍　85/157
　　qiáng
爿　82
　　qiǎng
搶　157
　　qiáo
僑　130

橋　131
樵　190
　　qiǎo
扚　244
　　qié
查　104
　　qīn
召　118
　　qín
芹　118
聆　109
竿　118
擒　78
檎　78
　　qǐn
寑　245
寢　245
　　qìn
沁　287
沁　287
　　qīng
清　180
　　qìng
清　180
　　qióng
邛　168
茕　93
椌　185
筇　93
　　qiū
龜兹　31
　　qiú
囚　219
求意　25

柱	254	**zhuàng**		**zhǔn**		**zòng**		祽	286

筆畫索引

字	頁	字	頁	字	頁	字	頁	字	頁
扮	126	或	237	佊	264	汰	265	拔	58
松	62	酉	13/168	近	8	汱	265	抨	104
坻	126	医	210	豿	304	沈	152	拈	78
孝	281	居	250	彷	133	沘	154	延	170
扠	135	否	58	余	58	汩	333	坦	157
投	112	底	169	余	58	汩	333	坦	157
扷	142	夾	336	季	281	返	195	担	100
抗	179	夾	336	釆	266	次	200	押	311
抉	313	豕	267	谷	316	沈	58/152	抽	210
扭	247	芉	128	谷	316	沉	58	织	240
把	131	述	170	孚	222	沁	287	扳	58
抒	241	凹	256	豸	50	沭	156	拖	121
毒	269	肖	292	肝	209	忮	262	拊	124
耴	274	旰	209	肜	83	完	51	拍	309
苿	216	吴	13	旬	184	究	253	者	51
芮	254	吠	187	免	257	戾	284	抓	225
花	58	旳	236	狄	238	启	270	夌	217
芹	118	晏	278	狄	238	启	272	拎	81
芃	138	足	268	角	312	衿	231	坻	126
芝	184	串	257	彤	83	改	251	拘	124
杆	276	呋	187	炙	305	改	251	拘忌	28
朽	69/161	吟	82	灸	305	壯	51/264	抱	130
杠	62	岠	241	系	294	坒	105	拄	254
材	137	岐	262	况	288	陂	42	拉	318
材	137	岭	105	庇	208	妒媚	36	拂	310
林	11/259	牡	51/264	冷	134	态	42	拙	313
杖	259	何	30	泮	284	忍	262	㧁	75
机	309	但	155	辛	82	**八畫**		招	73
极	324	佚	230	宋	186	盂	109	披	121
杝	121	伏	269	育	80	盂	109	拚	277
权	86	伯	322	扵	155	邢	46	亞	297
求意	25	伶	81	弟	32	吞	180	取	274
車	29	皀	271	沅	156	長	12	芇	93
束	295	兒	51	沐	307	拓	292	苿	216

撐	232	椀	257	帳	277	象形	1	隄	50
捽	331	椭	215	崒	269	逸駕	5	婬	115
搚	148	梲	332	帷	91	毫	224	紺	16
掊	165	梯	174	惆	105	唐	296	紙	145
接	323	裙	125	崒	289	麻	228	**十二畫**	
捲	254	梭	189	過	23	疵	208	琵琶	33
揆	285	戫	337	将	212	痒	103	琢	267
掮	214	軝	172	悄	215	袞	255	斑	87
控	177	專	83	動	171	焜	26	琹	167
探	85	敕	211	笫	93	清	180	雄	150
掇	311	夆	99	笱	144	淩	79	揕	203
聆	109	犯	227	筍	274	淛	314	撲	334
尌	232	犯	227	笵	282	凍	202	搭	318
著	57	砦	51	偕	107	淺陋	8	搰	329
其	95	處	46	脩	102	湃	283	揀	253
敢	36/298	雀	321	偟	97	淖	283	揩	127
莫	193	脈	322	偷	67	淆溷	32	賁	205
菲	28	敗	25	偏	144	沿	128	堤	50
菌	148	联	252	假	46/269	梁	89	提	64
萑	207	野言	10	借	292	悵	277	提福	36
葱	228	畾	51	徠	197	惟	91	場	234
乾	58	圉	279	徛	123	惘	105	揚	75
梗	243	閉	279	徘	70	寀	252	揖	327
棟	336	睍	260	得	33	密賤	40	博	215
梧	174	晦	294	船	51	啓	247	揭	332
桭	190	晞	101/167	斜	157	袷	336	摁	86
梜	311	冕	150	鈇	300	裋	229	揣	129
梢	110	晚	248	翎	229	視	42	搥	176
梅	125	啄	291	貧	151	晝	58	揄	67
麥	217	睆	249	脯	36	逮	50	援	177
桴	233	跌	224	豚	223	剝	237	搓	75
桴	95	蚾	214	胵	167	奘	149	揎	178
桜	64	蚳	107	腕	248	隋	17	撥	73
梧	46/310	蛇	20/117	魚	22	將	212	揮	67

附録三

主要參考文獻

〔漢〕司馬遷撰,〔南朝宋〕裴駰集解,〔唐〕司馬貞索隱,〔唐〕張守節正義《史記》,中華書局 2014 年。

〔漢〕班固撰,〔唐〕顏師古注《漢書》,中華書局 1962 年。

〔漢〕劉熙撰《釋名》,明嘉靖四十二年(1563)范惟一玉雪堂刻本。

〔漢〕許慎撰,〔宋〕徐鉉校定《説文解字》,中華書局 2013 年。

〔漢〕許慎撰,〔清〕段玉裁注《説文解字注》,上海古籍出版社 1981 年。

〔漢〕揚雄記,〔晉〕郭璞注《方言》,明萬曆二十年(1592)《漢魏叢書》本。

〔三國〕陸璣撰,〔明〕毛晉增補《毛詩草木鳥獸蟲魚疏廣要》,明崇禎十二年(1639)汲古閣刻本。

〔晉〕陳壽撰,〔南朝宋〕裴松之注《三國志》,中華書局 1982 年。

〔晉〕郭璞注,周遠富、愚若點校《爾雅》,中華書局 2020 年。

〔北魏〕賈思勰撰《齊民要術》,1919 年上海涵芬樓景印明抄本。

〔北魏〕賈思勰著,石聲漢校釋《齊民要術今釋》,中華書局

2009 年。

〔南朝宋〕范曄撰,〔唐〕李賢等注《後漢書》,中華書局
1965 年。

〔南朝梁〕顧野王撰《玉篇零卷》,清光緒十年(1884)遵義
黎氏刻《古逸叢書》本。

〔南朝梁〕顧野王撰,〔唐〕孫強增字,〔宋〕陳彭年等重修
《玉篇》,清康熙四十三年(1704)張士俊澤存堂刻本。

〔南朝梁〕沈約撰《宋書》,中華書局 1974 年。

〔南朝梁〕蕭統編,〔唐〕李善注《文選》,上海古籍出版社
1986 年。

〔南朝梁〕蕭子顯撰《南齊書》,中華書局 1972 年。

〔北齊〕顏之推撰,〔清〕趙曦明注,〔清〕盧文弨補注《顏氏
家訓》,清光緒五十四年(1789)《抱經堂叢書》本。

〔唐〕房玄齡等撰《晉書》,中華書局 1974 年。

〔唐〕李百藥撰《北齊書》,中華書局 1972 年。

〔唐〕李涪撰《刊誤》,清嘉慶十年(1805)虞山張氏照曠閣
刻《學津討原》本。

〔唐〕李延壽撰《南史》,中華書局 1975 年。

〔唐〕陸德明撰,吴承仕疏證,張力偉點校《經典釋文序録疏
證:附經籍舊音二種》,中華書局 2008 年。

〔唐〕唐玄度撰《新加九經字樣》,清光緒九年(1883)常熟
鮑氏《後知不足齋叢書》本。

〔唐〕玄奘、辯機原著,季羨林等校注《大唐西域記校注》,中
華書局 2000 年。

〔唐〕顏師古撰《匡謬正俗》,清乾隆二十一年(1756)盧見
曾《雅雨堂叢書》本。

〔唐〕顔元孫撰《干禄字書》,明嘉靖六年(1527)孫沐萬玉堂刻本。

〔唐〕姚思廉撰《梁書》,中華書局 1973 年。

〔唐〕張參撰《五經文字》,清光緒九年(1883)常熟鮑氏《後知不足齋叢書》本。

〔唐〕佚名撰《分毫字樣》,見《玉篇》附録,清康熙四十三年(1704)張士俊澤存堂刻本。

〔南唐〕徐鍇撰《説文解字繫傳》,中華書局 1987 年。

〔後晉〕劉昫等撰《舊唐書》,中華書局 1975 年。

〔遼〕釋行均編《龍龕手鏡(高麗本)》,中華書局 1985 年。

〔遼〕釋行均撰《龍龕手鑑》,《四部叢刊續編》本,上海書店出版社 1984 年。

〔宋〕陳彭年編《宋本廣韻》,清康熙四十三年(1704)張士俊澤存堂刻本。

〔宋〕丁度等編《集韻》,上海古籍出版社 2017 年。

〔宋〕郭忠恕編,李零、劉新光整理《汗簡》,中華書局 2010 年。

〔宋〕郭忠恕撰《佩觿》,明嘉靖六年(1527)孫沐萬玉堂刻本。

〔宋〕郭忠恕撰《佩觿》,清康熙四十九年(1710)張士俊澤存堂刻本。

〔宋〕郭忠恕撰《佩觿》,清光緒十年(1884)長洲蔣鳳藻鐵華館刻本。

〔宋〕洪邁撰,何卓點校《夷堅志》,中華書局 2006 年。

〔宋〕洪适撰《隸釋》,中華書局 1985 年。

〔宋〕洪興祖撰,白化文等點校《楚辭補注》,中華書局 1983 年。

〔宋〕江休復撰,儲玲玲整理《江鄰幾雜志》,大象出版社

2019 年。

〔宋〕李昉等編《太平廣記》，中華書局 1961 年。

〔宋〕李昉等撰《太平御覽》，中華書局 1960 年。

〔宋〕李誡撰《營造法式》，《景印文淵閣四庫全書》本，臺灣商務印書館 1983 年。

〔宋〕陸游撰，李劍雄、劉德權點校《老學庵筆記》，中華書局 1979 年。

〔宋〕羅大經撰，王瑞來點校《鶴林玉露》，中華書局 1983 年。

〔宋〕歐陽修、宋祁撰《新唐書》，中華書局 1975 年。

〔宋〕錢易撰，黃壽成點校《南部新書》，中華書局 2002 年。

〔宋〕司馬光編著，〔元〕胡三省音注《資治通鑑》，中華書局 1956 年。

〔宋〕司馬光等編《類篇》，中華書局 1984 年。

〔宋〕孫光憲撰，俞鋼整理《北夢瑣言》，大象出版社 2019 年。

〔宋〕陶岳撰《五代史補》，明末毛氏汲古閣刻本。

〔宋〕王稱撰《東都事略》，清振鷺堂覆宋紹熙間眉山程舍人宅刊本。

〔宋〕王欽若等編纂，周勛初等校訂《冊府元龜（校訂本）》，鳳凰出版社 2006 年。

〔宋〕王象之編著，趙一生點校《輿地紀勝》，浙江古籍出版社 2013 年。

〔宋〕王應麟撰，武秀成、趙庶洋校證《玉海藝文校證》，鳳凰出版社 2013 年。

〔宋〕夏竦編，李零、劉新光整理《古文四聲韻》，中華書局 2010 年。

〔宋〕姚寬撰，孔凡禮點校《西溪叢語》，中華書局 1993 年。

〔宋〕袁文撰，李偉國點校《甕牖閒評》，中華書局 2007 年。

〔宋〕趙明誠撰《金石錄》，清乾隆二十七年（1762）盧見曾雅雨堂刻本。

〔宋〕鄭樵撰《通志》，浙江古籍出版社 2007。

〔宋〕周煇撰，劉永祥、許丹整理《清波雜志》，大象出版社 2019 年。

〔宋〕周煇撰，劉永祥、許丹整理《清波別志》，大象出版社 2019 年。

〔宋〕朱熹撰，黃靈庚點校《楚辭集注》，上海古籍出版社 2016 年。

〔金〕韓孝彥、韓道昭撰，〔明〕釋文儒、思遠、文通删補《改併五音類聚四聲篇海》，《續修四庫全書》影印明成化七年（1471）明釋文儒募刻本。

〔元〕脱脱等撰《宋史》，中華書局 1977 年。

〔明〕馮復京撰《六家詩名物疏》，明萬曆三十三年（1605）刻本。

〔明〕李時珍撰《本草綱目》，明萬曆三十一年（1603）張鼎思刻本。

〔明〕張自烈撰，〔清〕廖文英輯《正字通》，清康熙十年（1671）弘文書院刻本。

〔清〕顧藹吉編撰《隸辨》，中華書局 1986 年。

〔清〕顧炎武撰《金石文字記》，清光緒十一年（1885）蓬瀛閣刻本。

〔清〕桂馥撰《説文解字義證》，中華書局 1987 年。

〔清〕李富孫撰《春秋三傳異文釋》，《叢書集成初編》本，商務印書館 1936 年。

〔清〕李富孫撰《詩經異文釋》,《續修四庫全書》本,上海古籍出版社 2002 年。

〔清〕皮錫瑞撰,吳仰湘編《皮錫瑞全集》,中華書局 2015 年。

〔清〕饒炯撰《説文解字部首訂》,《説文解字研究文獻集成(古代卷)》,作家出版社 2006 年。

〔清〕沈濤《説文古本考》,《説文解字研究文獻集成(古代卷)》,作家出版社 2006 年。

〔清〕王念孫撰,張其昀點校《廣雅疏證》,中華書局 2019 年。

〔清〕王筠撰《説文解字句讀》,中華書局 1988 年。

〔清〕吳任臣撰,徐敏霞、周瑩點校《十國春秋》,中華書局 1983 年。

〔清〕張玉書等編纂《康熙字典》,中華書局 1958 年。

〔清〕趙爾巽等撰《清史稿》,中華書局 1977 年。

〔清〕趙翼撰,欒保群點校《陔餘叢考(新校本)》,中華書局 2019 年。

〔清〕朱駿聲撰《説文通訓定聲》,中華書局 1984 年。

白海燕編《居延新簡文字編》,吉林大學 2014 年博士學位論文。

白於藍編著《簡帛古書通假字大系》,福建人民出版社 2017 年。

蔡夢麒校釋《廣韻校釋》,嶽麓書社 2007 年。

曹志國《裴務齊正字本〈刊謬補缺切韻〉及其異體字表達方式》,《周口師範學院學報》2008 年第 1 期。

丁福保編纂《説文解字詁林》,雲南人民出版社 2006 年。

高亨纂著,董治安整理《古字通假會典》,齊魯書社 1989 年。

高明、葛英會編著《古陶文字徵》,中華書局 1991 年。

郭沫若主編，胡厚宣總編輯《甲骨文合集》，中華書局1978—1982年。(簡稱《合》)

郭錫良編著《漢字古音手册(增訂本)》，商務印書館2010年。

漢語大詞典編委會、漢語大詞典編纂處編《漢語大詞典(第2版)》，漢語大詞典出版社2001年。

漢語大字典編輯委員會編纂《漢語大字典(第2版)》，四川辭書出版社、崇文書局2010年。

何九盈著《中國古代語言學史(第4版)》，商務印書館2013年。

河南省文物考古研究所編著《新蔡葛陵楚墓》，大象出版社2003年。(簡稱《新蔡》)

湖北省荆沙鐵路考古隊編《包山楚簡》，文物出版社1991年。(簡稱《包》)

湖北省文物考古研究所、北京大學中文系編《望山楚簡》，中華書局1995年。(簡稱《望》)

湖北省文物考古研究所、北京大學中文系編《九店楚簡》，中華書局1999年。

胡樸安著《中國文字學史》，商務印書館1998年。

胡奇光著《中國小學史》，上海人民出版社1987年。

黄德寬、陳秉新著《漢語文字學史(增訂本)》，安徽教育出版社2013年。

黄錫全著《汗簡注釋》，武漢大學出版社1990年。

黄征著《敦煌俗字典》，上海教育出版社2005年。

姜燕《〈佩觿〉研究》，陝西師範大學2002年碩士學位論文。

姜燕《〈佩觿〉中漢字演化的思想研究》，《中國文字研究》第5輯，廣西教育出版社2004年。

姜燕《淺析〈佩觿〉中郭忠恕關於漢字演化的觀念》，《語言科學》2005 年第 2 期。

荆門市博物館編《郭店楚墓竹簡》,文物出版社 1998 年。
(簡稱《郭》)

李春桃著《古文異體關係整理與研究》,中華書局 2016 年。

李圃主編《異體字字典》,學林出版社 1997 年。

李新魁著《古音概説》,廣東人民出版社 1979 年。

李新魁、麥耘著《韻學古籍述要》,陝西人民出版社 1993 年。

李學勤主編,清華大學出土文獻研究與保護中心編《清華大學藏戰國竹簡(貳)》,中西書局 2011 年。

羅福頤主編,故宫博物院編《古璽彙編》,文物出版社 1981 年。(簡稱《璽彙》)

馬承源主編《商周青銅器銘文選(三 — 四)》,文物出版社 1988—1990 年。

馬承源主編《上海博物館藏戰國楚竹書(一一九)》,上海古籍出版社 2001—2012 年。(簡稱《上博簡》)

梅悦《〈佩觿〉文字辨析研究》,南通大學 2016 年碩士學位論文。

濮之珍著《中國語言學史》,上海古籍出版社 1987 年。

錢建狀《北宋書畫家郭忠恕、李建中、黄伯思生平仕履訂補》,《新美術》2013 年第 3 期。

裘錫圭著《文字學概要(修訂本)》,商務印書館 2013 年。

裘錫圭主編,湖南省博物館、復旦大學出土文獻與古文字研究中心編纂《長沙馬王堆漢墓簡帛集成》,中華書局 2014 年。

容庚編著,張振林、馬國權摹補《金文編》,中華書局 1985 年。

上海博物館商周青銅器銘文選編寫組《商周青銅器銘文選(一一二)》,文物出版社 1986—1987 年。

睡虎地秦墓竹簡整理小組編《睡虎地秦墓竹簡》，文物出版社 1978 年。（簡稱《睡》）

唐蘭著《中國文字學》，上海古籍出版社 2005 年。

王重民等編《敦煌變文集》，人民文學出版社 1957 年。

王輝編著《古文字通假字典》，中華書局 2008 年。

王力著《中國語言學史》，復旦大學出版社 2006 年。

王利器撰《顏氏家訓集解（增補本）》，中華書局 1993 年。

汪慶正主編，馬承源審定《中國歷代貨幣大系·先秦貨幣》，上海人民出版社 1988 年。（簡稱《貨系》）

武漢大學簡帛研究中心、湖北省博物館編著《楚地出土戰國簡册合集（三）·曾侯乙墓竹簡》，文物出版社 2019 年。（簡稱《曾》）

吳鎮烽編著《商周青銅器銘文暨圖像集成》，上海古籍出版社 2012 年。

吳鎮烽編著《商周青銅器銘文暨圖像集成續編》，上海古籍出版社 2016 年。

徐俊剛《非簡帛類戰國文字通假材料的整理與研究》，吉林大學 2018 年博士學位論文。

徐時儀著《漢語語文辭書發展史》，上海辭書出版社 2016 年。

徐在國編《傳抄古文字編》，綫裝書局 2006 年。

徐在國著《隸定古文疏證》，安徽大學出版社 2002 年。

楊伯峻編著《春秋左傳注（修訂本）》，中華書局 2016 年。

楊薇、張志雲著《中國傳統語言文獻學》，崇文書局 2006 年。

銀雀山漢墓竹簡整理小組編《銀雀山漢墓竹簡（壹）》，文物出版社 1985 年。

袁梅著《詩經異文彙考辨證》，齊魯書社 2013 年。

曾棗莊主編《宋代序跋全編》,齊魯書社 2015 年。

章炳麟著《新方言》,上海東方書局 1915 年。

張孟晉、韓瑞芳《〈分毫字樣〉研究》,《古籍整理研究學刊》2014 年第 4 期。

張舜徽著《説文解字約注》,華中師范大學出版社 2009 年。

張學城著《〈説文〉古文研究》,上海古籍出版社 2017 年。

張學城、梅悦《〈佩觿〉平議》,《東亞文獻研究》第 20 輯,2017 年。

張涌泉著《漢語俗字研究(增訂本)》,商務印書館 2010 年。

張涌泉著《敦煌俗字研究(第 2 版)》, 上海教育出版社 2015 年。

張涌泉著《漢語俗字叢考(修訂本)》,中華書局 2020 年。

趙平安著《隸變研究(修訂版)》,上海古籍出版社 2020 年。

趙平安、李婧、石小力編纂《秦漢印章封泥文字編》,中西書局 2019 年。

鄭邦宏著《出土文獻與古書形近訛誤字校訂》, 中西書局 2019 年。

中國社會科學院考古研究所編《殷周金文集成(修訂增補本)》,中華書局 2007 年。(簡稱《集成》)

中國社會科學院考古研究所編《殷周金文集成釋文》,香港中文大學中國文化研究所出版 2001 年。

中華再造善本工程編纂出版委員會編著《中華再造善本續編總目提要(上)》,國家圖書館出版社 2017 年。

周祖謨編《唐五代韻書集存》,中華書局 1983 年。

宗福邦、陳世鐃、蕭海波主編《故訓匯纂》, 商務印書館 2003 年。